웨이저

영국 군함 웨이저 호의 항로

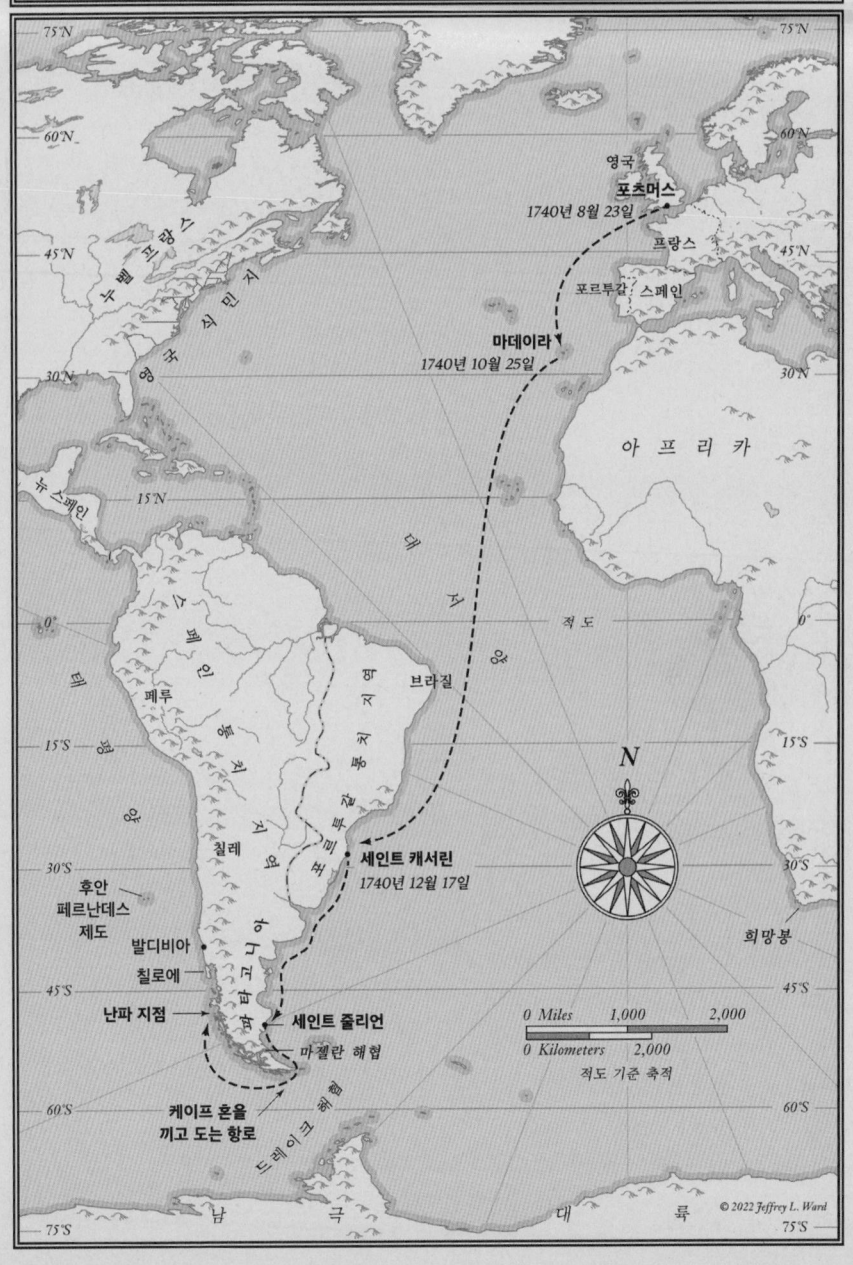

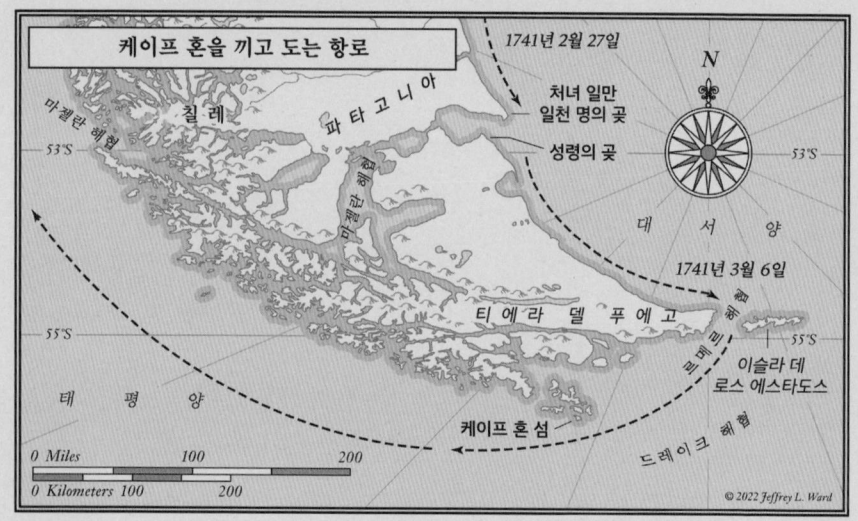

케이프 혼을 끼고 도는 항로

마젤란 해협

칠레

파타고니아

1741년 2월 27일

처녀 일만
일천 명의 곶

성령의 곶

53°S

N

53°S

마젤란 해협

대 서 양

1741년 3월 6일

티 에 라 델 푸 에 고

55°S

55°S

이슬라 데
로스 에스타도스

태 평 양

케이프 혼 섬

드레이크 해협

0 Miles 100 200

0 Kilometers 100 200

© 2022 Jeffrey L. Ward

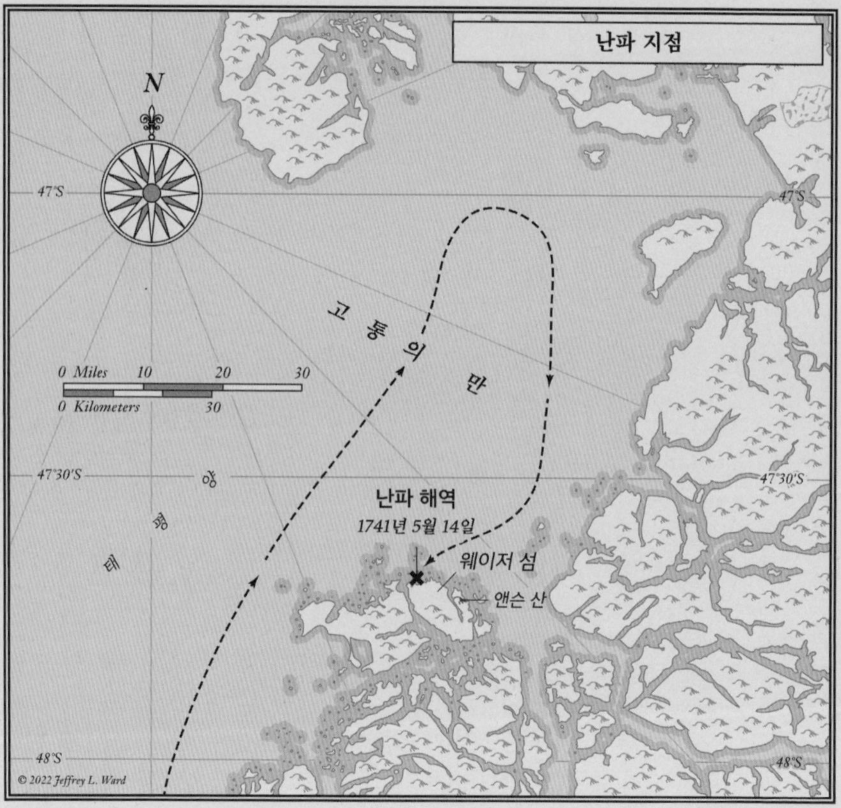

난파 지점

N

47°S

47°S

고 둥 의 만

0 Miles 10 20 30

0 Kilometers 30

47°30'S

47°30'S

난파 해역
1741년 5월 14일

웨이저 섬

앤슨 산

48°S

48°S

© 2022 Jeffrey L. Ward

◆ 책 뒷면지에 지도 계속

THE WAGER

웨이져

난파선에서의 반란과 살인,
그리고 생존을 향한 사투

데이비드 그랜 지음
김승욱 옮김

프시케의숲

열여섯 살의 존 바이런은 웨이저 호의 수습장교였다.

영국 강제 징병대를 그린
18세기 그림.

_____●_____

센추리온 호의 데이비드 칩
중위는 선장이 되는 것이
꿈이었다.

_____●_____

웨이저 호가 진수된
뎃퍼드 해군공창을 그린 18세기 그림.

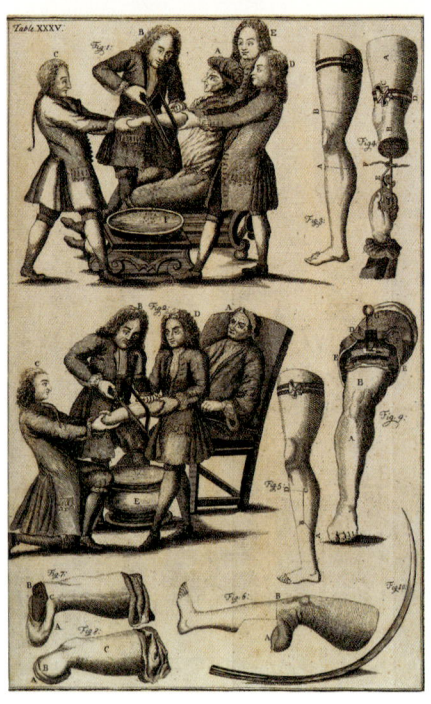

전함 생활:
(위) 포열 갑판의
치명적인 무기들.
(왼쪽) 사지 절단술을 묘사한
1742년의 의학책 그림.

맞은편: 바다 장례식.

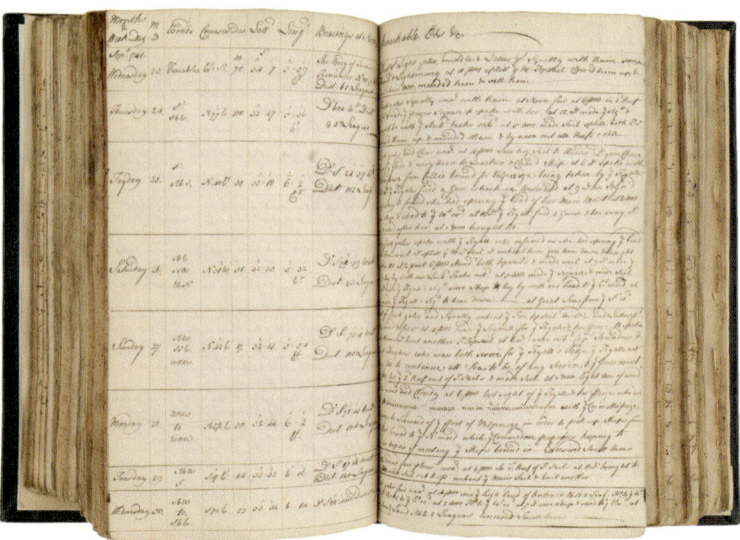

맞은편: 센추리온 호의 일지.
무시무시한 질병과 폭풍이
상세히 기록되어 있다.

(위) 케이프 혼 앞바다의
앨버트로스.

(왼쪽) 1740년 12월, 소함대가
브라질 세인트 캐서린에 도착
하는 모습을 센추리온 호의
장교가 스케치한 그림.
왼쪽 두 번째가 웨이저 호다.

난파 직전의 웨이저 호. 1744년경 찰스 브루킹의 작품.

웨이저 섬.

(위) 1805년에 제작된 판화. 표류자들이 웨이저 섬에서 진지를 구축하는 모습을 묘사했다.

(왼쪽) 사람들의 머리 위로 미저리 산이 솟아 있는 모습을 묘사한 18세기 삽화.

표류자들은 웨이저 섬의
산악지형(위)에서 먹을 것을
거의 찾지 못했다. 그래서
해초(오른쪽)와 셀러리(아래)를
먹을 수밖에 없었다.

(왼쪽) 바다사자 사냥에
나선 카웨스카르 족 남성.
인류학자 마르틴 구신데가
20세기 초에 찍은 사진.

———————•———————

(아래) 이 지역 원주민들은
카누에서 많은 시간을
보냈으며, 해양 자원에
거의 전적으로
의존해 살았다.

———————•———————

해안의 카웨스카르 족 야영지.
인류학자 구신데가 찍은 사진이다.

웨이저 호의 표류자들 사이에서 발생한 살인적인
폭력사태를 묘사한 1745년작 판화.

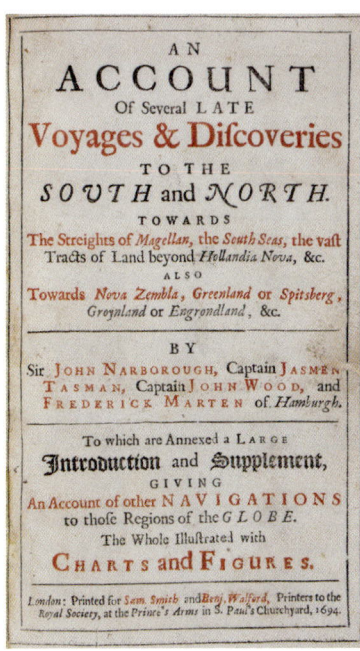

맞은편: (위) 전투 중인 센추리온 호를 묘사한 18세기 그림. 돛과 국기가 대포에 맞아 찢어져 있다.

맞은편: (아래) 웨이저 호가 포함된 영국 소함대를 지휘한 조지 앤슨.

(위) 2006년에 발견된 웨이저 호 잔해.

(왼쪽, 아래) 웨이저 호의 표류자들은 존 나버러가 영국의 파타고니아 원정을 설명한 책을 한 권 갖고 있었다. 그들은 나버러가 그린 마젤란 해협 지도를 열심히 연구했다.

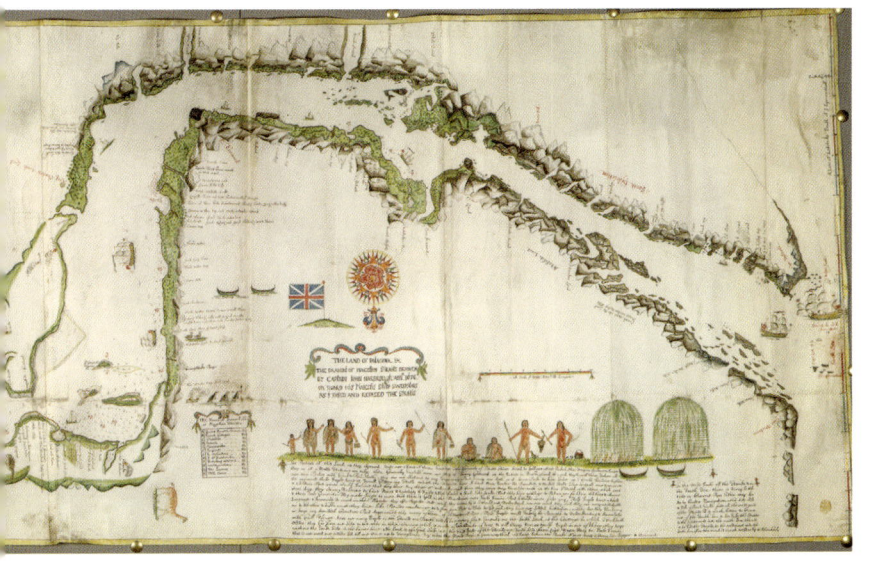

웨이저 섬의 생존자들이 사용했던 것과 비슷한 소형 수송보트에
사람들이 빽빽이 탄 모습을 묘사한 18세기 그림.

─────────◆─────────

웨이저 호의 표류자들이 탈출하려면 격렬히 날뛰는 바다를 헤치며
파타고니아의 칠레 해안을 따라 나아가야 했다..

─────────◆─────────

우리는 자기 이야기의 주인공이다.

_메리 매카시

어쩌면 짐승이 있을지도 모르고… 어쩌면
우리뿐인지도 몰라.

_윌리엄 골딩, 《파리대왕》

차례

일러두기
———

1. 외래어 표기는 국립국어원의 표기법을 따르되 관행에 따라 일부 예외를 두었다.
2. 외국어를 음차할 때 가독성을 고려하여 알파벳이 아닌 한글로 표기했다.
3. 시, 단편소설 등은 〈 〉, 책, 잡지 등은 《 》로 표기했다. 단, 해외 문헌의 경우, 책, 학술지 등은 별도의 기호 없이 이탤릭체로, 논문은 " "로 표기했다.
4. 각주는 옮긴이 주이며, 미주는 원작자 주이다. 본문상의 소괄호와 대괄호 역시 원작자의 것이다.
5. 인치, 피트, 야드, 마일 등을 오늘날의 미터법으로 환산하여 첨자로 한국어판에 넣었다. 또한 에이커 및 제곱피트는 평으로, 노트는 시속으로, 파운드는 킬로그램으로 환산했다. 대부분은 소수점을 기준으로 반올림했으나, 문맥에 따라 적절한 단위에서 올림 또는 버림하기도 했다. 단, 18세기 영국의 인치, 피트, 야드, 마일 등은 아직 표준화되기 이전이라 지역 및 용도마다 크기가 조금씩 달랐고, 그렇기 때문에 한국어판 첨자에 제시된 수치들은 대략적인 크기를 가늠하기 위한 어림수임을 유의하라. 일부 선체들의 보다 정확한 수치를 알기 원하는 독자는 미주의 연구 문헌들을 참고하라.
6. 달러당 1,400원의 환율로 환산하여 첨자로 표기했다.

들어가며

고백하건대, 배가 바위에 부딪히는 광경이나 선원들이 선장을 포박하는 현장을 내가 직접 목격한 적은 없다. 기만과 살인을 직접 본 적도 없다. 하지만 몇 년에 걸쳐 문서의 파편들을 샅샅이 훑어보았다. 파도에 휩쓸려 온 항해일지, 나달나달 썩어가는 서신, 절반의 진실이 담긴 일기, 문제가 많은 군사재판의 기록 중 보존된 것들. 나는 특히 이 사건에 직접 관련되었던 사람들, 사건을 직접 목격했을 뿐만 아니라 사건의 형태가 만들어지는 데에도 기여한 사람들이 펴낸 글을 가장 속속들이 살펴보았다. 사건의 진정한 실체를 알아내기 위해 모든 사실을 하나로 모으려고 했다. 그런데도 서로 어긋나다 못해 때로는 적대적이기까지 한 관련자들 각자의 시각에서 벗어날 길이 없었다. 따라서 각자의 이야기에서 일치하지 않는 부분을 매끈하게 정리하거나 그렇지 않아도 이미 특정한 색채를 띤 증거에 더욱 색을 칠하려하는 대신, 나는 관련자들의 이야기를 모두 제시하고 최종 평결, 즉 역사적 심판은 여러분에게 맡기기로 했다.

프롤로그

유일하게 공정한 목격자는 태양이었다. 기묘한 물체가 바다에서 출렁거리며 바람과 파도에 무자비하게 이리저리 밀리는 모습을 며칠 동안 지켜보았다.[1] 그 물체가 암초와 충돌할 뻔한 적도 한두 번 있었다. 충돌했다면 그것으로 이야기가 끝났을지도 모른다. 그러나 나중에 어떤 사람들이 주장한 것처럼 운명 때문이었는지 아니면 눈먼 행운 덕분이었는지, 물체는 브라질 남동부 해안의 후미로 흘러 들어왔다. 거기서 여러 주민이 그 물체를 보았다.

길이와 폭이 각각 50피트[15미터]와 10피트[3미터]를 넘는 그 물체는 모종의 배였으나, 나무와 천 쪼가리를 이어 붙여 만든 것 같았다. 그동안 풍파에 잔뜩 시달려 잊힌 존재가 되어버린 것 같기도 했다. 돛은 갈기갈기 찢어졌고, 활대는 박살이 나 있었다. 바닷물이 배 안으로 스며들고, 안에서는 악취가 풍겼다. 구경꾼들이 살금살금 다가가는데 무서운 소리가 들렸다. 거의 뼈만 남은 남자 서른 명이 배에 가득했다. 옷은 대부분 해져서 형체가 없었다. 얼굴을 뒤덮은 털은 해초처럼 소금기를 머금고 잔뜩 헝클어져 있었다.

개중 일부는 힘이 없어서 일어서지도 못했다. 한 명은 곧 마지막 숨을 내쉬고는 세상을 떠났다. 그러나 지도자처럼 보이는 남자가 엄청난 의지력으로 몸을 일으키더니 자신들은 영국 군함 웨이저 호의 난파 선원이라고 밝혔다.

이 소식이 영국에 닿았을 때 사람들은 믿을 수 없다는 반응을 보였다. 1740년 9월, 제국이 스페인과 분쟁 중일 때 웨이저 호는 장교와 수병 250명을 태우고 포츠머스에서 출항했다. 보물을 가득 싣고 있어서 '모든 바다의 보물'이라고 불리던 스페인 갈레온선*을 포획하는 비밀 임무를 띤 소함대의 일원이었다. 그런데 남아메리카 끝에 있는 케이프 혼 근처에서 이 소함대가 허리케인에 휩쓸렸기 때문에, 웨이저 호는 승선한 사람 전원과 함께 바다 속에 가라앉은 것으로 여겨졌다. 하지만 그 배가 마지막으로 목격되고 283일이 흐른 뒤 이 남자들이 브라질에 기적적으로 나타났다.

그들은 파타고니아 앞바다의 황폐한 섬에 난파했다고 말했다. 장교와 수병 대부분이 목숨을 잃었지만, 생존자 여든한 명은 웨이저 호의 잔해를 일부 가져다가 임시변통으로 만든 배를 타고 출발했다. 배에 사람이 어찌나 빽빽했는지 몸을 거의 움직일 수 없는 상태로 그들은 위협적인 폭풍과 해일 같은 파도, 진

---

* 스페인에서 사용되던 대형 돛배.

눈깨비와 지진 속을 항해했다. 그 험한 여행길에서 쉰 명이 넘는 사람이 눈을 감았고, 살아남은 소수의 사람이 브라질에 도달한 것은 석 달 반 뒤였다. 그때까지 그들이 이동한 거리는 거의 3,000마일4,800킬로로, 이는 난파선의 선원들이 가장 먼 거리를 항해한 기록 중 하나다. 사람들은 그들의 독창성과 용기에 찬사를 보냈다. 그들의 지도자가 지적한 것처럼, "우리가 감내한 고생이 과연 인간이 견뎌낼 수 있는 것이었는지"[2] 믿기가 힘들었다.

———•———

6개월 뒤 또 다른 배 한 척이 해안으로 밀려왔다. 칠레 남서쪽 앞바다의 눈보라 속에서 도착한 배였다. 먼저 나타난 배보다 크기가 훨씬 작은 이 배는 나무 속을 파내서 만든 것이었으며, 담요 조각을 꿰매서 만든 돛이 달려 있었다. 배에 타고 있던 생존자 세 명의 상태는 앞의 생존자들보다 훨씬 더 무시무시했다. 옷을 반만 걸치고 비쩍 마른 몸에 벌레들이 잔뜩 달라붙어 얼마 남지도 않은 살을 갉아먹고 있었다. 한 명은 착란 증세가 너무 심해서, 일행 중 한 명은 그가 "거의 제정신이 아니"라며 "우리 이름도… 심지어 자기 이름도 기억하지 못한다"고 말했다.[3]

이 세 사람은 몸을 회복해서 영국으로 돌아간 뒤, 브라질에서 나타난 동료들에 대해 충격적인 주장을 내놓았다. 그들은 영웅이 아니라 반란자라는 것이었다. 그 뒤 양측 사이에 주장과 반박이 오가며 논란이 이어지는 과정에서, 웨이저 호의 장교들과 수병들은 비록 섬에 표류했지만 몹시 극단적인 상황에서도 있는 힘껏 버텨냈음이 분명해졌다. 굶주림과 영하의 기온에 맞서 그들은 전초기지를 세우고, 해군의 질서를 다시 세우려고 애썼다. 그러나 상황이 더욱 나빠지면서, 계몽주의의 사도인 줄 알았던 장교들과 사병들은 점점 추락해 홉스가 말한 타락상을 보여주었다. 분파를 지어 싸움을 벌이고, 서로를 약탈하고, 방종하게 굴고, 살인을 저질렀다. 인육을 먹는 지경까지 떨어진 사람도 몇 명 있었다.

영국에 돌아온 뒤 각 집단의 주요 인물은 같은 편 사람들과 함께 해군본부에 소환되어 군사재판을 받게 되었다. 기소된 사람들의 비밀뿐만 아니라, 문명 전파를 임무로 삼고 있다고 주장하는 제국의 비밀스러운 본질마저 재판에서 폭로될 것 같았다.

피고인 중 여러 명은 자신들의 놀라운 이야기를 글로 써서 발표했다. 그들 중 한 명이 "어둡고 복잡하다"[4]고 묘사한 당시의 일에 대해 저마다 완전히 다른 이야기를 했다. 철학자 루소, 볼테르, 몽테스키외는 원정대의 보고서에 영향을 받았다. 그들보다 나중에 등장한 찰스 다윈, 그리고 바다를 무대로 위대한 소설을 쓴 허먼 멜빌과 패트릭 오브라이언도 마찬가지였다. 재판에 회부된 용의자들이 글을 발표한 것은 해군본부와 대중을 흔들기 위해서였다. 한 생존자는 자신이 "이야기를 충실하게"[5] 담았다면서, "나는 진실이 아닌 것은 단 한 마디도 집어넣지 않으려고 꼼꼼히 주의를 기울였다. 필자의 인격을 되살리려는 글에서 종류를 막론하고 거짓을 말하는 것은 몹시 어리석은 일이기 때문"[6]이라고 강력히 주장했다. 그와는 반대편에 속한 지도자는 직접 쓴 연대기에서 적들이 "불완전한 이야기"[7]를 내놓아 "더할 나위 없는 중상모략으로 우리에게 오명을 씌웠다"[8]고 주장했다. 그리고 "우리는 진실에 살고 진실에 죽는다. 진실이 아니면 무엇도 우리를 지탱해주지 못한다"[9]고 맹세했다.

———————•———————

사람은 누구나 혼란스러운 자신의 삶에 모종의 두서, 모종의 의미를 부여한다. 기억 속의 이미지들을 뒤지며 선택하고, 윤색하고, 삭제한다. 그렇게 자기 삶의 주인공이 되면, 자신이 저지른 일 또는 하지 않은 일을 견디며 살 수 있게 된다.

그러나 이 선원들은 바로 자신이 제시하는 이야기에 목숨이 달렸다고 믿었다. 설득력 있는 이야기를 내놓지 못한다면, 활대에 묶여 교수형을 당할 수도 있었다.

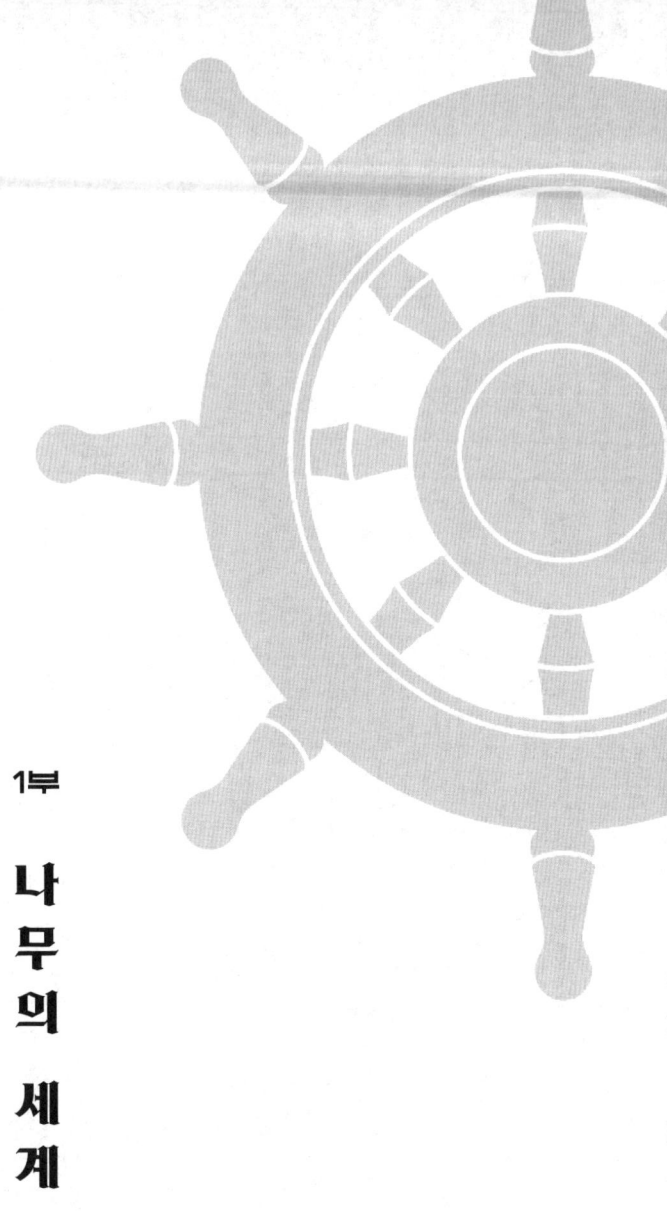

1부

나무의 세계

소함대에 소속된 군인들은 저마다 어려운 사연을 지니고 있었다. 사랑을 거절당한 사연일 수도 있고, 전과가 있다는 비밀일 수도 있고, 바닷가에서 울고 있는 임신한 아내를 두고 배에 올랐다는 사연일 수도 있었다. 명성과 돈에 굶주린 사람이 있었을 수도 있고, 죽음에 대한 두려움을 품은 사람이 있었을 수도 있다. 이 소함대의 기함인 센추리온 호의 데이비드 칩 중위[1]에게도 사연이 있었다. 40대 초반의 튼튼한 스코틀랜드인인 그는 코가 길쭉하고 눈빛이 강렬했다. 그리고 도망자이기도 했다. 유산을 놓고 형과 벌이던 싸움, 뒤를 쫓는 채권자들, 적당한 신붓감을 구할 수 없게 만든 빚으로부터 그는 도망쳤다. 육지에서 칩[2]은 살면서 뜻하지 않게 마주친 여울목을 제대로 빠져나가지 못해 파멸이 예정된 것 같았다. 그러나 해군의 삼각모를 쓰고 영국 군함의 후갑판에 앉아 쌍안경을 들고 광대한 바다를 항해하는 그의 모습에서는 자신감이 찰랑거렸다. 심지어 오만함이 살짝 엿보인다고 해도 될 정도였다. 나무로 만들어진 배라는 세계, 해군의 엄격한 규정과 바다의 법칙에 매여 있으며 무엇보다도 단단히 단련된 동료애로 결속되어 있는 이 세계가 그에게 피난처를 제공해준 덕분이었다. 갑자기 선명한 질서와 명확한 목적이 생겼다. 역병과 익사의 위험에서부터 적의 포탄에 이르기까지 헤아릴 수 없이 많은 위험이 도사린 세계였지만, 여기서 그는 갈망하던 것을 얻었다. 마침내 큰 돈을 손에 넣고 배의 선장이 되어 바다를 지배하는 지위까지 올라갈 기회.

문제는 그가 망할 놈의 육지에서 벗어날 수 없다는 점이었다. 그는 영국해협 옆의 포츠머스 해군공창에 갇혀 있었다. 아니, 사실상 저주를 받은 것 같았다. 센추리온 호를 수리해서 항해할 수 있는 상태로 만들기 위해 열심히 일해도 소용이 없는 상황이었으니까. 길이 144피트⁴⁴미터, 폭 40피트¹²미터 규모인 이 거대한 나무 배는 조선대에 정박되어 있었다. 목수, 코킹공*, 삭구** 담당자, 소목 세공사가 쥐 떼처럼(쥐도 아주 많았다) 갑판을 샅샅이 훑었다. 망치와 톱이 불협화음을 이뤘다. 조선소 옆, 자갈로 포장된 거리에는 덜덜거리는 외바퀴 손수레와 짐마차, 짐꾼, 행상인, 소매치기, 뱃사람, 매춘부가 득시글거렸다. 주기적으로 갑판장이 서늘하게 호각을 불면, 주점에서 선원들이 허둥지둥 뛰어나왔다. 그들은 장교의 질책을 피하기 위해, 오래된 애인이나 새로 사귄 애인과 헤어져 출항을 앞둔 배로 서둘러 돌아왔다.

---

* 배의 틈새를 방수·밀폐하기 위해 '코킹(caulking)' 작업을 전문으로 하는 사람.
** 배에서 쓰는 로프나 쇠사슬 따위를 통틀어 이르는 말. 돛대 고정 줄, 닻줄 등.

1740년 1월, 대영제국은 라이벌 제국인 스페인과의 전쟁 준비에 박차를 가하고 있었다. 센추리온 호에서 칩의 상관인 조지 앤슨 선장[3]이 해군본부에 뽑혀가 스페인과 맞서 싸울 전함 다섯 척 규모의 소함대 사령관이 된 것은 칩의 앞날에 갑자기 빛을 밝혀준 사건이었다. 이것은 뜻밖의 승진이었다. 보잘것없는 시골 유지의 아들인 앤슨은 많은 장교들이 부하들과 함께 사다리를 오를 수 있게 만들어준 후원자도 없고 기름칠[4](좀 더 점잖은 표현으로는 '이해관계')도 하지 않았다.[5] 당시 마흔두 살이던 앤슨은 열네 살 때 해군에 들어와 거의 30년 동안 복무하면서 단 한 번도 중요 군사작전을 지휘한 적도 없고 크게 한몫을 잡은 적도 없었다.

얼굴이 길고 이마가 넓으며 키가 큰 그에게는 혼자 동떨어진 것 같은 분위기가 있었다. 그의 푸른 눈만 보아서는 속내를 알 수 없었고, 자신이 믿는 소수의 친구들과 함께 있을 때를 제외하면 거의 입을 열지 않았다. 한 정치가는 그를 만난 뒤 이렇게 말했다. "앤슨은 여느 때처럼 거의 말이 없었다."[6] 그가 편지를 보내는 일은 그보다도 더 드물었다. 마치 자신이 보거나 느낀 것을 단어로 전달할 수 있을지 의심하는 것 같았다. "그는 독서를 거의 좋아하지 않았고, 편지를 쓰거나 구술하는 일은 그보다도 더 좋아하지 않았다. 그렇게 무심해 보이는 태도 때문에… 많은 사람의 반감을 샀다."[7] 한 친척은 이렇게 썼다. 나중에 한 외교관은 앤슨이 세상에 대해 아는 것이 어찌나 없는지 "세상을 한 바퀴 돌았으나 그 세상에 들어간 적은 없었다"[8]고 놀리듯이 말했다.

그런데도 해군본부는 앤슨이 만만찮은 뱃사람이라는 사실을 알아차렸다. 칩 또한 센추리온 호의 승무원이 된 뒤 2년 동안 그 사실을 알게 되었다. 앤슨은 나무로 만든 배라는 세계를 속속들이 알고 있었다. 그가 자신에 대해서도 잘 알고 있었다는 사실 또한 똑같이 중요하다. 그래서 그는 힘든 상황에서도 냉정함과 평정을 잃지 않았다. 그의 친척은 이렇게 말했다. "그는 성실과 명예를 높게 쳤으며, 스스로 어김없이 그것을 실천했다."[9] 칩 외에도 여러 재능 있는 하급장교와 피후견인이 그에게 이끌려 모두 그의 관심을 얻으려고 경쟁했다. 그중 한 사람은 나중에 앤슨에게 자신이 아버지보다 앤슨의 말을 더 잘 들었으며 "선장님이 제게 주신 높은 평가에 걸맞은 사람이 되기 위해"[10] 무슨 짓이든지 할 수 있었다고 말했다. 만약 앤슨이 소함대 사령관이라는 직책에서 성공을 거둔다면, 누구든 원하는 사람을 선장으로 승진시킬 수 있는 권한이 생길 것이다. 처음에 앤슨 밑에서 소위로 근무를 시작한 칩은 이제 그의 오른팔이었다.

앤슨과 마찬가지로 칩도 인생의 대부분을 바다에서 보냈다. 처음에는 탈출을 꿈꿨을 만큼 치열한 삶이었다. 새뮤얼 존슨은 이런 말을 했다. "스스로 감옥에 들어갈 수 있을 정도의 재간이 있는 사람은 뱃사람이 되지 않을 것이다. 배에서 생활하는 것은 익사할 가능성이 있는 감옥살이와 같기 때문이다."[11] 칩의 아버지는 스코틀랜드 파이프에 넓은 땅을 갖고 있었으며, 그의 호칭 중 하나인 로시의 2대 영주는 비록 그를 귀족으로 만들어주지는 못할지언정 귀족을 생각나게 하는 이름이었다. 가문의 문장紋章에 새겨진 그의 좌우명은 디타트 비르투스Ditat virtus, 즉 '미덕이 부를 가져온다'였다. 그는 첫 번째 아내에게서 일곱 자녀를 보았고, 그녀가 죽은 뒤 맞이한 두 번째 아내와의 사이에서 여섯 자녀를 더 낳았다. 데이비드는 그중 하나였다.

1705년, 즉 데이비드가 여덟 살 생일을 맞던 해에 아버지가 염소젖을 가지러 나가다가 쓰러져 급사했다. 관습대로 장자(데이비드의 이복형인 제임스)가 재산을 상속받았다. 따라서 데이비드는 나이 많은 아들들과 어린 아들들, 가진 자와 못 가진 자로 나뉜 세상에서 자신이 통제할 수 없는 힘에 농락당하게 되었다. 게다가 이제 로시의 3대 영주가 된 제임스가 이복 형제들과 누이들에게 유산에서 나눠주어야 할 생활비를 깜박 잊고 주지 않을 때가 많아서 상황이 더 복잡해졌다. 제임스에게는 확실히 피가 더 진하게 느껴지는 형제자매가 있는 모양이었다. 어쩔 수 없이 일을 찾아야 할 처지가 된 데이비드는 상인의 도제가 되었지만, 빚이 점점 늘어났다. 그래서 열일곱 살이 되던 1714년에 바다로 도망쳤다. 가족들은 그의 이런 결정을 반갑게 여긴 듯하다. 그의 후견인은 데이비드의 형에게 보낸 편지에 이렇게 썼다. "그 녀석이 빨리 떠날수록 당신과 내게는 좋은 일이 될 겁니다."[12]

이런 고생 뒤에 칩은 괴롭기만 한 꿈에 더욱 시달리다가, 이른바 "불행한 운명"[13]을 꺾어버리겠다고 단단히 마음먹었다. 자신이 알던 세상과 멀리 떨어진 바다에 혼자 나가면 아주 기본적인 것들을 위한 몸부림 속에서 자신을 증명할 수 있을 것 같았다. 태풍에 용감하게 맞서고, 적선을 물리치고, 재난에서 동료들을 구해주면서.

하지만 칩은 해적 몇 명을 추적했을 뿐[14](여기에는 손이 하나뿐인 아일랜드인 헨리 존슨도 포함되었다. 그는 손이 없는 손목에 총열을 올려놓고 총을 쏘았다), 몇 번의 항해에서 이렇다 할 일을 겪지 않았다. 그가 파견되어 맡게 된 서인도제도 순찰 임무는 일반적으로 해군에서 가장 좋지 않은 임무로 여겨졌다. 질병의 망령 때문이었다. 황색 천벌, 피똥, 골절열, 청사병.*

하지만 칩은 견뎌냈다. 대단하지 않은가. 게다가 그는 앤슨의 신뢰까지 얻어 중위가 되었다. 두 사람 모두 무모하게 까부는 사람을 싫어한다는 점이 틀림없이 도움이 되었을 것이다. 칩은 그런 사람들이 "허세를 부린다"[15]고 생각했다. 나중에 칩과 가까운 사이가 된 스코틀랜드 출신 목사는 그가 "분별과 지식을 갖춘 사람"[16]이었기 때문에 앤슨이 그에게 일을 맡겼다고 말했다. 한때 의지할 곳 없는 빚쟁이였던 칩은 이제 한 발만 더 나아가면 갈망하던 선장의 자리에 도달할 수 있었다. 마침 스페인과의 전쟁이 발발했으므로, 그는 생애 처음으로 본격적인 전투에 뛰어들 참이었다.

---

* 차례대로 황열병, 이질, 뎅기열, 콜레라.

그 전쟁은 제국의 영토를 넓히려는 유럽 강국들의 한없는 책략이 낳은 결과였다.[17] 그들은 저마다 더 많은 땅을 정복하거나 차지하기 위해 경쟁했다. 다른 나라의 귀한 천연자원과 시장을 독점하고 착취하기 위해서였다. 그 과정에서 그들은 헤아릴 수 없이 많은 토착 부족을 복속시키거나 없애버리면서, 지상의 어두운 땅에 '문명'을 전파하고 있다는 주장으로 자신들의 무자비하고 이기적인 행동을 정당화했다. (여기에는 계속 확대되는 대서양 노예무역도 포함되었다.) 스페인은 오래전부터 라틴아메리카에서 지배적인 제국의 위치에 있었으나, 아메리카 대륙 동해안에 이미 많은 땅을 소유하고 있던 영국이 이제 주도권을 쥐고 라이벌의 지배력을 무너뜨리려 했다.

1738년 영국의 상선 선장인 로버트 젱킨스가 의회에 불려왔다. 거기서 그는 어떤 스페인 장교가 카리브해에서 자신의 배에 쳐들어와 식민지에서 설탕을 밀수하고 있다는 죄목으로 그의 왼쪽 귀를 잘랐다고 주장한 것으로 전해진다. 젱킨스는 병에 담아 보존처리를 한 그 귀를 보여주며[18] "조국을 위한 대의"[19]를 맹세했다고 한다. 그의 사건은 의회와 시사 논평가들의 열정에 더욱더 불을 붙여, 사람들이 피를 요구하며 목소리를 높이기 시작했다. 귀에는 귀, 눈에는 눈. 그리고 많은 전리품. 이 싸움은 '젱킨스의 귀 전쟁'으로 불리게 되었다.

영국 당국은 곧 스페인이 식민지에서 일군 부의 중심지인 카르타헤나를 공격할 계획을 마련했다. 카리브해에 있는 이 남아메리카 도시는 페루의 광산에서 캔 은 대부분이 무장 수송선에 실려 스페인으로 출발하는 곳이었다. 영국의 공세(에드워드 버넌 제독이 이끄는 186척의 대함대가 동원되었다)는 역사상 최대 규모의 수륙 합동작전이었다. 그러나 이보다 훨씬 더 작은 또 하나의 작전은 앤슨 사령관에게 맡겨졌다.

전함 다섯 척과 정찰선 한 척, 병력 2,000명을 이끌고 대서양을 건너 케이프 혼[20]을 끼고 돌면서, 적선을 "탈취하거나, 침몰시키거나, 태우는 등 여러 방식으로 파괴"[21]해 남아메리카 태평양 해안에서부터 필리핀에 이르기까지 스페인의 세력을 약화시키는 것이 그의 임무였다. 영국 정부는 책략을 짤 때, 순전히 해적을 후원한다는 인상을 주지 않으려 했다. 그러나 이 계획의 핵심에 필요한 것은 문자 그대로의 강도짓이었다. 전혀 다듬지 않은 은과 수십만 개의 은화를 실은 스페인 갈레온선을 가로채야 했으니까. 스페인은 1년에 두 번씩 멕시코에서 필리핀까지 그런 갈레온선을 보내 비단과 향신료 등 아시아의 물건을 사들였다. 항상 똑같은 배는 아니었다. 이렇게 구입한 물건은 유럽과 아메리카 대륙으로 가져와 팔았다. 이런 거래가 스페인의 세계적인 무역제국에서 아주 중요한 연결고리 역할을 했다.

칩이 동료들과 함께 맡은 임무는 당시 권력자들이 중요하게 생각하는 일과 거의 닿아 있지 않았지만, 보물을 한몫 잡을 수 있을 것 같다는 감질나는 전망이 그들을 유혹했다. 센추리온 호의 종군신부로 당시 스물두 살이던 리처드 월터는 나중에 그 항해의 기록을 정리했는데,[22] 갈레온선을 가리켜 "지구의 어떤 지역에서 마주치든 가장 바람직한 보물"[23]이라고 말했다.

만약 앤슨의 부대가 승승장구했다면(해군본부의 말처럼 "만약 하느님이 기뻐하시며 우리 무기에 축복을 내리신다면"[24]), 그들은 지구를 한 바퀴 돌아서 고향으로 돌아왔을 것이다. 해군본부는 앤슨에게 서신을 보낼 때 사용할 암호를 알려주었고, 한 관리는 반드시 "무엇보다 비밀스럽고 날래게"[25] 임무를 수행해야 한다고 주의를 줬다. 그러지 않으면, 돈 호세 피사로 사령관의 지휘로 조직되고 있는 스페인 대함대에 막혀 궤멸될 우려가 있었다.

----•----

칩은 생애 최장 원정을 앞두고 있었다. 어쩌면 3년이 될 수도 있는 이 원정은 가장 위험한 원정이기도 했다. 그러나 그는 자신이 "모든 대양에서 가장 큰 보물"을 찾아 나선 바다의 편력기사라고 생각했다. 그 모험의 와중에 선장이 될 수 있는 가능성도 아직 남아 있었다.

하지만 소함대가 빨리 출항하지 않으면, 스페인 대함대보다 더 위험한 케이프 혼 주위의 거친 바다 때문에 전멸해버릴까 봐 두려웠다. 그 길을 성공적으로 지난 영국 뱃사람은 몇 명밖에 되지 않았다. 그곳에서는 바람이 폭풍 수준으로 부는 것이 예삿일이고, 때로는 파도의 높이가 거의 100피트[30미터]에 이르렀다. 우묵한 곳에는 빙산이 잠복해 있었다. 그들은 남반구의 여름,

즉 12월부터 2월 사이에 항해해야 생존 가능성이 가장 높아진다고 보았다. 월터 신부는 이 "필수적인 원칙"[26]을 인용하면서, 겨울에는 바다가 더 사나워지고 기온이 영하로 떨어질 뿐만 아니라 지도에도 없는 해안선을 분간할 수 있는 낮 시간도 줄어든다고 설명했다. 그는 이 모든 이유로 인해, 이 미지의 해안을 돌아 항해하는 것이 "무엇보다 당혹스럽고 무서운" 일이 될 것이라고 주장했다.

그러나 전쟁이 선포된 1739년 10월 이후로 센추리온 호를 비롯해서 소함대에 소속된 전함들(글로스터 호, 펄 호, 세번 호)은 영국에서 수리와 정비를 위해 대기 중이었다. 칩은 하루하루 시간이 흐르는 것을 무력하게 지켜보았다. 1740년 1월이 그냥 지나갔다. 2월과 3월도 마찬가지였다. 스페인을 상대로 전쟁을 선포한 것이 거의 반년 전인데도, 소함대는 여전히 항해 준비가 되지 않았다.

잘했으면 당당한 함대가 되었을 것이다. 전함은 그때까지 만들어진 기계 중에서도 가장 정교한 물건이었다. 바람과 돛의 힘으로 물에 떠서 바다를 건너는 나무 성채였다. 만든 사람들의 이중적인 본성이 반영되었는지, 전함은 살인기계인 동시에 가족처럼 함께 사는 수병 수백 명의 집으로 고안되었다. 바다 위에서 이루어지는 치명적인 체스 게임에서 전함이라는 말이 전세계에 배치되었다. 월터 롤리 경은 이들이 지향하는 바를 다음과 같이 상상했다. "누구든 바다를 지배하는 자가 세계의 교역을 지배한다. 누구든 세계의 교역을 지배하는 자가 세계의 부를 지배한다."[27]

칩은 센추리온 호가 얼마나 빠른 배인지 알고 있었다. 빠르고 튼튼하며 무게가 약 1,000톤인 이 배에는 앤슨의 소함대에 속한 다른 전함들과 마찬가지로 높이 솟은 돛대 세 개에 활대가 십자 모양으로 뻗어 있고, 이 나무 활대에서 돛이 펼쳐졌다. 센추리온 호가 한꺼번에 펼칠 수 있는 돛은 무려 열여덟 개나 되었다. 선체에는 반짝이는 유약을 발랐고, 선미에는 포세이돈 등 그리스 신화 속 존재들이 황금색 부조로 그려져 있었다. 뱃머리에는 나무로 조각해서 밝은 빨간색을 칠한 16피트⁵ᵐᵉᵗ 길이의 사자 상이 얹어져 있었다. 포화 속에서 살아남을 확률을 높이기 위해 선체에 판자를 이중으로 덧댔기 때문에, 어떤 곳에서는 선체 외벽의 두께가 1피트³⁰ᶜᵉⁿᵗⁱ를 넘기도 했다. 층층이 쌓인 여러 갑판 중 두 곳의 양편에는 대포가 줄지어 놓여 있었다. 사각형 포문에서 고개를 내민 검은색 포구가 위협적이었다. 앤슨의 피후견인이자 수습장교인 열다섯 살의 오거스터스 케펠은 이 강력한 센추리온 호 앞에서 다른 전함들은 "절대 가망이 없다"[28]고 으쓱거렸다.

그러나 이런 선박들을 건조하고, 수리하고, 출항 준비를 갖추는 일은 상황이 아주 좋을 때라도 엄청난 일이었으니, 전시에는 그저 혼란스러울 뿐이었다. 세계 최대의 조선소 중 하나인 해군 공창이 감당할 수 없을 만큼 배가 많았다.[29] 물이 새는 배, 반쯤 건조된 배, 짐을 싣거나 내려야 하는 배. 앤슨의 배는 썩어가는 중이었다. 돛으로 동력을 얻고 위험한 포를 장착한 전함은 정교

한 배지만, 배를 만드는 원자재는 주로 삼베, 돛천, 나무 등 단순하고 썩기 쉬운 것들이었다.[30] 대형 전함 한 척을 건조하는 데에는 때로 무려 4,000그루의 나무가 필요했다. 100에이커[12만 평]나 되는 숲을 벌채하게 될 수 있다는 뜻이었다.[31]

배에 사용되는 나무는 대개 단단한 참나무였지만, 그것도 바다와 폭풍에 부서지기 쉬웠다. 때로 1피트[30센티]가 넘게 자라고 불그스름한 색을 띠는 배좀벌레조개는 선체를 갉아먹었다.[32] (콜럼버스도 서인도제도로 네 번째 항해를 하던 중에 이 동물 때문에 배 두 척을 잃었다.) 흰개미도 갑판과 돛대와 선실 문을 갉아 구멍을 뚫었으며, 빗살수염벌레도 마찬가지였다. 곰팡이 중에도 배의 나무를 게걸스레 집어삼키는 종이 하나 있었다. 1684년 당시 해군본부 사무관이던 새뮤얼 피프스는 건조 중인 전함 중에 이미 너무 많이 썩어서 "정박된 그 자리에서 그대로 가라앉을 위험"[33]이 있는 배가 아주 많다는 사실을 알고 말문이 막혔다.

당시 최고의 조선기술자 중 한 명은 전함의 평균수명을 고작 14년으로 추정했다. 그것도 배가 장기간 항해를 마치고 돌아올 때마다 돛대와 선체에 덧댄 판과 삭구를 싹 바꿔 사실상 배를 새로 만들다시피 해야 가능한 추정치였다. 그렇게 하지 않으면 재앙이 일어날 위험이 있었다. 1782년 길이 180피트[55미터]의 로열 조지 호(한동안 세계 최대 전함이었다)가 승조원이 전원 승선한 상태로 포츠머스 근처에 정박해 있을 때, 물이 넘치기 시작하더니 배가 가라앉았다. 원인에 대해서는 지금도 논란의 여지가 있지만, 당시 조사 결과는 "목재의 전반적인 부식 상태"[34]를 지목했다. 이 사고로 900명이 익사한 것으로 추정되었다.

━━━━━━━━━━━━━━ ● ━━━━━━━━━━━━━━

칩은 센추리온 호를 검사한 결과 배가 바다에서 입기 쉬운 일반적인 상처들이 발견되었음을 알게 되었다. 조선기술자는 선체에 덧댄 나무가 "심하게 벌레에 갉아먹혀"[35] 판자를 모두 떼어내고 새것으로 교체해야 한다고 보고했다. 뱃머리 쪽의 앞돛대도 썩어서 1피트[30센티] 깊이의 구멍이 뚫려 있었으며, 돛은 앤슨이 일지에 기록한 것처럼 "쥐에게 많이 갉아먹힌"[36] 상태였다. 소함대의 다른 전함 네 척에도 비슷한 문제가 있었다. 게다가 각각의 배에 몇 톤이나 되는 물자를 실어야 했다. 여기에는 약 40마일[65킬로] 길이의 밧줄, 면적이 총 1만 5,000평방피트[400평]가 넘는 돛, 농장 하나를 차려도 될 만큼 많은 가축(닭, 돼지, 염소, 소)이 포함되었다. (이런 동물들을 배에 태우는 것은 때로 지독히 힘든 일이었다. 영국의 한 선장은 식용 소가 "물을 좋아하지 않는다"[37]고 투덜거렸다.)

칩은 센추리온 호의 출항 준비를 끝내달라고 해군 행정관에게 호소했다. 그러나 전시의 흔한 상황이 펼쳐지는 중이었다. 많은 사람이 전투를 해야 한다고 외쳤지만, 국민들은 충분한 전비를 내놓으려 하지 않았다. 해군은 쪼들리다 못해 무너지기 직전이었다. 성질이 급하고 기분이 바람처럼 휙휙 바뀌는 칩이 지금은 육지에 발이 묶여 펜대나 굴리고 있었다! 그는 센추리온 호의 망가진 돛대를 새것으로 바꿔 달라고 조선소 관리들을 졸라댔다. 그러나 관리들은 구멍이 뚫린 곳을 메우기만 하면 된다고 주장했다. 칩이 해군본부에 편지를 써서 "사고방식이 몹시 이상하다"[38]고 비난한 뒤에야 관리들이 한 발 물러섰다. 하지만 시간은 계속 흘러갔다.

———————•———————

그렇다면 함대의 문제아인 웨이저 호는 어디 있었을까? 다른 전함과 달리 웨이저 호는 전투를 위해 태어난 배가 아니라 원래 상선이었다. 동인도 지역에서 무역에 이용되었기 때문에 동인도 무역선이라고 불렸다. 길이는 123피트[37미터]였는데, 처음부터 무거운 짐을 싣게 설계되어 뚱뚱하고 거대한 모양이라 정말 볼품이 없었다. 전쟁이 시작된 뒤 배가 추가로 필요해진 해군은 동인도회사에 거의 4,000파운드를 주고 이 배를 사들였다. 그 뒤로 이 배는 포츠머스에서 북동쪽으로 80마일[130킬로] 떨어진 뎃퍼드의 템스 강변 해군공창에 격리되어 완전히 탈바꿈을 당하고 있었다. 선실들이 뜯겨 나가고, 외벽에 구멍이 뚫리고, 계단이 사라졌다.

웨이저 호의 선장인 댄디 키드는 진행 중인 작업을 살펴보았다. 악명 높은 해적인 윌리엄 키드의 후손이라고 알려진 그는 쉰여섯 살의 노련한 뱃사람이었으며, 미신을 잘 믿었다. 그래서 바람과 파도에서 징조를 읽었다. 칩이 꿈에도 원하는 배의 지휘권을 그도 얼마 전에야 손에 쥐었다. 적어도 칩의 관점에서 키드는 그렇게 승진할 자격이 있는 사람이었다. 유명한 해군제독 존 노리스 경을 아버지로 둔 글로스터 호의 선장 리처드 노리스와는 달랐다. 존 경은 이 소함대에서 "살아남은 사람들이 전공과 행운을 모두"[39] 갖게 될 것을 알고 힘을 써서 아들을 밀어 넣었다. 글로스터 호는 소함대에서 신속한 수리가 이루어지는 유일한 배였다. 그 바람에 또 다른 선장은 이렇게 투덜거렸다. "내가 도크에 3주를 있었어도 못 하나 박히지 않았다. 존 노리스 경의 아들한테 먼저 신경을 쓰느라고."[40]

키드 선장에게도 나름의 사연이 있었다. 그는 기숙학교에 다섯 살짜리 아들을 두고 온 참이었다. 아버지와 똑같이 이름이 댄디인 아들에게는 키워줄 엄마가 없었다. 만약 아버지가 항해에서 살아 돌아오지 못한다면 아들은 어떻게 될까? 키드 선장은 벌써 불길한 징조에 겁을 내고 있었다. 일지에 그는 자신이 새로 승선하게 된 배가 거의 "뒤집힐 뻔"[41] 했다고 쓰고, 해군본부에 비정상적으로 기울어지는 '하자품'일 가능성이 있다고 경고했다. 배가 뒤집어지지 않게 선체 바닥에 무게를 주려면, 해치를 통해 어둡고 축축한 동굴 같은 화물창 속으로 400톤이 넘는 무쇠와 자갈을 내려보내야 했다.

일꾼들은 그해 겨울의 기록적인 추위 속에서 땀을 흘렸다. 그런데 웨이저 호의 출항 준비가 막 끝날 무렵, 칩은 엄청난 일이 발생했음을 알고 당황했다. 템스 강이 얼어붙다니. 이편 강둑에서 저편 강둑까지 깨지지 않는 두꺼운 얼음이 물결 모양으로 은 은히 빛나고 있었다. 뎃퍼드의 한 관리는 해군본부에 강물이 녹을 때까지 웨이저 호는 갇힌 몸이라고 말했다. 웨이저 호는 두 달이 지난 뒤에야 자유의 몸이 되었다.

이 낡은 동인도 무역선은 5월에 마침내 뎃퍼드 조선소에서 전함으로 모습을 드러냈다. 해군은 포의 개수로 전함을 분류하는데, 28문의 포가 있는 웨이저 호는 가장 낮은 등급인 6급이었다. 이 배의 이름은 일흔네 살의 해군대신이던 찰스 웨이저 경을 기념해서 지어졌다. 잘 맞는 이름인 것 같았다. 그들 모두 목숨을 걸고 도박을 하는 사람들이지 않은가.*

중앙 무역로를 따라 물살과 함께 템스 강을 떠가는 웨이저 호[42] 옆으로 카리브해의 설탕과 럼주를 실은 서인도 무역선, 아시아의 비단과 향신료를 실은 동인도 무역선, 등불과 비누에 사용되는 고래기름을 싣고 북극에서 돌아온 고래사냥꾼 등이 지나갔다. 이렇게 복잡한 항로를 따라가던 웨이저 호의 용골이 모래톱에 걸렸다. 이런 곳에서 난파하다니! 하지만 배는 곧 모래톱에서 빠져나와 7월에 마침내 포츠머스 항구 근처에 도착했다. 칩이 웨이저 호를 본 것이 그때였다. 뱃사람들은 지나가는 배의 우아한 곡선이나 끔찍한 결점을 지적해대며 무자비하게 추파를 던지기 일쑤였다.[43] 비록 웨이저 호는 자랑스러운 전함의 모습을 하고 있었지만, 과거의 모습을 완전히 감출 수는 없었다. 키드 선장은 지금이라도 늦지 않았으니 배에 새로 유약과

---

* '웨이저(wager)'는 '노름', '내기'를 뜻하는 단어이기도 하다.

페인트를 칠해 다른 배처럼 반짝거리게 만들어달라고 해군본부에 읍소했다.

전쟁이 시작된 뒤로 피 한 방울 보지 못하고 9개월이 흘러 7월 중순이 되었다. 칩은 소함대가 즉시 출항한다면 남반구의 여름이 끝나기 전에 케이프 혼에 닿을 수 있을 것이라 자신했다. 그러나 이 전함에는 가장 중요한 요소인 사람이 아직 없었다.

———— • ————

긴 항해기간과 예정된 수륙 합동작전 때문에 앤슨의 소함대에 소속된 전함들은 모두 설계보다 훨씬 더 많은 수병과 해병을 태워야 했다. 보통 400명을 태우는 센추리온 호는 약 500명을 태우고 항해해야 했고, 웨이저 호는 평소의 승선인원보다 두 배에 가까운 약 250명을 빽빽이 태워야 할 것 같았다.

칩은 승조원들이 도착하기를 기다리고 또 기다렸다. 그러나 해군본부의 자원병들은 이미 모두 다른 곳에 배치되었고,[44] 영국에는 징병제도가 없었다. 이 나라의 초대 총리 로버트 월폴[45]은 승조원 부족으로 해군의 배 중 3분의 1이 사용불능 상태가 되었다고 경고했다. "아! 수병, 수병, 수병!"[46] 그는 어느 회의에서 이렇게 소리쳤다.

칩이 다른 장교들과 함께 승조원을 긁어모으려고 애쓰는 동안 불안한 소식들이 들려왔다. 신병들이 병에 걸려 쓰러지고 있다는 소식이었다. 그들은 머리가 욱신거리고 팔다리가 너무 아파서 마치 잔뜩 얻어맞은 것 같다고 말했다. 여기에 설사, 구토, 혈관 파열, 무려 40도가 넘는 고열이 동반된 사례도 여럿이었다. (이로 인해 환자들은 헛것을 보았다. 한 의학 논문은 "허공에서 있지도 않은 물건을 잡으려 한다"[47]고 표현했다.)

바다로 나가기도 전에 사람들이 쓰러졌다. 칩이 헤아리기로 센추리온 호에서만 적어도 200명이 병에 걸려 25명 넘게 사망했다. 그는 원정에서 실습을 하라고 어린 조카 헨리를 데려왔는데… 만약 그 아이가 쓰러진다면? 심지어 튼튼하기 짝이 없는 칩도 "아주 좋지 않은 건강 상태"[48]로 고생하고 있었다.

그것은 참담하게 번지는 '배의 열병,'[49] 지금은 발진티푸스라고 불리는 병이었다. 당시에는 이 병의 원인이 박테리아 감염이며, 이를 비롯한 여러 해충이 옮기는 병이라는 사실을 누구도 알지 못했다. 배는 잘 씻지 못하는 신병들[50]을 더러운 곳에 빽빽이 싣고 항해하기 때문에, 사람이 빗발치는 포탄보다 더 치명적인 병균 운반체가 되었다.

앤슨은 칩에게 병자들을 포츠머스 근처 고스포트의 임시병원으로 빨리 데려가라고 지시했다. 항해 일정에 맞춰 그들이 혹시 회복할 수 있지 않을까 하는 마음에서였다. 소함대에는 여전히 사람이 절실히 필요했다. 그러나 병원에 환자가 넘쳐나게 되면서, 대부분의 병자를 인근 여인숙에 숙박시키는 수밖에 없었다. 약보다 술이 많은 그곳에서 환자들은 때로 좁은 침상 하나에 세 명씩 붙어서 누워야 했다. 한 해군제독은 이렇게 지적했다. "이렇게 비참한 상황에서 그들은 급속히 죽어나간다."[51]

웨이저

함대의 인원을 채우려는 평화적인 노력이 실패로 돌아간 뒤, 해군이 채택한 방법에 대해 해군본부의 한 사무관은 "더 폭력적인"[52] 전략이라고 표현했다. 무장한 무리들을 여기저기로 보내 뱃사람을 억지로 입대시키는 방법인데, 사실상 납치였다. 무장한 무리들은 여러 도시를 어슬렁거리며 누가 됐든 뱃사람 티가 나는 사람을 붙잡았다. 친숙한 체크무늬 셔츠, 무릎이 넓은 바지, 둥근 모자. 배 안에 있는 거의 모든 물건의 방수처리와 내구성 강화에 사용되던 타르가 묻은 손가락도 뱃사람의 징표였다. (그래서 뱃사람이 타르라고 불렸다.) 각 지역 당국에도 "여기저기 돌아다니는 뱃사람, 뱃사공, 거룻배 사공, 어부를 모두 붙잡으라"[53]는 명령이 내려왔다.

한 뱃사람이 나중에 들려준 이야기에 따르면, 런던의 거리를 걷고 있는데 낯선 사람이 다가와 어깨를 두드리며 이렇게 물었다고 한다. "어떤 배야?"[54] 뱃사람은 선원이 아니라고 부인했지만, 타르 얼룩이 묻은 손끝을 숨길 수 없었다. 낯선 사람이 호각을 불자 순식간에 무장한 무리가 나타났다. "여섯 명이나 여덟 명쯤 되는 폭력배들이 나를 붙잡았는데, 그들이 강제 징병대라는 사실을 곧 알게 되었다. 그들은 나를 끌고 여러 거리를 급히 지나갔다. 행인들이 그들을 통렬하게 비난하면서 안쓰럽다는 표정으로 나를 보았다."

강제 징병대는 배를 타고 나가,[55] 항구로 들어오는 상선이 있는지 수평선을 정찰하기도 했다. 상선이야말로 가장 푸짐한 사냥터였다. 그렇게 잡힌 사람 중에는 몇 년 동안 가족의 얼굴도 보지 못한 채 먼 항해에서 돌아온 이들이 많았다. 그런데 이제 전쟁에 나가 긴 항해를 하며 겪어야 할 위험을 생각하면, 어쩌면 두 번 다시 가족을 보지 못하게 될 수도 있었다.

칩은 센추리온 호의 어린 수습장교 존 캠벨과 친해졌다. 상선에서 일하다가 강제로 징병된 녀석이었다. 그가 타고 있던 배에 무장한 무리가 밀고 들어와 그보다 나이가 많은 한 남자를 끌고 가려 했다. 캠벨은 그가 눈물을 글썽이며 끌려가는 것을 보고 앞으로 나서서 대신 자신을 데려가라고 말했다. 강제 징병대의 대장은 이렇게 말했다. "엉엉 울어대는 놈보다야 기운 좋은 젊은이가 더 낫지."[56]

앤슨이 캠벨의 의협심에 감동한 나머지 그를 수습장교로 임명했다고 했다. 그러나 대부분의 뱃사람은 "납치범들"을 피하려고 비좁은 화물창에 숨거나, 점호 명부에 자신을 죽은 사람으로 기록하거나, 상선이 큰 항구에 도착하기 전에 도망치는 등 안간힘을 썼다.[57] 강제 징병대가 1755년 런던에서 어느 뱃사람을 잡으려고 그가 들어간 교회를 에워싼 적이 있었다. 신문 보도에 따르면 그 뱃사람은 "나이 많은 부인의 긴 외투, 후드, 보닛"[58]으로 변장하고 간신히 빠져나갔다.

납치당한 뱃사람들은 작은 부속선의 화물창에 실려 운반되었다. 물 위의 감옥처럼 생긴 이 배의 해치에는 격자문이 볼트로 고정되었고, 소총과 총검을 든 해병들이 경비를 섰다. 한 뱃사람은 이렇게 회상했다. "여기서 우리는 서로 다닥다닥 붙어 하루 낮과 밤을 보냈다. 따로 떨어져서 앉거나 설 공간이 없었다. 우리의 처지가 정말로 곤궁했다. 많은 사람이 뱃멀미를 했기 때문이다. 속을 게워내는 사람도 있고 담배를 피우는 사람도 있었지만, 그보다는 악취가 너무 지독하고 신선한 공기가 없어서 기절하는 사람도 많았다."[59]

아들, 형제, 남편, 아버지가 그렇게 붙잡혀 갔다는 소식을 들은 가족들은 부속선이 떠나는 곳으로 달려왔다. 잡혀간 가족을 잠시라도 볼 수 있을까 싶어서였다. 새뮤얼 피프스는 일기에서 강제로 징병된 뱃사람들의 아내가 런던탑 인근의 부두에 모여 있는 모습을 묘사했다. "내 평생 그렇게 자연스럽고 격렬한 감정 표현을 처음 보았다. 어떤 여자들은 크게 통곡하면서 남편을 찾으려고 남자들이 끌려올 때마다 달려가고, 남편이 혹시 이미 배에 탔을까 싶어서 배가 떠날 때마다 울고, 달빛으로 배를 더 이상 볼 수 없을 때까지 계속 배를 바라보았다. 그들의 소리만 들어도 가슴이 아팠다."[60]

———————— • ————————

앤슨의 소함대는 강제로 징병된 사람을 수십 명 받았다. 칩이 센추리온 호를 위해서 맡은 사람이 최소한 65명이었다. 그들이 강제로 징병되었다는 사실을 알고 그가 얼마나 불쾌감을 품었는지는 몰라도, 그에게는 최대한 많은 뱃사람이 필요했다. 하지만 마지못해 끌려온 사람들은 기회가 생기는 대로 도망쳤다.[61] 군대에 자원했지만 불안해진 사람들도 마찬가지였다. 하루 만에 세번 호에서 30명이 사라졌다. 고스포트로 보내진 환자들 중 경비가 느슨해진 틈을 타서 도망친 사람은 헤아릴 수 없이 많았다. 한 제독은 이렇게 표현했다. "기어서 움직일 수 있게 되자마자 도망쳤다."[62] 모두 합해서 240명이 넘는 사람들이 소함대에서 도망쳤다.[63] 여기에는 글로스터 호의 종군신부도 포함되었다. 키드 선장이 웨이저 호의 새 선원들을 잡아오라고 강제 징병대를 파견했을 때는 징병대원 중 여섯 명이 도망치기도 했다.

앤슨은 자유를 찾아 헤엄쳐가는 것이 불가능할 만큼 포츠머스 항구에서 멀리 떨어진 곳에 배를 정박시키라고 소함대에 지시했다. 이런 방법이 자주 사용되었기 때문에, 한 뱃사람이 아내에게 다음과 같은 편지를 쓸 정도였다. "해안에 닿을 수만 있다면, 내 수중에 있는 돈이 100기니라도 전부 내놓을 수 있어. 나는 그저 매일 밤 갑판에 누워 있을 뿐이야… 당신에게 돌아갈 수 있을 거라는 희망이 없어… 아이들을 위해 최선을 다해줘. 내가 돌아갈 때까지 당신과 아이들에게 하느님의 은총이 함께하기를."[64]

좋은 뱃사람은 반드시 *"명예, 용기… 꾸준함"*[65]을 갖춰야 한다고 믿던 칩은 도망치지 않은 신병들의 상태를 보고 당연히 경악

했다. 강제 징병대가 기피 대상임을 잘 아는 지역 당국이 그 지역의 바람직하지 않은 사람들을 떠넘기는 일이 흔했다. 그렇게 징병된 사람들은 한심했고 자원병도 크게 다르지 않았다. 한 제독은 어느 신병 무리를 보고 "매독, 옴, 연주창 등 런던의 병원에서 온 온갖 환자들이 가득했다. 배에 병을 퍼뜨리는 것 말고는 쓸모가 없을 것이다. 나머지 사람은 대부분 도둑, 강도, 뉴게이트 [감옥] 놈 등 런던의 오물들"[66]이라고 묘사했다. 그리고 이런 결론을 내렸다. "이전의 모든 전쟁에서 우리에게 넘어온 병사들에게 반도 미치지 못한다. 간단히 말하자면 이들이 너무나 형편없어서 어떤 말로 묘사해야 할지 모르겠다."

정부는 병력 부족에 조금이나마 대처하기 위해 앤슨의 소함대에 해병 143명을 보내주었다.[67] 당시 해병은 육군의 일부였다. 장교들까지 함께 온 해병들은 육지 상륙을 돕는 한편 바다에서도 손을 빌려주기로 되어 있었다. 그러나 워낙 신병들이라서 배에 발을 들여본 적도 없고 심지어 무기를 발사하는 법도 몰랐다. 해군본부는 그들이 "쓸모없다"[68]고 인정했다. 해군은 절박한 나머지 첼시의 로열 병원에 입원한 군인 500명을 붙잡아 앤슨의 소함대에 넘겨주는 극단적인 조치를 취했다. 로열 병원은 "늙거나, 장애가 있거나, 왕을 위해 복무하다가 병든"[69] 참전군인을 위해 17세기에 건립된 양로원이었다. 따라서 나이가 60대나 70대인 사람이 많았고, 류머티즘, 난청, 시력 부분상실, 경련 등으로 고생했다. 신체 중 일부가 없는 사람도 있었다. 나이와 신체적인 상태를 감안할 때, 이 군인들은 복무에 적합하지 않았다. 월터 신부는 그들을 가리켜 "누구보다 노쇠하고 가련한 징병 대상"[70]이라고 묘사했다.

이 환자들 중 거의 절반이 포츠머스로 가는 도중에 사라졌다. 나무 의족으로 절룩거리며 도망친 사람도 있었다. "걸어서 포츠머스를 벗어날 수 있는 다리와 힘이 있는 사람은 모두 탈영했다."[71] 월터 신부는 이렇게 적었다. 앤슨은 종군신부가 "늙고 병든 무리"라고 표현한 사람들 대신 다른 사람을 보내달라고 해군 본부에 호소했다. 그러나 보내줄 신병이 없었다. 앤슨은 심하게 아픈 환자들 일부에 퇴짜를 놓았지만, 그의 상관들은 그들에게 다시 배로 돌아가라고 명령했다.

칩은 배로 들어오는 환자들을 지켜보았다. 너무 쇠약해서 들것에 실려오는 사람이 많았다. 겁에 질린 그들의 얼굴에는 누구나 내심 알고 있는 사실이 드러나 있었다. 그들의 항해가 죽음으로 이어져 있다는 것. 월터 신부는 이렇게 인정했다. "그들은 십중팔구 고통스러운 만성 질환으로 아무 쓸모없이 죽음을 맞을 것이다. 나라를 위해 청춘의 활기와 힘을 바친 사람들인데."[72]

1740년 8월 23일, 일정이 1년 가까이 지연된 끝에 전투 이전의 전투가 끝났다. 센추리온 호의 한 장교는 "항해를 시작할 모든 준비가 갖춰졌다"[73]고 일기에 썼다. 앤슨은 칩에게 대포 하

나를 발사하라고 지시했다. 그것은 소함대에게 닻을 올리라는 신호였다. 대포 소리를 들은 함대 전체(전함 다섯 척과 길이 84피트26미터인 정찰선 트라이얼 호,[74] 그리고 도중까지 동행할 소형 화물선 애나 호와 인더스트리 호)가 부산하게 살아났다. 장교들이 숙소에서 모습을 드러내고, 갑판장은 호각을 불며 "모두 움직여! 모두!"라고 외쳤다. 선원들은 이리저리 뛰어다니며 촛불을 끄고, 해먹을 묶고, 돛을 풀었다. 앤슨의 눈과 귀가 지켜보는 가운데, 침의 주위에서 모든 것이 움직이는 듯 싶더니, 배도 움직이기 시작했다. 채권자, 못된 관리, 한없이 이어지는 갑갑한 일과는 이제 작별이었다.

항구에서 출항한 다른 배들이 영국해협을 따라 대서양으로 나아가는 함대 주위에서 바람과 공간을 차지하려고 움직였다. 여러 배가 충돌하는 바람에, 아직 육지 사람의 티를 벗지 못한 수병들이 겁에 질렸다. 그런데 그때 신들처럼 변덕스러운 바람이 그들의 눈앞에서 갑자기 방향을 바꿨다. 그렇게 가까운 바람을 감당할 능력이 없는 앤슨의 소함대는 출발지로 되돌아가는 수밖에 없었다. 그런 식으로 출항했다가 후퇴하는 일이 두 번이나 더 반복되었다. 런던《데일리 포스트》는 9월 5일자에서 함대가 아직도 "순풍을 기다리는 중"[75]이라고 보도했다. 이렇게 온갖 고난을 겪고 나니 그 자리에 그냥 머물러야 하는 저주를 받은 것 같았다.

그러나 9월 18일 해질녘에 순풍이 감지되었다. 불만 많은 신병들 중에서도 일부는 마침내 출항하게 되었다며 안도한 기색이었다. 최소한 할 일이 생길 테니 이제 쓸데없는 생각을 하지 않게 될 것이다. 또한 이제는 갈레온선이라는 뱀의 유혹을 좇을 수 있었다. 웨이저 호의 한 승조원은 일기에 이렇게 썼다. "그들은 엄청난 부자가 되어 몇 년 뒤 적의 재화를 싣고 영국으로 돌아올 것이라는 희망으로 들떴다."[76]

칩은 후갑판에 있는 자신의 자리에 섰다. 선미에 만들어진 단으로 장교들의 함교 역할을 하며, 키와 나침반이 설치되어 있는 곳이었다. 칩은 소금 냄새가 나는 공기를 들이마시고, 찬란한 교향곡 같은 주위의 소리에 귀를 기울였다. 선체가 흔들리는 소리, 마룻줄 튕기는 소리, 뱃머리에 철썩이는 파도 소리. 배들은 우아한 대형을 유지하며 미끄러지듯 움직였다. 돛을 날개처럼 펼친 센추리온 호가 앞에서 함대를 이끌었다.

얼마 뒤 앤슨이 이 함대의 함장이라는 직책을 나타내는 적색 깃발을 센추리온 호의 큰돛대에 올리라는 지시를 내렸다. 다른 선장들은 각각 열세 발의 예포를 발사했다. 천둥 같은 소리와 연기가 하늘로 사라져갔다. 세상에 새로이 태어난 배들은 해협을 빠져나왔다. 언제나 느슨해지는 법이 없는 칩은 해안이 점점 멀어지는 것을 지켜보았다. 마침내 주위에 온통 짙푸른 바다만 남을 때까지.

2장 ──────────── 자원입대한 신사

존 바이런은 웨이저 호의 갑판장이 조수들과 함께 아침 근무조를 부르며 미친 사람처럼 질러대는 고함 소리에 깨어났다.[1] "얼른 일어나서 나와, 이 잠탱이들아! 얼른 나와!" 아직 새벽 4시도 되지 않은 시각이라 사방이 어두웠다. 물론 배 안 깊숙한 곳에 있는 바이런의 침상에서는 낮과 밤을 구분할 수 없었지만. 웨이저 호의 수습장교인 그(고작 열여섯 살이었다)에게 주어진 자리는 후갑판 아래, 상갑판 아래, 심지어 하갑판보다도 아래였다. 일반 수병들이 해먹에서 자는 곳이라, 그들의 몸이 들보에 대롱대롱 매달려 있었다. 바이런의 자리는 최하층 갑판의 뒤편이었다. 습기 많고, 공기도 통하지 않고, 자연광도 전혀 들어오지 않는 형편없는 자리. 그 자리 아래에 있는 것이라고는 배의 화물창뿐이었다. 더러운 물이 고여 있는 곳이라서, 바로 위에서 자는 바이런은 악취에 시달렸다.

웨이저 호 등 소함대의 배들이 바다로 나온 지 겨우 2주가 되었을 뿐이라 바이런은 아직 환경에 익숙해지는 중이었다. 최하층 갑판의 천장 높이가 5피트1.5미터도 되지 않았기 때문에, 서 있을 때 고개를 숙이지 않으면 머리를 천장에 찧을 정도였다. 그는 나무로 만든 창고 같은 이 공간을 다른 어린 수습장교들과 함께 썼다. 그들 각자가 해먹을 걸 수 있는 공간의 폭은 기껏해야 21인치53센티를 넘지 않아서, 가끔 옆에서 자는 사람과 팔꿈치나 무릎이 부딪힐 정도였다. 그래도 일반 수병들에게 할당된 공간에 비하면 무려 7인치18센티나 넓은 공간이었다. 하지만 장교들의 개인 침상에는 미치지 못했다. 특히 후갑판 근처에 있는 커다란 선장실에는 침실, 식사하는 공간, 바다를 굽어보는 발코니가 포함되어 있었다. 육지에 있을 때와 마찬가지로 차지한 공간만큼 프리미엄이 있었고, 머리를 두고 자는 장소가 곧 서열을 보여주었다.

바이런을 비롯한 수습장교들은 비좁은 트렁크에 넣어서 가져온 몇 가지 물건을 최하층 갑판의 그 공간에 두었다. 나무로 만든 트렁크에는 항해를 위해 가져온 그들의 물건이 모두 들어 있었다. 배에서 트렁크는 의자, 카드테이블, 책상의 역할을 겸했다. 한 소설가는 18세기 어느 수습장교의 침상에 대해 더러운 옷더미와 "접시, 컵, 책, 삼각모, 더러운 스타킹, 참빗, 하얀 생쥐 한 무리, 새장에 든 앵무새"[2]가 어지럽게 흩어져 있었다고 묘사했다. 그러나 수습장교 숙소에서 토템 역할을 하는 것은 사람 몸이 누울 수 있을 만한 길이의 나무 탁자였다. 이런 탁자는 팔다리를 절단할 때 사용되었다. 이 숙소는 수술실로도 사용되었으므로, 그 탁자는 앞으로 다가올 위험을 일깨워주는 물건이었다. 일단 웨이저 호가 전투에 돌입하면, 바이런의 숙소인 이곳은 뼈를 자르는 톱과 피가 가득해질 것이다.

갑판장과 조수들은 시내에서 공문의 내용을 소리쳐 알리는 관리들처럼 계속 고함을 지르고 호각을 불어댔다. 그들은 등불을 들고 이 갑판 저 갑판을 돌아다니며 잠에 겨운 수병들 위로 허리를 구부리고 소리를 질렀다. "일어날래, 떨어질래! 일어날래, 떨어질래!" 수병이 일어나지 않으면, 그들은 해먹을 매단 밧줄을 잘라 수병의 몸이 바닥으로 우당탕 떨어지게 했다. 덩치가 큰 웨이저 호의 갑판장 존 킹이 수습장교를 건드릴 것 같지는 않았다. 그래도 바이런은 그를 조심해야 한다는 것을 알았다. 수병들을 감독하고 처벌(제멋대로 구는 수병을 대나무 회초리로 때리는 것도 포함)을 내릴 권한이 있는 갑판장들은 원래 거칠기로 악명이 높았다. 게다가 킹에게는 특히 사람을 불안하게 만드는 분위기가 있었다. 한 승조원은 킹의 "성격이 배배 꼬여서 종잡을 수가 없다"[3]면서 그의 "말투가 워낙 험악해서 우리는 견딜 수 없었다"고 말했다.

바이런은 재빨리 일어나야 했다. 목욕할 시간은 없었다. 어차피 물 공급량이 한정되어 있어서 목욕은 드문 일이었다. 그는 이렇게 불결한 곳에서 낯선 사람들 앞에서 몸을 드러내야 하는 불편을 감수하며 옷을 갈아입기 시작했다. 그의 집안은 영국에서 가장 오래된 가문 중 하나였다. 조상을 거슬러 올라가면 노르만 정복 때까지 닿을 정도였다. 또한 그의 외가와 친가가 모두 귀족이었다. 이제는 고인이 된 아버지는 4대 바이런 경이었고, 어머니는 남작의 딸이었다. 그의 형인 5대 바이런 경은 상원 의원이었다. 존은 귀족가의 차남이었으므로, 그 시대의 호칭으로 '명예로운' 신사였다.

바이런 가문의 영지가 있는 뉴스테드 애비⁴와 웨이저 호가 얼마나 다르게 보이는지. 숨이 막히게 아름다운 가문의 성 중 일부는 12세기에 수도원으로 지어진 건물이었다. 도합 3,000에이커³⁶⁷만 평 규모인 가문의 땅은 이야기 속 로빈 후드가 돌아다녔다는 셔우드 숲에 에워싸여 있었다. 바이런의 어머니는 수도원의 창문 한 곳에 그의 이름과 생일(1723년 11월 8일)을 새겼다. 웨이저 호의 이 어린 수습장교는 훗날 시인 바이런 경의 할아버지가 되었고, 바이런은 낭만적인 시에서 뉴스테드 애비를 자주 불러냈다. "저택 자체가 광대하고 훌륭했다."⁵ 그는 이렇게 쓰고 나서 "마음에 웅장한 인상을 남겼다, / 최소한 마음으로 볼 수 있는 사람이라면"이라고 덧붙였다.

앤슨이 원정에 나서기 2년 전, 당시 열네 살이던 존 바이런은 엘리트 학교인 웨스트민스터 학교를 그만두고 해군에 자원했다. 형인 윌리엄이 가문의 재산뿐만 아니라, 바이런 집안의 수많은 사람들을 감염시킨 광기까지 물려받은 것이 원인이었다. 이 광기 때문에 나중에 그는 결국 가문의 재산을 탕진하고 뉴스테드 애비를 폐허로 만들게 된다. ("내 조상들의 집이 쇠락해 쓰러졌다."⁶ 시인은 이렇게 썼다.) 윌리엄은 호수에서 해상전투를 흉내 냈고, 결투에서 검으로 친척에게 치명상을 입히는 바람에 사악한 영주라는 별명을 얻었다.

존 바이런은 품위 있게 살아갈 수 있는 재산을 거의 물려받지 못했다. 성직에 들어갈 수도 있었을 것이다. 실제로 그의 남동생 한 명이 나중에 택한 길이기도 했다. 그러나 성직은 그에게 너무나 지루한 직업이었다. 육군은 많은 신사들이 선호하는 곳이었다. 정중한 모습으로 말 위에 반둥거리며 앉아 있기만 하면 될 때가 많았기 때문이다. 해군은 실제로 몸을 움직여 일하면서 손을 더럽혀야 하는 곳이었다.

새뮤얼 피프스는 젊은 귀족과 신사에게 "명예로운 봉사"[7]로서 바다에 나가는 길을 생각해보라고 격려했다. 1676년에는 특권층 젊은이들에게 이 길의 매력을 더욱 높여줄 새로운 정책을 마련하기도 했다. 그들이 적어도 6년 동안 전함에서 견습 생활을 한 뒤 구두시험을 통과하면, 해군의 장교로 임관될 수 있다는 정책이었다. 해군에 자원입대한 사람들은 보통 선장의 하인 또는 이른바 왕의 서한병*으로 군대 생활을 시작해 나중에 수습 장교가 되었다. 이것은 전함에서 모호한 지위였다. "요령을 터득"할 수 있게 일반 수병처럼 땀을 흘려야 하지만, 또한 장차 장교와 선장이 되기 위해 훈련받는 사람이라는 지위도 인정받았다. 어쩌면 제독의 자리까지 올라갈 가능성도 있기 때문에, 그들에게는 후갑판을 거니는 것이 허용되었다. 이런 유인책에도 불구하고, 해군에서 경력을 쌓는 것은 바이런 같은 배경을 지닌

---

* 피프스의 정책으로 입대한 사람들이 장교 임관을 사실상 보장하는 왕의 서한을 받은 데서 나온 별명.

사람에게는 다소 부적당하다고 여겨졌다. 바이런의 가문과 아는 사이인 새뮤얼 존슨은 "변종"[8]이라고 표현했다. 그러나 바이런은 바다의 신비에 홀려 있었다. 프랜시스 드레이크 경 같은 뱃사람들에 관한 책에 매혹된 나머지 웨이저 호에도 그런 책을 가져올 정도였다. 이 바다의 무용담들은 그의 트렁크 안에 보관되어 있었다.

그러나 바다 생활에 매력을 느낀 젊은 귀족에게도 갑작스러운 환경 변화는 충격적일 수 있었다. 바이런과 비슷한 처지의 수습장교는 당시를 이렇게 회상했다. "아이고 신들이여, 이렇게 다를 수가! 나는 창문에 대포가 설치된 우아한 집 같은 것을 기대했다. 질서정연한 병사들도. 간단히 말해서, 나는 그로스베너 플레이스* 같은 곳이 노아의 방주처럼 떠다닐 줄 알았다."[9] 하지만 배의 갑판은 "더럽고, 미끄럽고, 축축했다. 역겨운 냄새가 나고, 보이는 모든 광경이 혐오스러웠다. 수습장교들의 단정치 못한 옷차림, 그러니까 추레하고 둥근 재킷, 흐리멍덩한 모자, 장갑을 끼지 않은 손, 간혹 보이는 맨발을 보고 나는 찬란한 기대를 모두 잊어버렸… 내 평생 거의 처음으로, 그때가 마지막이었다고 말할 수 있다면 좋겠지만, 하여튼 나는 주머니에서 손수건을 꺼내 얼굴을 가리고 아이처럼 울었다. 실제로 나는 아이였다."

"건강에 나쁜 악취"와 "역겨운 불결함"[10]을 피하기 위해 가난

---

* Grosvenor Place. 런던의 거리 이름으로, 고급 주거·업무 지역이다.

하고 궁한 수병들에게는 기본 의복이 지급되었지만, 아직 해군 장교의 제복은 제도화되지 않았다. 바이런과 같은 처지의 사람이라면 대부분 화려한 레이스와 비단으로 된 옷을 사 입을 여유가 있었으나, 그래도 선상 생활에 걸맞은 옷을 갖춰 입어야 했다. 햇빛을 가려줄 모자, 몸의 온기를 유지해줄 재킷(보통 파란색), 이마를 닦을 스카프, 그리고 바지. 이런 별난 옷차림의 시작은 선원들이었다. 재킷과 마찬가지로 바지도 밧줄에 걸리지 않게 짧게 만들어졌다. 날씨가 고약할 때는 끈적거리는 타르를 발라 옷을 보호했다. 그러나 바이런은 이렇게 소박한 옷을 입어도, 하얗고 반짝이는 피부 덕분에 놀라울 정도로 멋진 모습이었다. 커다란 갈색 눈에는 호기심이 반짝였고, 머리카락은 구불거렸다. 나중에 누군가가 그를 저항할 수 없을 만큼 잘생긴 남자라고 묘사하기도 했다. "최고의 외모였다."[11]

그는 해먹을 내려 침구와 함께 말아서 정리한 뒤, 서둘러 갑판과 갑판 사이의 사다리를 올라갔다. 어지러운 배 안에서 길을 잃으면 큰일이었다. 마침내 그는 시커멓게 석탄을 뒤집어쓴 광부 같은 모습으로 후갑판으로 통하는 해치에서 나와 신선한 공기를 빨아들였다.

바이런을 포함해서 이 배에 타고 있는 사람들 대부분은 두 조로 나뉘어 교대로 근무했다. 조별 인원은 약 100명이었다. 바이런의 조가 위에서 일할 때면, 근무를 마친 다른 조는 아래에서 지친 몸으로 휴식을 취했다. 어둠 속에서 바삐 움직이는 발소리와 온갖 사투리가 들렸다. 멋쟁이에서부터 도시 빈민에 이르기까지 온갖 종류의 사람이 모여 있었는데,[12] 그들의 임금은 사무장인 토머스 하비에게 통고되어, 의복 값과 식기 값으로 지불되었다. 목수, 통장이,* 돛 깁는 사람 등 해군의 전문 장인들 외에 머리가 어지러울 만큼 다양한 직업의 사람들이 있었다.

승조원 중 적어도 한 명은 런던 출신의 흑인 자유민으로, 이름이 존 덕이었다. 영국 해군은 노예무역을 보호해주었지만, 솜씨 좋은 선원이 필요한 선장들이 흑인 자유민을 명단에 올릴 때가 많았다.[13] 배 안에서는 육지에서만큼 인종분리가 엄격히 실시되지 않을 때도 있었지만, 차별은 널리 퍼져 있었다. 문서 기록이 전혀 남아 있지 않은 덕은 백인 뱃사람이 결코 겪을 일이 없는 위협에 직면해 있었다. 만약 바다에서 포로가 된다면, 노예로 팔릴 위험이 있다는 것.

배에는 아이들도 수십 명이나 있었다. 어쩌면 고작 여섯 살밖에 안 된 아이들도 몇 명 있었던 것 같다. 그들은 일반 수병이나 장교가 되기 위해 훈련을 받는 중이었다. 시들시들한 노인들도 있었는데, 요리사인 토머스 매클린은 80대였다. 결혼해서 자식을 둔 승조원도 여러 명이었다. 일등 항해사인 토머스 클라크는 심지어 아들을 데리고 배에 올랐다. 한 승조원은 이렇게 말했다. "전함을 세상의 축소판이라고 해도 될 것이다. 좋은 사람은 물론 나쁜 사람까지 온갖 성격의 표본이 모여 있다."[14] 그가 지적한 나쁜 사람 중에는 "강도, 밤도둑, 소매치기, 난봉꾼, 간통

* 식수, 맥주, 식량 등 보급품의 저장을 위한 통을 만드는 인력.

범, 도박꾼, 풍자작가, 사생아를 낳은 자, 사기꾼, 포주, 기생충, 폭력배, 위선자, 낡은 옷의 멋쟁이"가 포함되었다.

영국 해군은 성마른 사람들을 잘 융합시켜서 허레이쇼 넬슨 해군 중장이 말한 "형제들"로 만드는 솜씨가 좋기로 유명했다. 그러나 웨이저 호에는 마지못해 끌려온 골칫거리들이 유난히 많았다. 목수의 조수 제임스 미첼도 그중 하나였다. 살기 띤 분노로 이글이글 타고 있는 것 같아서 바이런은 갑판장인 킹보다 그를 훨씬 더 무서워했다. 바이런은 동료 승조원들 속에 숨어 있는 진정한 본성을 아직 확실히 알지 못했다. 심지어 자신에 대해서도 확신할 수 없었다. 길고 위험한 항해는 사람의 숨겨진 영혼을 무정하게 끄집어내는 법이었다.

———————•———————

바이런은 후갑판의 자기 위치로 가서 섰다. 근무를 하는 사람들이 단순히 망보기만 하는 것은 아니었다. 결코 잠들지 않고 항상 움직이는 리바이어던 같은 이 복잡한 배를 운영하는 데에도 손을 보탰다. 바이런은 수습장교인지라 돛 다듬기부터 장교들의 메시지 전달에 이르기까지 모든 일을 도와야 했다. 그는 사람마다 정해진 자리가 있다는 사실을 금방 깨우쳤다. 배에서 일할 때의 자리뿐만 아니라, 배 안의 위계질서 속 자리도 정해져 있었다. 후갑판에서 전체를 주관하는 키드 선장이 이 구조의 정점에 있었다. 어느 나라 정부도 영향을 미칠 수 없는 바다에서 그의 권위는 어마어마했다. "선장은 선원들에게 아버지이자 고해신부, 판관이자 배심원이 되어야 했다."[15] 한 역사가는 이렇게 썼다. "왕보다 그의 권한이 더 강력했다. 왕은 채찍질을 지시할 수 없으니까. 선장은 부하들에게 전투에 나서라고 명령할 수 있었으니, 배 안의 모든 사람에 대해 생사여탈권을 쥐고 있는 셈이었다."

로버트 베인스[16] 대위는 웨이저 호의 2인자였다. 마흔 살쯤 된 그는 해군에서 10년 가까이 복무했으며, 전에 모셨던 선장 두 명에게서 능력을 인정하는 확인서를 받아왔다. 그러나 그가 너무 우유부단해서 미칠 것 같다고 생각하는 승조원이 많았다. 그가 유명한 가문(그의 할아버지 애덤 베인스는 의회 의원이었다) 출신인데도, 승조원들은 자꾸만 그를 빈즈beans*라고 불렀다. 의도적이든 아니든 적절한 호칭 같았다. 그를 포함한 당직 장교들이 근무조를 감독하면서, 선장의 지시가 잘 이행되게 했다. 항해사인 클라크는 조수들과 함께 항로를 계산한 뒤 조타수에게 방향을 알려주었다. 그러면 조타수는 키를 붙잡은 키잡이에게 지시를 내렸다.

수병이 아닌 분야별 전문가들은 자기들끼리 무리를 이뤘다. 돛 깁는 사람은 돛을 수리하고, 병기공은 칼을 날카롭게 갈고, 목수는 돛대를 수리하거나 위험하게 물이 새는 곳을 막고, 의사는 환자를 돌봤다. (의사의 조수들은 환자에게 죽을 가져다준다는

---

* '보잘것없는 것'이라는 뜻.

웨이저

이유로 죽 배달^{loblolly} 소년이라고 불렸다.)

수병들도 각자 능력에 따라 여러 임무로 나뉘었다. 어리고 민첩하며 용감한 톱맨^{topman}, 즉 돛대 위 작업자는 재빨리 돛대를 올라가 돛을 펼치거나 말고, 육식조 같은 것들이 하늘에 어른거리는지 망을 보았다. 그다음에는 앞갑판에서 일하는 사람들이 있었다. 그들은 앞돛을 조종할 뿐만 아니라, 닻을 올리거나 내리는 일을 했다. 닻 중에서 가장 큰 것은 무게가 2톤쯤 됐다. 앞갑판에는 가장 경험 많은 사람이 배치되는 경향이 있어서, 바다에서 보낸 세월의 낙인이 몸에 남아 있었다. 구부러진 손가락, 가죽처럼 변한 피부, 채찍에 맞은 것 같은 흉터. 한편 꽥꽥거리며 똥을 싸대는 가축들과 같은 층 갑판에서 일하는 사람들은 위계상 최하층[17]인 '웨이스터'*로서, 그들은 바다 경험이 전혀 없어서 숙련된 기술이 필요 없는 고된 일에 배치된 한심한 풋내기들이었다.

마지막으로 자기들만의 특별한 자리를 차지하고 있는 해병들이 있었다. 육군에서 파견된 군인들이지만, 풋내기 뱃사람이라는 점에서는 웨이스터와 똑같이 한심했다. 바다에 있을 때는 해군의 명령체계를 따라야 했으므로 웨이저 호 선장의 명령에 복종하는 것이 원칙이지만, 육군 소속 장교 두 명이 그들을 지휘했다. 스핑크스를 연상시키는 로버트 펨버턴 대위와 그의 다

---

* 선박의 앞쪽 갑판과 뒤쪽 갑판 사이에 위치한 평평하고 넓은 구역을 허리에 빗대 웨이스트(waist)라 부른 데서 유래한 명칭.

혈질 부관 토머스 해밀턴이었다. 해밀턴은 원래 센추리온 호에 배속되었으나, 다른 해병과 칼부림을 하다가 결투로 그를 죽여버리겠다고 위협하는 바람에 웨이저 호로 소속이 바뀌었다. 웨이저 호의 해병들은 주로 힘쓰는 일을 도왔다. 또한 만약 선상 반란이 일어난다면, 선장은 그들에게 진압을 명령할 터였다.

배가 잘 운영되려면 이 모든 사람이 하나가 되어 빠릿빠릿한 조직을 이뤄야 했다. 무능, 실수, 어리석음, 음주 중 하나만으로도 재앙이 일어날 수 있었다. 한 선원은 전함을 가리켜 "인간으로 이루어진 기계다. 그 안에서 사람은 각각 바퀴, 벨트, 크랭크 역할을 하며 이 기계를 운전하는 사람, 즉 전능한 선장의 의지에 따라 놀라울 정도로 정밀하게 움직인다"[18]고 묘사했다.

———————•———————

오전에 바이런은 배의 구성원들이 바삐 일하는 모습을 지켜보곤 했다. 그는 아직 뱃사람이 되는 법을 배우면서 신비로운 문명에 입문하는 중이었다.[19] 워낙 낯설고 기묘해서 한 소년은 "항상 잠들어 있거나 꿈을 꾸는"[20] 것 같다고 말할 정도였다. 게다가 바이런은 신사이자 미래의 장교로서 그림, 펜싱, 춤도 배워야 했다. 라틴어에 대해서도 최소한 어느 정도는 이해하는 척이라도 해야 했다.

한 영국인 선장은 젊은 장교 훈련생들에게 베르길리우스와 오비디우스의 고전, 스위프트와 밀턴의 시가 포함된 책을 작은 서재만큼 가지고 배에 오르라고 권고했다. 그는 이렇게 설명했다. "멍텅구리라도 뱃사람이 될 수 있다는 생각은 잘못된 것이다. 해군 장교만큼 훌륭한 교육이 필요한 상황을 나는 살면서 한 번도 보지 못했다… 해군 장교는 학식과 언어능력이 있는 사람, 수학을 잘하는 사람, 교양 있는 신사여야 한다."[21]

바이런은 또한 키를 잡는 법, 밧줄 꼬는 법, 돛의 방향을 바꾸는 법, 바람의 방향에 따라 침로를 돌리는 법, 별자리와 조류를 읽는 법, 사분의로 자신의 위치를 잡는 법, 일정한 간격으로 매듭이 있는 끈을 물속에 던진 뒤 일정한 시간 동안 자신의 손을 타고 빠져나가는 매듭의 개수를 헤아려서 배의 속도를 측정하는 법(매듭 하나는 육지 속도로 시속 1마일 조금 넘는 속도를 뜻했다)도 배워야 했다.

낯설고 신비로운 언어, 일종의 암호도 해독해야 했다. 이걸 해내지 못하면 풋내기 뱃사람이라고 놀림을 당할 터였다. 시트를 당기라는 지시가 떨어지면, 침대 시트가 아니라 밧줄을 잡아야 했다. 변소라는 말은 절대 입에 담으면 안 되고, 대신 머리라고 해야 했다. 머리는 사실상 갑판에 뚫어놓은 구멍을 뜻했는데, 그 구멍을 통해 배설물이 바다로 떨어졌다. 그리고 배 '위'에 있다는 말보다는 배 '안'에 있다는 말을 써야 했다. 새로운 이름도 생겼다. 사람들이 그를 잭이라고 부르기 시작했기 때문이다. 존 바이런은 이제 잭 타르가 되었다.

바람의 힘을 이용하는 배들이 광대한 대양을 가르는 유일한 다리이던 항해의 시대에는 항해 용어가 워낙 널리 퍼져서 육지 사람들도 쓰게 되었다. '시키는 대로 하다'라는 뜻의 '토 더 라 인 toe the line'이라는 표현은 배에 탄 청년들이 갑판 이음매에 발가 락 toe을 대고 가만히 서서 점검을 받아야 했던 것에서 유래했다. '조용히 입 다물라'는 뜻의 '파이프 다운 pipe down'은 갑판장이 밤 에 모두에게 조용히 하라는 뜻으로 호각을 부는 것을, '몹시 뜨 겁다'는 뜻의 '파이핑 핫 piping hot'은 식사를 알리는 갑판장의 신 호를 뜻했다. '가십'이라는 뜻의 '스커틀벗 scuttlebutt'은 수병들이 식사배급을 기다리며 이런저런 잡담을 나눌 때 둘러싸던 물통 이었다. 돛과 연결된 줄이 끊어져 배가 술 취한 사람처럼 제멋 대로 흔들리면 '스리 시츠 투 더 윈드 three sheets to the wind'*라고 했 다. '보고도 모르는 척하다'라는 뜻의 '턴 어 블라인드 아이 turn a blind eye'라는 표현은 넬슨 중장이 항복하라는 상관의 신호 깃발 을 무시하려고 일부러 시력이 없는 쪽 눈에 망원경을 댄 뒤 대 중에게 널리 퍼졌다.

바이런은 뱃사람의 말투(와 욕)를 배울 뿐만 아니라[22] 고통스 러울 정도로 엄한 훈련을 견뎌야 했다. 그의 하루를 다스리는 것은 종소리였다. 그가 근무하는 네 시간 동안 30분이 지날 때 마다 종소리가 그 사실을 알려주었다. (30분을 측정하는 데에는 모래시계가 쓰였다.) 날이면 날마다, 밤이면 밤마다, 종소리가 들 리면 그는 후갑판의 자기 위치로 허겁지겁 올라갔다. 몸은 덜덜 떨리고, 손에는 굳은살이 박이고, 눈은 흐릿했다. 만약 규칙을

* '고주망태가 되다', '만취하다'라는 뜻.

어긴다면 삭구에 묶일 수 있었다. 심지어 아홉 개의 긴 가닥으로 이루어져서 살갗을 파고드는 채찍으로 맞을 수도 있었다.

———————•———————

바이런은 또한 바다 생활의 즐거움도 배우고 있었다. 식사 때 나오는 음식[23](주로 소금에 절인 소고기와 돼지고기, 말린 완두콩, 오트밀, 비스킷으로 구성되었다)은 놀라울 정도로 푸짐했고, 침상에서 자신과 같은 수습장교인 아이작 모리스, 헨리 코전스와 함께 하는 식사시간은 즐거웠다. 한편 포가 설치된 갑판에서는 수병들이 밧줄에 묶여 천장에서 늘어져 있는 널빤지를 내려 식탁을 만들고, 대략 여덟 명씩 무리를 지어 앉았다. 각자 원하는 사람을 골라서 무리를 지었기 때문에, 이런 무리들은 가족 같았다. 그들은 매일 정해진 양만큼 나오는 맥주나 화주를 맛있게 마시면서 과거를 추억하거나 서로에게 속내를 털어놓았다. 바이런은 좁은 곳에서 함께 생활하는 동료들에게 점차 깊은 우정을 느끼게 되었다. 특히 식사를 함께 하는 코전스와 절친했다. "그 친구만큼 천성이 좋은 사람을 본 적이 없었다." 바이런은 이렇게 썼다. "술에 취하지 않았을 때는."[24]

즐거운 순간들은 또 있었다. 특히 일요일에는 가끔 장교가 "모두 놀이 위치로!"라고 소리를 질렀다. 그러면 전함이 놀이공원으로 바뀌어서, 어떤 사람들은 백개먼*을 하고 어린 소년들은 삭구 속에서 뛰어놀았다. 앤슨은 도박을 좋아했으며, 교묘한 카드 플레이어라는 명성을 얻었다. 그의 무표정한 눈이 생각을 가려준 덕분이었다. 그는 또한 음악을 열정적으로 사랑했다. 점호 때마다 적어도 한두 명이 바이올린을 연주하면,[25] 승조원들은 갑판 위에서 신나게 춤을 추었다. 배에서 인기 있는 노래 중에 '젱킨스의 귀 전쟁'에 관한 것이 있었다.

> 놈들이 그의 귀를 자르고 코를 베었지…
> 그러고는 조롱하면서 귀를 돌려줬어.
> "네 주인에게 가져가"라고 비웃으면서.
> 하지만 말이야 우리 왕은 백성들을 워낙 사랑하시니
> 스페인의 오만을 눌러버리실 거야.[26]

어쩌면 바이런은 웨이저 호의 갑판에 앉아 노련한 뱃사람들에게서 바다 이야기를 듣는 시간을 가장 좋아했는지도 모른다. 잃어버린 사랑 이야기, 난파할 뻔한 이야기, 영광스러운 전투 이야기. 이런 이야기에서는 생기가 펄떡거렸다. 그것은 이야기를 들려주는 사람의 생기, 전에 이미 죽음을 벗어났으니 어쩌면 또 벗어날 수 있을지도 모르는 사람의 생기였다.

이런 낭만에 홀린 바이런은 자신이 관찰한 것들을 일기에 들뜬 어조로 잔뜩 늘어놓는 습관이 생겼다. 모든 것이 "무엇보다 놀랍고", "기가 막히게" 보였다. 그는 낯선 생물들에 대해서도

---

* 주사위놀이의 일종.

적었다. 예를 들어 머리는 독수리 같고 깃털은 "새까만데 최고급 비단처럼 반짝이는" 이국적인 새("나는 그렇게 놀라운 것을 처음 보았다"[27])도 그런 생물이었다.

———————————•———————————

어느 날 모든 수습장교에게 마침내 몸이 굳어질 만큼 무서운 명령이 내려왔다. "돛대 위로!" 크기가 작은 편인 뒷돛대에서 훈련한 바이런은 이제 세 개의 돛대 중 가장 높은 큰돛대를 올라가야 했다. 하늘을 향해 약 100피트[30미터]나 뻗어 있는 돛대였다. 그런 높이에서 떨어진다면 틀림없이 죽을 터였다. 이미 웨이저호에서 그렇게 죽은 수병이 있었다. 한 영국인 선장은 부하들 중 가장 솜씨가 좋은 두 명이 돛대를 오르다가 한 명이 손을 놓치면서 다른 한 명을 때리는 바람에 둘 다 떨어진 사고를 떠올렸다. "그들은 대포의 포구에 머리를 부딪혔다… 나는 후갑판을 걷다가 이 끔찍하기 짝이 없는 광경을 보았다. 그때 내 기분이 어땠는지 도저히 말할 수 없다. 배 위의 모두가 얼마나 슬퍼했는지도 차마 설명할 수 없다."[28]

바이런은 예술적인 감수성을 갖고 있었으며(한 친구는 그가 감식가에게 매료되었다고 말했다), 우아하고 맵시 있는 사람으로 보이는 데 민감했다. 한 번은 승조원 한 명에게 이런 말을 하기도 했다. "어렵고 힘든 일을 최고의 실력자들만큼 견딜 수 있어. 그런 일에 맞춰서 처신해야 해."[29] 그가 돛대를 오르기 시작했다.

바람이 불어오는 쪽으로 오르는 것이 무엇보다 중요했다. 그러면 혹시 배가 기울더라도 그의 몸이 밧줄에 밀착될 것이다. 그는 난간 하나를 매끈하게 넘어 디딤줄(거의 수직으로 뻗어서 돛대를 고정하는 밧줄인 돛대 줄에 수평으로 고정된 작은 밧줄)에 발을 올렸다. 그리고 그물처럼 생긴 이 밧줄을 흔들리는 줄사다리처럼 이용해서 몸을 위로 끌어올렸다. 10피트, 15피트, 25피트. 바다가 한 번 요동칠 때마다 돛대가 앞뒤로 흔들리고, 그가 잡은 밧줄이 부르르 떨렸다. 3분의 1쯤 올라가자 아래쪽 활대가 바로 앞에 있었다. 십자가의 양팔처럼 돛대에서 뻗어 나온 이 나무막대기에서 큰 돛이 펼쳐졌다. 선상에서 반란을 일으킨 자가 사형을 선고받고 교수형을 당할 때에는 앞돛대의 활대에 매달렸다. 흔히들 "줄사다리를 올라가 줄로 내려온다"고 말하곤 했다.

아래쪽 활대에서 조금만 더 올라가면 큰돛대의 망대가 있었다. 망을 볼 때 사용하는 작은 단으로, 바이런은 거기서 휴식을 취할 수 있었다. 거기까지 가는 가장 간단하고 안전한 방법은 망대 중앙에 뚫린 구멍으로 올라가는 것이었다. 그러나 풋내기 구멍이라고 불리는 이것은 순전히 겁쟁이들의 것으로 여겨졌다. 바이런이 항해 내내 놀림을 당하고 싶은 것이 아니라면(차라리 떨어져 죽는 편이 낫지 않을까?), 삭구 아래를 받치는 쇠줄에 매달려 단 가장자리를 돌아가야 했다. 쇠줄이 비스듬히 기울어져 있기 때문에, 그것을 잡고 움직이다 보면 그의 몸이 점점 뒤로 기울어져 나중에는 등이 갑판과 거의 수평이 될 터였다. 그래도 겁먹지 말고 발로 더듬어 디딤줄을 찾아내서 단 위로 올라가야 했다.

마침내 망대 위에 올라서도 기뻐할 시간은 별로 없었다. 돛대는 길게 뻗은 하나의 나무 기둥이 아니라, 커다란 '막대' 세 개가 차곡차곡 쌓여 있는 형태였다. 바이런은 그중에서 겨우 첫 번째 막대를 올라왔을 뿐이었다. 그가 계속 돛대를 올라가자 돛대 줄들이 서로 점점 가까워지면서 그 사이의 공간이 좁아졌다. 서투른 사람은 발 디딜 곳을 찾으려고 더듬거리기 마련인데, 이 높이에서는 수평으로 뻗은 디딤줄들 사이에 그가 팔을 올리고 휴식을 취할 수 있는 공간이 없었다. 바람이 몸을 때려대는 가운데 바이런은 돛대 중간 부분의 활대를 지나갔다. 거기에 두 번째 큰 돛이 묶여 있었다. 그다음에는 망을 보는 사람이 앉아서 더 선명한 시야를 확보할 수 있는 나무 버팀대가 있었다. 바이런은 계속 올라갔다. 높이가 높아질수록 돛대와 자신의 몸이 좌우로 심하게 흔들렸다. 마치 자신이 거대한 추의 끝에 매달려 있는 것 같았다. 그가 붙잡은 돛대 줄이 심하게 흔들렸다. 이 밧줄에는 풍화를 막기 위해 타르가 발라져 있었다. 이 밧줄의 상태를 항상 최상으로 유지하는 것은 갑판장의 책임이었다. 바이런은 나무로 만들어진 배라는 세계에서 벗어날 길이 없는 진실과 맞닥뜨렸다. 승조원 모두의 일솜씨에 각자의 목숨이 달려 있다는 것. 그들은 인체의 세포들과 비슷했다. 나쁜 세포가 하나만 있어도 모든 세포가 파괴될 수 있었다.

수면에서부터 거의 100피트^{30미터} 높이까지 올라온 바이런은 마침내 큰돛대의 맨 위쪽 활대에 도달했다. 큰돛대의 돛 중 가장 높은 것이 여기에 고정돼 있었다. 그는 활대 아래쪽에 붙어 있는 줄을 따라 움직이면서 활대 쪽으로 가슴을 기울여 균형을 잡아야 했다. 그러고는 명령을 기다렸다. 돛을 펼치라든가 축범 하라는 명령. 축범이란 심한 바람 속에서 펼쳐진 돛의 면적을 줄이기 위해 돛을 일부 말아올리는 것을 뜻한다. 1840년대에 미국 전함에서 복무한 허먼 멜빌은 《레드번》에서 다음과 같이 썼다. "어두운 밤 우리가 중간 돛대의 돛을 처음으로 축범했을 때, 정신을 차려 보니 나는 다른 사람 열한 명과 함께 활대에 매달려 있었다. 배가 미친 말처럼 물을 향해 푹 기울었다가 다시 일어섰다… 그래도 몇 번 반복하고 나니 나는 곧 익숙해졌다."[30] 그의 글은 계속 이어졌다. "소년이 돛대에 올라갈 때의 두려움을 얼마나 빨리 극복하는지 모른다. 내 경우에는, 신경이 지구의 지름만큼 안정되었다… 나는 심한 바람 속에서 밑에서부터 세 번째 돛과 그 위의 돛을 펼치는 것이 즐거웠다. 활대에 두 명이 올라가야 할 수 있는 일이었다. 엄청난 황홀경에 빠진 것 같아서 심장 주위의 피가 빨리 돌고 온몸이 즐거워서 전율하며 욱신거렸다. 배가 흔들릴 때마다 폭풍이 몰려온 하늘의 구름 속으로 몸이 던져지는 기분, 그리고 하늘과 땅 사이에 심판의 천사처럼 떠 있는 기분이 그러했다."

이제 바이런은 저 아래 갑판의 모든 다툼에서 멀리 떨어져 꼭대기에 높이 올라와 있었다.[31] 함대에 속한 다른 커다란 배들이 눈에 들어왔다. 그 너머에는 바다가 있었다. 아무것도 없는 그 광활한 공간에 그는 자신만의 이야기를 쓸 준비가 되어 있었다.

웨이저

1740년 10월 25일 아침 5시, 소함대가 영국을 떠난 지 37일
되던 날 세번 호에서 망을 보던 사람이 점점 밝아오는 빛 속에
서 뭔가를 발견했다. 승조원들이 등불을 번쩍이고 포 여러 발을
쏘아 소함대 전체에 경보를 울린 뒤, 바이런도 그것을 보았다.
바다 가장자리의 들쭉날쭉한 윤곽선. "육지다!" 아프리카 북서
연안의 섬인 마데이라였다. 사시사철 봄 날씨가 계속되고 훌륭
한 포도주가 나오는 곳으로 유명한 섬. 월터 신부는 이곳의 포
도주가 "타는 듯이 뜨거운 이 지역 사람들이 기운을 차릴 수 있
게 하느님이 만드신 것"[32] 같다고 말했다.

소함대는 섬 동쪽의 만에 닻을 내렸다. 5,000마일[8,000킬로] 떨어
진 브라질 남쪽 해안을 향해 대서양을 건너는 여정을 시작하기
전 함대의 마지막 휴식처였다. 앤슨은 승조원들에게 물과 목재
를 빨리 보충하고, 유명한 포도주도 아주 넉넉히 실으라고 지시
했다. 그는 빨리 출발하고 싶어서 안달이 나 있었다. 원래 마데
이라까지 오는 시간을 최대 2주로 잡았는데, 바람이 반대 방향
으로 부는 바람에 시간이 세 배나 걸렸다. 남반구의 여름이 끝
나기 전에 남아메리카를 끼고 돌 수 있을 것이라는 희망은 증발
해버린 것 같았다. "겨울에 케이프 혼을 끼고 도는 항해의 어려
움과 위험이 우리의 상상을 가득 채웠다."[33] 월터 신부는 이렇게
고백했다.

그들이 닻을 올리기 전, 11월 3일에 두 가지 사건이 일어나

함대 전체를 더욱 불안하게 만들었다. 첫 번째 사건은 글로스터 호의 선장이자 존 노리스 제독의 아들인 리처드 노리스가 갑자기 사직을 청한 것이었다. 그는 앤슨에게 보낸 서한에 이렇게 썼다. "영국을 떠난 뒤 줄곧 극도로 아파서, 내 몸이 그렇게 긴 여행을 허락하지 않을까 두렵습니다."[34] 앤슨은 그의 요청을 수락했으나, 원래 용맹하지 못한 사람을 경멸하는 편이었다. 나중에 해군을 설득해서 누구든 전투 중에 "비겁한 행위, 근무태만, 불평불만"[35]을 저지른 것이 발각되면 "목숨으로 갚는다"는 구체적인 규정을 추가시킬 정도였다. 한 동료에 따르면 "다소 체구가 작고, 가냘프고, 병약한 남자"[36]인 월터 신부조차도 두려움에 대해 "그까짓 것! 그것은 인간의 품위에 미치지 못하는 저열한 감정이야!"[37]라고 말했다. 월터는 노리스가 지휘권을 "내려놓았다"[38]고 간단히 썼다. 나중에 같은 전쟁에서 리처드 노리스는 다른 배의 선장으로 활약하다가 "누구보다 크게 두려워하는 기색"[39]을 내보이며 전투에서 뒤로 물러났다는 이유로 군사재판을 받게 된다. 그는 해군본부에 보낸 편지에서 "악의와 거짓 때문에 제게 씌워진 오명을 제거할"[40] 기회가 생겨서 좋다고 주장했다. 그러나 재판이 열리기 전 탈영해서 두 번 다시 어디에도 나타나지 않았다.

노리스가 사라지면서 지휘관들의 연쇄적인 승진이 시작되었다. 펄 호의 선장은 그보다 더 강력한 전함인 글로스터 호에 배치되었다. 웨이저 호의 댄디 키드 선장(어떤 장교는 그를 가리켜 "훌륭하고 인간적인 지휘관이라서 그가 지휘하는 배의 모든 사람에게

웨이저

존경받는다"[41]고 묘사했다)은 펄 호로 이동되었다. 그의 뒤를 이어 웨이저 호를 맡은 사람은 귀족의 아들이며 트라이얼 호의 선장이던 조지 머리였다.

그렇게 트라이얼 호는 소함대에서 유일하게 지휘관이 없는 배가 되었다. 이제 선장들 중에는 앤슨이 그 자리에 임명할 수 있는 사람이 남지 않았으므로, 하급장교들 사이에서 치열한 경쟁이 벌어졌다. 한 해군 선의船醫는 배에서 벌어지는 질서와 경쟁을 모든 사람이 "전제군주의 총애를 얻으려 애쓰고, 라이벌을 무너뜨리려 하는"[42] 궁정 음모에 비유했다. 결국 앤슨은 자기 배의 끈질긴 부하인 데이비드 칩 중위를 선택했다.

칩에게 마침내, 마침내 운이 열렸다. 여덟 문의 포가 있는 트라이얼 호는 전함이 아니었으나, 그래도 그가 지휘할 그의 배였다. 트라이얼 호의 점호 명부에도 이제 그의 이름이 데이비드 칩 선장으로 모셔져 있었다.

선장이 달라지면 규칙도 달라졌다. 따라서 바이런 역시 웨이저 호의 새로운 지휘관에게 적응해야 했다. 게다가 근무 교대조가 달라져서 낯선 사람 하나가 바이런의 비좁은 숙소를 침범하게 되었다. 그 낯선 사람은 알렉산더 캠벨이라고 이름을 밝혔다. 고작해야 열다섯 살쯤 되어 보이고, 스코틀랜드 사투리를 심하게 쓰는 그는 머리가 트라이얼 호에서 데려온 수습장교였다. 바이런과 친해진 다른 수습장교들과 달리 캠벨은 건방지고 잽싼 사람 같았다. 자신이 나중에 장교가 되어 일반 수병 위에 설 사람임을 과시하면서 작은 폭군처럼 굴었다. 선장의 지시를 가차 없이 밀어붙이다가 때로는 주먹을 동원하기도 했다.

지휘관들의 이동으로 바이런 등 승조원들이 불안해할 때, 그보다 훨씬 더 걱정스러운 일이 일어났다. 마데이라의 총독이 앤슨에게 섬의 서쪽 해안 근처에 적어도 다섯 척의 거대한 전함으로 구성된 스페인 함대가 숨어 있다고 알린 것이다. 여기에는 포가 66문이고 전투원이 약 700명인 전함, 포 54문에 전투원이 500명인 전함, 무려 74문의 대포와 전투원 700명을 태운 배가 포함되어 있었다. 앤슨의 임무에 대한 기밀이 새어나갔음이 분명했다. 이 짐작은 나중에 카리브해에서 어느 영국인 선장이 배 한 척을 포획했을 때 사실로 확인되었다. 이 배에 있던 스페인 문서에는 앤슨의 원정에 관해 수집된 모든 "정보"[43]가 자세히 적혀 있었다. 적은 이미 모든 것을 알고 피사로가 이끄는 함대를 파견했다. 월터 신부는 이 함대의 "목적이 우리 원정에 종지부를 찍는 것"[44]이었다면서, "전력 면에서 우리보다 크게 우세했다"[45]고 적었다.

소함대는 어두워지기를 기다려 마데이라에서 슬쩍 빠져나왔다. 바이런과 그의 동료들은 적이 배를 감지하지 못하게 모든 등불을 끄라는 지시를 받았다. 비밀스럽게 바다를 어슬렁거리던 시간은 지났다. 이제는 그들이 사냥감으로 쫓기고 있었다.

웨이저 호의 해병 한 명이 북을 두드렸다. 불길한 "전투 위치로" 신호였다. 승조원들은 성인이든 아이든, 비몽사몽이든 옷을 반만 걸쳤든 상관없이 어둠 속을 질주해 자신의 전투 위치로 향했다. 갑판에 굴러다니던 물건들도 치웠다. 적의 공격을 받아 날카롭게 쪼개져서 위험해질 수 있는 물건이라면 모두 치웠다. 영국 전함에서 복무한 열네 살 소년은 "사람이 죽임을 당하는 모습을 아직 본 적이 없었다"[1]고 회상했다. 하지만 사소한 충돌 중에 쪼개진 파편 하나가 동료의 "정수리"를 때렸다. "그가 쓰러지면서 피와 뇌수가 쏟아져 갑판 위로 흘렀다." 나무로 만든 배가 불길에 휩싸일 수 있다는 점은 그보다 더 큰 위협이었다. 웨이저 호의 승조원들은 양동이에 물을 채우고, 배의 대포를 발사할 준비를 했다.[2] 2톤 무게의 쇳덩어리에서 주둥이가 8피트 2미터 이상 불쑥 뻗어 있었다. 대포 하나를 다뤄 파괴적인 힘을 쏘아 보내는 데에는 적어도 여섯 명이 필요했다.

팀원 각자는 자신의 숨은 계획에 따라 움직였다. 소년들 무리에서 도태된 "화약 원숭이"는 포가 있는 갑판을 재빨리 가로질러, 아래층의 탄약고에서 전달되는 탄약통을 수령했다. 탄약고에는 모든 폭발물이 자물쇠로 잠근 상자 속에 보관되어 있었다. 해병들은 경비를 섰다. 내부에서 양초를 켜는 것은 허용되지 않았다.

소년이 수령한 탄약통에는 몇 파운드의 화약이 들어 있었다. 소년은 자신이 맡은 대포로 서둘러 달려가며, 어지럽게 얽혀 있는 사람과 기계에 발이 걸리지 않게 조심했다. 자칫하면 불꽃 하나로 폭발과 화재가 일어날 수 있었다. 그의 팀원이 탄약통을 받아 포구에 쑤셔 넣었다. 그다음에는 장전 담당이 18파운드8킬로그램짜리 무쇠 포탄을 포구에 쑤셔 넣고, 뭉친 밧줄을 곧바로 넣어 포탄이 움직이지 않게 했다. 모든 포는 나무 바퀴 네 개가 달린 수레 위에 올려져 있었다. 승조원들은 연장과 블록과 단단한 밧줄을 이용해서 대포를 앞으로 옮겨 포구가 포문 밖으로 드러나게 했다. 배의 양편에서 이렇게 포들이 차례로 모습을 드러냈다.

그동안 트리머trimmer와 톱맨은 돛을 맡았다. 육지의 전장과 달리 바다에는 고정된 진지가 없었다. 배는 바람과 파도와 해류 때문에 항상 움직였다. 선장은 교활한 적의 움직임뿐만 아니라 예측할 수 없는 이런 요소들도 고려해야 했다. 엄청난 전술능력이 필요한 일이었다. 포수와 수병의 일을 모두 잘 알아야 했다. 전투가 맹위를 떨칠 때는 포탄과 포도탄과 소총탄과 2피트60센티 길이의 파편이 사방에서 날아다녔다. 이런 상황에서 때로는 선장이 여분의 돛을 감아올리거나 내려야 할 때도 있고, 지그재그로 침로를 돌리거나 돛을 돌려야 할 때도 있고, 적을 추적하거나 도망쳐야 할 때도 있었다. 적선을 뱃머리로 들이박아 부하들이 도끼와 단도와 검을 들고 적선으로 쳐들어가게 해야 할 때도 있었다. 그러면 포격전 대신 백병전이 시작되었다.

웨이저 호의 승조원들은 지시를 내리는 상관의 고함 소리를 듣기 위해 조용히 움직였다. "탄약통 넣어… 조준… 화승 들고… 발사!"

화승을 맡은 팀장이 서서히 타는 심지를 포구 반대편의 화구에 찔러 넣은 뒤, 팀원들과 함께 펄쩍 뛰어서 뒤로 물러났다. 번쩍이는 불꽃이 탄약통에 불을 붙이면, 포탄이 엄청난 힘으로 터져 나가면서 대포가 거세게 뒤로 밀리다가 고정 밧줄에 부딪혀 멈춰 섰다. 사람이 제때 움직이지 않으면 대포에 깔려 으스러질 수 있었다. 배 모든 곳에서 대포들이 불을 뿜고,[3] 18파운드 포탄들이 초속 약 1,200피트[365미터]의 속도로 공중을 날아다녔다. 연기 때문에 앞이 안 보이고, 포성에 귀가 멀 것 같고, 갑판은 마치 들끓는 바다 위에 있는 것처럼 덜덜 떨렸다.

이런 열기와 불빛 속에 웨이저 호의 포수인 존 벌클리가 서 있었다. 이 배의 초라한 무리 중에 혹시 모르는 적의 공격에 대비하는 사람은 소수에 불과했는데, 그도 그중 한 명이었다. 그러나 전투 위치로 가라는 신호는 알고 보니 훈련이었다. 함대 사령관 앤슨이 스페인 함대가 잠복하고 있다는 정보를 얻은 뒤 전투에 대비해 모든 승조원을 훈련시키는 데 날이 갈수록 광적으로 몰두하게 된 탓이었다.

벌클리는 자신이 맡은 차갑고 검은 대포처럼 무자비하고 유능하게 임무를 수행했다. 그는 해군에서 10년 넘게 복무한 진정한 뱃사람이었다. 처음에는 타르로 손을 더럽히고, 뱃바닥에 물을 채우는 힘든 허드렛일부터 시작했다. 한 뱃사람의 표현을 빌리자면, 짓밟힌 자들과 함께 "원한과 적의를 비웃는"[4] 법, "억압을 증오하고 불운한 자를 돕는" 법도 배웠다. 그렇게 아래층 갑판에서 차근차근 올라와, 앤슨이 항해에 나서기 몇 년 전 전문가 위원들 앞에서 구두시험에 통과해 포수가 되었다.

선장과 부관은 왕에게서 임명장을 받고 항해를 마친 뒤 다른 배로 갈 때가 많았지만, 포수나 목수 같은 기술 전문가들은 해군위원회에서 사령장을 받고 한 배에서 계속 근무하며 집처럼 지낼 때가 많았다. 그들은 장교보다 아래 계급이었지만, 여러 면에서 배의 심장이었다. 배가 문제없이 돌아가게 해주는 전문가 집단. 벌클리는 웨이저 호에서 죽음의 기계를 모두 담당하고 있었다. 그것은 아주 중요한 역할이었다. 전투가 벌어질 때는 더욱더. 이 점이 해군의 규정에도 반영되어, 항해사는 물론 심지어 부관의 임무보다도 포수의 임무에 관한 조항이 더 많았다. 한 지휘관은 이렇게 말했다. "바다에서 포수는 반드시 능력 있고, 주의 깊고, 용감해야 한다. 배의 전력이 그의 손에 달렸기 때문이다."[5] 웨이저 호에는 소함대 전체가 쓸 탄약이 실려 있었다. 작은 도시 하나를 날려버릴 수 있는 화약이 포함된 엄청난 병기창을 벌클리가 관리한다는 뜻이었다.

독실한 그리스도교 신자인 벌클리는 언젠가 "주님의 정원"[6]을 발견할 수 있기를 바랐다. 웨이저 호는 일요일에 예배를 열기로 예정되어 있었지만, 벌클리는 "배에서 기도가 완전히 무시되고 있다"[7]면서 해군에서 "엄숙한 예배가 너무나 드문 일이기 때문에 나는 해군에 속한 그 수많은 세월 동안 딱 한 번밖에 보지 못했다"고 불평했다. 그는 배에 오르면서 《그리스도인의 모범 또는 예수 그리스도를 따라 흉내 내는 것에 대한 보고서》라는 책을 가져왔다. 그는 위험한 항해가 자신과 하느님에게 더 가까이 다가가는 길이라고 적어도 어느 정도는 생각하는 것 같았다. 고난은 "사람이 자신 안으로 들어가게 만든다."[8] 이 책은 이렇게 가르쳤지만, 유혹이 가득한 이 세상에서 "사람의 삶은 지상에서 벌어지는 전쟁이다."[9]

이런 신앙에도 불구하고, 아니 어쩌면 신앙 때문에 포 사격술이라는 어두운 기술의 대가가 된 벌클리는 웨이저 호를, 그가 잘 쓰던 표현을 빌리자면 "모든 적들의 공포의 대상"[10]으로 만들겠다고 단단히 결심하고 있었다. 그는 파도가 솟아올랐을 때 포를 쏴야 하는 시점을 정확히 알아낼 수 있었다. 탄약통을 섞고 수류탄에 옥수숫가루를 다져넣는 솜씨도 노련했다. 필요할 때는 신관을 이로 잡아당겼다. 무엇보다 중요한 것은, 그가 자신에게 맡겨진 탄약을 맹렬하게 지켰다는 점이다. 만약 탄약이 부주의한 사람이나 반란세력의 손에 떨어지면 안에서부터 배가 파괴될 수 있음을 알기 때문이었다. 1747년에 나온 해군 지침서에도 포수는 반드시 "착실하고, 꼼꼼하고, 정직한 사람"[11]이어야 한다고 강조되어 있다. 최고의 포수 중 일부는 "배에서 가장 낮은 위치에서부터 순전히 성실함과 부지런함으로 발탁된"[12] 사람이라는 설명은 정확히 벌클리를 묘사한 말인 것 같았다. 그는 실력이 워낙 좋고 단단한 신뢰를 받고 있어서, 전함의 대다수 포수들과 달리 웨이저 호의 근무조 중 하나의 책임자 자리를 맡고 있었다. 일기에 그는 조금 자랑스럽다는 듯이 이렇게 썼다. "비록 나는 이 배의 포수지만, 항해 내내 한 근무조를 책임졌다."[13]

어느 해군 장교의 지적처럼, 벌클리는 본능적인 지도자인 것 같았다. 하지만 그는 지금의 자리에서 더 이상 올라가지 못했다. 신임 선장 조지 머리나 수습장교 존 바이런과 달리 그는 비단 스타킹을 신는 멋쟁이가 아니었다. 남작을 아버지로 두지도 않았고, 높은 자리까지 앞길에 기름칠을 해줄 힘센 후원자도 없었다. 어쩌면 바이런보다 높은 계급이 될 수는 있었다. 그렇게 해서 그에게 전함 생활의 안내자 역할을 해줄 수도 있을 터였다. 그래도 그는 여전히 사회적으로 바이런보다 낮은 존재로 여겨졌다. 포수가 부관이나 선장이 된 사례가 있다 해도 아주 드물었다. 게다가 벌클리는 너무 무뚝뚝하고 너무 자신감이 넘쳐서 상관들에게 아첨하지도 못했다. 그는 아첨을 "타락한"[14] 짓이라고 생각했다. 역사가 N. A. M. 로저는 다음과 같이 말했다. "유서 깊은 영국의 방식대로 전문가들의 자리는 고정되어 있었다. 순전히 해군으로 교육받은 장교들만이 지휘권을 잡았다."[15]

벌클리는 확실히 신체적으로 아주 건장했을 것이다. 웨이저 호에서 선원들에게 멋대로 구는 갑판장 존 킹의 패거리 한 명과 싸운 적도 있었다. "내가 나 자신을 방어하기 위해 어쩔 수 없는 상황이었다. 나는 곧 그를 제압했다."[16] 벌클리는 일기에 이렇게 썼다. 하지만 그가 실제로 어떻게 생겼는지, 키가 컸는지 작았는지, 머리가 벗어졌는지 머리숱이 풍성했는지, 눈이 파란색이었는지 짙은 색이었는지 남아 있는 기록이 없다. 앤슨과 바이런, 센추리온 호의 수습장교 오거스터스 케펠은 유명한 화가 조슈아 레이놀즈에게 당당한 해군제복을 입고 분을 바른 가발을 쓴 자신의 초상화를 그려달라고 의뢰했지만, 벌클리에게는 그럴 돈이 없었다. (아폴로의 고전적인 이미지를 모델로 한 초상화에서 케펠은 거품이 이는 바다를 앞두고 해변을 당당히 걷는 모습으로 묘사되었다.) 벌클리의 과거 또한 대부분 모호하다. 마치 굳은살이 박인 그의 손과 함께 과거를 타르에 담가버린 것 같다. 1729년 그는 메리 로우라는 여자와 결혼했다. 두 사람은 다섯 자녀를 낳았는데, 당시 장녀인 세라는 열 살, 막내인 조지 토머스는 한 살도 안 된 아기였다. 그들은 포츠머스에 살았다. 벌클리의 배경에 대해 우리가 아는 것은 대략 이 정도다. 이 책 속의 이야기에서 그는 눈에 띄는 과거사 하나 없이 미국 변경에 도착한 이주민처럼 보인다. 현재 그가 보여주는 행동으로만 그를 평가해야 한다.

그래도 그가 혼자 속으로 무슨 생각을 했는지 살짝 엿볼 수는 있다. 그가 글을 쓸 줄 알았기 때문이다. 그것도 아주 잘 썼다. 상급장교들처럼 군이 일지를 적을 의무가 없는데도, 그는 자기만의 일지를 계속 작성했다. 두꺼운 종이에 깃털펜과 잉크(배가 흔들리거나 바닷물이 배에 흩뿌려질 때는 잉크가 번지기도 했다)로 쓴 이 일지[17]의 페이지 아래쪽에는 바람의 방향, 배의 위치, 그리고 "눈에 띄는 관측 결과와 사건"이 매일 기록되었다. 원래 일지에는 개인적인 감상을 적지 말아야 했다. 당시 사람들은 상황을 조목조목 정리해두면 거친 자연을 다스릴 수 있다고 생각한 것 같다. 대니얼 디포는 선원들의 일지가 기껏해야 "그들이 매일 이동한 거리가 얼마나 되는지, 어디서 바람을 만났는지, 거센 바람이 분 때와 부드러운 바람이 분 때는 언제인지를 적은… 지루한 글"[18]에 불과할 때가 많다고 투덜거렸다. 그래도 항해를 거울처럼 비춰주는 일지에는 시작과 중간과 끝이 있고 예상치 못한 반전이 등장하는 서사적 힘이 내재적으로 존재했다. 어떤 경우에는 일지를 기록한 사람이 개인적인 메모를 적어두기도 했다. 벌클리는 일지 중 한 곳에 어느 시의 구절을 적어두었다.

처음 대양에서 새 돛을 펼친 자들은
용감했다, 최악의 경우 난파할 수도 있을 때
이제는 오로지 인간에게서 더 큰 위험이 온다는 것을 안다
바위, 파도, 바람보다 더 큰 위험이.[19]

선장은 필수적으로 일지를 작성해야 하는데, 항해를 마친 뒤 그것을 해군본부에 제출했다. 그것은 제국을 건설하는 데 필요한 정보, 바다와 낯선 땅에 대한 백과사전이었다. 앤슨과 휘하

장교들도 케이프 혼을 끼고 항해했던 소수의 용감한 뱃사람들이 적은 일지를 자주 참조했다.

한 역사가가 "기억의 일지"[20]라고 부른 이 일지들은 또한 항해 중에 발생한 미심쩍은 행동이나 불운에 대한 기록이기도 했다. 필요한 경우 군사재판에 증거로 제출될 수도 있으므로, 때로 일지가 누군가의 경력과 목숨을 좌우할 수 있었다. 바다 생활에 대한 실용적인 조언을 담은 19세기의 한 보고서는 일지를 반드시 "꼼꼼히 기록해야 한다. 행간에 글을 덧붙이는 행위와 지우는 행위는 항상 의심을 불러일으키므로 반드시 피해야 한다"[21]면서 "각각의 사건이 일어난 뒤 최대한 빨리 일지를 써야 하며, 법정에서 동료가 기꺼이 수긍할 것 같지 않은 내용은 적지 말아야 한다"고 조언했다.

일지는 또한 대중을 위한 모험 이야기의 기반으로 점차 사용되고 있었다.[22] 글을 읽을 줄 아는 사람이 늘어나고 인쇄기가 등장한 덕분에, 또한 그때까지 유럽인들은 모르던 땅에 대한 매혹 때문에, 사람들은 뱃사람들이 오래전부터 갑판에서 자아내던 이야기를 끊임없이 원했다. 1710년 섀프츠베리 백작은 바다 이야기가 "우리 시대에는 우리 조상들 시대의 기사도 책들과 같다"[23]고 말했다. 바이런 같은 젊은이들의 열렬한 상상력에 불을 지핀 그런 책들은 대부분 일지의 연대기 양식과 비슷했으나, 개인적인 감상이 더 많이 들어 있었다. 개인주의가 그런 이야기 속으로 슬금슬금 스며들고 있었다.

벌클리는 자신의 일지를 출판할 생각이 없었다. 점점 늘어나고 있는 이런 문헌의 저자는 여전히 지휘관이나 특정 계급 사람들이 대부분이었다. 그러나 "다음의 종이에 글을 쓰는" 임무에 자신이 얼마나 "부족"한지 고백한[24] 트라이얼 호의 회계관 로런스 밀챔프와 대조적으로, 벌클리는 자신이 본 것을 기록하는 작업을 즐겼다. 평생 자신만이 들을 수 있는 목소리라 해도, 일지는 그에게 목소리를 주었다.

———————•———————

벌클리의 배가 마데이라를 떠난 지 얼마 되지 않은 11월의 어느 이른 아침, 돛대 위에서 망을 보던 사람이 수평선에 배 한 척이 점차 모습을 드러내는 것을 보았다. 그는 경보를 울렸다. "배가 보인다!"

앤슨은 전함 다섯 척이 모두 서로 가까운 거리를 유지하게 했다. 그래야 재빨리 전선을 구축할 수 있기 때문이었다.[25] 전함들은 전력을 강화하고 약해진 쪽을 쉽게 도울 수 있도록 길게 늘어진 사슬 모양으로 일정한 간격을 유지하며 산개했다. 두 함대가 전투태세를 갖출 때 흔히 취하는 대형이었으나,[26] 여기에도 점차 변화가 일어 1805년에는 허레이쇼 넬슨 해군 중장이 트라팔가에서 정해진 전선 규칙에 반기를 들기에 이르렀다. 그의 표현을 빌리자면, "적에게 놀라움과 혼란을 줘서"[27] "내가 뭘 하려는 건지 그들이 모르게" 하기 위해서였다. 앤슨의 시대에도 영리한 선장들은 속임수를 써서 자신의 의도를 감출 때가 많았다.

웨이저

안개 속에서 몰래 다가가 적의 돛이 바람을 받을 수 없게 막아 버리는 식이었다. 아니면 조난을 당한 척하다가 기습공격을 할 때도 있고, 외국어 등을 동원해서 친한 척하며 바로 포를 쏠 수 있는 거리까지 다가갈 때도 있었다.

앤슨의 배에서 배가 나타났다는 경보가 울려퍼진 뒤, 그 배가 친구인지 적인지를 파악하는 것이 무엇보다 우선이었다. 한 뱃사람은 낯선 배가 감지되었을 때의 절차를 다음과 같이 설명했다. 먼저 선장이 앞으로 달려나와 망보는 사람에게 외쳤다. "거기 돛대 위!"

"네!"

"배가 어떻게 생겼나?"

"가로 돛 배입니다."[28]

선장은 뱃머리와 고물에 조용히 하라고 지시하고 얼마 뒤 다시 소리쳤다. "거기 돛대 위!"

"네!"

"배가 어떻게 생겼나?"

"큰 배입니다. 우리 쪽으로 서 있습니다."

웨이저 호의 장교들과 수병들은 배를 보고 국적과 목적을 파악해보려고 눈에 힘을 주었다. 그러나 배가 너무 멀어서 아직은 위협적인 그림자에 지나지 않았다. 앤슨은 속도가 빠른 트라이얼 호의 권좌에 새로 앉은 칩 선장에게 추적해서 정보를 모아오라는 신호를 보냈다. 칩의 배는 돛을 펼치고 출발했다. 벌클리와 동료들은 불안한 기대 속에서 다시 포를 준비했다. 광대한 바다에서 제한된 감시장비와 통신장비로 전쟁을 할 때는 항상 스트레스가 따랐다.

두 시간 뒤 칩은 그 배에 접근해 경고사격을 했다. 배는 돌아서서 칩이 다가오는 것을 허용했다. 알고 보니 동인도로 향하는 네덜란드 선박이었다. 소함대 병력은 다시 경계 임무를 시작했다. 적이 바다의 숨은 힘처럼 언제 수평선에 나타날지 모르니까.

———•———

그로부터 얼마 되지 않아, 보이지 않는 공격이 닥쳐왔다.[29] 포격은 한 번도 없었지만, 벌클리의 많은 동료들이 사악한 세력에게 당한 듯 쓰러지기 시작했다. 소년들은 이제 기운이 없어서 돛대를 올라가지 못했다. 환자들은 비좁은 곳의 해먹에서 몸부림치며 크게 고통스러워했다. 고열로 식은땀을 흘리고, 양동이나 자기 몸에 구토를 했다. 헛것을 보는 바람에 휘청거리다가 바다에 빠지지 않게 옆에서 지켜봐야 하는 환자들도 있었다. 발진티푸스라는 박테리아 폭탄이 출항하기도 전에 미리 배 안에 심어져 있다가, 이제 함대 전체에서 터지고 있었다. "부하들이 점점 크게 앓으며 병약해졌다."[30] 한 장교는 이렇게 적은 뒤, 이 열병이 "우리를 지배하기 시작했다"고 덧붙였다.

적어도 영국에 있을 때는 감염된 사람들을 해안으로 옮겨 치료받게 할 수 있었다. 하지만 지금 그들은 사람들이 밀집한 배에 갇힌 신세였다. 사회적 거리두기라는 개념을 설사 그들이 이

해했다 해도 실천이 불가능했다. 이가 점점이 기어 다니는 그들의 몸은 아무것도 모르는 새로운 희생자의 몸에 바짝 밀착되어 있었다. 한 사람의 몸에서 다른 사람의 몸으로 옮겨 다니는 이가 사람을 물어도 위험하지는 않지만, 놈들이 그 상처에 남기고 가는 배설물에는 박테리아가 우글거렸다. 한 수병이 아무 생각 없이 물린 자리를 긁는다면(이의 침은 가려움증을 유발했다), 자기도 모르는 사이에 자신의 몸을 침범하는 군대의 일원이 되었다. 병원균은 은밀하게 적선에 오르는 부대처럼 그의 혈류 속으로 들어가 이에서 이로, 소함대의 사람들에게로 병을 퍼뜨렸다.

벌클리는 자신을 보호할 방법이 무엇인지 잘 알 수 없어서, 그저 하느님에게 더욱더 열심히 헌신할 뿐이었다. 웨이저 호의 의사 헨리 에트릭은 아래층 갑판을 병동으로 만들었다. 수습장교 숙소에 있는 수술공간보다 해먹을 걸 수 있는 공간이 좀 더 많았다. (병든 해군이 아래층 갑판에서 외부의 해로운 요소로부터 보호받는 상황을 가리켜 '언더 더 웨더under the weather'*라고 표현했다.) 에트릭은 환자들에게 헌신적이었으며, 수술 솜씨가 좋아서 몇 분만에 팔이나 다리 한 짝을 절단할 수 있었다. "넓적다리의 골절을 줄여주는 기계"[31]라는 것을 설계한 적도 있었다. 바퀴와 작은 톱니바퀴가 있는 이 15파운드7킬로그램짜리 기계를 쓰면 환자가 완전히 회복해서 다리를 절지 않게 될 것이라고 그는 장담했다.

이런 혁신이 있어도 당시의 의사들은 병에 대한 과학적 이해

---

* 현대에는 '몸이 좀 좋지 않다'는 뜻의 관용구로 쓰인다.

가 거의 없었다. 발진티푸스 유행을 막는 법도 전혀 몰랐다. 센추리온 호의 교사* 패스코 토머스는 감염에 관한 에트릭의 이론이 허황된 "단어들의 연속이며, 의미는 거의 없거나 전혀 없다"[32]고 투덜거렸다. 세균이라는 개념이 아직 없을 때라 수술도구 소독도 이뤄지지 않았고, 유행병의 원인에 대한 과도한 두려움이 질병 그 자체와 비슷하게 뱃사람들을 좀먹었다. 발진티푸스는 물로 전파되는가, 흙으로 전파되는가? 접촉이나 시선으로 전파되는가? 당시 우세하던 의학이론은 배 안처럼 정체된 환경에서 나온 유독한 냄새가 사람에게 병을 일으킨다고 주장했다. 사람들은 뭔가가 정말로 "공중에" 있다고 믿었다.

앤슨의 소함대 구성원들이 점차 병으로 쓰러지는 가운데, 장교들과 의사들은 원인을 찾아내려고 갑판과 갑판을 돌아다니며 기웃거렸다. 배 밑바닥에 고인 더러운 물, 곰팡이가 핀 돛, 고약한 냄새가 나는 고기, 인간의 땀, 썩은 목재, 죽은 쥐, 대소변, 씻지 않은 가축, 더러운 입김. 악취는 벌레를 대량으로 발생시켰다. 어찌나 엄청난 규모였는지, 밀챔프의 표현처럼 "벌레가 목구멍 속으로 날아 들어갈 수도 있기 때문에 입을 벌리는 것"[33]도 위험했다. 어떤 승조원들은 나무 판을 깎아 즉석에서 부채를 만들기도 했다. "몇몇 승조원들이 이 부채를 앞뒤로 흔들어 감염된 공기를 흔들어놓았다."[34] 한 장교는 이렇게 회상했다.

머리 선장을 비롯한 상급장교들은 앤슨과 긴급 회의를 열었

* 수습장교들에게 수학, 삼각법, 항해술 등을 가르치던 사람.

웨이저

다. 벌클리는 여기에 포함되지 않았다. 그의 출입이 허락되지 않는 곳이 몇 군데 있었다. 그는 그 상급자들이 아래층 갑판에 공기가 더 많이 들어오게 하는 방법에 대해 토론했음을 곧 알게 되었다. 앤슨은 목수들에게 각 전함의 선체에서 물에 잠기는 선 바로 위에 구멍 여섯 개를 추가로 뚫으라고 지시했다. 그래도 병이 번지는 속도는 더 빨라져서 수십 명이 새로 감염되었다.

병동에 배치된 의사들은 점점 정신을 차릴 수 없었다. 스페인과의 전쟁 중에 해군 선의의 조수로 일한 경험을 바탕으로 피카레스크 소설《로더릭 랜덤의 모험》을 쓴 토비아스 스몰렛은 유행병에 대해 이렇게 썼다. "나는 사람들이 배에서 죽어간다는 사실보다 병든 사람이 회복하는 것에 훨씬 더 크게 놀랐다. 내 앞에는 병에 걸려 비참한 몰골이 된 사람 약 50명이 줄줄이 매달려 서로 바짝 붙어 있었다… 신선한 공기는 물론이고 햇빛도 없었다. 그들이 숨쉬는 공간에는… 그들 자신의 배설물과 병든 몸밖에 없었다."[35] 환자가 고향에서 멀리 떨어진 외로운 바다에서 사투를 벌이는 동안, 동료들이 찾아와 등불을 그의 공허한 눈에 비추며 기운을 북돋아주려고 애쓸 때도 있었다. 또는 한 전함의 목사가 묘사한 것처럼 "소리 없이 눈물을 뚝뚝 흘리거나, 정말이지 비통한 목소리로 그의 이름을 부르기도"[36] 했다.

어느 날 웨이저 호의 병동에서 여러 사람이 천으로 감싼 긴 물건을 들고 올라왔다. 동료의 시신이었다. 바다에 수장할 시신은 해먹으로 감싸고 대포알을 적어도 한 개는 넣어주는 것이 전통이었다.[37] (해먹의 끝자락을 모아서 꿰맬 때, 시신이 정말로 시신인지 확인하기 위해 시신의 코를 통과해서 마지막 바느질을 하는 경우가 많았다.) 뻣뻣하게 굳어가는 시신을 널빤지 위에 놓고, 국기로 그 위를 덮어 미라 같은 모양새를 조금이나마 감췄다. 그리고 사망자의 옷가지, 장신구, 트렁크 등 개인 소지품을 모아 경매를 열었다. 그의 아내나 다른 가족들을 위한 돈을 마련하기 위해서였다. 그럴 때면 바다 생활에 누구보다 단련된 사람들조차 터무니없는 금액을 부를 때가 많았다. 한 뱃사람은 이렇게 회상했다. "죽음은 언제나 엄숙하지만, 바다에서는 유독 그렇다. 나와 가까운 곳에 있어서 그의 목소리를 들을 수 있었는데, 한순간에 그는 고인이 되고 텅 빈 자리만이 그가 사라졌음을 알려준다… 선원들의 선실에는 항상 빈자리가 있다. 야간 근무조를 불러냈을 때도 한 사람이 모자라다. 키를 잡을 사람이 한 명 모자라고, 활대로 함께 나갈 사람도 한 명 모자라다. 나는 그의 모습, 그의 목소리가 그립다. 그동안 익숙해진 탓에 그가 내게 거의 필요한 존재가 되었다. 우리의 모든 감각이 그 상실감을 느낀다."[38]

웨이저 호의 종이 울리자, 벌클리와 바이런을 비롯해서 승조원들이 갑판과 통로와 활대에 모였다. 다른 배들도 가까이 다가와 일종의 장례행렬을 이뤘다. 갑판장이 소리쳤다. "모자를 벗으시오." 추도객들은 모자를 벗고 고인을 위해 기도했다. 어쩌면 자신을 위해서도 기도했는지 모른다.

머리 선장이 정해진 문장을 외웠다. "그리하여 그의 몸을 깊은 곳에 맡깁니다." 사람들은 국기를 걷어내고 널빤지를 들어

난간 너머로 시신을 미끄러뜨렸다. 첨벙 하는 소리가 침묵을 깨뜨렸다. 벌클리와 그의 조수들은 동료의 시신이 대포알의 무게 때문에 계속 가라앉아 마침내 사라질 때까지 지켜보았다. 그것은 바다 깊은 곳을 향한 그의 마지막 미지의 항해였다.

———————•———————

11월 16일 소함대와 동행한 화물선인 애나 호와 인더스트리호의 선장들이 해군과의 계약을 모두 수행했으니 고향으로 돌아가고 싶다고 앤슨에게 알렸다. 점점 기승을 부리는 유행병과 점점 가까워지는 케이프 혼이 그런 심정을 더욱 부채질했음이 분명하다. 소함대에는 몇 톤이나 되는 브랜디를 포함해서 두 화물선에 남은 물자를 저장할 공간이 부족했으므로 앤슨은 애당초 바다 항해에 그리 적합하지 않았던 인더스트리 호만 보내기로 했다.

각각의 전함에는 물자와 사람을 해안이나 다른 배로 운반하는 소형 수송보트가 적어도 네 척씩 실려 있었다. 그중에 가장 큰 것은 약 36피트[11미터] 길이의 롱보트였는데, 다른 수송선과 마찬가지로 노와 돛을 모두 이용할 수 있었다. 이 소형 수송보트들은 배의 갑판에 끈으로 고정되어 있었다. 앤슨의 부하들은 인더스트리 호에 남은 물자를 옮기는 위험한 작업을 위해 요동치는 바다에 그 보트들을 내리기 시작했다. 그동안 많은 장교들과 수병들은 인더스트리 호 편에 영국으로 보낼 편지를 서둘러 작성했다. 사랑하는 사람들과 연락할 수 있는 기회를 다시 얻으려면 앞으로 몇 년까진 아니어도 몇 달이나 기다려야 할 터였다.

벌클리는 아내와 자녀들에게 비록 바다에서 죽음이 소함대를 따라다니고 있지만, 자신은 기적적으로 아직 건강하다고 알릴 수 있었다. 의사들의 말대로 유독한 냄새가 열병의 원인이라면, 왜 같은 배에서 병에 안 걸리는 사람들이 있는 걸까? 독실한 신자들 중에는 생명을 지워버리는 병의 뿌리가 인간의 타락한 본성, 즉 게으름, 부도덕, 방탕함에 있다고 믿는 사람이 많았다. 1617년에 출간된, 선의들을 위한 최초의 의학 교과서는 전염병이 "지상에서 죄인을"[39] 걷어가려는 하느님의 방식이라고 경고했다. 어쩌맨 앤슨의 부하들이 애굽 사람들과 같은 고통을 겪고 있는 것일 수도 있었다. 그렇다면 벌클리는 모종의 올바른 목적을 위해 고난에서 제외된 것인지도 몰랐다.

11월 19일 밤, 인더스트리 호의 화물을 옮겨 싣는 작업이 모두 끝났다. 벌클리는 일지에 간결하게 기록했다. "화물선 인더스트리 호가 떠났다."[40] 그와 소함대의 승조원들은 아직 몰랐지만, 인더스트리 호는 곧 스페인 군대에 포획되었다. 따라서 그들의 편지는 끝내 배달되지 못했다.

———————•———————

12월까지 소함대에서 수장된 승조원의 수가 65명이 넘었다.[41] 월터 신부는 이 병이 "처음 나타났을 때도 무시무시하지만, 병에서 회복된 줄 알았던 사람에게 남은 병 기운조차 치명적일 때가 많다"[42]고 적었다. 회복한 뒤에도 "항상 몹시 쇠약하고 무기력한 상태가 되기" 때문이었다. 소함대의 의사 중 가장 경험이 많은 센추리온 호의 선임 선의는 쓸 수 있는 방법이 제한된 상황에서도 생명을 구하기 위해 영웅적인 노력을 기울였다. 그러나 12월 10일에는 그도 병에 무릎을 꿇었다.

소함대는 계속 항해했다. 벌클리는 남아메리카 대륙을 찾으려고, 단단한 육지를 찾으려고 수평선을 샅샅이 뒤졌다. 하지만 보이는 것은 바다뿐이었다. 그는 다양하게 변하는 바다의 색조와 모양을 잘 알았다. 유리처럼 잔잔한 바다도 있고, 하얀 모자를 쓴 울퉁불퉁한 바다도 있고, 소금 냄새가 나는 바다도 있고, 투명한 파란색 바다도 있고, 출렁이는 바다도 있고, 햇빛을 받아 별처럼 반짝이는 바다도 있었다. 한 번은 바다의 색이 몹시 진한 진홍색이어서 "피처럼 보였다"[43]고 벌클리는 기록했다. 소함대가 그 광대한 바다의 한 구역을 지날 때마다 또 다른 구역이 나타났다. 마치 지구 전체가 물에 잠긴 것 같았다.

마데이라를 떠난 지 6주, 영국을 떠난 지 3개월이 지난 12월 17일에 벌클리는 수평선에서 틀림없는 얼룩 같은 것을 언뜻 보았다. 육지였다. "우리는 정오에 세인트 캐서린 섬을 보았다."[44] 그는 들뜬 기분으로 일지에 이렇게 썼다. 브라질 남해안 앞바다에 있는 세인트 캐서린 섬은 포르투갈의 관할이었다. (콜럼버스의 획기적인 항해가 있은 뒤 1494년에 교황 알렉산데르 6세는 손을 한 번 오만하게 흔드는 것만으로 유럽 너머의 세상을 절반으로 나눠 서쪽을 스페인에 주고 브라질이 포함된 동쪽을 포르투갈에 주었다.) 케이프 혼은 세인트 캐서린에서 남쪽으로 2,000마일 3,200킬로 떨어져 있었다. 거기서 겨울을 맞을 가능성이 여전히 남아 있었으므로, 앤슨은 안달하며 항해를 서두르려고 했다. 그러나 부하들에게 회복할 시간이 필요하다는 것을 그는 알고 있었다. 나무로 지은 배도 스페인이 지배하는 적대적인 영역에 들어서기 전에 수리할 필요가 있었다.

섬이 가까워지자 무성한 숲과 바다로 이어진 산이 보였다. 과라니 족 인디언들의 한 일파가 한때 그곳에서 사냥과 낚시를 하며 번성했으나 16세기에 유럽 탐험가들이 나타나고 17세기에 포르투갈 이주민이 도착한 뒤 질병과 박해로 인구가 형편없이 줄어들었다. 그러나 제국주의가 낳은 한없는 인명피해는 일지에 기록되는 경우가 드물었다. 이제 그 섬에는 산적이 들끓었다. 교사 토머스에 따르면, "법의 처벌을 피해 브라질의 여러 지역에서 이곳으로 도망친"[45] 자들이었다.

소함대가 어느 항구에 닻을 내린 즉시 앤슨은 병자 수백 명을 섬으로 보냈다. 건강한 사람들이 공터에 낡은 돛으로 막사를 세웠다. 하얀 캔버스 천이 산들바람에 물결쳤다. 의사들과 죽 배달 소년들이 병자를 돌보는 동안, 벌클리와 바이런 등은 원숭이와 멧돼지를 사냥했다. 필립 소머레즈 대위가 "아주 독특한 큰 부리새라는 새, 깃털은 빨간색과 노란색이고, 긴 부리는 거북의 등딱지를 닮았다"[46]고 묘사한 새도 잡았다. 약초도 풍부하게 자라는 것이 발견되었다. "약국에 있다고 상상해도 될 것 같았다."[47] 소머레즈 대위는 이렇게 경이로운 마음을 표현했다.

그래도 열병[48]의 손아귀는 느슨해지지 않았다. 그 섬에서 최소한 80명이 숨을 거둬 얕은 모래 무덤에 묻혔다. 앤슨은 해군 본부에 보내는 보고서에서 소함대가 영국을 떠난 뒤, 약 2,000명의 병력 중 160명이 숨을 거뒀다고 밝혔다. 그들의 항해 중 가장 위험한 일은 아직 시작되기도 전이었다.

벌클리는 섬에서 크리스마스를 보냈다. 그날 수병 세 명이 숨을 거두는 바람에 크리스마스에 어두운 장막이 드리워져서, 승조원 중 누구도 일기에 그날을 언급하지 않을 만큼 축제 분위기가 없었다. 다음 날 아침, 그들은 부족한 물자를 마련하고, 돛대와 돛을 수리하고, 살균 효과가 있는 식초로 갑판을 닦는 등 바삐 임무를 수행했다. 우글거리는 바퀴벌레와 쥐를 연기로 쫓아내기 위해 배 안에서 석탄을 태우기도 했다. 교사 토머스는 "그 생물들이 극도로 성가셨기 때문에 절대적으로 필요한 일"[49]이었다고 적었다. 1741년 1월 18일, 동이 틀 무렵 소함대는 케이프 혼을 향해 떠났다.

오래지 않아 앞이 보이지 않을 만큼 강한 바람이 그들을 에워쌌다. 앞으로 다가올 불길한 날씨의 첫 징조였다. 트라이얼 호에서는 젊은 톱맨 여덟 명이 돛대에 높이 올라가 축범 작업을 하고 있을 때 바람에 돛대가 부러지는 바람에 모두 바다에 떨어졌다. 밀챔프는 일곱 명이 구조되었지만, 모두 "베이고 멍든 상처가 몹시 끔찍했다"[50]고 적었다. 나머지 한 명은 삭구의 밧줄에 걸려 익사했다.

폭풍이 물러간 뒤 벌클리는 댄디 키드가 지휘하는 펄 호가 어디에도 보이지 않는다는 사실을 알게 되었다. 그는 일기에 그 배의 모습이 "우리 시야에서 사라졌다"[51]고 썼다. 그와 그의 동료들은 며칠 동안 그 배를 찾아보았으나 배도, 거기 타고 있던 사람들도 보이지 않았다. 거의 한 달이 흐른 뒤 그 배가 최악의 일을 당했을 거라는 생각이 들었다. 그러다 2월 17일에 망을 보던 사람이 그 배의 돛대가 하늘을 긁어대는 것을 발견했다. 앤슨은 글로스터 호에 쫓아가보라고 지시했지만, 펄 호는 마치 글로스터 호를 무서워하는 것처럼 전속력으로 달아났다. 마침내 글로스터 호가 펄 호를 따라잡았을 때, 그 배의 장교들은 자신들이 그토록 경계한 이유를 밝혔다. 여러 날 전 소함대를 찾아다니다가 전함 다섯 척을 발견했는데, 그중 한 척이 앤슨의 기함을 상징하는 널찍한 빨간색 깃발을 매달고 있었다고 했다. 펄 호의 승조원들은 잔뜩 들떠서 그 함대를 향해 달려갔으나, 앤슨에게 인사를 전할 인원을 파견하려고 롱보트를 내리는 동안 누군가가 깃발이 조금 이상하다고 소리쳤다. 그 함대는 앤슨의 것이 아니라, 앤슨의 깃발을 복제해서 내건 피사로의 스페인 함대였다. "우리가 그 속임수를 알아차렸을 때 그들은 우리를 쏠 수 있는 거리 안에 들어와 있었습니다."[52] 펄 호의 한 장교가 이렇게 보고했다.

펄 호의 승조원들은 즉시 돛을 팽팽하게 조이고 도주하려 했다. 그렇게 5대 1의 상황에서 쫓기는 와중에 그들은 전투에 대비해 갑판을 치우고 배의 속도를 높이기 위해 식수 상자와 노는 물론 심지어 롱보트에 이르기까지 몇 톤이나 되는 물자를 바다에 내던지기 시작했다. 포격 준비를 끝낸 적선들이 점점 가까워졌다. 펄 호의 앞에서는 언제나 변화무쌍한 바다가 점점 어두워지면서 잔물결을 일으켰다. 그들은 물속에 암초가 숨어 있다는 징조인가 싶어서 두려움에 떨었다. 여기서 펄 호가 돌아선다면, 스페인의 포격에 가루가 될 터였다. 하지만 계속 가다가는 암초에 걸려 침몰할 가능성이 있었다.

피사로는 휘하 전함들에 멈추라는 신호를 보냈다. 펄 호는 천천히 앞으로 나아갔다. 배가 잔물결이 이는 지점을 지날 때 승조원들은 긴장해서 충격에 대비하며 배가 부서질 것도 각오했으나 배는 단 한 번도 덜컹거리지 않았다. 심지어 가벼운 떨림조차 없었다. 잔물결이 인 것은 순전히 알을 낳는 물고기들 때문이었다. 배는 그 지점을 미끄러지듯 가볍게 통과했다. 피사로의 함대가 다시 추적을 개시했으나, 펄 호는 이미 한참 앞서 나가 있었기 때문에 그날 저녁 어둠 속으로 도망칠 수 있었다.

벌클리가 동료들과 함께 이 조우의 영향을 평가하고 있을 때 (물자가 부족해진 것에 어떻게 대처할 것인가? 피사로의 함대까지 거리가 얼마나 될까?), 펄 호의 장교 한 명이 소함대와 떨어져 있는 동안 일어난 일이 하나 더 있다고 앤슨에게 알렸다. "이런 보고를 드리게 되어 유감입니다만, 우리 지휘관인 댄디 키드 선장이 돌아가셨습니다."[53] 열병 때문이었다. 벌클리는 키드가 웨이저 호에 있을 때부터 아는 사이였다. 그는 훌륭한 선장이고 선량한 사람이었다. 한 장교의 일기에 따르면, 키드는 숨을 거두기 얼마 전 부하들을 "용감한 녀석들"[54]이라고 칭찬하며, 다음 지휘관을 충실히 섬기라고 간곡히 당부했다. "난 오래 살지 못해. 내가 하느님과 제대로 화해한 거라면 좋겠네." 돌봐줄 사람이 하나도 없는 듯 보이는 다섯 살짜리 아들 때문에 불안해하던 그는 유언장을 작성해 아이의 교육과 "세상에서 앞으로 나아가는 데"[55] 필요한 돈을 따로 떼어놓았다.

키드 선장의 죽음으로 또 한 번 선장들이 바뀌었다. 벌클리는 얼마 전 웨이저 호의 선장으로 임명된 머리가 다시 승진해서 웨이저 호보다 큰 펄 호로 옮겨갈 것이라는 소식을 들었다. 웨이저 호에도 새로운 지휘관이 올 예정이었다. 전함을 지휘한 경험이 전혀 없는 데이비드 칩. 그가 지휘권을 확립하는 비결은 압제가 아니라 설득과 공감과 격려임을 키드 선장이나 앤슨 사령관처럼 잘 알고 있을지, 아니면 채찍으로 다스리는 폭군[56]이 될지 승조원들은 아직 알 수 없었다.

벌클리는 감정을 잘 드러내지 않는 사람이었으므로, 일기에도 이런 사정을 그냥 냉정하게 기록했다. 이것 역시 "지상의" 영원한 "전쟁" 중 또 한 번의 시련에 불과하다는 듯한 태도였다. (그가 가져온 그리스도교 관련 책은 이렇게 물었다. "만약 그대에게 어떤 역경도 일어나지 않는다면 그대의 인내심이 어떻게 영광을 얻겠는가?"[57]) 그러나 사소하지만 불안한 사실 하나를 일기에 적기는 했다. 키드 선장이 임종 직전에 이번 원정에 대해 예언을 내놓았다는 사실. "궁핍, 해충, 기근, 죽음, 파괴 속에서 끝나리라."[58]

2부

폭 풍 속 으 로

데이비드 칩이 웨이저 호에 오르자, 이 배의 장교들과 수병들이 갑판에 모여 전함의 선장에게 줄 수 있는 가장 화려한 인사를 했다. 휘파람도 불고 모자도 벗었으나, 불편한 느낌이 있는 것만큼은 피할 수 없었다. 칩이 열정적인 포수 벌클리와 열심히 일하는 수습장교 바이런 등 새로운 부하들을 자세히 살피는 동안, 부하들도 신임 선장을 주시했다. 이제 그는 자신들과 동등한 처지가 아니라, 이 배에 탄 모든 사람을 책임지는 지휘관이었다. 한 장교는 그의 지위에 필요한 것이 "자제력, 온전한 목표의식, 활기찬 정신, 헌신이었다… 제멋대로 굴며 서로 불화를 일으키는 자들의 기강을 잡아 명령에 복종하게 만들어야 하는 사람은 바로 그였다. 그렇게 기강을 잡아야… 배의 안전을 기대할 수 있었다"[1]고 썼다. 이 순간을 오래전부터 꿈꿔온 칩은 나무로 만들어진 이 세계에 안정적인 것이 많다는 점을 알기 때문에 마음이 편안했다. 돛은 돛이고, 키는 키였다. 하지만 예측할 수 없는 일도 있었다. 갑작스러운 상황을 그가 어떻게 처리할까?

조지프 콘래드의 단편소설 〈비밀의 공유자〉에서 한 신임 선장은 "모두가 각각 스스로의 성격에 대해 남몰래 품고 있는 이상적인 인식에" 얼마나 "충실해야" 하는지 고민했다.[2]

하지만 칩에게는 철학적인 생각을 할 시간이 없었다. 배를 운영하는 것이 먼저였다. 그는 헌신적인 집사 피터 플래스토의 도움으로 널찍한 선장실에 재빨리 자리를 잡았다. 이 선장실은 그가 새로운 지위를 얻었다는 표식이었다. 그는 자신을 웨이저 호의 선장으로 임명한다는 내용이 적힌 앤슨의 귀한 편지를 트렁크에 넣고, 트렁크를 잘 보관해두었다. 그다음에는 승조원들을 불러 모은 뒤, 후갑판에서 그들 앞에 섰다. 배에 탄 모든 사람의 행동을 규제하는 36개의 규칙으로 이루어진 군율[3]을 그들에게 불러주는 것이 그의 의무였다. 그는 평범하게 규칙들을 말하다가(욕하면 안 된다, 취하도록 술을 마시면 안 된다, 하느님의 명예를 훼손하는 불명예스러운 행동은 안 된다) 19조에 이르렀다. 단호하게 19조를 읊는 동안 그 내용이 그에게 새로운 의미로 다가왔다. "함대에 속한 사람은 누구든 폭동이나 반란에 관한 말을 입에 담으면 안 된다… 처벌은 죽음이다."

칩은 웨이저 호를 몰아 케이프 혼[4]을 끼고 돌 준비를 시작했다. 아메리카 대륙의 최남단 끝에 있는 케이프 혼은 바위투성이의 황량한 섬이었다. 먼 남쪽은 온 지구를 통틀어 바닷물이 아무런 방해도 받지 않고 흐르는 유일한 곳이므로, 물의 힘이 엄청나게 강력하다. 무려 1만 3,000마일[2만 킬로]에 걸쳐 여러 바다를 달려오며 계속 힘을 축적한 파도가 케이프 혼에 도착하면 아메리카 대륙 최남단의 곶과 남극반도 최북단 사이의 좁은 틈으로 비집고 들어가야 한다. 드레이크 해협이라고 불리는 이 통로 때문에 물살의 힘은 모든 것을 가루로 만들어버릴 만큼 강력해진다. 이곳의 해류는 지상에서 가장 길 뿐만 아니라 가장 강력해서, 초당 약 40억 입방피트1억 1,300만 세제곱미터가 넘는 물을 운반한다. 아마존 강에서 나오는 물의 600여 배나 되는 양이다. 게다가 바람도 있다. 바람을 방해하는 육지가 없기 때문에 태평양에서부터 한결같이 동쪽으로 불어오는 바람은 허리케인 급으로 빨라지기 일쑤라서 때로 시속 200마일320킬로에 이른다. 뱃사람들은 바람이 점점 강해지는 곳의 위도에 이름을 붙여 부른다. 포효하는 40도 대, 날뛰는 50도 대, 악을 쓰는 60도 대.

게다가 이 지역에서는 바다 깊이가 갑자기 얕아지고(1,300피트396미터에서 고작 300피트91미터로), 여기에 어마어마한 파도를 일으키는 다른 야만적인 힘들이 합쳐진다. 이 '케이프 혼 너울' 앞에서는 90피트27미터 높이의 돛대도 난쟁이처럼 보일 정도다. 이런 파도 위에 군빙群氷에서 쪼개져 나온 치명적인 빙산이 떠 있다. 또한 남극의 한랭전선과 적도 근처 온난전선의 충돌로 비와 안개, 진눈깨비와 눈, 천둥과 번개가 한없이 반복되는 사이클이 만들어진다.

16세기에 이곳 바다를 발견한 영국 원정대5는 배의 신부가 "세상 없이 미쳐 날뛰는 바다"6라고 묘사한 물살과 씨름하다가 돌아섰다. 케이프 혼을 끼고 도는 항해를 완수한 배들조차 헤아릴 수 없이 많은 인명피해를 감수했으며, 난파, 침몰, 실종 등으로 전멸한 원정대도 아주 많았다. 그래서 대부분의 유럽인들은 이 항로를 완전히 포기해버렸다. 스페인은 파나마 해안으로 화물을 싣고 간 뒤, 찌는 듯이 덥고 질병이 들끓는 정글을 50마일80킬로 넘게 이동해 반대편 해안에서 기다리는 배에 옮겨 싣는 방식을 선호했다. 케이프 혼을 시험하는 길을 피할 수 있다면 무엇이든 좋았다.

이 항로를 통과한 허먼 멜빌은 《하얀 재킷》에서 그 항해를 단테의 〈지옥〉에서 지옥으로 내려가는 길에 비유했다. "그곳 땅끝에는 연대기가 없다."[7] 멜빌은 이곳에 어두운 결말을 암시하는 배와 목재의 잔해만이 있을 뿐이라고 썼다. "항구를 떠난 뒤 두 번 다시 소식을 전하지 못한 배들." 그의 묘사는 계속 이어졌다. "지나갈 수 없는 곳! 어느 방향이든 마음이 내키는 대로, 동쪽이든 서쪽이든, 바람이 앞에서 불든 직각으로 불든 뒤에서 불든, 이 방향 저 방향으로 접근할 수 있지만, 그래도 케이프 혼은 여전히 케이프 혼이다… 하늘이시여, 뱃사람과 그들의 아내와 어린 자녀를 도우소서."

지난 세월 동안 뱃사람들은 육지 끝에 있는 이 바다 묘지에 잘 맞는 이름을 찾으려고 애썼다. 이곳을 '테러블Terrible'이라고 부르는 사람도 있고, '망자의 길'이라고 부르는 사람도 있다. 러디어드 키플링은 "눈먼 뿔Horn의 증오"[8]라고 불렀다.

칩은 개략적인 해도를 열심히 들여다보았다. 이 지역의 다른 지명들도 신경에 거슬리기는 마찬가지였다. 황무지 섬. 기근 항구. 기만 암초. 친구를 갈라놓는 만.

소함대의 다른 선장들과 마찬가지로 칩도 부분적으로 시야가 차단된 상태로 이 소용돌이에 접근하고 있었다. 위치를 파악하려면[9] 지도 제작자가 지도에 그어놓은 가상의 선에 의지해서 위도와 경도를 계산해야 했다. 평행으로 뻗어 있는 위선緯線들은 적도에서 북쪽 또는 남쪽으로 얼마나 떨어져 있는지를 알려준다. 칩은 별을 보고 배의 상대적인 위치를 파악해서 자신이 있는 곳의 위도를 비교적 쉽게 확인할 수 있었다. 그러나 데이바 소벨이 《경도》에 기록해 놓은 것처럼, 동서 방향의 위치를 계산하는 것은 오랜 세월 동안 과학자와 뱃사람을 당황시킨 난제였다. 1522년에 처음으로 지구를 한 바퀴 돈 페르디난드 마젤란의 항해 중에,[10] 배의 서기는 키잡이들이 "경도에 대해서는 말하려 하지 않는다"[11]고 적었다.

위선과 직각을 이루는 경선에는 적도같이 기준으로 삼을 수 있는 지점이 없다. 따라서 항해사들은 고향의 항구 또는 임의적인 선 등 어느 지점을 기준으로 설정하고, 거기서부터 동쪽 또는 서쪽으로 얼마나 떨어져 있는지 계산해야 한다. (지금은 영국 그리니치가 경도가 0도인 경선으로 지정되어 있다.) 경도는 지구가 자전하는 방향상의 거리를 의미하기 때문에, 시간이 복잡한 요소로 작용한다. 한 시간은 경도로 15도에 해당한다. 뱃사람이 배의 시간과 자신이 선택한 기준 지점의 시간을 비교하면 자신이 있는 곳의 경도를 계산할 수 있다. 그러나 18세기에는 시간을 재는 도구들이 믿음직하지 않았다. 바다에서는 상황이 더 나빴기 때문에, 아이작 뉴턴은 이렇게 썼다. "배의 움직임, 더위와 추위, 습기와 건조함, 경도에 따라 달라지는 중력 등 여러 요인으로 그런 시계는 아직 만들어지지 않았다."[12] 칩은 황금 주머니시계를 갖고 있었다. 빚에 쫓기면서도 절대 손에서 놓지 않고 열심히 지킨 시계였으나, 너무 부정확해서 도움이 되지 않았다.

귀한 생명과 화물을 싣고 가다가 선원들이 정확한 위치를 파악하지 못했다는 이유만으로 난파한 배가 얼마나 많았을까? 배가 바람에 실려 가고 있는 방향에서 어둠이나 짙은 안개에 가려져 있던 해안선이 갑자기 나타날 때가 있었다. 1707년에 영국 전함 네 척은 고국인 영국 남서쪽 끝에 있는 바위섬에 충돌해, 1,300명이 넘는 사망자를 냈다. 불안정한 항해술로 인한 사망자가 점점 쌓여가는 세월 동안, 몇몇 위대한 과학자들은 경도의 수수께끼를 풀려고 애썼다. 갈릴레오와 뉴턴은 시계처럼 정확히 움직이는 별들이 수수께끼의 열쇠를 쥐고 있다고 생각한 반면, 어처구니없는 엉터리 방법을 들고 나온 사람들도 있었다. "다친 개가 우는 소리"[13]부터 "신호를 위한 대포 소리"에 이르기까지 온갖 것들을 동원한 방법이었다. 1714년 영국 의회는 경도법을 통과시켰다. 이 수수께끼에 대한 "실용적이고 유용한" 해법을 내놓는 사람에게 2만 파운드의 상금(오늘날의 화폐가치로 약 350만 달러^{49억 원} 상당)을 준다는 법이었다.

칩이 전에 근무하던 센추리온 호가 어쩌면 혁명을 일으킬 수도 있는 새로운 측정법을 시험하는 데 나름의 역할을 한 적이 있었다. 이번 항해 4년 전, 센추리온 호에는 마흔세 살의 발명가 존 해리슨이 타고 있었다. 해군대신 찰스 웨이저가 "몹시 독창적이고 착실한 사람"[14]이라고 추천한 인물이었다. 해리슨은 가장 최근에 발명한 시간 측정 장치를 시험하는 데 배를 마음껏 이용할 수 있는 권한을 얻었다. 약 2피트^{60센티} 높이의 이 장치에는 공 모양의 추와 진동하는 팔이 달려 있었다. 이 시계는 아직 개발 단계였지만, 해리슨은 이것을 이용해서 센추리온 호의 경도를 측정한 뒤 배가 항로에서 무려… 60마일^{97킬로}이나 벗어나 있다는 정확한 결과를 내놓았다! 해리슨은 이 장치를 계속 다듬어서 여든 살이 된 1773년에 법이 정한 상금을 받았다.

그러나 칩과 동료들에게는 그런 기적적인 도구가 없었으므로, '추측항법'에 의지하는 수밖에 없었다. 모래시계로 시간을 재고, 매듭을 묶은 끈을 바다 속에 넣어 배의 속도를 대략적으로 측정하는 방식이었다. 바람과 해류의 영향을 직관적으로 파악해야 하는 이 방법은 사실상 지식을 바탕으로 한 추측이자 믿음을 바탕으로 한 판단이었다. 소벨의 표현에 따르면, 지휘관에게 "추측항법은 곧 죽음의 표식"[15]일 때가 너무 많았다.

칩은 적어도 지금이 2월이라는 사실에 고무되었다. 남반부의 겨울이 닥치기 전인 3월에 소함대가 케이프 혼 근처 바다에 도착할 것이라는 뜻이기 때문이었다. 온갖 어려움을 딛고 그들은 해냈다. 그러나 칩을 포함한 모두가 알지 못했던 사실은, 여름이라고 해서 케이프 혼을 동에서 서로 지나가기에 가장 안전한 시기는 아니라는 점이었다. 겨울인 6월과 7월, 그리고 5월에는 기온이 더 내려가고 햇빛도 줄어들지만, 바람은 순해진다. 가끔은 바람이 동쪽에서 불어올 때도 있어서 태평양으로 항해하기가 더 쉽다. 1년 중에 그때를 제외한 다른 기간에는 여건이 더 가혹해진다. 사실 추분이 있는 3월에는 태양이 적도 바로 위에 있기 때문에 서풍과 파도의 세기가 정점에 이르는 경향이 있다. 따라서 당시 칩은 가장 위험한 시기에 추측항법으로 '눈먼 뿔의 증오' 속으로 들어가는 중이었다.

———•———

칩은 지금의 아르헨티나 해안을 따라 웨이저 호를 남쪽으로 몰았다. 그는 소함대에 속한 다른 여섯 척의 배에 바싹 붙어서 항해했으며, 스페인 함대가 나타날지도 모르니 전투에 대비해 갑판을 깨끗이 유지했다. 돛은 축범했고, 해치는 누름대로 눌러두었다. "여기 날씨는 거칠어서 믿을 수 없었다… 바람과 바다가 워낙 그래서 항해가 몹시 힘들었다."[16] 교사 토머스는 이렇게 썼다.

트라이얼 호의 돛대는 여전히 부러진 채였다. 소함대는 그 돛대를 수리하기 위해, 해안의 항구 세인트 줄리언에 여러 날 동안 머물렀다. 이전에 이곳을 다녀간 탐험가들은 이 지역에서 주민들을 보았다고 자세히 설명했지만, 지금은 버려진 곳 같았다. "우리가 여기서 마주친 것 중 놀라운 것은 아르마딜로뿐이다. 뱃사람들은 그것을 갑옷 입은 돼지라고 부른다."[17] 트라이얼 호의 회계관 밀챔프는 이렇게 썼다. "커다란 고양이만 한 크기인데, 코는 돼지와 비슷하고, 몸에는 두꺼운 껍질이 있다… 강한 망치질도 견딜 수 있을 만큼 단단하다."

세인트 줄리언은 단순히 황량하기만 한 곳이 아니었다. 칩과 뱃사람들이 보기에 이곳은 좁고 폐쇄된 공간에서 오랫동안 항해를 하다 보면 발생할 수 있는 배 안의 사망자들을 위한 섬뜩한 기념비 같았다. 1520년 부활절에 마젤란이 이곳에 닻을 내렸을 때, 점점 분노를 키우던 그의 부하 여러 명이 그를 쫓아내려 했기 때문에 그는 그 반란을 진압해야 했다. 항구의 작은 섬에서 그는 반란자 한 명의 참수형을 명령했다. 그리고 시체를 네 조각으로 잘라 모두가 볼 수 있게 교수대에 걸어두게 했다.

58년 뒤 지구 일주 항해 중 세인트 줄리언에 들른 프랜시스 드레이크도 선원들 사이에 음모가 피어오르는 것 같다는 의심을 품고 토머스 도티라는 부하를 배신자로 지목했다. (이 혐의는 거짓이었을 가능성이 높다.) 도티는 영국으로 가서 제대로 재판을 받을 수 있게 해달라고 호소했으나, 드레이크는 그에게 "교활한 변호사들"[18]이 필요하지 않다면서, "나 역시 법에 개의치 않는다"고 대답했다. 도티는 마젤란이 처형 장소로 이용했던 바로 그곳에서 도끼로 목이 잘렸다. 드레이크는 아직 피가 콸콸 쏟아지는 그 머리를 부하들 앞에 들어올리라고 명령한 뒤 이렇게 외쳤다. "봐라! 이것이 배신자의 종말이다!"[19]

칩이 소함대의 다른 선장들과 함께 트라이얼 호의 돛대 수리가 끝나기를 기다리는 동안, 한 장교가 그 처형 장소를 알아보았다. 소머레즈 대위는 그 일대가 "지옥 악령들의 자리"[20] 같다면서 불안해했다. 2월 27일에 칩과 그의 부하들은 과거 드레이크가 '진정한 정의와 심판의 섬'이라고 명명한 곳을 뒤로하고 떠나면서 안도감을 느꼈다. 드레이크의 부하들은 그곳을 '피의 섬'이라고 불렀다.

———————•———————

해류가 이 순례자들을 세상의 끝으로 잡아당겼다. 공기가 더 차갑고 예리해졌고, 가끔 눈이 갑판에 먼지처럼 내려앉았다. 칩은 스스로 꾸민 선장 제복으로 몸을 감싸고 후갑판에 완전히 노출된 채 서 있었다. 가끔 한 번씩 망원경으로 주위를 살피며 경계를 늦추지 않았다. 밀챔프가 "반은 물고기, 반은 새"[21]라고 묘사했던 펭귄이 보였고, 물을 내뿜는 남방긴수염고래와 혹등고래도 있었다. 감수성이 예민한 바이런은 나중에 이 남방 바다에 대해 이렇게 썼다. "여기에 고래가 얼마나 많은지 믿을 수 없을 정도도. 배가 움직이기에 위험할 정도라서, 우리는 하마터면 고래 한 마리와 부딪힐 뻔했다. 후갑판으로 물을 뿜어 올린 녀석도 있었다. 그렇게 덩치가 큰 고래는 본 적이 없다."[22] 바다사자도 있었다. 바이런은 그들이 "다소 위험한 동물"[23]이라면서, "전혀 예상치 못한 순간에 바다사자 한 마리가 나를 공격해서, 거기서 벗어나느라 한바탕 소란을 겪었다. 몸이 괴물처럼 거대하고, 화가 나면 무시무시한 포효를 내지른다"고 적었다.

항해는 계속되었다. 소함대가 남아메리카의 해안선을 따라가는 동안 칩은 안데스 산맥을 바라보았다. 남북으로 길게 뻗어 있는 산맥 곳곳에 눈을 뒤집어쓴 산꼭대기들이 2만 피트^{6,000미터} 이상 솟아 있었다. 곧 안개가 유령처럼 바다를 덮었다. 밀챔프는 그 바람에 모든 것이 "기분 좋게 무서운 느낌"[24]이 났다고 썼다. 물체들이 변이하는 것처럼 보였다. "때로 육지가 중간이 끊어진 거대한 산맥과 함께 엄청난 높이에서 나타나곤 했다."[25] 밀챔프는 이렇게 나타난 육지가 마법처럼 길게 이어지면서 휘어지기도 하고 평평해지기도 한다고 썼다. "배들도 똑같은 변신을 겪었다. 폐허가 된 거대한 성처럼 나타나는가 하면 원래 모습으로 돌아가기도 하고, 그러다 물 위에 떠 있는 거대한 통나무처럼 보이기도 했다. 우리가 정말로 마법의 한복판에 들어와 있는 것 같았다."

칩의 배는 계속 남쪽으로 향하면서 태평양으로 가는 또 다른 항로인 마젤란 해협의 입구를 지나갔다. 앤슨은 그곳이 너무 좁은 데다가 곳곳이 휘어져 있다는 이유로 그 해협을 피해가기로 결정했다. 소함대는 '처녀 일만 일천 명의 곶'과 '성령의 곶'을 지나갔다. 정박하지 않은 채 대륙 본토 뒤편으로 넘어갔다. 유일한 이정표는 서쪽의 섬이었다. 거의 2만 평방마일^{5만 제곱킬로미터}이나 되는 그 섬에도 안데스의 산꼭대기들이 있었다. 교사 토머스는 얼어붙은 능선에 "그 황량한 풍경을 통틀어 기분 좋은 초록색이 하나도"[26] 보이지 않았다고 투덜거렸다.

그 섬은 티에라 델 푸에고 군도에서 가장 큰 곳이었다. 마젤란 일행이 원주민들의 불을 보았다고 보고한 불의 땅. 스페인 정복자들은 이 남녘땅의 주민이 거인 종족이라고 주장했다. 마젤란의 서기에 따르면, 그들 중 한 명은 "키가 워낙 커서 우리들 중 가장 키가 큰 자도 그의 허리까지밖에 오지 않았다."[27] 마젤란은 이 지역을 파타고니아라고 불렀다. 아마 주민들의 발에서 유래한 이름일 것이다. 스페인어로 '파타^{pata}'는 '동물의 발'을 뜻하니까. 전설에 따르면, 주민들의 발은 거대했다. 아니면 '그레이트 파타곤'이라는 거대한 존재가 나오는 중세 모험담에서 빌려온 이름일 수도 있었다. 이런 모험담에는 사악한 의도가 숨어 있었다. 원주민을 인간 같지 않은 거대한 존재로 묘사함으로써, 유럽인들은 정복이라는 야만적인 임무를 어떻게든 올바르고 영웅적인 행위로 포장하려 했다.

———————•———————

3월 6일 밤에 소함대는 티에라 델 푸에고의 동쪽 끝을 벗어났다. 칩과 부하들이 최고의 시련 속에서 솜씨를 보여야 하는 때가 온 것이다. 앤슨은 아침에 동이 틀 때까지 기다리라고 지시했다. 그리고 다른 것은 몰라도 주위를 보는 것은 허락했다. 웨이저 호는 바람을 향해 뱃머리를 돌리고, 다른 배들과 나란히 물살에 출렁였다. 마치 메트로놈에 박자를 맞추는 것 같았다. 하늘도 바다만큼 광대하고 어두웠다. 버팀줄과 돛대 줄이 바람에 몸을 떨었다.

칩은 부하들에게 최종적인 준비를 지시했다. 그들은 낡은 돛을 새것으로 교체하고, 거친 바다에서 제멋대로 움직이면 치명적인 무기가 될 수 있는 대포 등 모든 물건을 단단히 고정했다. 30분마다 한 번씩 종소리가 시간을 알려주었다. 잠든 사람은 거의 없었다. 앤슨은 문서작업을 극도로 싫어하는 성격인데도, 휘하 선장들에게 내린 지시를 꼼꼼히 적어두었다. 만약 배가 적의 손에 떨어질 것 같으면, 전투계획과 기타 기밀서류를 모두 파기하라는 지시였다. 앤슨은 케이프 혼을 지나가는 동안 선장들은 소함대에서 자신의 배가 따로 떨어지지 않게 모든 조치를 취해야 한다고 강조했다. 그렇게 하지 않으면 "무엇보다 큰 위험에 처하게 될 것이다."[28] 어쩔 수 없이 함대와 떨어진다면, 계속 케이프 혼을 돌아 항해해서 칠레 쪽 파타고니아에서 함대와 다시 만나야 했다. 앤슨은 그곳에서 56일 동안 자신을 기다리라고 지시했다. "그때까지 내가 나타나지 않으면, 내게 모종의 사고가 생겼다는 결론을 내려야 한다." 앤슨은 이렇게 썼다. 그리고 특히 이 점을 강조했다. 만약 자신이 죽더라도 다른 선장들은 명령체계를 유지하며 새로운 상관의 지휘에 따라 임무를 계속해야 한다는 것.

동쪽 하늘에 빛이 처음 나타나자마자 앤슨은 센추리온 호의 포를 쏘았다. 그렇게 일곱 척의 배가 여명을 향해 출발했다. 트라이얼 호와 펄 호가 맨 앞에서 길을 이끌고, 그 두 배의 돛대 가로장에서는 망보는 사람들이 사방을 훑었다. 한 장교의 표현처럼 "얼음의 섬"[29]이 있는지 찾아보고 "늦지 않게 위험신호를 보내기" 위해서였다. 함대에서 가장 느리고 가장 덜 튼튼한 애나 호와 웨이저 호는 맨 뒤에 섰다. 오전 10시쯤 소함대는 티에라 델 푸에고와 이슬라 데 로스 에스타도스, 즉 스테이튼 아일랜드 사이 대략 15마일[24킬로미터] 너비의 입구인 르메르 해협에 도달해 있었다. 이곳은 케이프 혼의 관문이다. 해협에 들어선 배들은 스테이튼 아일랜드에 가까이 붙었다. 사람을 불안하게 만드는 광경이 펼쳐졌다. 월터 신부는 "비록 티에라 델 푸에고에 지극히 황량하고 황폐한 면이 있기는 해도"[30] 스테이튼 아일랜드의 "거칠고 무시무시한 외양은 그것을 훨씬 더 능가했다"고 적었다. 번개와 지진으로 쪼개져 위험하게 쌓인 바위들밖에 없었다. 그런 것들이 고독한 얼음 풍경 속에서 3,000피트[900미터] 가까이 솟아올랐다. 멜빌은 이런 산들이 "다른 세상과의 경계선처럼 불쑥 솟아올랐다. 번득이는 벽과 수정 성가퀴. 천국의 가장 먼 변방에 있는 다이아몬드 감시탑 같았다"[31]고 썼다. 밀챔프는 일기에서 이 섬처럼 무서운 곳은 본 적이 없다고 묘사했다. "그야말로 절망의 온상"[32]이었다.

가끔 배가 하얀 앨버트로스가 하늘로 날아올라 엄청난 크기의 날개를 과시했다. 날개 길이가 무려 11피트[3미터]로 모든 새를 통틀어 가장 크다. 전에 이곳을 찾았던 영국 원정대의 한 장교는 스테이튼 아일랜드 옆에서 앨버트로스를 발견하고, 그것이 나쁜 징조일까 싶어서 총으로 쏘아 죽였다. 그리고 나중에 그 배는 어떤 섬에 난파했다. 새뮤얼 테일러 콜리지는 이 사건에서 영감을 얻어 〈늙은 뱃사람의 노래〉를 썼다. 이 시에서는 앨버트로스를 죽인 것이 뱃사람에게 저주가 되어 그의 동료들이 갈증에 시달리다 죽게 된다.

십자가 대신 앨버트로스가
내 목에 걸려 있었다.[33]

앤슨의 부하들은 그런데도 이 새를 사냥했다. "갈고리와 끈으로 한 마리가 잡힌 기억이 난다… 미끼는 소금에 절인 돼지고기 한 조각이었다."[34] 밀챔프는 이렇게 썼다. 그리고 앨버트로스의 몸무게는 약 30파운드[14킬로그램]나 되지만, "선장, 대위, 선의, 내가 저녁식사로 전부 먹어치운다"고 덧붙였다.

칩과 동료들은 저주에 당하지 않은 것처럼 보였다. 아슬아슬한 순간이 몇 번 있기는 했어도 피사로의 배들을 피할 수 있었고, 하늘은 밝은 파란색이었으며, 바다는 기가 막히게 고요했다. 월터 신부는 "이 아침, 그 눈부심과 온화함이 영국을 떠난 뒤로 보았던"[35] 어떤 것보다도 보기 좋았다고 썼다. 배들은 태평양을 향해 평화롭고 편안하게 실려가고 있었다. 한 선장은 들뜬 나머지 일지에 "대단히 편안한 길"[36]이라고 적었다. 키드 선장이 죽어가며 한 예언이 틀렸다고 확신한 승조원들은 저마다 자신의 솜씨를 자랑하며, 나중에 보물을 손에 넣으면 무엇을 할지 계획을 짜기 시작했다. "우리 항해에서 가장 어려운 일이 이제 끝나가고 있으며, 희망이 가득한 꿈이 실현되기 직전이라고 스스로를 설득할 수밖에 없었다."[37] 월터 신부는 이렇게 썼다.

그런데 구름이 시커멓게 변하면서 해를 가렸다. 바람이 울부짖기 시작하더니 난데없이 나타난 성난 파도가 선체에 폭발하듯 부딪혔다. 빨갛게 색칠한 센추리온 호의 사자상을 포함해서 배들의 앞머리가 깊은 골에 풍덩 빠졌다가 하늘을 향해 애원하듯 다시 벌떡 올라왔다. 돛은 경련하고, 밧줄은 채찍이 되고, 선체는 금방 쪼개질 것처럼 삐걱거렸다. 다른 배들은 그래도 점차 앞으로 나아가고 있었지만, 화물을 무겁게 실은 웨이저 호는 미처 날뛰는 물살에 붙잡혀 자석에 끌려가듯 동쪽의 스테이튼 아일랜드를 향해 밀려가고 있었다. 곧 박살이 날 것 같았다.

소함대의 다른 배들이 무력하게 지켜보는 가운데, 칩은 웨이저 호에서 몸을 움직일 수 있는 사람을 모두 정해진 위치로 보내며 고함을 지르듯 명령을 내렸다. 돛을 줄이기 위해 톱맨들이 휘청거리는 돛대를 힘겹게 올랐다. 폭풍을 경험한 적이 있는 한 톱맨은 이렇게 회상했다. "바람의 힘에 문자 그대로 숨이 막힐 지경이었다. 활대 끝에서 우리는 밧줄에 발을 걸고 무엇이든 손에 잡히는 것에 매달렸다. 숨을 쉬려면 고개를 돌려야 했다. 바람이 목구멍으로 내려가는 공기를 막아버렸기 때문에. 빗줄기가 얼굴과 맨다리를 단단한 총알처럼 두드려댔다. 눈을 뜨기가 거의 불가능했다."[38]

칩은 톱맨들에게 가장 높은 곳의 돛들을 펼치고 큰 돛은 축범하라고 지시했다. 균형이 완벽해야 했다. 암초에 부딪히지 않게 배를 밀어주면서 동시에 센 바람에 배가 뒤집어지지는 않을 정도로 돛의 크기를 조정해야 했다. 하지만 이보다 더 까다로운 점은, 배의 모든 구성원이 흠 하나 없이 맡은 임무를 수행해야 한다는 것이었다. 베인스 대위는 보기 드물게 조금 진취적인 모습을 보였고, 자신감 넘치는 포수 벌클리는 뱃사람으로서 능력을 증명했으며, 소년 같은 수습장교 바이런은 용기를 끌어모아 친구인 헨리 코전스를 도와주었다. 제멋대로 굴기 일쑤인 존 킹 갑판장도 충실하게 움직이며 승조원들이 위치를 벗어나지 않게 했고, 조타수는 사방을 옥죄는 물살 속에서 뱃머리를 조종했고, 앞갑판의 승조원들은 돛을 조종했으며, 목수 존 커민스는 조수 제임스 미첼과 함께 선체가 파손되지 않게 애썼다. 경험이 없는 웨이스터들도 힘을 보태야 했다.

후갑판에서 단단히 각오를 다지고 있는 칩의 얼굴에 얼음처럼 차가운 물이 끼얹어졌다. 그는 바다의 힘을 다스려 배를 구하려고 안간힘을 썼다. 이것은 '그의' 배였다. 웨이저 호가 섬에서 조금씩 멀어질 때마다 물살이 끙 하고 힘을 내서 배를 되돌려놓았다. 탑처럼 솟은 바위에 파도가 부딪히며 폭발했다. 엄청난 굉음에 귀가 멀 것 같았다. 한 뱃사람의 표현처럼, 그 섬은 오로지 하나의 목적을 위해 설계된 것 같았다. "연약한 인간의 목숨을 분쇄하는 것."[39] 그러나 칩은 침착함을 잃지 않고, 배에서 쓸 수 있는 요소를 모두 동원했다. 마침내 놀랍게도 웨이저 호를 잘 달래서 안전한 곳으로 데려갈 때까지.

전투에서 승리를 거뒀을 때와 달리, 전투보다 더 위험할 때가 많은 자연을 상대로 거둔 그런 업적에는 월계관이 수여되지 않았다. 아주 중요한 임무를 수행한 선장이 동료들 사이에서 자랑스러운 존재로 묘사될 뿐이었다. 바이런은 자신들이 "바위에 부딪혀 난파하기 직전"이었지만 "우리 모두 있는 힘껏 노력해 잃어버린 길을 찾아서 제 위치로 돌아왔다"[40]며 감탄을 금치 못했다. 산전수전 다 겪은 벌클리도 칩에게 "아주 훌륭한 뱃사람"[41]이라고 찬사를 보내면서, "개인적인 용맹을 따지자면 그보다 더 큰 몫을 한 사람이 없었다"고 말했다. 바로 그 순간, 웨이저 호의 승조원 대다수가 두 번 다시 경험하지 못할 기쁨을 만끽하던 그 순간에 칩은 항상 꿈꾸던 그대로 바다의 지배자가 되었다.

폭풍은 밤낮없이 계속 배들을 두드려댔다. 존 바이런은 웨이저호에 부딪혀 부서지는 파도를 경이의 시선으로 바라보았다. 123피트37미터 길이의 배를 파도가 한심한 뱃놀이용 배처럼 가지고 놀고 있었다. 선체의 거의 모든 이음매를 통해 스며들어온 물이 아래층 갑판에 고이는 바람에 장교들과 수병들은 숙소와 해먹을 포기해야 했다. 이제는 환자들을 위한 공간이 존재하지 않았다. 젖은 밧줄을 계속 붙잡고 있다 보면 손가락이 타는 듯했다. 젖은 활대, 젖은 돛대 줄, 젖은 조타륜, 젖은 사다리, 젖은 돛도 마찬가지였다. 파도뿐만 아니라 폭우에도 흠뻑 젖은 바이런의 온몸 어느 구석도 마를 새가 없었다. 모든 것이 물을 뚝뚝 떨어뜨리고, 쪼그라들고, 썩어가는 것 같았다.

1741년의 그 3월에 소함대가 울부짖는 어둠 속에서 위치가 잘 잡히지 않는 케이프 혼(지도에서 정확한 위치가 도대체 어디야?)을 향해 나아가는 동안, 바이런은 근무 위치를 지키려고 애썼다. 양발을 안짱다리처럼 벌리고 무엇이든 고정된 것에 매달렸다. 그렇게 하지 않으면 하얗게 거품을 일으키는 바다에 내던 져질 터였다. 번개가 앞쪽에서 번쩍거린 뒤, 세상이 한층 더 암흑으로 변했다.

기온이 계속 떨어져서 나중에는 비가 진눈깨비와 눈으로 바뀌었다. 밧줄이 얼음을 껍질처럼 뒤집어썼고, 몇몇 사람은 동상에 무릎을 꿇었다. "위도 40도 아래쪽에는 법이 없다."[1] 뱃사람의 격언 중에 이런 것이 있다. "50도 아래쪽에는 하느님이 없다." 바이런의 배는 이제 날뛰는 50도 대에 있었다. 그는 이곳의 바람이 "너무나 강해서 그 무엇도 버틸 수 없다. 바다는 높이 솟아올라 배를 산산이 찢어버린다"[2]고 적었다. 그리고 "세상에서 가장 싫은 항해"였다고 말을 맺었다.

소함대에 속한 모든 사람은 어른이든 아이든 끈기 있게 버텨야 했다. 그러나 웨이저 호가 3월 7일 르메르 해협을 통과하자마자 바이런은 많은 동료가 이제 해먹에서 일어날 수 없게 되었음을 알아차렸다. 그들의 피부가 처음에는 파랗게 변하더니, 나중에는 석탄처럼 새까매졌다. 월터 신부는 "살에 곰팡이가 잔뜩 피었다"[3]고 묘사했다. 환자들의 발목이 무서울 정도로 부어올랐다. 그들의 몸을 좀먹는 것이 무엇인지 몰라도, 점점 영역을 넓히면서 넓적다리로, 엉덩이로, 어깨로 번져갔다. 살을 부식시키는 독 같았다. 교사 토머스는 이 병에 걸렸을 때 처음에는 왼쪽 엄지발가락이 살짝 아픈 정도였지만 곧 단단한 결절과 궤양이 온몸으로 번졌다고 회상했다. 여기에는 "무릎, 발목, 발가락 관절의 지독한 통증"이 동반되었는데, "내가 직접 경험하기 전에는 인간이 이런 통증을 결코 견디지 못할 것이라고 생각했다."[4] 바이런도 나중에 이 무시무시한 병에 걸려서 "상상할 수 있는 가장 격심한 고통"[5]을 경험하게 되었다.

그 병이 승조원들의 얼굴까지 침범하자, 몇몇 사람의 얼굴이 상상 속 괴물과 비슷해졌다. 빨갛게 충혈된 눈이 금방 튀어나올 것 같았다. 치아와 머리카락이 빠지고, 입냄새는 바이런의 동료 한 명이 부패의 악취라고 표현할 정도였다. 마치 죽음이 이미 그들에게 닥친 것 같았다. 몸을 하나로 이어주는 연골 조직이 느슨해지고 있는 것 같았다. 어떤 경우에는 심지어 옛날에 입은 부상이 다시 나타나기도 했다. 50여 년 전 아일랜드에서 벌어진 보인전투에서 부상당한 적이 있는 한 승조원은 그 상처가 갑자기 다시 새로 생겨나는 것을 보았다. 월터 신부는 "이보다 더 놀라운 일"[6]이 있다면서, 보인에서 부러졌다가 나은 그의 뼈가 "다시 붙은 적이 아예 없는 것처럼" 다시 떨어져버렸다고 적었다.

감각에도 문제가 생겼다. 개울이 흐르고 풀밭이 있는 목가적인 풍경이 순간적으로 눈에 보이는 듯하다가, 지금 있는 곳이 어디인지 깨닫고 나면 완전한 절망이 찾아왔다. 월터 신부는 이러한 "영혼의 기묘한 낙담"[7]이 "부들부들 떨리는 몸과… 끔찍하기 짝이 없는 공포"로 나타났다고 적었다. 한 의학 전문가는 이것을 "온전한 영혼의 쓰러짐"[8]에 비유했다. 바이런은 몇몇 사람이 광인이 되는 것을 보았다.[9] 그의 동료 한 명은 이 병이 "그들의 뇌로 들어가 그들이 미친 헛소리를 하면서 뛰어다녔다"[10]고 썼다.

그들이 앓고 있는 병[11]은 영국의 한 선장이 "바다의 역병"[12]이라고 부른 것, 즉 괴혈병이었다. 다른 사람들과 마찬가지로 바이런도 이 병의 원인을 몰랐다. 바다에 나온 지 적어도 한 달은 지난 일행을 덮치는 이 병은 신항로 개척시대의 커다란 수수께끼였다. 이 병으로 목숨을 잃은 뱃사람은 포격전, 폭풍우, 난파, 기타 질병 등 다른 요인의 희생자를 모두 합한 수보다 많다. 앤슨의 배에서는 승조원들이 이미 다른 병을 앓고 있을 때 괴혈병이 나타나 최악의 발병사례 중 하나가 되었다. "그 무시무시한 병을 묘사하는 시늉조차 할 수 없다."[13] 평소 쉽사리 흥분하지 않는 성격인 앤슨은 이렇게 썼다. "지금 우리가 겪고 있는 것만큼 심한 역병은 결코 없었다."

———— • ————

폭풍이 끝없이 이어지던 어느 날 밤, 바이런은 물에 흠뻑 젖고 덜컹거리는 침상에서 억지로 잠을 청하다가 종소리가 여덟 번 울리는 것을 듣고 다시 근무를 서기 위해 힘들게 갑판으로 나갔다. 배 안의 미로 같은 길을 휘청휘청 걷는 동안 앞이 잘 보이지 않았다. 등불이 넘어지기라도 하면 불이 날까 봐 등불을 모두 꺼둔 탓이었다. 심지어 요리사조차 화덕에 불을 붙이는 것이 금지되었으므로, 승조원들은 날고기를 먹는 수밖에 없었다.

차가운 바람이 부는 후갑판으로 올라온 바이런은 근무를 위해 나온 사람이 수십 명밖에 되지 않는 것을 보고 화들짝 놀랐다. 그는 "그 어느 때보다 많은 사람이 피로와 병으로 움직일 수 없게"[14] 되었다고 썼다.

배를 운영할 사람이 곧 부족해질 것 같았다. 센추리온 호의 선임 선의가 사망한 뒤 웨이저 호에서 그쪽으로 재배치된 선의 헨리 에트릭은 병이 번지는 것을 막으려고 애썼다. 센추리온 호의 가장 아래층 갑판에서 그는 작업복으로 몸을 감싸고 톱을 꺼내 시체 여러 구를 갈랐다. 병의 원인을 밝히기 위해서였다. 어쩌면 죽은 자가 산 자를 구해주지 않을까 싶어서. 그의 보고서에 따르면, 희생자의 "살을 벗겨내고 뼈를 보니 상당히 검게 보였다."[15] 혈액의 색깔도 독특해서, 마치 "검은색과 노란색 술"[16] 같은 색이었다. 여러 차례 해부를 한 끝에 에트릭은 이 병을 유발하는 것이 차가운 공기라고 주장했다. 그러나 열대 기후에서도 괴혈병이 똑같이 유행한다는 지적에 그는 병의 원인[17]이 어쩌면 아직 "완전한 비밀"[18]로 남아 있는 것인지도 모른다고 한 발 물러섰다.

———————— • ————————

계속 날뛰는 유행병은 폭풍 속의 폭풍이었다. 에트릭이 센추리온 호로 옮겨간 뒤, 트라이얼 호의 선의 월터 엘리엇이 웨이저 호로 배치되었다. 바이런은 그가 마음 넓고, 활기차고, 아주 강한 젊은이였다고 묘사했다. 그래서 가장 오랫동안 살아남을 것처럼 보였다. 엘리엇은 칩 선장을 헌신적으로 치료했다. 이제는 그도 괴혈병을 앓고 있었기 때문이다. "그것은 정말로 커다란 불행이었다."[19] 엘리엇은 선장이 "이런 시기에 앓아누운 것"에 대해 이렇게 말했다.

그는 칩과 바이런과 그 밖의 환자들을 위해 자신이 할 수 있는 모든 일을 했다. 그러나 당시의 치료법은 허술한 이론만큼이나 쓸모없었다. 많은 사람이 사람에게 꼭 필요한 뭔가가 틀림없이 땅에 있을 것이라는 믿음 때문에, 환자를 턱까지 땅속에 묻는 것이 유일한 치료법이라고 주장했다. 다른 항해에서 한 장교는 "스무 명의 머리가 땅 위로 튀어나온"[20] 기괴한 광경[21]을 보았다고 회상했다.

앤슨의 원정대가 바다에 발이 묶여 있는 동안 주로 처방된 약은 조슈아 워드 의사의 하제였다. "갑작스럽게 놀라운 효과를 많이"[22] 낸다고 했다. 자신이 견딜 수 없는 일이라면 부하들에게도 시킬 수 없다고 주장한 앤슨이 그 약을 가장 먼저 먹었다. 토머스는 그 약을 먹은 사람들이 대부분 "몹시 격렬한 구토와 설사"[23]에 시달렸다고 썼다. 한 승조원은 단 한 알을 먹은 뒤 코피를 콸콸 쏟다가 거의 죽은 사람처럼 쓰러졌다. 알고 보니 워드는 돌팔이였다. 그가 내민 약에는 준금속인 안티몬이 위험할 정도로 많이 들어 있었다. 비소도 들어 있다고 의심한 사람도 있었다. 이 약으로 인해 환자들이 꼭 필요한 영양분을 많이 쏟아냈으므로, 이 약이 많은 죽음을 불러왔을 가능성이 높다. 에트릭은 자신이 쓸 수 있는 모든 치료법이 쓸모없다는 점을 인정하며 절망에 빠졌다. 그도 이 원정에서 나중에 병으로 세상을 떠났다.

하지만 해결책은 아주 간단했다. 괴혈병의 원인은 생채소와 과일의 섭취가 부족해서 생기는 비타민 C 결핍이다. 비타민 C가 부족해지면, 콜라겐이라고 불리는 섬유단백질의 생산이 중단된다. 콜라겐은 뼈와 조직을 하나로 이어주는 역할을 하며, 도파민 등 기분에 영향을 미치는 호르몬을 합성하는 데에도 사용된다. (앤슨의 소함대는 다른 비타민 결핍에도 시달리고 있었던 것으로 보인다. 니아신이 부족해지면 정신이상이 발생할 수 있고, 비타민 A가 부족해지면 야맹증이 생긴다.) 소머레즈 대위는 특정 영양소의 힘을 나중에야 알아차렸다. "인체에는 지상의 특정한 입자의 도움이 없다면 갱신될 수도 보존될 수도 없는, 말할 수 없이 좋은 어떤 것이 있음을 나는 분명히 알 수 있었다. 쉬운 말로 하자면, 사람에게 가장 어울리는 곳은 땅이고 유일한 약은 채소와 과일이다."[24] 바이런과 동료들이 괴혈병과 싸우는 데 필요한 것은 약간의 귤뿐이었다. 그들이 보급을 위해 들른 세인트 캐서린에는 라임이 아주 많았다. 치료법이 바로 그들의 손안에 있었던 셈이다. (수십 년 뒤 영국의 모든 해군에게 이 과일이 공급되었기 때문에, 해군에게 라이미라는 별명이 생겼다.)

───────•───────

항해를 계속하면서 바이런은 많은 환자가 숨을 잘 쉬지 못해 괴로워하는 것을 지켜보며 고통스러워했다. 그들은 물이 없는 곳에서 익사하고 있는 것 같았다. 하나둘씩 환자들이 죽어갔다. 조상의 무덤과 가족이 있는 고향과는 아주 멀리 떨어진 곳에서. 월터 신부는 일어서서 움직여보려고 시도한 사람들이 "갑판에 닿기도 전에 죽었다. 갑판을 걸으며 어느 정도 일을 할 수 있었던 사람들이 순식간에 쓰러져 죽는 일도 드물지 않았다"[25]고 적었다. 해먹에 실려 운반되는 중에 갑자기 죽는 사람도 있었다. "아침마다 각각의 배에서 여덟 명 내지 열 명을 장사지내는 일 만큼 흔한 것이 없었다."[26] 밀챔프는 일기에 이렇게 썼다.

센추리온 호의 구성원 500명 중 거의 300명이 결국 "DD"로 기록되었다. '사망으로 인한 소집해제Discharged Dead'라는 뜻이었다. 영국을 떠날 때 약 400명이 타고 있던 글로스터 호에서는 4분의 3이 바다에 묻힌 것으로 보고되었다. 애당초 병에 걸린 상태로 소집된 사람들이 모두 거기에 포함되었다. 선장도 극심하게 병을 앓는 상태에서 일지에 다음과 같이 썼다. "너무나 비참한 광경이다. 일부 승조원이 얼마나 비참한 상황에서 눈을 감았는지 말로 이루 표현할 수 없다."[27] 세번 호는 290명의 장정과 소년을 바다에 묻었고, 트라이얼 호는 승조원 중 거의 절반을 묻었다. 웨이저 호에서 바이런은 원래 약 250명이던 장교와 수병이 220명도 채 안 되는 숫자로 그다음에는 200명 아래로 떨어지는 것을 보았다. 살아 있는 사람도 사망자와 거의 구분하기 힘들 정도였다. 한 장교의 표현처럼 "너무나 쇠약해지고 여위어서 갑판을 걸을 수도 없었다."[28]

이 병은 승조원들의 몸에서 조직을 연결해주는 힘뿐만 아니

웨이저

라 소함대의 배들도 갉아먹었다. 한때 당당했던 소함대가 이제
는 유령선처럼 변해서, 누군가의 설명에 따르면 오로지 해로운
짐승들만이 번성했다. "갑판과 갑판 사이에 보이는 쥐가 어찌나
많았는지, 직접 본 사람이 아니면 믿지 못할 것이다."[29] 숙소에
도 쥐가 들끓고, 식탁에서도 쥐가 뛰어다녔다. 장례를 위해 갑
판에 놓아둔 시신도 녀석들 때문에 훼손되었다. 어떤 시신에서
는 눈이 사라지고, 또 다른 시신에서는 뺨이 사라졌다.

바이런을 포함한 장교들은 매일 방금 "이승을 떠난" 동료의
이름을 기록에 새겼다. 세번 호의 선장은 해군본부에 보내는 보
고서에서, 항해사가 죽은 뒤 캠벨이라는 수병을 승진시켜 그 자
리를 채웠다고 썼다. 캠벨은 "현재 우리가 처한 어려움과 위험
속에서 대단한 성실함과 결연한 행동"[30]을 보여주었다. 그러나
조금 뒤 선장은 같은 문서에 문장을 덧붙였다. "캠벨 군이 오늘
사망했다는 소식을 방금 받았습니다." 센추리온 호의 수습장교
케펠은 병에 걸려 이가 다 빠진 탓에 입이 어두운 동굴처럼 변
한 몰골로 사망자의 명단을 작성하다 지쳐서 사과하듯이 이렇
게 적었다. "일지에 여러 사망자의 이름을 빠뜨렸다."[31]

그러나 그 뒤에 사망한 한 사람의 기록은 생략되지 않았다.
'건강한 수병Able Seaman'의 표준 약어인 'AB'와 '사망으로 인한 소
집해제'의 표준 약어인 'DD'로 간단히 표현한 기록이었다. 지
금은 글자가 조금 번졌어도, 색바랜 묘비명처럼 아직 읽을 수는
있다. "헨리 칩, AB, DD… 바다에서."[32] 그는 칩 선장의 어린 조
카이자 도제였다. 그의 죽음은 틀림없이 어떤 폭풍보다도 더 심

하게 웨이저 호의 신임 선장을 뒤흔들었을 것이다.

　바이런은 세상을 떠난 동료들에게 제대로 된 바다 장례를 치러주려고 애썼지만 시신은 너무 많고 일손은 너무 적었다. 그래서 아무런 의식 없이 그냥 시신을 들어 뱃전 너머로 던질 때가 많았다. 시인 바이런 경은 이른바 "내 할아버지의 '서사'"[33]를 바탕으로 다음과 같이 표현했다. "무덤도, 종소리도, 관도, 이름도 없이."[34]

———————————·———————————

　드레이크 해협을 통과하려고 애쓰다 실패만 거듭한 지 거의 3주가 된 3월 말에 소함대는 월터 신부의 표현처럼 "완전히 파괴되기"[35] 직전이었다. 유일한 희망은 빨리 케이프 혼을 돌아 가장 가까운 땅인 후안 페르난데스 제도에 도달하는 것이었다. 이곳은 칠레의 서해안에서 350마일560킬로 떨어진 태평양의 무인 군도다. "그곳에 닿는 것만이 우리가 바다에서 스러지는 것을 피할 수 있는 유일한 방법이었다."[36] 월터 신부는 이렇게 썼다.

　해양문학을 좋아하는 존 바이런에게 그 군도는 단순한 피난처가 아니었다. 전해지는 이야기 속에서 반짝반짝 빛나는 곳이었다. 1709년 영국인 선장 우즈 로저스가 괴혈병에 시달리는 선원들과 함께 이 섬에 정박했다. 나중에《지구 일주 항해》라는 제목으로 출판되어 바이런이 열심히 읽은 일기에서 로저스는 군도의 한 섬에 알렉산더 셀커크라는 스코틀랜드인 뱃사람이 있는 것을 보고 깜짝 놀랐다고 자세히 적었다. 셀커크는 타고 있던 배에서 버려져 4년 넘게 그곳에 살고 있었다. 그가 살아남은 것은 놀라운 재간을 발휘한 덕분이었다. 그는 나무막대를 한데 비벼 불을 피우는 법, 동물을 사냥하는 법, 야생 순무를 찾아내는 법을 익혔다. 로저스는 이렇게 설명했다. "옷이 다 해진 뒤에는 염소가죽을… 바늘이 아니라 못으로 꿰매서 직접 외투와 모자를 만들었다."[37] 셀커크는 갖고 있던 성경을 읽었기 때문에 "이 고독 속에서 그 어느 때보다 훌륭한 그리스도교인이 되었다고 말했다."[38] 로저스는 셀커크가 "그 섬의 절대군주"[39]였다고 썼다. 이야기가 사람들의 입에서 입으로 전해지다 보면, 나중에는 바다만큼 넓고 신비로워진다.[40] 셀커크의 이야기도 대니얼 디포가 1719년에 발표한 로빈슨 크루소 이야기의 씨앗이 되었다. 이 소설은 영국인의 재간에 바치는 찬가일 뿐만 아니라, 먼 땅을 식민지로 만든 이 나라의 솜씨에 대한 찬가이기도 하다.

바이런과 동료들은 자연의 힘에 계속 두들겨 맞으면서 후안 페르난데스 제도에 대한 환상에 점점 홀리듯 빠져들었다. 괴혈병으로 얼룩진 현실 때문에 그 환상이 틀림없이 더 눈부시게 보였을 것이다. 밀챔프가 "오랫동안 소망하던 그 섬"[41]이라고 부른 그곳에 가면, 에메랄드 밭과 깨끗한 개울이 있을 터였다. 토머스는 일기에서 이 섬을 존 밀턴의 《실낙원》에 나오는 에덴동산에 비유했다.

4월 어느 날 밤, 바이런과 동료들은 소함대가 드레이크 해협을 충분히 빠져나왔다고 판단했다. 케이프 혼 섬의 서쪽으로 왔으니, 마침내 북쪽으로 방향을 틀어 후안 페르난데스까지 무사히 갈 수 있을 것이다. 그러나 소함대가 북쪽으로 방향을 돌리고 얼마 되지 않아 애나 호에서 망을 보던 자가 언뜻 나타난 달빛에 이상한 모양의 암초를 보았다. 애나 호의 승조원들이 경고의 의미로 포를 두 번 쏜 직후, 다른 배에서 망을 보던 자들도 불쑥 튀어나온 해안을 발견했다. 물에 젖어 번들거리는 바위들이, 어느 선장이 일지에 적은 말처럼, "엄청난 높이의 검은 탑 두 개 같았다."[42]

항해사들의 추측항법이 또다시 잘못된 결과를 낳았다. 이번에는 오차가 수백 마일이나 됐다. 소함대의 위치는 대륙 끝의 서쪽이 아니었다. 바람과 해류에 동쪽으로 밀려와 대륙에 바짝 붙어 있었다. 승조원들은 간신히 배의 방향을 돌려 난파를 면했다. 하지만 드레이크 해협에 들어온 지 한 달이 넘게 흘렀는데도, 그들은 아직 그 '눈먼 뿔의 증오'를 탈출하지 못했다. 밀챔프는 일기에 이렇게 썼다. "우리 승조원들이 이제는 육지에 다시 발을 디딜 수 있을 것이라는 희망을 거의 버리고 그 치명적인 병 앞에서 자포자기했다."[43] 그들은 "운이 좋아서 먼저 죽은 자들"을 부러워했다.

바이런은 정신적으로 무너져 있었다. 육지를 피해 그들은 다시 남쪽으로 향하고 있었다. 로빈슨 크루소의 섬과는 반대 방향으로, 폭풍이 소용돌이치는 곳으로 되돌아가는 중이었다.

소함대가 남아메리카의 가장자리를 어떻게든 지나가려고 애쓰는 동안 폭풍은 더욱 강해져서, 바이런이 "완벽한 허리케인"[1]이라고 부를 정도가 되었다. 사실은 여러 폭풍이 겹쳐서 닥쳐온 것이었으나, 매번 폭풍의 힘이 더욱 세져서 원정대 전체를 단번에 끝장내버릴 것 같았다. 인원이 부족한 탓에 웨이저 호의 포수 존 벌클리가 연달아 두 번 근무조 책임자가 되는 것이 이제는 일상이었다. 바람과 파도에 두들겨 맞으며 여덟 시간 내내 근무해야 한다는 뜻이었다. 그는 일기에 신참인 바이런이 썼을 법한 말을 썼다. "내 평생… 그렇게 큰 파도는 본 적이 없다."[2] 세번 호의 베테랑 선장도 해군본부로 보낸 보고서에서 비슷한 표현을 사용했다. "내가 지금까지 본 그 어떤 바다보다 크다."[3] 펄 호의 지휘관인 조지 머리가 사용한 표현과 거의 정확히 일치하는 말이다. 이 바다 사나이들이 갑자기 바다에 대처하는 능력뿐만 아니라 바다를 묘사하는 능력까지 잃어버린 것 같았다.[4]

웨이저 호가 파도를 한 번 넘을 때마다 벌클리는 배가 마구 몰아치는 물 위에서 요동치다가 빛이 전혀 없는 구렁 속으로 폭포처럼 떨어지는 느낌을 받았다. 뒤에 보이는 것이라고는 산처럼 우뚝 솟은 물뿐이고, 앞에도 역시 무시무시한 물의 산뿐이었다. 선체가 온통 흔들리면서 한껏 기울어져 때로는 활대가 물속에 잠길 정도였다. 그 위에 올라가 있던 톱맨은 거미줄처럼 엉켜 있는 밧줄에 거미처럼 매달렸다.

어느 날 밤 11시에 파도가 소함대를 덮쳤다. "날뛰는 바다가 우현 뱃머리를 덮쳐 앞뒤로 완전히 넘쳐 들어왔다."[5] 센추리온 호의 교사 토머스는 일기에 이렇게 쓰고 나서, 파도가 어찌나 거셌는지 배가 완전히 옆으로 누웠다가 천천히 일어났다고 덧붙였다. "배가 내동댕이쳐져서 갑판에 있던 사람들이 모두 반쯤 물에 잠겼다."

만약 항상 몸을 묶어두지 않았다면, 벌클리는 허공으로 내던져졌을 것이다. 한 수병은 화물창 안으로 내동댕이쳐지는 바람에 넓적다리뼈가 부러졌다. 갑판장의 조수 한 명도 거꾸로 넘어지면서 쇄골이 박살났는데, 그 뒤로 한 번 더 넘어지면서 뼈가 또 박살났다. 또 다른 수병은 목이 부러졌다. 토머스는 센추리온 호의 후갑판에서 위치를 파악하기 위해 희미한 별들을 바라보려고 애쓰다가 파도에 맞았다. "머리와 오른쪽 어깨로 세게 바닥에 떨어져 아주 멍해졌다."[6] 그는 이렇게 썼다. 거의 의식을 잃은 채로 자신의 해먹으로 운반된 그는 2주 넘게 자리에 누워 있었다.[7] 그러나 침대 역할을 하는 해먹이 무서울 정도로 흔들리는 바람에, 평화와는 거리가 먼 요양이었다.

어느 날 아침 웨이저 호의 키를 잡고 있던 벌클리도 하마터면 거대한 파도에 휩쓸려갈 뻔했다. 그의 표현에 따르면, 파도가 "나를 조타륜 위로 넘겼다"[8]고 했다. 그렇게 물이 넘쳐 들어오는 바람에, 네 척의 보트 중 커터*가 갑판을 가로질러 미끄러졌다. 갑판장 존 킹은 그 보트를 다시 배 위로 끌어올리려고 했으나 벌클리는 "아무것도 하지 마"[9]라고 명령했다. 먼저 칩 선장의 의견을 물어야 할 것 같아서였다.

칩은 자신의 커다란 선실에 있었다. 그곳도 토네이도가 휩쓸고 간 것처럼 모든 물건이 사방에 내동댕이쳐진 상태였다. 벌클리는 일기에서 웨이저 호의 장교들에 대해 자주 흠을 잡았다. 갑판장은 사악하고, 항해사는 무능하고, 부관은 그보다 더 무능하다는 식이었다. 또한 신임 선장에 대해서도 점차 유보적인 태도를 취하게 되었다. 손잡이가 은으로 장식되고 해적의 나무 의족처럼 딱딱 소리를 내는 지팡이를 짚고 서성거리는 칩은 자연을 정복하고 자신의 찬란한 임무를 완수하는 데에 점점 더 무모하게 몰두하는 것 같았다. 벌클리는 칩의 이런 면을 믿지 못해서, 선장이 장교들의 의견을 묻지 않을 때가 많고 누구든 불안을 드러내는 사람을 심하게 대한다고 일기에 적었다.

벌클리가 커터의 상태를 알리자 칩은 그 보트를 건져 올릴 것과, 뱃머리 삼각돛의 아래쪽 활대를 내릴 것을 지시했다. 그것이 위험하게 흔들리고 있기 때문이었다. 벌클리는 커터를 구출

---

* 군함에서 사용하는 소형보트.

하고 제2 사장*을 고정한 사람이 자신이라고 일기에 만족스럽게 적었다.

바람이 워낙 맹렬해서 소함대의 배들은 때로 돛을 말아서 고정해 돛대만 남긴 채 며칠 동안 파도에 몸을 맡길 수밖에 없었다. 이런 상황에서는 배를 조종하기가 불가능했다. 한 번은 앤슨 사령관이 센추리온 호의 방향을 돌리기 위해 톱맨 여러 명을 활대로 올려 보내 밧줄을 붙들고 버티면서 몸으로 바람을 막아보라고 지시하기도 했다. 다른 방법이 없었다. 강풍이 그들의 얼굴과 가슴과 팔과 다리를 후려쳤다. 그들 각자가 낡아서 해어진 돛이었다. 톱맨들은 엄청난 용기를 발휘해서, 하얗게 얼어붙고 홀쭉한 몸으로 바람에 저항하며 앤슨이 배를 조종할 수 있는 시간을 벌어주었다. 그러나 톱맨 한 명이 손을 놓치는 바람에 들끓는 바다 속으로 떨어졌다.[10] 배를 돌려 그를 구하기에는 시간이 모자랐으므로, 사람들은 그가 어떻게든 배를 따라잡으려고 팔을 놀려 헤엄치는 모습을 지켜볼 수밖에 없었다. 파도를 상대로 혼자서 영웅적인 싸움을 벌이던 그는 결국 저 멀리 뒤로 처졌다. 하지만 그들은 그가 그 먼 곳에서 여전히 헤엄치며 뒤따라오고 있음을 알았다. "아마 그는 돌이킬 수 없는 자신의 상황에 대한 공포를 그 뒤로도 상당히 오랫동안 계속 느꼈을 것이다."[11] 월터 신부는 이렇게 적었다.

---

* 앞돛대의 밧줄을 묶을 수 있게 배의 앞부분으로 튀어나온 장대인 제1 사장에 붙여 길이를 연장시킨 장대.

18세기의 유명한 시인 윌리엄 쿠퍼는 나중에 월터의 기록을 읽고 쓴 시 〈표류자〉에서 그 수병의 운명을 상상했다.

배에서 거꾸로 쏠려나와
친구도, 희망도, 모든 것을 잃고,
바다 위의 집은 계속 멀어진다.
· · · · · · · · · · · · · ·
그의 동료들, 전에
심한 바람 속에서도 그의 목소리를 들었던
그들이 이제는 그 소리를 듣지 못한다.
그때 기운이 빠진 그가
숨통을 막는 파도를 마시고 가라앉았으므로.
어떤 시인도 그로 인해 울지 않았으나
이야기는 진실하다
그의 이름, 그의 능력, 그의 나이를 전하는
페이지가 앤슨의 눈물로 젖었으니.[12]

벌클리를 포함한 생존자들은 계속 항해했다. 괴혈병뿐만 아니라, 이제는 신선한 식량도 점점 떨어져가는 것이 문제였다. 토머스는 모든 비스킷이 "온통 벌레에 먹혀 거의 먼지나 마찬가지 상태였다. 조금만 바람이 불어도 즉시 진짜 먼지가 되었다"[13] 고 썼다. 가축은 하나도 남지 않았고, 소금에 절인 "쇠고기와 돼지고기도 비스킷과 마찬가지로 변질돼서 썩었다. 의사는 그것이 비록 느리게 작용하기는 해도 확실한 독이라며 우리가 그런 음식을 전혀 먹지 못하게 하려고 애썼다." 소함대의 일부 배에는 식수도 몇 상자밖에 없었다. 머리 선장은 병으로 그렇게 많은 사람을 데려가고도 "하느님의 마음에 들지 않았다면"[14] 그들 모두 갈증으로 죽을 것이라고 고백했다. 센추리온 호의 한 수병은 정신이상이 너무 심해져서 쇠사슬로 묶어두어야 했다. 게다가 자연의 힘으로부터 그들을 지켜주는 마지막 보루인 배조차 점점 부서지기 시작했다.

———————— • ————————

센추리온 호에서 가장 먼저 찢어져 거의 산산조각 난 것은 중간 돛대의 돛이었다. 그다음에는 수직 방향으로 돛대를 지탱하는 굵은 밧줄인 돛대 줄이 끊어지고, 곧이어 갑판 위의 상자 모양 변소가 파도에 부서졌다. 그래서 사람들은 양동이에 볼일을 보거나, 배의 난간 너머로 위험스럽게 몸을 기울여야 했다. 그다음에는 번개가 배를 때렸다. "작은 불이 갑판을 빠르게 훑었다."[15] 수습장교 케펠은 이렇게 썼다. "그것이 터지면서 권총 같은 소리를 내더니, 우리 수병과 장교 여러 명을 때렸다. 그들은 그 강력한 타격에 검푸르게 변했다." 월터 신부가 "미친 배"[16]라고 표현할 정도로 센추리온 호가 이상하게 기울어지기 시작했다. 자랑스러운 사자상조차 고정된 자리에서 헐거워져 부들부들 떨렸다.

다른 배에서도 장교들이 각각 자기 배의 "결함 목록"을 작성했다. 몇 페이지나 되는 이 목록에는 망가진 뒷버팀줄, 해먹 줄, 번트라인*, 리치라인**, 마룻줄, 버팀대, 도르래, 사다리, 화덕, 수동 펌프, 창살문, 통로 등이 열거되었다. 세번 호의 선장은 돛이 모두 찢어졌으나 그 돛을 수리할 기술자가 죽어서 배가 최악의 상태라고 보고했다.

어느 날 벌클리는 글로스터 호가 포를 쏘아 경보를 울리는 소리를 들었다. 그 배의 큰돛대에서 활대 하나가 두 조각으로 부러졌음을 알리는 경보였다. 앤슨은 칩 선장에게 웨이저 호의 재능 있는 목수인 존 커민스를 보내 수리를 도우라고 지시했다. 커민스는 벌클리의 절친한 친구였으므로, 그는 커민스가 작은 보트를 타고 파도에 시달리며 멀어져가는 것을 지켜보았다. 커민스는 반쯤 물에 빠졌다 나온 모습으로 글로스터 호에 끌어올려졌다.

비록 웨이저 호는 눈에 거슬리는 몰골이었지만 벌클리에게는 신성한 배였다. 그런데 그 배가 매일 다른 배보다 훨씬 더 심하게 갉아먹히고 있었다. 심한 물살에 맞아 구멍이 뚫리고, 선체가 요동치다 못해 신음하며 쪼개졌다. 그러던 어느 날 파도와 또 한바탕 충돌하고 난 뒤, 없어서는 안 되는 돛대인 뒷돛대가 도끼에 맞은 나무처럼 쓰러져 삭구와 돛을 매단 채 바다 속으로

* 가로돛자락을 치켜 올리는 밧줄.
** 돛의 가장자리를 끌어올리는 밧줄.

빠져버렸다. 남은 것은 그루터기밖에 없었다. 토머스는 배가 이런 상태가 되면 이 바다에서 쓰러지는 운명을 피할 수 없을 것이라고 예언했다. 웨이저 호는 파도와 씨름하며 소함대의 다른 배들에게서 점점 더 멀리 뒤로 처졌다. 센추리온 호가 방향을 돌려 웨이저 호에 다가오더니, 앤슨이 포효하는 바람과 파도 속에서 칩 선장과 대화하기 위해 확성기를 들고, 왜 다른 돛대의 돛을 펼쳐 속도를 내지 않느냐고 호통쳤다.

"삭구가 전부 사라졌고, 앞뒤 돛이 모두 망가졌습니다. 부하들은 거의 모두 병에 걸려 드러누웠고요."[17] 칩이 큰 소리로 대답했다. "그래도 최대한 빨리 돛을 펼치겠습니다."

앤슨은 날씨 때문에 글로스터 호에 발이 묶인 웨이저 호의 목수 커민스를 반드시 돌려보내겠다고 말했다. 웨이저 호에 도착한 커민스는 즉시 조수들과 작업에 나서, 40피트[12미터] 길이의 아래쪽 활대를 그루터기에 연결하고 돛을 펼치는 응급조치를 취했다. 덕분에 조금 안정을 찾은 웨이저 호는 항해를 계속했다.

이런 고난 속에서 벌클리가 단 한 번도 비난하지 않은 상관은 바로 앤슨이었다. 처음부터 앤슨에게 주어진 패는 불길한 것이었다. 원정대의 구성 자체가 비참한 지경이었으니까. 그래도 그는 소함대를 유지하고 부하들의 사기를 북돋우기 위해 자신이 할 수 있는 모든 일을 했다. 해군의 숨 막히는 위계를 무시한

채 승조원들과 함께 땀을 흘리며 가장 힘든 일을 도왔고, 자신이 개인적으로 가져온 브랜디를 일반 수병들과 나눠 마시며 고통을 덜어주고 기운을 북돋았다. 어느 배에서 바닥 물을 퍼내는 펌프가 고장 났을 때는 자기 배의 펌프를 보내주었다. 그러다 물자가 모두 떨어져 더 이상 나눠줄 수 없게 된 뒤에는 말로 부하들을 격려했다. 워낙 과묵한 사람이었던 터라, 그의 말이 부하들의 마음을 더 움직이는 것 같았다.

하지만 배를 운영할 수 있을 만큼 건강한 사람이 너무나 부족했다. 한때 200여 명이 각각 임무를 맡아 수행하던 센추리온 호의 근무조는 이제 여섯 명밖에 되지 않았다. 칩 선장은 웨이저 호에 대해 이렇게 보고했다. "그 불행한 시기에 우리 배의 인원들은 거의 모두 병들어 있었다… 과도하게 길어진 항해와 나쁜 날씨, 식수 부족으로 너무나 지친 나머지 임무를 수행할 능력이 거의 없었다."[18] 어떤 배들은 심지어 돛을 올릴 수도 없었다. 머리 선장은 부하들이 "오로지 영국 뱃사람에게서만 볼 수 있는 결연함"[19]으로 자연에 저항했으나, 이제는 "끊임없는 노동과 근무에 상당히 지치고, 추위와 물 부족으로 쇠약해져서… 낙담과 절망으로 드러누워 불행을 한탄하고 통곡하며 이 비참함에서 벗어날 유일한 방법으로 죽음을 원하게 되었다"고 적었다.

———————•———————

1741년 4월 10일, 소함대가 영국을 떠난 지 7개월이 지나고 드레이크 해협에 들어선 지 4주가 넘게 지났을 때, 세번 호와 펄 호가 다른 배들보다 뒤로 처지기 시작하더니 사라져버렸다. "세번 호와 펄 호가 시야에서 사라졌다."[20] 벌클리는 일기에 이렇게 적었다. 어떤 사람들은 이 두 배의 장교들이 포기하고 배를 돌려 안전한 곳으로 물러나려는 것 같다고 짐작했다. 토머스는 그들이 "의도적으로 뒤처진"[21] 것 같다고 주장했다.

이제 다섯 척으로 줄어든 데다, 전함은 고작 세 척뿐인 소함대는 서로 흩어지지 않으려고 안간힘을 썼다. 각자의 위치를 표시하기 위해 등불을 걸어두고, 거의 30분마다 한 번씩 포를 쏘았다. 벌클리는 만약 웨이저 호가 함대에서 떨어져 나온다면 앤슨 사령관은 말할 것도 없고 그 누구도 웨이저 호의 침몰이나 난파를 막아줄 수 없다는 사실을 알고 있었다. 월터 신부의 말처럼 아마 그들은 "다시 일어설 수 있으리라는 어떤 합리적인 희망도 없이 어느 황량한 해안에서"[22] 시간을 보낼 수밖에 없을 터였다.

어둠 속에서 가장 먼저 사라진 배는 센추리온 호였다. 벌클리는 4월 19일 밤 그 배의 깜박거리는 불빛을 본 뒤 일기에 이렇게 썼다. "내가 사령관을 본 것은 그때가 마지막이었다."[23] 그는 멀리 다른 배들이 있는 것을 보았으나 그들 역시 곧 "사라졌다." 그들이 쿵쿵 울려대는 포 소리는 바람에 삼켜져버렸다. 이제 웨이저 호는 바다에 혼자 남아 운명과 맞닥뜨려야 했다.

영국 해군 소속 웨이저 호의 선장 데이비드 칩은 결코 후퇴할 생각이 없었다. 그의 배는 계속 망가지고 그의 몸도 껍데기만 남았다. 그는 괴혈병이라는 낙인을 피하기 위해 자신의 병을 "류머티즘"과 "천식"[1]이라고 부르는 편을 택했다. 그가 선장으로서 처음 맡은 전함인 웨이저 호는 심하게 망가져 돛대가 사라지고, 돛이 찢어지고, 심각하게 물이 새는 상태였을 뿐만 아니라 요동치는 바다에서 혼자였다. 이런 어려움에도 불구하고 칩은 집결 지점에서 반드시 앤슨과 만나겠다고 결의를 다지며 항해를 계속했다. 만약 이 목표를 이루지 못한다면, 그가 진짜 선장이라고 할 수 있을까?

일단 이 목표를 이루고 나면, 그리고 배에 남아 있는 승조원들이 몸을 회복하고 나면, 그들은 앤슨 사령관이 그에게 털어놓은 계획을 계속 수행할 것이다. 칠레의 남서쪽 해안에 있는 발디비아를 공격하는 것. 웨이저 호에 소함대의 무기가 많이 실려 있기 때문에, 그가 기적적으로 집결 지점까지 가는 것에 스페인을 상대로 한 첫 공격의 성공(과 어쩌면 원정대 전체의 성공)이 달려 있었다. 그런데 절망적인 이 상황 자체가 인간적으로 독특한 매력을 지니고 있었다. 만약 성공한다면 칩은 영웅이 될 것이고, 뱃사람들의 이야기와 노래가 그의 업적을 찬양할 터였다. 바다를 모르는 고향 사람들도 두 번 다시 그의 능력을 의심하지 않을 것이다.

근무시간을 지키고 종소리를 울려가며 그는 삐걱삐걱 힘겹게 항해를 계속했다. 그렇게 소함대와 헤어진 지 3주가 흘렀다. 그는 실력과 대담함에 무자비함을 조금 얹어서 웨이저 호를 몰고 케이프 혼을 돌아, 지금껏 이곳을 항해한 엘리트 뱃사람의 일원이 되었다. 이제는 태평양을 따라 파타고니아의 칠레 해안에서 북동쪽 지점으로 서둘러 향하는 중이었다. 며칠이 지나면 집결 지점에 도착할 수 있을 터였다. 앤슨이 사라졌던 웨이저 호를 보고, 자신의 과거 부관이 공을 세웠음을 깨달았을 때 어떤 표정을 지을지!

그러나 태평양은 이름처럼 태평한 바다가 아니었다. 웨이저 호가 칠레 해안에서 북쪽으로 향하고 있을 때, 이전에 몰려왔던 모든 폭풍이 힘을 합쳐 날뛰기로 한 것 같았다. 하느님의 물레는 멈추는 법이 없었다. 일부 승조원들은 "자르고 도망칠"[2] 각오를 한 것 같았다. 펄 호와 세번 호의 승조원들이 이미 그렇게 한 것 같다고 짐작되지 않는가. 하지만 칩은 눈에 염증이 생기고 치아가 흔들거리는데도 뜻을 굽히지 않았다. 그는 부하들에게 돛의 방향을 바꾸고, 지독한 바람 속에서 돛대에 오르고, 수

동 펌프를 작동시키라고 명령했다. 펌프를 작동시키려면 긴 사슬 끝에 달린 접시들을 물이 고인 곳으로 내려보내 물을 퍼올려야 했다. 이 동작을 한없이 반복하다 보면 허리가 끊어질 것 같았다. 칩은 승조원들을 완력으로 제압해 명령을 강제하는 일을 수습장교인 알렉산더 캠벨에게 맡겼다. "선장에 대해 나는 열광적이었다."[3] 캠벨은 이렇게 인정했다. 나중에 한 수병은 캠벨에게 큰소리로 욕설을 퍼부으며 복수를 다짐하기도 했다.

칩은 무자비하게 부하들을 몰아붙였다. 바다로 던지는 시신의 수가 점점 늘어나는 와중에도 변하지 않았다. "그들의 운명은 그들의 운명이지만, 우리 조국의 명예는 영원하리라."[4] 칩은 이렇게 주장했다.

———————•———————

그렇게 서서히 나아가는 동안 바이런은 칩이 "어떤 어려움에도 완고하게 저항한다"[5]면서 "모두 놀라는 것이 당연한 두려움" 앞에서 당황하지 않는다고 적었다. 어느 날 후갑판에서 뱃전 너머를 내다보던 그는, 항상 자연에 대해 경계를 늦추지 않는 사람답게, 빠른 물살 위에 떠 있는 초록색 끈을 발견했다. '해초'였다. 그는 포수 벌클리에게 안달하며 말했다. "육지가 멀지 않은 것 같아."[6]

존 벌클리는 배의 항로가 미친 것 같다고 생각했다. 클라크 항해사는 배가 칠레의 파타고니아 해안 서쪽을 안전하게 고수하고 있다고 말했지만, 그의 추측항법은 전에도 틀린 적이 있었다. 게다가 북동쪽으로 계속 나아간다면 미지의 해안으로 밀려가 미처 배를 돌리지 못하고 난파할 우려도 있었다. 목수 커민스는 "배의 상태"를 감안할 때, "육지와 마주하기에 적절하지 않다"[7]면서 특히 "전원이 환자라는 점"을 지적했다. 벌클리는 당직 장교인 베인스 대위에게 가서 왜 항로를 바꿔 서쪽의 바다로 다시 나가지 않느냐고 물었다.

대위는 대답을 피하는 것 같았다. 벌클리가 다시 다그치자 베인스는 자신도 칩과 이야기를 해봤지만 그가 시간에 맞춰 집결 지점에 도착하는 데 집중하고 있다고 대답했다. "자네가 가서 한 번 말해봐. 선장님도 자네 말은 들어줄지 모르지."[8] 베인스가 무기력하게 말했다.

벌클리가 굳이 칩을 만나려고 애쓸 필요는 없었다. 선장이 그가 투덜거리는 소리를 들었는지 곧 그를 불러서 이렇게 물었기 때문이다. "자네 생각에는 육지까지 거리가 얼마나 되는 것 같나?"

"60리그쯤 될 겁니다." 벌클리가 대답했다. 환산하면 대략 200마일320킬로이다. 하지만 그는 해류와 파도가 그들을 해안이 있는 동쪽으로 급속히 밀어붙이고 있다는 점을 지적하면서, "선장님,

이 배는 완전히 난파선입니다. 뒷돛대도 사라졌고… 전원이 병자예요"라고 덧붙였다.

칩은 이때 처음으로 앤슨의 비밀 명령을 밝혔다. 그리고 그 명령을 어겨서 작전을 위험에 빠뜨리는 짓은 절대 하지 않겠다고 주장했다. 그는 선장이라면 반드시 주어진 임무를 온전히 수행해야 한다고 믿었다. "내게는 그럴 의무와 결의가 있네."

벌클리는 이 결정이 "몹시 불운한 것"[9]이라고 생각했으나, 상관의 명령에 고개를 숙였다. 그리고 지팡이를 딸깍거리는 선장을 홀로 두고 그 자리를 떠났다.

─────●─────

5월 13일 아침 8시에 바이런이 근무 중일 때 앞돛의 도르래 여러 개가 고장났다. 목수 커민스가 서둘러 달려오는 동안 천둥을 품고 수평선을 뒤덮고 있던 구름이 아주 살짝 갈라지면서 저 멀리 일그러진 그림자 같은 것이 보였다. 육지인가? 그는 베인스 대위에게 다가가 자신이 본 것을 알렸다. 대위는 눈을 가늘게 뜨고 살펴보았지만 아무것도 보지 못했다. 어쩌면 베인스는 비타민 A 부족으로 인해 눈이 안 보이는 상태였는지도 모른다. 아니면 커민스의 눈이 착각한 것일 수도 있고. 어쨌든 베인스는 배가 해안에서 아직 150마일[240킬로] 넘게 떨어져 있다고 판단했다. 그래서 커민스에게 여기서 육지를 알아보는 것은 "불가능"[10] 하다고 말한 뒤, 선장에게 아무런 보고도 하지 않았다.

커민스가 수평선에서 뭔가 본 것 같다는 이야기를 바이런에게 했을 때, 하늘은 다시 어둠에 잠겨 있었기 때문에 바이런도 육지를 전혀 보지 못했다. 그래도 선장에게 알려야 할까 생각해보았지만, 베인스는 수석장교이고 바이런 자신은 그저 수습장교일 뿐이었다. 내가 뭐라고 나서나. 그는 이렇게 생각했다.

———————•———————

그날 오후 2시, 고작 세 명만이 근무 중이라 벌클리가 직접 돛대를 올라가 앞돛대의 활대 하나를 내리는 작업을 도와야 했다. 거대한 야생동물처럼 흔들리는 배에서 그는 쑥쑥 돛대를 올라갔다. 강풍이 그의 몸을 채찍처럼 후려치고 빗줄기가 눈을 찔렀다. 그래도 계속 올라가서 마침내 활대에 다다랐다. 활대도 배와 함께 흔들리고 있었던 탓에, 그는 하마터면 물속에 빠질 뻔하다가 다시 몸을 끌어올렸다. 그러고는 활대에 필사적으로 매달려 눈앞의 세상을 바라보았다. 바로 그때 "육지가 아주 분명하게 보였다"[11]고 그는 회상했다. 들쭉날쭉하고 거대한 산들이 보였다. 웨이저 호는 서풍에 밀려 그곳을 향해 돌진하는 중이었다. 벌클리는 전속력으로 돛대를 내려와 선장에게 알리려고 미끄러운 갑판을 가로질렀다.

칩은 즉시 행동에 나섰다. "앞돛대 아래 활대를 올리고 앞돛
도 올려!"[12] 그는 사람 같지 않은 몰골로 주변을 방황하는 사람
들에게 소리쳤다. 그러고는 자이브[13]를 실행하라고 지시했다.
뱃머리를 바람과 다른 방향으로 돌려 배의 방향을 바꾸라는 뜻
이었다. 키잡이(근무할 수 있는 사람이 한 명밖에 없었다)가 이중
타륜을 돌렸다. 뱃머리가 바람 방향으로 호선을 그리기 시작했
으나 돌풍이 뒤에서 불어와 전속력으로 돛을 들이받더니 거대
한 파도가 선체를 덮쳤다. 칩은 배가 바위산을 향해 점점 더 빨
리 달려가는 것을 놀라서 바라보았다. 키잡이에게는 타륜을 계
속 돌리라고 지시하고, 다른 사람들에게는 삭구를 맡으라고 말
했다. 마침내 이제는 충돌을 피할 수 없겠다 싶은 순간, 뱃머리
가 완전히 180도를 그리며 크게 돌았다. 돛이 배의 반대편으로
거세게 펄럭이면서 자이브가 완성되었다.

웨이저 호는 이제 해안선과 나란히 남쪽을 향하고 있었다. 그
러나 서풍 때문에 칩은 바다로 더 멀리 나아갈 수 없었다. 파도
와 해류가 웨이저 호를 해안으로 계속 끌어당겼다. 파타고니아
의 풍경이 드러났다. 바위섬과 반짝이는 빙하, 능선을 타고 오
르는 야생의 숲과 바다로 곧장 떨어지는 절벽이 깔쭉깔쭉하고
혼란스럽게 섞여 있었다. 칩의 배는 골포 데 페나스Golfo de Penas,
즉 슬픔의 만이라고 불리는 곳에 갇혀 있었다. 어떤 사람들은
고통의 만이라고 부르기도 한다.

칩은 어떻게든 빠져나갈 수 있을 것이라고 생각했지만, 중간 돛대의 돛이 갑자기 활대에서 날아가버렸다. 부하들이 앞갑판에서 삭구를 손보려고 필사적으로 애쓰는 것을 보고 그는 자신이 가서 도와줘야겠다고 생각했다. 아직 여기서 빠져나갈 길이 있음을 보여줘야겠다고. 그래서 성급하게, 용감하게, 뱃머리로 달려갔다. 강풍과 물보라 속으로 돌진하는 황소 같았다. 바로 그때, 파도 때문에 균형을 잃은 그가 발을 잘못 디뎌(아주 조금 잘못 디뎠을 뿐이다) 심연 속으로 추락하기 시작했다. 문이 뜯겨 나간 해치를 통과해 약 6피트²미터를 곤두박질친 끝에 떡갈나무로 만든 아래층 갑판에 철퍽 떨어졌다. 그 충격이 너무 커서 왼쪽 어깨뼈가 부러져 겨드랑이로 튀어나왔다. 부하들이 그를 선의의 방으로 데려갔다. "추락의 충격으로 나는 멍한 상태였고 몹시 아팠다."¹⁴ 칩은 이렇게 적었다. 배와 부하들을 구하기 위해 자리에서 일어나려고 했지만 통증이 모든 것을 압도했다. 그래서 아주 오랜만에 처음으로 그는 침상에 누워 휴식을 취했다. 선의 월터 엘리엇이 그에게 아편을 주었다. 칩은 모처럼 평화를 느끼며 꿈속으로 항해했다.

5월 14일 새벽 4시 30분, 갑판에 나와 있던 바이런은 어둠 속에서 웨이저 호가 삐걱거리는 것을 느꼈다. 수습장교 캠벨이 갑자기 어린 나이에 걸맞은 목소리를 내며 물었다. 이거 뭐야? 바

이런은 폭풍 속을 바라보았다. 구름이 너무 짙어서("말로 표현할 수 없을 만큼 무시무시했다"[15]고 그는 표현했다) 뱃머리조차 보이지 않았다. 웨이저 호가 거대한 파도에 무방비하게 얻어맞은 건가 싶었지만, 충격이 온 곳은 선체 아래쪽이었다. 그는 물속의 바위가 원인이었음을 깨달았다.

목수 커민스는 선실에서 자다가 화들짝 놀라서 깨어나 바이런과 같은 결론에 도달했다. 그래서 조수 제임스 미첼(이번에는 그도 뚱하게 굴지 않았다)과 함께 손상된 곳을 살피려고 서둘러 움직였다. 커민스가 해치 옆에서 기다리는 동안 미첼이 사다리를 빠르게 내려가 화물창으로 들어가서 등불로 널빤지를 비춰 보았다. 물이 쏟아지는 곳은 없어요! 널빤지는 그대로예요! 그가 위를 향해 소리쳤다.

하지만 쿵쿵 때려대는 파도 때문에 배는 앞으로 돌진해 계속 바위들과 부딪혔다. 키가 부서지고, 무게가 2톤이 넘는 닻이 선체를 뚫고 들어와 커다랗게 구멍을 내놓았다. 배가 휘청거리면서 더 심하게 흔들거리자 두려움이 사람들을 사로잡았다. 두 달 동안 근무에 나오지 않던 병자들 중 일부가 휘청거리며 갑판으로 나왔다. 피부는 시커멓게 변하고 눈은 빨갛게 충혈된 그들이 죽음을 기다리던 침상에서 일어났다. 바이런은 "이렇게 무서운 상황에서" 웨이저 호는 "잠시 누워 있었다. 배 위의 모두가 이것이 마지막 순간이라고 생각했다"[16]고 적었다.

산더미 같은 파도가 또다시 밀려와 배를 휩쓸었다. 배는 비틀거리며 앞으로 밀려가 지뢰밭 같은 바위들 사이를 통과했다. 방향을 조종할 키도 없고, 선체에 난 구멍으로는 바닷물이 쏟아져 들어왔다. 목수의 조수 제임스 미첼이 소리쳤다. "화물창에 물이 6피트²미터예요!"[17] 한 장교는 배가 이제 "해치까지 물이 찼다"[18]고 보고했다.

바이런은 사방에서 부서지는 파도를 언뜻 보았다. 아마도 그 소리가 더 무서웠을 것이다. 천둥처럼 몰려온 파도가 모든 것을 박살내고 있었다. 파도는 어디에나 있었다. 바다의 낭만은 어디로 간 거지?

많은 사람이 죽음을 각오했다. 어떤 사람들은 털썩 무릎을 꿇고 물보라 속에서 기도문을 외웠다. 베인스 대위는 술 한 병을 들고 뒤로 물러났다. 바이런은 다른 사람들이 "통나무처럼 모든 감각을 잃어버리고, 흔들리는 배를 따라 앞뒤로 내동댕이쳐졌다. 스스로를 구하려는 노력은 전혀 하지 않았다"[19]고 적었다. 그리고 이렇게 덧붙였다. "거품이 이는 파도가 사방에서 우리를 에워싼 광경이 너무 무서워서, 우리들 중에 가장 용감한 사람도 당혹감을 어쩌지 못하고 너무 충격적인 광경이라 참을 수 없다고 말할 정도였다." 그 사람은 뱃전 너머로 몸을 던지려 했으나 다른 사람들이 그를 붙잡았다. 또 다른 수병은 칼을 들고 갑판을 걸어다니며 자기가 영국 왕이라고 소리를 질러댔다.

베테랑 뱃사람인 존 존스는 사람들의 기운을 북돋우려고 이렇게 소리쳤다. "내 친구들이여, 낙담하지 맙시다. 파도에 둘러싸인 배를 처음 보는 것도 아니잖소. 파도에 맞서 배를 움직여봅시다. 와서 좀 도와요. 여기 이건 아딧줄이고 이건 버팀대요.

붙잡아요. 나는 우리가… 스스로를 구할 수 있을 거라고 믿고 있소."[20] 그의 용기에 바이런을 포함한 여러 장교들과 수병들이 기운을 냈다. 어떤 사람은 돛을 올리려고 밧줄을 잡았고, 또 어떤 사람은 물을 퍼내려고 미친 듯이 펌프질을 했다. 벌클리는 배를 조종하기 위해 돛을 이리저리 잡아당겼다. 키잡이조차 이미 타륜이 부서졌는데도 자신의 자리를 지키며, 웨이저 호가 물에 떠 있는 한 배를 버리는 것은 흉한 짓이라고 주장했다. 그러자 놀랍게도 심하게 망가진 배가 계속 앞으로 나아갔다. 물을 피처럼 흘리면서 고통의 만을 빠져나가려고 나아갔다. 돛도, 타륜도, 후갑판을 지키는 선장도 없이. 사람들은 조용히 배를 응원했다. 배의 운명이 곧 그들의 운명이었다. 배는 있는 힘을 다해 당당하게, 용감하게, 고결하게 싸웠다.

결국 바위가 모여 있는 곳에 충돌한 배가 부서지기 시작했다. 남은 돛대 두 개가 쓰러지는 것을 본 사람들이 돛대를 미리 잘라냈다. 배가 돛대의 무게 때문에 전복되는 것을 막기 위해서였다. 제1 사장이 쪼개지고, 창문이 터지고, 나무못이 튀어나오고, 널빤지가 부서지고, 선실이 무너지고, 갑판이 아래로 꺼졌다. 배 아래쪽으로 넘쳐 들어온 물이 방에서 방으로 구불구불 퍼져나가며 구석구석을 채웠다. 쥐들이 후다닥 위로 올라왔다. 병이 너무 심해서 해먹에서 일어나지 못한 사람들은 미처 구조할 새도 없이 익사해버렸다. 시인 바이런 경은 〈돈 후안〉에서 침몰하는 배에 대해 "사람이 금방 잊어버릴 수 없는 광경"[21]이라고 썼다. "자신의 희망을, 또는 마음을, 또는 머리를, 또는 목을 부러뜨리는" 것을 사람은 항상 기억하기 때문에.

놀랍게도 살아남아 여기까지 온 웨이저 호는 그 안의 주민들에게 마지막으로 선물을 하나 주었다. "신의 섭리인지 우리는 커다란 바위 두 개 사이에 단단히 끼어 있었다."[22] 존 바이런은 이렇게 적었다. 바위 사이에 샌드위치처럼 낀 덕분에 웨이저호는 완전히 가라앉지 않았다. 적어도 아직은. 바이런이 부서진 배에서 높은 곳으로 올라가는 동안 하늘이 어느 정도 맑아져서 파도 너머를 볼 수 있었다. 그곳에 안개에 감싸인 섬이 하나 있었다.

3부

표 류 자

바닷물이 선의의 선실을 향해 부글부글 차올랐다. 데이비드 칩이
미동도 없이 누워 있는 곳이었다. 부상을 당한 뒤로 그곳에서
움직이지 못한 그는 충돌을 직접 보지 못했지만, 크게 긁히는
소리의 의미를 알아차렸다. 그건 모든 지휘관이 두려워하는 소
리, 선체가 바위에 갈리는 소리였다. 그래서 그는 자신이 그토
록 꿈꾸던 배 웨이저 호가 돌이킬 수 없는 지경이 되었음을 알
았다. 만약 살아남는다면, 그는 국왕의 배를 좌초시킨 것이 "고
의인지, 또는 부주의인지, 또는 다른 근무태만"[1] 때문인지 가리
기 위해 군사재판을 받게 될 터였다. 거기서 유죄판결을 받게
될까? 즉 법정의 눈으로나 앤슨의 눈으로나 칩 자신의 눈으로
볼 때 처음으로 지휘권을 잡은 전함을 난파시킨 죄가 인정되어
해군으로서 경력이 끝나게 될까? 대위는 왜 좀 더 일찍 그에게
위험을 알리지 않았을까? 선의는 왜 그에게 아편을 먹여 정신
을 잃게 만들었을까? 누가 물어보면 칩은 "내 지식과는 반대로
그것만이 고열을 막는 유일한 방법이라고 했다"[2]고 주장할 것

이다.

파도 군단이 끊임없이 밀려와 공격을 계속 이어가는 탓에, 그는 아직 남아 있는 웨이저 호의 껍데기가 바위 사이에서 쿵쿵거리며 덜컹덜컹 죽음을 알리는 것을 느꼈다. 벌클리는 이렇게 회상했다. "우리는 언제든 배가 쪼개질 것이라고 생각했다."[3] 배의 격렬한 떨림에 "선상의 모든 사람이 충격을 받았다." 칩의 어깨뼈는 거의 세 시간에 걸친 수술로 다시 맞춰졌지만, 그는 여전히 커다란 고통에 시달렸다.

곧 바이런과 캠벨이 선의의 선실로 다가왔다. 물을 뚝뚝 떨어뜨리는 유령 같은 모습이라 저승에서 온 것 같았다. 두 수습장교는 그때까지 일어난 일을 칩에게 알리고, 섬에 대해서 말했다. 소총을 쏘면 총알이 닿을 만한 거리에 있는 그 섬은 습지가 많고 폭풍에 휩쓸린 불모의 땅처럼 보였으며, 키 작은 관목 숲과 산들이 어두운 안개 속으로 솟아 있었다. 바이런에 따르면 그 섬에 "문명의 흔적"[4]은 전혀 없었다. 그래도 탈출구를 제시해주기는 했다. "이제 우리는 목숨을 보존하는 일만 생각했다."[5]

칩은 그들에게 갑판에 묶어둔 보트 네 척[6]을 즉시 전개하라고 지시했다. 36피트[11미터] 롱보트, 25피트[7.6미터] 커터, 24피트[7.3미터] 바지선, 18피트[5.5미터] 욜. "가서 환자를 모두 구해."[7] 그가 말했다.

바이런과 캠벨은 칩에게 자신들과 함께 보트에 타자고 간청했다. 하지만 바다의 규칙을 지키겠다는 그의 결심이 단단했다. 설사 배와 함께 가라앉는 한이 있어도, 선장은 침몰하는 배에서 가장 늦게 떠나야 한다는 규칙. "난 신경 쓰지 마."[8] 그가 강경하

웨이저

게 말했다. 수병 존 존스도 선장을 설득하려 했다. 존스에 따르면, 칩은 "사람들의 목숨을 구할 수 있다면, 자신의 목숨은 전혀 생각하지 않는다"[9]고 대답했다.

바이런은 칩의 용맹함에 감탄했다. "그때 그는 평소와 똑같이 침착하게 지시를 내렸다."[10] 그래도 그의 단호한 태도가 조금 미심쩍기는 했다. 마치 죽어야만 자신의 명예를 되찾을 수 있다고 믿는 것 같았다.

물이 계속 출렁거리며 차올랐다. 갑판에서 사람들이 바삐 움직이는 소리, 나무가 바위에 갈리는 끔찍한 소리가 들렸다.

———————•———————

존 벌클리는 보트를 내리는 일을 도우려 했으나, 보트를 감아서 내릴 돛대가 존재하지 않았다. 게다가 정연하게 움직이던 승조원들이 이제는 혼돈에 빠져 있었다. 대부분의 사람은 헤엄을 칠 줄 몰라서 냉혹한 계산을 하고 있었다. 그냥 파도 속으로 뛰어들어 어떻게든 해변까지 가려고 시도해볼까, 아니면 부서지는 배에 남아 머뭇거릴까?

가장 크고 가장 무거우며 보트 중에 가장 중요한 롱보트는 금이 간 채로 잔해 속에 묻혀 있었다. 하지만 그보다 가벼운 바지선은 갑판을 가로질러 끌고 갈 수 있을 것 같았다. 얼른, 얼른! 꽉 잡고 끌어! 지금이 아니면 끝장이야. 벌클리는 힘센 뱃사람 여러 명과 함께 뱃전 위로 바지선[11]을 들어 올린 뒤, 밧줄을 이용해 바다로 내렸다. 사람들이 그 배에 오르려고 서로 밀쳐대며 아우성을 치기 시작했다. 여러 명이 냅다 뛰어내리는 바람에 바지선이 거의 뒤집어질 뻔하기도 했다. 벌클리는 사람들이 안개 낀 바다에서 노를 저어 위험한 파도를 헤치고 나아가 바위들의 옆을 돌아가는 모습을 지켜보았다. 마침내 그들이 섬 한 귀퉁이의 해변에 닿았다. 두 달 반 만에 처음으로 단단한 땅에 내려선 사람들은 그대로 쓰러졌다.

웨이저 호에 남은 벌클리는 그들 중 몇 명이 바지선을 몰고 돌아오기를 기다렸다. 하지만 아무도 돌아오지 않았다. 비가 억수같이 내리고, 북쪽에서 횡횡 불어온 바람이 요동치는 바다를 함께 몰고 왔다. 흔들리는 갑판에서 벌클리를 포함해 배에 남아 있던 사람들은 죽음을 예감한 사람만이 느낄 수 있는 동요를 느꼈다. 그래도 결국은 욜과 커터를 물 위로 내리는 데 성공했다. 그들은 가장 심한 환자들을 먼저 날랐다. 배의 물자를 책임지고 있던 스물다섯 살의 회계관 토머스 하비는 승조원들이 무엇이든 손에 닿는 것을 가져가게 했다. 더러운 담배 주머니에 숨겨 두었던 밀가루 몇 파운드, 총과 탄약, 요리도구와 식기, 나침반, 지도, 과거 탐험가들의 항해 연대기, 약상자, 성경 등이었다.

몇 시간 뒤, 대부분의 사람이 배에서 대피했으나, 항상 누구를 죽이기라도 할 것처럼 눈을 번득이던 목수의 조수 미첼은 자기 무리 10여 명과 함께 대피를 거부했다. 갑판장 킹도 그들 무리에 합류했다. 킹이야말로 기강을 잡을 책임이 있는 장교였는데. 그들 무리는 술 상자를 뜯어 멋대로 마시기 시작했다. 마지막으로 흥청망청 파티를 즐기고 죽는 편이 더 낫다고 생각하는 것 같았다. "위험은 생각지도 않고, 상황을 분별하지도 못하는 어리석은 자들이 배에 여러 명 있었다."[12] 벌클리는 "그들이 극심한 무질서와 무도함 속으로 빠져들어갔다"고 회상했다.

벌클리는 배를 떠나기 전에 배의 기록을 일부라도 가져가려고 했다. 배가 난파할 경우 해군본부가 선장뿐만 아니라 부관, 항해사 등 여러 장교가 혹시 잘못을 저지르지는 않았는지 나중에 판별할 수 있게, 일지를 보존하는 것이 원칙이었다. 그러나 벌클리는 웨이저 호의 기록 중 많은 것이 사라지거나 갈기갈기 찢긴 것을 발견하고 충격을 받았다. 그것도 우연히 그렇게 된 것이 아니었다. "그 기록들을 파괴하라는 임무를 맡은 사람이 있다고 걱정할 만한 이유가 있었다."[13] 벌클리는 이렇게 회상했다. 항해사든 아니면 그보다 고위급 장교든 누군가가 자신의 행동에 대한 조사를 막고 싶었던 모양이었다.

———•———

존 바이런은 배를 떠나기 전에 자신의 옷가지를 일부라도 가져가고 싶어서 아래층으로 내려갔다. 그가 파편들 사이를 기어가는 동안 사방에서 물이 차올랐다. 그가 과거에 숙소로 쓰던 곳의 잔해(의자, 탁자, 양초, 편지, 기념품)들이 둥둥 떠서 지나가고, 사망자들의 시신도 떠갔다. 아래로 내려갈수록 선체가 흔들리며 물이 세차게 쏟아져 들어왔다. "나는 내가 입은 것 외에는 단 하나의 천 조각도 건지지 못한 채 다시 후갑판으로 올라올 수밖에 없었다."[14] 그는 이렇게 적었다.

위험한 상황이지만 칩 선장을 데리러 가야 할 것 같아서 그는 장교 몇 명과 함께 물살을 헤치며 선의의 방으로 갔다. 그리고 칩에게 함께 가자고 간청했다.

칩은 다른 사람들이 모두 대피했느냐고 물었다. 그들은 여기 남겠다고 제멋대로 고집을 부리는 소수의 무리를 제외하면 모두 대피했다고 설명했다. 칩은 여기서 더 기다려보겠다고 말했다. 그러나 그들이 그 미친놈들을 대피시키려고 할 수 있는 일을 모두 했으며, 더 이상 할 수 있는 일이 없다고 맹세하자, 칩은 그제야 마지못해 침상에서 일어났다. 그리고 지팡이를 짚으며 비틀비틀 걸었다. 바이런은 다른 사람들과 함께 그를 부축했고, 나머지 사람들은 그의 트렁크를 옮겼다. 몇 가지 되지 않는 소지품과 함께, 앤슨이 그를 웨이저 호의 선장으로 임명한 편지가 그 안에 들어 있었다. "우리는 그를 부축해 보트에 태워서 육지로 데려갔다."[15] 캠벨은 이렇게 회상했다.

─────────●─────────

이제 표류자가 된 승조원들은 몸을 후려치는 차가운 빗속에서 해변에 움츠리고 있었다.[16] 칩이 계산해보니 원래 웨이저 호에 타고 있던 성인남자와 소년 250명 중에 145명이 살아남은 것 같았다. 모두 수척하고, 허약하고, 옷차림이 빈약해서 이미 난파를 당한 지 영원에 가까운 세월이 흐른 것 같았다. 이제 열일곱 살이 된 바이런과 벌클리가 보였다. 줏대 없는 베인스 대위, 거만한 수습장교 캠벨, 바이런의 식사 친구지만 지금은 술병을 손에서 놓지 못하는 코전스, 아이작 모리스, 솜씨 좋은 목수 커민스, 회계관 하비, 젊고 튼튼한 선의 엘리엇(칩은 아편 때문에 그에게 벌컥 화를 냈지만 그래도 그를 친구로 생각했다), 베테랑 뱃사람 존스도 있었다. 항해사 클라크와 그의 아들, 80대 노인인 요리사와 열두 살 소년, 자유민 흑인 뱃사람인 존 덕, 칩의 충실한 집사 플래스토도 있었다. 해병들 다수가 목숨을 잃었지만, 그들의 지휘관인 로버트 펨버턴은 살아남았다. 칼싸움을 벌이던 그의 부관 토머스 해밀턴도 마찬가지였다. 해밀턴은 칩의 가장 절친한 동지 중 한 명이었다. 환자 몇 명도 바닥에 누워 있는 것이 보였다.

칩은 여기가 정확히 어디인지, 주위에 무엇이 있는지 알지 못했다. 유럽 배가 그들의 존재를 알아차릴 만큼 이 섬 가까이 지나가는 일도 거의 없을 것 같았다. 그들은 세상과 완전히 단절되어 있었다. "이렇게 난파당해서 목숨을 잃기 직전이던 사람들로서는 육지에 도달한 것으로 최고의 소망을 이뤘다고 생각하는 편이 자연스럽다. 임박한 죽음으로부터 풀려난 것은 정말 대단하고 다행한 일이었으나, 우리는 물, 추위, 굶주림과 씨름해야 했고 이런 문제를 해결할 방법도 보이지 않았다."[17] 바이런은 이렇게 썼다. 칩은 그들이 영국을 다시 보려면 배가 부서지지 않게 보존하는 방법밖에 없다고 믿었다. 그는 배에서 아직 물에 잠기지 않은 부분에 남아 있는 주정뱅이들을 해결해야 했다…
하긴 여기 해변에 있는 부하들이라고 그를 보는 시각이 다를까.
이렇게 난파한 책임을 그에게 돌리고 있지 않을까.

———————•———————

　밤이 금세 다가오면서 기온이 더 내려갔다. 좁은 해변에는 몸
을 찔러대는 바람과 비를 피할 곳이 없었다. 바이런과 동료들은
"몸에 감각이 없고, 기절할 것 같아서 거의 무력한"[18] 상태였지
만, 그래도 몸을 피할 곳을 찾아보려고 애썼다. 몸을 질질 끌며
습지의 엉킨 풀밭을 지나 섬 안쪽으로 들어가서 나무가 무성한
가파른 능선을 올랐다.[19] 나무들은 바람 때문에 영구히 한쪽 방
향으로 휘어져, 이곳에 표류한 그들과 마찬가지로 지쳐서 옹송
그리고 있는 것처럼 보였다.
　산길을 아주 조금 올라갔을 때, 바이런은 나무들 사이에 돔
형태의 구조물이 있는 것을 보았다. 지름이 약 10피트[3미터], 높이
는 6피트[2미터]인 그 구조물은 덤불로 뒤덮여 있었으나 앞쪽에 입
구가 있었다. 모종의 집처럼 보이는 이 구조물을 바이런은 위그
윔*이라고 묘사했다. 주위를 둘러보았으나 이곳에 사는 사람의
기척이 없었다. 그래도 이 섬에든 본토에든 분명히 있을 터였
다. 구조물 안쪽에 창을 비롯한 무기들이 있는 것을 보고, 바이

*　아메리카 원주민의 원형 천막.

런 일행은 날이 어두워진 뒤 매복공격을 당하지 않을까 걱정했다. "그들의 힘과 기질을 잘 모르기 때문에 걱정스러운 상상이 들어서 우리는 계속 불안해했다."[20] 바이런은 이렇게 적었다.

여러 명이 폭풍을 피해 이 비좁은 집으로 들어와 칩 선장을 앉힐 자리를 마련했다. 그는 부축을 받아 안으로 들어와야 하는 상태였다. 캠벨은 그가 "이런 피난처가 없었다면 틀림없이 목숨을 잃었을 것"[21]이라고 썼다.

이제 집 안에 공간이 남지 않아서 바이런은 대부분의 사람들과 함께 진흙 속에 그냥 누웠다. 바다 위에서 그들을 인도해주던 별들이 구름에 가려져 있었다. 바이런은 칠흑 같은 어둠 속에서 파도가 부서지는 소리와 가지가 부스럭거리는 소리와 병자들이 신음하는 소리를 가만히 들었다.

폭풍은 밤새 그치지 않았다. 아침에도 여전히 폭풍이 날뛰어서 바이런은 한숨도 자지 못했다. 밖에 있던 사람들은 흠뻑 젖은 몸으로 반쯤 얼어붙은 상태였지만 억지로 몸을 일으켰다. 하지만 바이런 옆에서 자던 환자 두 명과 또 한 명의 환자는 예외였다. 그들은 무슨 일이 있어도 깨어나지 않았다. 바이런은 그들이 죽었음을 깨달았다.

———————— • ————————

해안 근처에서 칩은 지팡이에 몸을 기댔다. 바다 위에 걸린 안개가 회색 명부冥府처럼 그와 그의 부하들을 에워쌌다. 안개를 뚫고 온 햇빛에, 아직도 바위 사이에 끼어 있는 웨이저 호의 잔해가 보였다. 그들에게 벌어진 일을 일깨워주는 기괴한 광경이었다. 배에서 떠나지 않겠다고 고집을 부린 킹과 미첼 일행은 곧 물에 잠겨 죽을 것이 분명했다. 칩은 그들을 반드시 구해야겠다는 생각에 젊은 캠벨을 포함한 소수의 인원을 욜에 태워 그쪽으로 보냈다.

웨이저 호에 오른 캠벨은 아수라장이 된 배를 보고 대경실색했다. 미첼 무리가 갑판장 킹의 부추김으로 해적처럼 날뛰고 있었다. 멸망한 세상의 생존자들 같았다. "어떤 사람은 시편을 외우고, 어떤 사람은 싸우고, 어떤 사람은 욕하고, 어떤 사람은 술에 취해 갑판에 누워 있었다."[22] 캠벨은 이렇게 적었다. 주정뱅이 몇 명은 차오른 물에 빠져 죽었는데, 그들의 시체가 텅 빈 술상자 및 파편들과 함께 흥청거리는 자들 사이에 흩어져 있었다.

캠벨은 화약통을 발견하고 그것을 가지러 갔다. 그러나 항해 중 캠벨이 보인 가차 없는 태도에 앙심을 품은 수병 두 명이 그에게 다가와 고함을 질렀다. "이 저주받을 놈아!"[23] 그리고 또 다른 뱃사람이 총검의 칼날을 번득이며 그에게 돌진했다. 캠벨은 멸망이 예정된 그곳에 이 탈주자들을 버려두고 일행과 함께 도망쳤다.

그날 저녁 집 안에 있던 칩은 폭음에 놀라 깨어났다. 엄청난 바람 소리 속에서도 들릴 만큼 커다란 소리였다. 갑자기 금속 공이 지붕 바로 위로 지나가 주위의 나무들과 충돌해서 땅에 커다란 구덩이를 만들었다. 그러고는 또 폭음이 일었다. 어둠 속

웨이저

에서 빛이 사방으로 폭발했다. 칩은 난파선에 남은 자들이 배가 곧 완전히 가라앉을 것 같으니까 겁이 나서 후갑판의 대포를 쏘고 있음을 깨달았다. 이제야 해변에 오를 준비가 되었다는 신호였다.

그 낙오자들을 데려오는 작업은 성공적이었다. 그들이 줄지어 섬에 오를 때 칩은 그들의 외모에 주목했다. 타르가 묻은 바지와 격자무늬 셔츠 위에 최고급 비단과 레이스로 만든 옷을 입고 있었다. 장교들이 두고 간 트렁크에서 훔친 물건이었다.

칩은 갑판장인 킹에게 가장 큰 책임이 있다고 봤다. 그래서 섬에 표류한 사람들이 지켜보는 가운데 그에게 다가갔다. 화려한 옷을 차려입은 킹은 진짜 왕이라도 된 것처럼 굴었다. 칩의 왼팔은 힘없이 대롱거렸지만 오른팔은 움직일 수 있었으므로, 그는 오른손으로 지팡이를 들어 킹을 후려쳤다. 어찌나 맹렬한 타격이었는지 덩치 큰 갑판장이 바닥으로 풀썩 쓰러질 정도였다. 칩은 그를 불량배라고 욕했다. 그러고는 킹과 미첼의 무리에게서 장교들의 옷을 강제로 벗겼다. 벌클리는 결국 그들이 "이송된 중범죄자 무리 같은"[24] 꼴이 되었다고 표현했다. 칩은 자신이 아직 그들의 선장임을 분명히 했다.

바이런은 배가 고팠다. 섬에 표류한 뒤 며칠 동안 그들은 먹을 것을 거의 찾아내지 못했다. 바이런은 "대부분의 사람들이" 48시간 동안 "금식한"[1] 상태였다고 썼다. 그보다 더 오랫동안 먹지 못한 사람도 있었다. 사냥할 수 있는 동물도 전혀 보이지 않았다. 심지어 쥐도 없었다. 그보다 더 놀라운 점은, 아마도 엄청난 파도 때문인지 해안 근처 물속에 물고기가 전혀 없는 것 같다는 사실이었다. 바이런은 이렇게 썼다. "바다 그 자체가 거의 육지만큼이나 황량하다는 것을 알게 되었다."[2] 마침내 누군가가 갈매기 한 마리를 쏘아 맞히자, 칩 선장은 그것을 나누라고 지시했다.

사람들은 나뭇가지를 모아오고, 부싯돌과 금속 조각을 부딪혀 젖은 나무에 불을 붙이려고 애썼다. 마침내 불꽃이 타닥타닥 솟아오르고, 연기가 바람에 배배 꼬였다. 늙은 요리사 토머스 매클린이 갈매기의 껍질을 벗겨 커다란 냄비에 넣고 끓이면서 밀가루를 조금 넣어 걸쭉한 수프를 만들었다. 김이 피어오르는 음식이 그들이 배에서 간신히 가져온 나무그릇 몇 개에 담겨 신성한 공물처럼 분배되었다.

바이런은 자기 몫을 맛있게 먹었다. 그러나 그와 동료들은 그의 표현에 빠르면 곧 "너무나 극심한 복통"과 "격렬한 구토에 사로잡혔다."[3] 밀가루가 오염된 탓이었다. 이제 그들은 전보다 훨씬 더 기운이 빠진 상태가 된 데다가, 이곳에 거의 끊임없이 태풍이 몰려온다는 사실까지 점점 알게 되었다. 거의 한 세기 뒤에 이 섬을 지나간 한 영국인 선장은 주위를 에워싼 고독한 산들이 언제나 구름에 잠겨 있었는데 그 구름에서 사나운 스콜이 마구 쏟아졌다며, 이곳은 "사람의 영혼이 사람의 마음 안에서 죽는"[4] 곳이라고 표현했다.

바이런과 동료들은 배가 고픈 와중에도 겁이 나서 너무 멀리 나아갈 수 없었다. 깊숙이 자리 잡은 편견 또한 그들의 두려움을 부채질했다. "야만인들이 우리에게서 얼마 떨어지지 않은 곳으로 물러나 우리가 갈라지기를 기다린다는 선입견에 강하게 사로잡힌 우리 일행들은… 이렇다 할 답사를 나가지 못했다."[5] 바이런은 이렇게 적었다.

그들은 주로 해안 근처에 머물렀다. 물에 흠뻑 젖은 풀밭과 옹이 진 나무들이 빽빽이 자라는 가파른 절벽이 그곳을 에워싸고 있었다. 남서쪽에는 작은 산이 하나 보였고, 북쪽과 동쪽에는 그보다 더 아찔한 산봉우리들이 있었다. 그중에 약 2,000피트600미터 높이까지 솟은 산은 꼭대기가 평평하고 증기가 피어올라서 화산처럼 보였다.

사람들은 해변을 뒤져 홍합과 달팽이를 찾아냈다. 난파선의 잔해들이 차츰 파도에 밀려오기 시작했다. 갑판 조각, 큰돛대의 밑동, 사슬 펌프, 포차炮車, 종. 바이런은 그 잔해들 사이를 돌아다니며 유용한 물건을 찾아보았다. 시체도 여러 구 난파선에서 흘러나왔다. 바이런은 그 "끔찍한 광경"[6]에 몸을 움츠렸다. 그러나 그 시체들 사이에서 그는 갑자기 배 그 자체보다 더 가치 있어 보이는 물건을 찾아냈다. 소금에 절인 쇠고기가 가득한 나무 상자였다.

　난파 사흘 뒤인 5월 17일, 포수 존 벌클리는 고기 몇 조각을 음미하며 먹었다. 일기에 그는 곧 오순절이라고 적었다. 부활절 이후 일곱 번째 일요일인 오순절은 수확제 중에 성령이 나타난 순간을 그리스도교인들이 기념하는 날이다. 성서에 따르면 그날은 "누구든 주님의 이름을 부르면 구원받을" 것이라고 한다.

　섬에 표류한 일행 대다수와 마찬가지로 벌클리에게는 들어가 쉴 곳이 없었다. 밖에서 먹고, 밖에서 자고, 밖에 쪼그리고 앉아 있는 생활이었다. "비가 너무 세차게 쏟아져서 우리 목숨이 위태로울 정도였다."[7] 그는 이렇게 썼다. 한편 바이런은 들어가 쉴 곳이 없다면 "우리가" 오래 "버티기가 불가능"[8]할 것이라며 불안해했다. 기온은 어는점 근처에서 어른거리고, 거센 바닷바람과 사라지지 않는 습기 때문에 옷 속으로 한기가 파고들어

　　　　　　　　　　　　　　　　　　　　웨이저

와, 입술이 파랗게 변하고 이가 덜덜 떨렸다. 이런 추위는 사람을 죽일 수 있었다.

벌클리는 한 가지 생각을 떠올리고 커민스 등 튼튼한 사람 여럿을 모아 커터를 해안으로 끌고 왔다. 그리고 그것을 뒤집어 용골이 위를 향하게 했다. 벌클리는 "집 비슷한 것을 만드는 것"[9]이 목적이었다고 썼다.

그와 그의 친구들은 비를 피할 수 있는 이 비좁은 성소 안으로 들어갔다. 바이런이 근처에서 정처없이 돌아다니는 것을 보고 그도 반가이 맞아들였다. 벌클리가 그들을 한데 모으고 도왔으므로, 그들은 고마워했다. 그리고 벌클리가 피운 불(문명의 불꽃) 주위에 옹기종기 모여 몸을 덥히려고 했다. 바이런은 젖은 옷을 벗어 물기를 짠 뒤 이를 털어내고 다시 전부 입었다고 일기에 설명했다.

그들은 지금의 상황을 곰곰이 생각해보았다. 칩이 탈주자들을 벌하기는 했으나, 그들은 여전히 소란을 일으켰다. 특히 미첼이 그랬다. 또한 벌클리는 사람들 사이에서 선장에 대해 "웅성거리는 소리와 불만"[10]이 점점 커지는 것을 들었다. 그들은 지금의 비참한 상황을 선장 탓으로 돌리며, 자기들을 구하기 위해 선장은 뭘 하고 있느냐고 투덜거렸다.

벌클리는 앞에서 이끌어줄 앤슨 사령관이 없으니 "상황이 새로운 '면모'를 띠기 시작했다"[11]고 썼다. "전체적으로 무질서하고 혼란스러웠으며, 이제 사람들은 암묵적인 복종을 보이지 않았다." 영국 해군에서 자원병과 징집병은 타고 있던 배가 임무에서 해제되면 봉급을 받지 못했다. 표류한 일행 중 두 명의 주장처럼, 웨이저 호를 잃어버린 지금 대다수의 봉급 지불이 정지되었을 가능성이 높았다. 이렇게 고생해도 돌아오는 것이 없다는 뜻이었다. 그렇다면 "스스로 주인이 되어 더 이상 명령에 따르지 않아도"[12] 되지 않나?

벌클리는 침에 대한 불만을 일기에 일부 적어놓았다. 선장이 바다에서 장교들과 의논하기만 했어도, "이렇게 불행한 처지는 아마 피할 수 있었을 텐데."[13] 그러나 벌클리는 선동꾼들을 노골적으로 편들지 않으려고 주의했다. 자신은 "항상 지휘에 따라 행동했다"[14]고 분명히 적어두었다. 그래도 불만을 품은 자들 중 많은 사람이 그의 주위로 모여들었다. 항해 중에 그가 능력을 증명했고(배를 돌리라고 그가 선장에게 간청하지 않았던가), 지금은 그들 중에 가장 건강한 것처럼 보이기 때문이었다. 그는 그들에게 심지어 들어가 쉴 곳도 마련해주었다. 벌클리는 일기에 존 드라이든의 시 한 구절을 적었다.

고난 속에서 똑바른 정신과 용기
성공을 손에 넣는 데 군대보다 귀하다.[15]

벌클리는 먹을 것을 더 찾아내지 않으면 누구도 오래 살아남을 수 없음을 알고 있었다. 그래서 하늘의 별과 추측항법으로 이곳의 위치를 정확히 알아내려고 애썼다. 파타고니아의 칠레 쪽 해안 근처, 남위 47도, 서경 81도40분쯤이라는 것을 알아냈으나, 이 섬에 대해서는 전혀 알지 못했다. 이 섬 전체가 이렇게 인간에게 열악한 환경인가? 동쪽에 어렴풋하게 보이는 산들을 감안할 때 이곳이 사실은 본토일지 모른다고 생각하는 사람도 있었다. 지나친 생각이었으나, 이런 의문을 품게 됐다는 사실 자체가 그들 모두 음식만큼이나 지식에 굶주리고 있다는 증거였다. 벌클리가 아내와 다섯 자녀에게 돌아갈 길을 찾으려면 음식과 지식이 모두 필요했다.

폭풍이 잠시 잦아들었을 때, 낯선 태양이 언뜻 나타났다. 그래서 벌클리는 소총에 총알을 장전하고, 일행과 함께 탐사에 나섰다. 바이런은 해안선 너머에 먹을 것이 있는지 반드시 확인해야 한다고 주장하며, 무장을 갖춘 다른 무리와 함께 출발했다.

땅이 습지 같은 상태라서 풀밭을 통과해 나무가 자라는 능선을 올라가는 동안 발이 푹푹 빠졌다. 그들은 바람에 뿌리가 뽑혀 썩어가는 나무줄기들을 빙 둘러 빠르게 움직였다. 산 것과 죽은 것이 섞인 채 나무들이 너무나 빽빽이 자라고 있어서 마치 산울타리를 뚫고 행군하는 것 같았다. 뿌리와 덩굴이 팔다리에 감기고, 가시가 피부를 뚫었다.

바이런은 맨손으로 길을 뚫다가 금방 탈진했다. 그러나 낯선 식물들에 감탄하는 마음은 여전했다. 그는 이렇게 썼다. "이곳의 숲은 주로 향기 나는 종류로 이루어졌다. 장미목, 아주 진한 빨간색 나무, 몹시 밝은 노란색 나무."[16] 섬 안쪽에 새는 많지 않았다. 누른도요와 벌새, 가시꼬리 라야디토가 조금 있었고, 바이런이 "덩치 큰 붉은가슴울새 종류"[17]라고 묘사한 새도 있었다.

그 새는 사실 긴꼬리들종다리였다. 바이런은 바닷새와 독수리를 제외하면 "깃털 달린 주민들은"[18] 이들뿐인 것 같다고 한탄했다. (거의 1세기 뒤에 이 섬을 조사한 영국인 선장은 이렇게 썼다. "철저히 고독하고 황량한 풍경을 완성하려는 듯, 새들조차 이웃을 꺼리는 듯했다."[19])

한 번은 일행과 떨어진 바이런이 어느 언덕 꼭대기에 앉은 독수리 한 마리를 발견했다. 머리에 털이 없고 아주 못생긴 새였다. 바이런은 소리가 날까 봐 나뭇잎을 건드리거나 발밑의 가시나무를 밟지 않으려고 애쓰며 살금살금 다가갔다. 그러고는 소총을 조준하고 있는데 갑자기 가까이에서 커다랗게 으르렁거리는 소리가 들렸다. 완전히 처음 듣는 소리였다. 그는 냅다 도망쳤다. "숲이 너무 어두워서 아무것도 보이지 않았다."[20] 그는 이렇게 적었다. "그러나 물러나는 내 뒤를 그 소리가 바짝 따라왔다." 그는 소총을 꽉 쥔 채 발톱처럼 옷깃을 붙드는 가지들 사이를 휘청휘청 통과해 일행이 있는 곳에 다다랐다. 일행 중 몇 명은 으르렁거리는 소리만 들은 것이 아니라 "아주 커다란 짐승"[21]을 언뜻 보기까지 했다고 주장했다. 어쩌면 그것은 단순히 상상의 산물이었는지도 모른다. 몸과 마찬가지로 그들의 정신도 굶주림 때문에 점점 쇠약해지고 있었으니까. 아니면 바이런을 포함한 많은 뱃사람들의 믿음처럼 정말로 짐승이 있어서 그들을 몰래 지켜보고 있었을 수도 있다.

웨이저

얼마 뒤 그들은 섬을 가로질러 가보려는 노력을 포기했다. 도저히 길을 뚫을 수 없었다. 그들이 수집한 음식이라고는 총으로 쏘아 잡은 누른도요 두 마리와 야생 셀러리가 전부였다. "먹을 것에 관한 한 이 섬은 아무것도 내놓지 않는다."[22] 벌클리는 이렇게 결론지었다. 바이런은 이곳의 환경과 "맞먹을 만한 곳이 지구상 어디에도 거의 없을 것이다. 사람이 먹을 수 있는 열매도, 곡식도, 심지어 뿌리도 전혀 제공해주지 않는다는 점에서"[23] 라고 생각했다.

바이런은 소수의 동료와 함께 자신들의 야영지를 굽어보는 작은 산을 올랐다. 적어도 자신들이 어디쯤 있는지 좀 더 분명히 파악할 수 있을 것 같아서였다. 그런데 산이 너무 가팔라서 발을 디딜 자리를 만들어가며 올라야 했다. 마침내 정상에 도달해 희박한 공기를 마시며 바라본 풍경은 숨이 막힐 정도였다. 그들이 있는 곳은 확실히 섬이었다. 크기는 남서쪽에서부터 북동쪽 방향으로 약 2마일³⁴로, 남동쪽에서 북서쪽 방향으로 거의 4마일⁶⁴로이었다. 야영지는 북서쪽에 있었다.

어느 방향을 봐도 황무지가 또 다른 황무지로 이어졌다. 도저히 길을 뚫고 나아갈 수 없는 오지였지만 가슴이 서늘해질 정도로 아름다웠다. 남쪽에 황량해 보이는 섬이 하나 더 있었고, 동쪽으로 멀리 떨어진 곳에는 얼음에 갇힌 봉우리들이 줄줄이 늘어서 있었다. 본토의 안데스 산맥이었다. 웨이저 호가 좌초한 섬을 살피던 그는 거품이 이는 파도가 사방에서 거칠게 섬을 두드리는 것을 보았다. 그의 표현처럼 "아무리 대담한 사람이라도 작은 배를 타고 나가볼 엄두를 내지 못하게 하는 무서운 파도"[24]였다. 탈출할 방법이 없는 것 같았다.

데이비드 칩 선장이 피스톨을 들고 원주민의 집에서 나왔다. 사람들은 미심쩍은 시선으로 계속 그를 바라보았다. 마치 그에 관해 모종의 비밀을 알아낸 사람들 같았다. 섬에 온 지 일주일도 되지 않았지만, 승조원들이 지금의 곤경을 온전히 이해하게 되면서 그는 그들의 신뢰를 잃을 위험에 처해 있었다. 세 척의 보트는 오랜 여행을 감당할 수 없을 뿐만 아니라, 너무 작아서 사람들을 대부분 태울 수도 없었다. 설사 그들이 커다란 배를 지을 수 있는 도구와 재료를 찾아낸다 해도, 배가 완성되는 데에는 몇 달이 걸릴 터였다. 겨울이 점점 다가오는데, 그들은 이곳에 발이 묶인 처지였다. 그래서 벌써 신체적, 정신적으로 점점 나빠지고 있다는 징조들이 나타났다.

칩은 단결이 생존에 가장 중요하다는 것을 알고 있었다. 과학이 나중에야 증명한 원칙을 그는 직관으로 알아차린 셈이다. 결핍을 겪는 인간에 관한 가장 포괄적인 현대 연구 중 하나인 1945년의 미네소타 기근실험[1]에서 과학자들은 굶주림이 사람에게 미치는 영향을 평가했다. 6개월 동안 남성 자원자 36명(모두 독신이고, 남들과 사이좋게 지내는 능력을 보여준 건강한 평화주의자였다)은 칼로리를 절반으로 줄인 식사를 했다. 그 결과 힘과 원기가 줄었으며, 각자 체중이 약 4분의 1 줄었다. 그리고 그들은 화를 잘 내고 우울한 성격으로 변했다. 집중력도 떨어졌다. 많은 자원자들은 스스로 욕구를 절제함으로써 수도사처럼 영적으로 더 깊은 곳에 도달할 수 있을 것이라는 희망을 품었으나, 실제로는 서로 공모해서 먹을 것을 훔치고 주먹다짐을 벌이게 되었다. "나의 무심함, 까다로움, 음식을 향한 압도적인 집착으로 내가 해친 사람이 몇 명일까?"[2] 한 자원자는 이렇게 썼다. 또 다른 자원자는 "자살할 거야"라고 외치더니, 과학자 한 명에게 달려들며 "'당신'을 죽일 거야"[3]라고 말했다. 이 사람은 또한 인육을 먹는 상상도 했기 때문에 실험에서 제외시켜야 했다. 이 연구 결과를 요약한 보고서는 자원자들이 "자신의 도덕적, 사회적 겉모습이 너무나 얄팍하다는 점"[4]에 충격을 받았다고 지적했다.

항해 때문에 이미 결핍을 경험하고 웨이저 섬에 표류한 사람들은 실험에 참가한 자원자들보다 훨씬 더 적은 칼로리를 섭취했을 뿐만 아니라, 스트레스도 훨씬 더 극심했다. 주위 환경 중 어느 것도 마음대로 되는 것이 없었다.[5] 건강이 나쁘고 다리도 저는 칩 선장 역시 고통에 시달렸다. 그래도 그는 권력을 휘둘렀다. 다른 장교들에게 의견을 묻는 것을 몹시 싫어했고, 낭비할 시간이 없다고 생각했다. 그러면서 이 황무지에 전초기지를 세워 대영제국의 씨앗을 심을 계획을 짜기 시작했다. 칩은 홉스가 말한 "만인에 의한 만인의 투쟁"[6] 상태로 떨어지는 것을 막으려면 그들을 구속하는 규칙과 경직된 구조, 그리고 지휘관이 필요하다고 믿었다.

그는 모두를 불러 모아 군율을 다시 살펴보며, 그 규칙들이 육지에서도 여전히 적용된다는 점을 일깨워주었다. 특히 "반란 회합… 실행, 계획"[7]은 "죽음으로 벌한다"는 규칙이 중요했다. 승조원들은 함께 힘을 합쳐야 하고, 각자 맡은 일을 성실하고 용감하게 수행해야 했다. 그들은 아직 선장의 의지대로 정밀하게 움직이는 인간 기계의 일부였다.

칩은 이 섬의 잠재적인 위협과 식량부족을 감안했을 때, 부하들이 웨이저 호에서 쓸 만한 물건을 가져와야 한다는 결정을 내렸다. 후갑판과 앞갑판 일부가 아직 물 위에 있었다. "나의 첫 번째 관심사는 많은 양의 무기, 탄약, 식량을 확보하는 것이었다."[8] 그는 보고서에 이렇게 썼다.

그는 탐사대를 구성하기 시작했다. 이 위험한 임무를 위해 그가 고른 사람은 포수인 존 벌클리였다. 비록 따지기를 좋아해서 언제든 상관보다 자신의 지식이 더 뛰어나다고 우기려 드는 이른바 '바다 변호사'였지만, 배가 난파한 뒤로 점잔을 빼며 혼자 알아서 잘 살고 있는 것 같았다. 커다란 오두막을 만들어 다른 사람들까지 받아들이기도 했다. 베인스 대위와 달리 벌클리는 사나운 일꾼, 즉 생존자 타입이었다. 따라서 그를 책임자로 임명하면, 탐사대의 다른 멤버들이 더 나은 실력을 보여줄 것 같았다. 칩은 수습장교 존 바이런도 탐사대에 딸려 보냈다. 바이런은 항해 중에 성실하게 근무했으며 배가 가라앉을 때 선장의 탈출을 도운 인물이었다.

칩이 지켜보는 가운데, 벌클리와 바이런은 소수의 원정대와 함께 보트를 타고 출발했다. 표류한 사람 전원의 안녕이 이제 그들 손에 달려 있었다. 웨이저 호의 잔해들과 나란히 노를 저어 나아가는 동안 파도가 그들을 후려쳤다. 그들은 보트를 웨이저 호에 묶은 뒤, 주저앉은 갑판과 금이 간 기둥들을 따라 난파선 위로 기어 올라갔다. 그들이 움직이는 동안에도 갑판과 기둥은 계속 부서지고 있었다.

주저앉은 잔해를 따라 살금살금 움직이던 탐사대는 저 아래 물에 잠긴 갑판들 사이에 동료들의 시신이 둥둥 떠 있는 것을 보았다. 한 번만 발을 잘못 디디면 그들도 저 시신과 같은 신세가 될 것이다. "이렇게 난파선에 갈 때마다 우리가 마주친 어려움을 설명하기가 쉽지 않다."[9] 바이런은 이렇게 썼다.

그들은 파편 속에서 통 몇 개를 찾아내 올가미로 감은 뒤 보트로 옮겼다. "포도주와 브랜디 상자 여러 개를 찾았다."[10] 벌클리는 들떠서 이렇게 적었다. 한 번은 그가 선장의 저장실로 가서 억지로 문을 열었다. "럼주와 포도주 상자 여러 개를 꺼내 해안으로 가져왔다."[11]

칩은 곧 탐사대를 도울 사람을 더 많이 보냈다. "선장의 지시로 우리는 매일 난파선에서 일했다. 날씨 때문에 어쩔 수 없는 날만 예외였다."[12] 수습장교 캠벨은 이렇게 썼다. 보트 세 척이 모두 이 일에 투입되었다. 칩은 난파선이 완전히 가라앉기 전에 최대한 많은 물건을 가져와야 한다고 확신했다.

그들은 선체 안쪽으로, 물이 넘친 선실 안으로 더 깊이 들어가려고 했다. 물이 계속 새어 들어와 주위에 고이는 상황에서도 그들은 선체를 갉아먹는 배좀벌레조개처럼 층층이 쌓인 파편더미 속으로 파고 들어갔다. 몇 시간 동안 애를 써도 가치 있는 물건이 거의 나오지 않을 때가 많았다. 그들은 마침내 화물창 중 일부를 뚫고 들어가 밀가루 통 열 개, 완두콩 한 상자, 쇠고기와 돼지고기 상자 여러 개, 오트밀 한 통, 브랜디와 포도주 상자를 끄집어냈다. 캔버스 천, 목공 도구, 못도 찾아냈다. 캠벨은 "우리 상황에서 무한히 유용한"[13] 물건이었다고 썼다. 그뿐만이 아니었다. 밀랍 양초 여러 상자, 천 두루마리 여러 개, 스타킹, 신발, 시계도 있었다.

그동안 선체는 더욱더 부서졌다. 벌클리의 표현처럼 "폭발한"[14] 것 같았다. 배에 오르기가 점점 더 위험해지고 어차피 바다에서 삐죽 튀어나와 썩어가는 널빤지 몇 개를 빼면 남은 물건도 별로 없었기 때문에 사람들은 새로운 전략을 고안했다. 긴 나무 막대기에 갈고리를 묶어 뱃전 너머로 뻗어서 물자를 손에 닿는 대로 낚아보기로 한 것이다.

칩은 해변에서 자신의 거처 옆에 천막을 하나 세워 모든 물자를 보관했다. 웨이저 호에서 그랬던 것처럼, 그는 장교와 부사관 사이의 엄격한 위계질서에 의존해서 명령을 내리고 실행했다. 반란의 기미가 항상 있었는데도, 그가 가장 믿는 사람은 자기편이라고 믿는 측근들뿐이었다. 위계구조 속의 또 다른 구조라고 할 만한 이 그룹에는 해병 장교 해밀턴, 선의 엘리엇, 회계관 하비가 포함되었다.

칩은 창고 천막에 총포와 탄약도 모두 보관해두었다. 그의 허락이 없으면 이 천막에는 누구도 접근할 수 없었다. 칩은 항상 피스톨을 소지하고 있었으며, 해밀턴, 엘리엇, 하비에게도 그렇게 하라고 승인해주었다. 그들은 빛을 받아 번득이는 총을 소지한 채, 해안으로 들어오는 보트를 맞이해 모든 물건이 천막으로 제대로 운반돼서 회계관의 장부에 등록되는지 감독했다. 도둑질은 허락할 수 없었다. 이것 역시 군율에 규정되어 있었다.

칩은 벌클리가 때로 규칙과 규정에 파르르 화를 내는 것을 알게 되었다. 달이 뜬 밤이면 벌클리는 친구들과 함께 난파선을 계속 뒤지고 싶어 했지만 칩은 허락하지 않았다. 도둑질의 위험 때문이었다. 벌클리는 칩과 그의 측근들에 대해 일기에 불평을 늘어놓았다. "무엇이든 누가 몰래 착복할까 봐 너무 조심스러운 나머지 그들은 밤에 보트를 타고 나가 일하는 것을 가만히 두고 보지 못한다… 그 때문에 우리는 식량과 기타 유용한 물건들을 꺼내올 기회를 여러 번 잃었다. 곧 그런 것들이 절실히 필요해질 텐데."[15]

이런 의견충돌이 있었어도, 섬에서 일주일을 보낸 뒤에는 전반적으로 새로운 목적의식이 생겼다. 칩은 식량을 아끼기 위해 아주 조금씩 나눠주었다. 바이런은 "무엇보다 검소하고 절약적"[16]이라고 묘사했다. 사람들에게 고기를 나눠줄 수 있는 운수 좋은 날에는 보통 1인분인 고기 한 조각을 세 명에게 나눠주었다. 그 정도만 해도 그들이 섬에서 고아 같은 신세가 된 뒤로 먹던 것보다 더 많은 양이었다. "우리 위장이 예민하고 까다로워졌다."[17] 벌클리는 이렇게 썼다. 칩은 주기적으로 포도주나 브랜디를 나눠줘서 사람들의 사기를 더욱 북돋울 수 있었다.

목수의 조수인 미첼과 그의 동료들은 여전히 말썽을 부렸지만, 대놓고 반란을 일으킬 것 같던 기세는 수그러들었다. 갑판장 킹조차 그들과는 거리를 두기 시작했다. 불안한 마음에 갑자기 폭발적으로 화를 내곤 하던 칩도 더 차분해진 것 같았다. 곧 설명할 수 없는 축복도 찾아왔다. 그들도 모르는 사이, 이 섬의 야생 셀러리 덕분에 괴혈병이 치료되기 시작한 것이다.

캠벨은 칩이 항상 "사람들의 안전을 무엇보다 걱정했다"[18]면서, "선장이 없었다면 많은 사람이 목숨을 잃었을 것"[19]이라고 썼다.

———— • ————

바이런이 보기에 이 섬에 표류한 사람들은 모두 힘든 상황에서도 창의성을 발휘해서 삶을 이어가는 로빈슨 크루소 같았다. 어느 날 그들은 새로운 먹거리를 찾아냈다. 바위에서 긁어낸 길고 좁은 모양의 해초였다. 벌클리는 이것을 물에 두 시간쯤 끓이면, "맛있고 건강한 음식"[20]이 되었다고 평가했다. 바이런과 그의 동료들이 그 해초를 밀가루와 섞은 뒤 양초에서 짜낸 기름에 튀길 때도 있었다. 그들은 이 바삭바삭한 튀김을 '슬로* 케이크'라고 불렀다. 캠벨은 어느 날 밤 칩과 함께 "저녁을 먹는 영광을 누렸다"[21]면서, "선장님이 만든 슬로 케이크를 먹었는데, 이 섬에서 먹어본 슬로 케이크 중 가장 맛있었다"고 썼다. (캠벨은 상관이 이런 처지가 된 것에 아직도 화들짝 놀라곤 했다. "선장님조차 이런 한심한 음식으로 만족하셔야 한다니!"[22])

사람들은 목이 검은 가마우지와 흰턱바다제비 속의 새 등 바다 위 바위에 감칠나게 앉아 있는 물새들을 사냥하고 싶어 안달했지만, 보트는 난파선을 뒤지는 데 사용되었기 때문에 그 바위들까지 도달할 방법이 없었다. 헤엄칠 줄 아는 사람들도 파도와 수온 때문에 움직일 수 없었다. 1년 중 이맘때쯤이면 수온이 섭씨 4도 근처까지 내려갈 때가 많았다. 그래서 일단 물에 뛰어들고 보면 곧 저체온증이 찾아왔다. 몸이 워낙 마른 상태라서 한 시간 안에 죽을 수도 있었다. 몇몇 사람들은 새 사냥을 도저히 포기하지 못하고 손에 닿는 대로 재료를 끌어모아 임시변통으로 소형 뗏목을 만들었다. 벌클리에 따르면, "펀트배[**], 통을 이어붙인 배, 가죽 배 등"[23]이었다.

서른 살의 수병 리처드 핍스는 커다란 통을 쪼개서 나온 나무널 일부를 통나무 두 개에 밧줄로 묶어 뗏목을 만들었다. 그러고는 수영 실력도 형편없으면서 용감하게 바다로 나아갔다. 바이런은 "이 훌륭하고 독창적인 배를 타고 모험을 찾아"[24] 떠났

---

[*]   slaugh. 켈트어로 '군인'이라는 뜻.
[**]   바닥이 평평한 작은 배로, 삿대로 바닥을 밀어 움직인다.

다고 표현했다. 핍스는 칩의 허락을 얻어 엽총을 가져가서, 새
가 눈에 띌 때마다 파도 속에서 최대한 자세를 잡고 숨을 죽인
뒤에 총을 발사했다. 이렇게 몇 번 성공하고 나자 그는 해안을
따라 더 멀리까지 나아가며 낯선 지역의 지리를 파악하기 시작
했다.

어느 날 밤 그가 돌아오지 않았다. 다음 날에도 그가 돌아오
지 않자, 바이런은 사람들과 함께 또 한 명의 동료를 잃은 것을
슬퍼했다.

다음 날 다른 수병이 굴하지 않고 직접 뗏목을 만들어 사냥에
나섰다. 작은 바위섬으로 다가가던 그는 커다란 동물을 발견했
다. 그래서 발사 준비를 하고 살금살금 다가갔더니, 핍스였다!
배가 파도에 뒤집히자 간신히 바위로 기어 올라간 그가 그곳에
발이 묶인 채 추위와 굶주림에 떨고 있었다. 표류자 중의 표류
자였다.

핍스는 진지로 돌아오자마자 더 튼튼한 배를 새로 만들기 시
작했다. 이번에는 웨이저 호에서 화약을 체 칠 때 사용하던 쇠
가죽을 가져와 둥글게 구부린 나무 막대 여러 개에 감아서 적절
한 카누 모양을 만들었다. 그러고는 다시 출발했다.

바이런도 친구 두 명과 함께 불안정한 배를 한 척 설계했다.
장대로 젓는 평평한 뗏목이었다. 그들은 난파선을 뒤지지 않는
날 그 뗏목을 타고 나갔다. 바이런은 눈에 띄는 바닷새들을 연
구했다. 그중에 증기선오리[25]는 짧은 날개와 물갈퀴가 있는 큰
발을 갖고 있었으며, 밤에 제 깃털을 청소할 때는 코를 고는 것

같은 소리를 냈다. 그는 이 오리가 조류 중에 경주마와 비슷한 녀석이라고 생각했다. "반은 날고 반은 달리듯이 수면을 이동할 때의 속도"[26] 때문이었다.

한 번은 바이런이 두 친구와 함께 뗏목을 타고 한참 돌아다니다가 스콜을 만났다. 튀어나온 바위 아래로 몸을 피했으나, 물에서 뗏목을 끌어올리다가 손을 놓쳤다. 수영 솜씨가 그리 좋지 않은 바이런은 자신의 생명줄인 뗏목이 떠가는 모습을 그저 지켜보았다. 그런데 친구 한 명이 물속으로 뛰어들어 뗏목을 끌어왔다. 아직도 용기를 발휘할 수 있는 사람이 있었다.

이렇게 뗏목을 타고 나간 사람들이 새를 많이 잡아오지는 못했지만, 그들은 그 적은 고기도 맛있게 먹었다. 바이런은 자랑스러운 해군이 이곳 해안을 순찰하게 되었다며 감탄했다.

———— • ————

존 벌클리에게는 임무가 있었다. 그는 목수 커민스, 몸이 튼튼한 친구 여러 명과 함께 나뭇가지를 모으기 시작했다. 그들은 진지의 평평한 곳에 가지를 놓고 망치를 사용해서 긴 뼈대를 만들었다. 그러고는 숲에서 이파리와 갈대를 주워와 초가지붕처럼 엮어서 뼈대를 덮고, 난파선에서 가져온 낙타 모직 조각을 벽에 걸어 보온성을 더했다. 그다음에는 돛을 길게 잘라 커튼처럼 걸어서 공간을 열네 개로 나눴다. 벌클리는 그 공간들을 '선실'이라고 불렀다. 짜잔! 선장의 거처가 작아 보일 만큼 커다란 집이 생겼다. "여기는 부유한 가문이라 세상의 다른 곳에서는 예쁜 땅을 살 수 있을 것이다. 우리가 있는 곳이 어디인지 생각하면, 이보다 나은 집을 바랄 수 없다."[27] 벌클리는 이렇게 썼다.

집 안에서는 널빤지가 탁자 역할을 하고, 불룩한 통이 의자 역할을 했다. 벌클리는 잠을 잘 수 있는 개인 숙소뿐만 아니라, 불가에서 자신의 소중한 책《그리스도인의 모범 또는 예수 그리스도를 따라 흉내 내는 것에 대한 보고서》를 읽을 수 있는 자리까지 갖게 되었다. 그가 난파선에서 애써 가져온 책이었다. "신의 섭리 덕분에 그 책은 내게 위안을 주는 수단이 되었다."[28] 그는 이렇게 적었다. 이제는 물기가 없는 실내에서 규칙적으로 일기를 쓸 수 있었다. 일기를 쓰는 습관 덕분에 그는 정신적으로 늘어지지 않고, 이 황폐한 세상에서 자신의 본래 모습을 어느 정도 유지할 수 있었다. 게다가 난파선에서 누가 갈기갈기 찢어버린 클라크 항해사의 일지도 찾아냈다. 사람의 실수가 난파에 영향을 미쳤을 수 있다는 증거를 말살하려는 사람의 존재를 가리키는 또 하나의 흔적이었다. 벌클리는 "사실을 충실하게 전하기" 위해 "매일 있었던 일을 글로 적는 데" 지나칠 정도로 "공을 들이기로"[29] 맹세했다.

한편 다른 사람들도 자기 나름의 집을 짓고 있었다. 바이런은 그런 집을 "변칙적인 거처"[30]라고 불렀다. 천막, 달개, 초가집 등 종류가 다양했지만 벌클리의 집만큼 큰 것은 없었다.

오랫동안 이어진 계급과 사회적 위계에 충실한 탓인지, 아니면 단순히 친숙한 질서를 회복하고 싶다는 마음 때문인지, 섬에 표류한 사람들은 배에서 생활할 때와 비슷하게 끼리끼리 뭉쳐 다녔다. 이제 칩은 원주민의 집을 혼자 쓰면서, 그곳에서 가까운 측근들과 함께 식사하고 플래스토 집사의 시중을 받았다. 벌클리는 자신의 집을 커민스, 하급장교 등과 함께 사용했다.

바이런은 같은 수습장교인 코전스, 캠벨, 아이작 모리스와 한 곳에서 북적거리며 지냈다. 마치 웨이저 호의 최하층 갑판에 있던 숙소에 다시 돌아온 것 같은 기분이었다. 해병대의 로버트 펨버턴 대위는 다른 해병들의 천막 옆에 있는 거처를 차지했다. 존 존스와 존 덕 등 수병들은 자기들끼리 쓰는 공동 거처로 흩어졌다. 목수의 조수인 미첼도 자신의 무법자 무리와 뭉쳐 다녔다.

이제 이곳은 야영장처럼 보이지 않았다. 바이런은 "일종의 마을"[31] 같았다면서, 그곳을 관통하는 길도 있었다고 적었다. 벌클리는 "우리의 새로운 도시를 보니, 집이 무려 열여덟 채나 된다"고 자랑스럽게 썼다.

변화는 이것만이 아니었다. 그들은 한 천막을 임시병원으로 만들어, 선의가 조수와 함께 환자를 돌볼 수 있게 했다. 식수는 빈 통에 빗물을 받아 해결했다. 생존자 일부는 웨이저 호에서 가져온 천을 재단해서 헐렁한 옷으로 만들었다. 모닥불은 꺼지는 법이 없었다. 난방과 요리를 위해서이기도 했지만, 지나가던 배가 혹시 연기를 볼지도 모른다는 희박한 가능성 때문이기도 했다. 파도에 해변으로 밀려온 웨이저 호의 종은 배에서 그랬던 것처럼 식사시간이나 모임을 알리는 데 사용되었다.

밤이면 몇몇 사람이 모닥불 가에 둘러앉아 노련한 뱃사람들이 지금은 존재하지 않는 세상에 대해 풀어놓는 이야기에 귀를 기울였다. 존 존스는 웨이저 호가 난파하기 전 배를 구해야 한다고 승조원들에게 자신 있게 간청했지만, 자기들이 한 명이라도 목숨을 건질 거라는 생각은 전혀 없었다고 고백했다. 어쩌면 자신들이야말로 기적의 증거일지도 모른다면서.

배에서 몇 권밖에 가져오지 못한 책을 읽는 사람들도 있었다. 칩 선장은 존 나버러 경이 1669년부터 1671년 사이 파타고니아 원정 때의 이야기를 쓴 낡은 책을 한 권 갖고 있었는데, 바이런은 그 책을 빌려 아직 희망과 짜릿함이 가득한 모험 이야기 속으로 도피했다.

섬에 표류한 사람들은 주위의 지형지물에 이름을 붙여 자기들의 집으로 만들었다. 그래서 그들이 있는 해변 바로 앞의 바다는 칩스 만이 되었다. 마을을 굽어보는 산꼭대기(바이런이 올라갔던 곳)는 미저리 산으로 불렸으며, 가장 큰 산은 나중에 앤슨 산으로 불렸다. 새로운 집이 된 이 섬에는 과거의 집인 배의 이름을 따서 웨이저 섬이라는 이름을 붙여주었다.

⸺⸺⸺ • ⸺⸺⸺

겨우 몇 주가 흐른 뒤, 해변 대부분의 지역은 조개껍질 하나 없이 깨끗한 곳이 되었다. 이제 난파선에는 가져올 물건이 별로 없었다. 사람들은 다시 굶주림에 시달리면서 일기에 그 이야기를 끊임없이 늘어놓았다. "먹을 것을 구하려고 온종일 사냥했다… 먹을 것을 찾아다니는 야간 임무… 먹을 것이 부족해서 상당히 지쳤다… 빵 한 조각도, 영양 있는 음식도 맛보지 못한 지 너무 오래됐다… 허기…"[32]

바이런은 혼자 표류해서 《로빈슨 크루소》의 모델이 된 알렉산더 셀커크와 달리, 이제 자연을 모두 통틀어 가장 예측할 수 없고 폭발하기 쉬운 생물, 즉 필사적인 인간을 상대해야 한다는 사실을 깨달았다. "먹을 것을 구하기 위해 힘들게 노동해야 한다는 사실, 그리고 이런 상황이 조금이라도 나아질 가망이 별로 없다는 점 때문에 생긴 불평불만이 이제 급속히 터져나오고 있었다."[33] 바이런은 이렇게 썼다.

미첼 무리는 수염을 길게 기르고 퀭한 눈으로 섬을 떠돌아다니며 술을 달라고 요구하고, 자기들에게 맞서는 사람을 위협했다. 심지어 바이런의 친구 코전스도 어디서 구했는지 포도주를 많이 마시고는 엄청나게 취해버렸다.

어느 날 저녁 늦게 누군가가 칩 선장의 집 옆에 있는 창고 천막으로 몰래 들어갔다. "창고 천막이 털려서 많은 양의 밀가루가 사라졌다."[34] 벌클리는 이렇게 썼다. 이 강탈 사건은 사람들의 생존을 위협했다. 바이런은 "무엇보다 흉악한 범죄"[35]라고 기록했다.

또 다른 날에는 미첼이 동료 한 명과 함께 웨이저 호를 수색하러 나가 있을 때 바이런이 한 무리를 이끌고 그들과 합류하러 갔다. 그런데 배에 도착해 보니, 미첼과 함께 간 수병이 반쯤 물에 잠긴 갑판에 쓰러져 있었다. 몸은 미동도 하지 않고, 얼굴 표정에도 움직임이 없었다. 시체가 된 그의 목에 이상한 흔적이 있었다. 바이런은 비록 증명할 수는 없었지만, 미첼이 배에서 구한 물건을 모두 혼자 차지하려고 그를 목졸라 죽인 것 같다고 의심했다.

눈이 내리기 시작했다. 바람을 타고 소용돌이처럼 내려온 눈이 미저리 산과 해변에 크게 쌓였다. 모든 것이 하얀 눈에 덮여 마치 지워진 것 같았다. 존 벌클리는 일기에 이렇게 썼다. "눈이 아주 딱딱하게 얼어서 극도로 차갑다."[1]

금방 겨울이 되었지만, 생존자들의 머리를 가장 많이 차지한 것은 겨울이 아니었다. 눈보라가 치기 전, 벌클리가 바이런, 캠벨과 함께 웨이저 호를 수색하고 있을 때 안개 속에서 날씬한 카누 세 척이 나타났다. 섬에 표류한 사람들의 삐걱거리는 뗏목과 달리, 이 카누는 나무껍질을 서로 겹치듯 놓고 고래 힘줄로 엮은 단단하고 튼튼한 물건으로, 앞쪽과 뒤쪽이 위를 향해 우아한 곡선을 그리고 있었다. 카누에는 맨가슴을 드러내고 검은 머리를 길게 기른 남자 여러 명이 창과 새총을 들고 있었다. 북쪽에서 강한 바람이 불고 비가 내리는 날씨였기 때문에, 바이런은 얼어붙을 듯한 추위 속에서 맨살을 드러낸 그들의 모습에 충격을 받았다. "그들의 옷은 어떤 짐승의 가죽 조각을 허리에 걸치고, 깃털을 엮은 것을 어깨에 걸친 것이 전부였다."[2] 그는 이렇게 게 썼다.

각각의 카누 안에는 어떻게 피웠는지 불이 타고 있었으며, 파도를 헤치며 노련하게 노를 젓는 사람들은 추위에 아랑곳하지 않는 것 같았다. 그들 옆에는 개도 여러 마리 있었다. 바이런이 "잡종개 비슷하게 생긴"[3] 짐승이라고 쓴 그 개들은 사나운 파수병처럼 바다를 훑어보았다.

바이런 일행은 "야만인"으로 짐작되는 남자들을 빤히 바라보았다. 그 남자들도 하얗고, 앙상하고, 털이 많은 침입자들을 빤히 바라보았다. "그들의 깜짝 놀란 표정과 모든 행동, 그리고 백인에게서 가져왔음직한 물건이 그들의 손에 전혀 없는 것을 보니 그들은 백인을 본 적이 전혀 없음이 분명했다."[4] 바이런은 이렇게 게 썼다.

그들[5]은 카웨스카르 족[6] 일행이었다. 이 이름의 의미는 '가죽을 입는 사람들'이다. 카웨스카르 족은 다른 여러 토착 부족과 마찬가지로 수천 년 전부터 파타고니아와 티에라 델 푸에고에 정착해 살고 있었다. (고고학적 증거를 보면, 이 지역에 처음으로 인간이 나타난 것은 빙하기가 끝날 무렵인 1만 2,000년 전쯤인 듯하다.) 카웨스카르 족의 인구는 수천 명 수준이고, 영토는 칠레 남해안을 따라 고통의 만에서 마젤란 해협까지 수백 마일이나 뻗어 있었다. 그들은 보통 소규모의 가족 집단을 이루어 돌아다녔다. 통행이 불가능한 지형 때문에 많은 시간을 카누에서 보냈으며, 거의 전적으로 바다 자원에 의지해 살아갔다. 그래서 그들은 바다의 유목민이라고 불린다.

그들은 수백 년에 걸쳐 가혹한 환경에 적응했다. 해안을 구석구석 알고 있어서, 미로 같은 해협과 후미와 피오르의 지도가 머릿속에 있었다. 폭풍을 피할 수 있는 곳, 식수로 적합한 산속 물줄기, 먹을 수 있는 성게와 달팽이와 파란 홍합이 가득한 암초, 물고기가 떼 지어 모여드는 후미, 계절과 날씨에 따라 바다표범과 수달과 바다사자와 가마우지와 날지 못하는 증기선오리를 사냥하기에 가장 좋은 곳도 알고 있었다. 카웨스카르 족은 공중을 빙빙 도는 독수리나 악취를 근거로 해변에 밀려오거나 부상당한 고래의 위치를 찾아낼 수 있었다. 고래는 먹을 수 있는 고기, 기름을 짜낼 수 있는 지방층, 카누의 재료인 갈비뼈와 힘줄을 무한히 제공해주었다.

카웨스카르 족이 한 곳에 며칠 이상 머무는 일은 드물었다. 한 곳의 식량원을 고갈시키지 않기 위해 주의를 기울이기 때문이었다. 그들은 노련한 항해가였다. 특히 여자들이 뛰어나서 카누의 키와 노를 잡는 사람도 대부분 여자였다. 길이가 긴 카누의 폭은 고작 1미터 정도였지만, 일가족과 그들이 귀하게 기르는 개를 태울 공간이 있었다. 개는 야간 경비견, 사냥 동료, 온기를 품은 애완동물의 역할을 했다. 카누의 아랫부분이 얕기 때문에 그들은 암초를 노련하게 돌아서 암초투성이 해협을 통과할 수 있었다. 카누 바닥은 바닥짐 대신 돌덩이 같은 진흙으로 뒤덮여 있을 때가 많았다. 해안선을 따라 항해하고, 하늘을 읽어 갑작스러운 스콜의 조짐을 알아내는 방식으로 카웨스카르 족은 날뛰는 50도 대와 웨이저 호처럼 거대한 배도 난파시키는 바다를 돌아다녔다. (훨씬 남쪽을 영역으로 삼고 바다를 돌아다니는 야간 족은 심지어 케이프 혼의 폭풍에도 카누로 맞섰다.)

카웨스카르 족을 포함해서 이 일대에서 카누를 타고 돌아다니는 사람들에게는 금속이 부족했지만, 그들은 천연재료로 다양한 도구를 만들었다. 고래뼈를 갈아 끌을 만들고, 그 끝에 가시를 달아 작살이나 창으로 썼다. 돌고래의 턱뼈는 고운 빗이되었다. 바다표범과 고래의 가죽과 힘줄은 활시위, 새총, 그물의 재료가 되었다. 바다표범의 방광은 주머니 역할을 했다. 식물로는 바구니를 만들었다. 나무껍질은 각종 용기의 재료가 되었고, 횃불로도 사용되었다. 조개껍질은 국자에서부터 뼈도 자를 수 있을 만큼 예리한 칼에 이르기까지 온갖 물건이 되었다. 바다표범과 바다사자의 가죽은 허리와 어깨에 걸치는 옷의 재료였다.

유럽인 탐험가들은 이런 지역에서 사람이 생존할 수 있다는 사실에 놀라기도 하고 원주민들을 향한 자신의 잔인한 공격을 정당화하고 싶은 마음도 있어서 카웨스카르 족처럼 카누를 타고 다니는 사람들에게 흔히 '식인종'이라는 딱지를 붙였으나, 그 호칭을 증명하는 믿을 만한 증거[7]는 없다. 이곳 주민들은 바다에서 식량을 찾기 위해 다양한 방법을 고안했다. 물고기잡이를 대부분 담당하는 여자들은 삿갓조개를 밧줄 같은 힘줄에 묶어 물속에 넣은 뒤 기다리다가 신호가 오면 줄을 휙 끌어올려 수확물을 한 손으로 잡았다. 사냥을 책임진 남자들은 작게 노래를 부르거나 물을 찰싹찰싹 쳐서 바다사자를 꾀어 들인 뒤, 녀석들이 무슨 일인가 하고 몸을 일으키면 작살을 던졌다. 황혼녘에 풀밭을 돌아다니는 기러기를 잡으려고 덫을 놓기도 하고, 새총으로 가마우지를 잡기도 했다. 밤이면 카웨스카르 족은 새 둥지에서 횃불을 휘둘러 새가 앞을 볼 수 없게 한 뒤 곤봉으로 때려잡았다.

게다가 그들은 두툼한 옷을 입지 않고도 날씨를 잘 견뎠다. 추위를 막는 방법은 단열 효과가 있는 바다표범 기름을 몸에 바르는 것이었다. 그들은 또한 항상 불이 꺼지지 않게 유지하면서 난방뿐만 아니라 고기를 굽고, 도구를 만들고, 연기 신호를 보내는 데에도 사용했다. 도금양 나무는 젖었을 때도 불을 붙일 수 있었다. 새끼 새의 깃털과 곤충의 둥지는 아주 잘 타는 부싯깃으로 쓰였다. 불이 꺼지면, 황철광으로 부싯돌을 쳐서 다시 불을 붙였다. 황철광에는 유황 가스가 함유되어 있다. 카누에서는 모래나 진흙 화덕에 불을 피웠다. 계속 불을 보살피는 일은 보통 아이들의 책임이었다.

카웨스카르 족이 추위에 얼마나 훌륭하게 적응했는지, 몇 세기 뒤 나사NASA가 얼어붙은 행성에서 우주비행사가 살아남을 방법을 찾아내기 위해 과학자들을 이 지역으로 보내 카웨스카르 족의 방법을 배우게 할 정도였다. 한 인류학자는 이 지역 주민들이 캠프를 옮겨다니며 살아남는 방법을 설명했다. "자갈이 깔린 해변, 기분 좋은 모래밭, 친숙한 바위와 작은 섬 등이 그들의 집이 될 수 있었다. 어떤 것은 겨울에, 어떤 것은 긴 여름에. 카누 또한 집이었다… 화덕 하나, 배에 실은 식수, 개 한두 마리, 가정용품과 사냥장비, 필수적인 물건이 거의 모두 있었다…
그들에게 필요한 식량이나 물자는 모두 물속이나 해안에 있었
다."[8]

바이런, 벌클리, 캠벨은 카누에서 노를 젓는 사람에게 모자를
흔들어 가까이 다가오라는 신호를 보냈다. 영국 왕은 앤슨의 원
정대에 짐짓 선심을 베푸는 듯한 성명서를 내려, 항해 중에 만
나는 토착 부족에게 내보이게 했다. 결핍된 환경에서 사는 그들
을 구원해서 "행복한 백성"[9]이 될 수 있게 정부를 세우는 데 도
움을 주겠다는 내용이었다. 하지만 섬에 표류한 사람들은 영국
이 '야만인'으로 평가한 사람들이 어쩌면 자신들을 구해줄 열쇠
를 쥐고 있을지도 모른다는 점을 깨달았다.

카웨스카르 족은 머뭇거리며 다가오지 않았다. 그들이 유럽
인과 접촉한 적이 거의 없었다 해도, 스페인이 북쪽의 토착민
들을 잔인하게 정복한 사실은 알고 있음이 분명했다. 배를 타고
온 하얀 사람들의 흉악함에 대해 들었을 것이다. 파타고니아에
처음으로 도착한 유럽인은 마젤란 일행이었는데, 그들은 젊은
주민 두 명(이른바 거인)을 선물로 꾀어 배로 데려온 뒤 족쇄를
채웠다. "그 거인들은 족쇄가 풀리지 않게 망치로 빗장을 박아
넣는 것을 보고 겁에 질렸다."[10] 마젤란 일행의 연대기 작성자는
이렇게 썼다. 스페인인들은 두 원주민 중 한 명을 그리스도교인

으로 개종시켜 폴이라는 이름을 새로 지어줬다고 자랑했다. 마치 구원자라도 된 것 같은 태도였다. 하지만 두 인질 모두 병에 걸려 금방 세상을 떠났다. 세월이 흘러 19세기에 카웨스카르 족 여러 명이 독일 상인에게 납치되어 파리의 어느 동물원에 '자연 상태의 야만인'이라는 제목으로 전시되었다.[11] 구경꾼 50만 명이 그들을 보러 왔다.

바이런 일행은 바이런의 표현대로 "우정의 징표"[12]를 내보이며 자신들이 무해한 사람임을 카웨스카르 족에게 납득시키려고 애썼다. 바다를 두드리는 빗줄기 속에서 카누가 조금씩 가까워졌다. 개들은 으르렁거리고, 바람은 횡횡 소리를 냈다. 양측 모두 의사소통을 시도했지만,[13] 상대의 뜻을 전혀 이해하지 못했다. "그들이 말하는 언어는 우리가 한 번도 들어보지 못한 것이었다."[14] 바이런은 이렇게 회상했다.

세 영국인은 난파선에서 찾아낸 천 꾸러미를 들어 보인 뒤 선물로 내밀었다. 카웨스카르는 그것을 받은 뒤 해변으로 올라오라는 권유를 받아들였다. 그들은 카누를 해변으로 끌어올려두고 바이런과 캠벨을 따라 괴상한 집들이 있는 작은 마을을 통과했다. 그들과 마을사람들이 모두 서로를 지켜보았다. 그들은 칩 선장에게 안내되었다. 그가 살고 있는 곳이 틀림없이 그들의 집인 것 같았다.

웨이저

칩은 낯선 이들을 예의바르게 맞이했다. 부하들을 위해 식량을 구하려면 이들이 최고의, 어쩌면 유일한 희망이었다. 또한 적대적인 스페인 사람들의 정착지 위치와 이 섬을 탈출하는 가장 안전한 항로에 대한 중요한 정보도 분명히 갖고 있을 터였다. 칩은 그들 각자에게 수병의 모자와 빨간 군인 외투를 선물했다. 그들은 그 물건들을 몸에 걸칠 생각이 없는지 누군가가 걸쳐줄 때마다 벗어버렸지만, 빨간색을 귀하게 여겼다. (카웨스카르 족은 흙을 태워 만든 빨간 안료를 피부에 칠할 때가 많았다.) 칩 선장은 그들에게 거울도 주었다. "그들은 그 신기한 물건에 기묘한 반응을 보였다."[15] 바이런은 이렇게 썼다. "거울을 보면서 거기에 비친 것이 자신의 얼굴이라는 생각은 전혀 하지 못하고 거울 뒤에 누가 있다고 생각했으므로, 그 사람을 찾기 위해 거울 뒤편으로 갔다." 캠벨은 카웨스카르 족의 "태도가 지극히 예의발랐다"[16]며 칩 선장이 "몹시 정중하게 그들을 대했다"[17]고 적었다.

얼마 뒤 카웨스카르 족이 카누를 타고 떠났다. 그들의 불에서 피어오른 푸르스름한 연기가 그들의 궤적을 알려주었으나, 곧 모습이 완전히 사라졌다. 칩은 그들을 다시 볼 수 있을지 확신하지 못했다. 하지만 이틀 뒤 다시 나타난 그들은 놀라울 정도로 많은 식량과 양 세 마리를 가지고 있었다. ·

그들은 양을 구하기 위해 많은 노력을 기울였음이 분명했다.

양고기를 먹는지 알 수 없는 카웨스카르 족이 북쪽으로 수백 마일 떨어진 곳의 스페인 사람들과 접촉한 다른 토착 부족과의 거래로 양을 구했을 가능성이 높았다. 게다가 카웨스카르 족은 벌클리의 표현처럼 "내가 보거나 먹어본 것 중 가장 크고 가장 좋은 홍합"[18]도 가져왔다. 굶주린 영국인들은 지극히 고마워했다. 캠벨은 이 사람들이 "교육수준이 높은 많은 그리스도교인들에게 좋은 모범!"[19]이 되었다고 썼다.

카웨스카르 족은 다시 떠났다가 아내와 아이들을 데리고 곧 돌아왔다. 다른 사람들도 가족을 데리고 따라왔다. 모두 합해 50명쯤 되었다. 난파선이 해변에 밀려온 고래처럼 관심을 끄는 존재라서 카웨스카르 족의 여러 무리가 한데 모인 것이었다. 바이런은 그들이 "우리 일행에게 많이 누그러진"[20] 것 같았다면서 "그들이 우리와 함께 정착할 생각임을 알게 되었다"고 썼다. 그는 그들이 집을 짓는 모습을 홀린 듯이 지켜보았다. 그들의 언어로 '앗'이라고 불리는 집을 짓기 위해 그들은 긴 가지들을 모아 땅에 타원형으로 기둥처럼 박았다. "그들은 이 가지들의 끝을 구부려 가운데로 모은 뒤 청사조라고 불리는 일종의 덩굴로 묶었다. 덩굴을 길게 찢을 때는 치아를 사용했다. 이렇게 만든 오두막의 뼈대에 큰 가지와 나무껍질을 빈틈없이 덮었다."[21] 바이런은 이렇게 썼다. 나무껍질[22]은 카웨스카르 족이 예전 집에서 벗겨내 카누에 싣고 온 것이었다. 각각의 집에는 보통 나지막한 출입구가 두 개 있었는데, 고사리 잎으로 만든 커튼을 거기에 달았다. 집 안의 바닥 한복판에는 불을 피우는 공간이 있고, 그 주변의 축축한 땅에는 고사리와 가지를 깔아 앉을 자리와 잠자리를 마련했다. 바이런은 이 모든 일이 순식간에 이루어졌다고 적었다. 이것은 카웨스카르 족이 자연으로부터 스스로를 보호하는 또 다른 방법이었다.

병든 영국인 한 명이 세상을 떠나자 카웨스카르 족은 영국인들과 함께 시체 주위에 모였다. "이 인디언들은 망자를 대하는 태도가 아주 조심스러워서, 계속⋯ 시신 근처에 앉아 그를 꼼꼼히 덮어주었다."²³ 벌클리는 이렇게 썼다. "고인의 얼굴을 볼 때마다 진중한 표정이 가득했다." 시신을 무덤 속으로 내리면서 영국인들은 기도문을 중얼거리고, 카웨스카르 족은 엄숙하게 서 있었다. "예식을 치르는 동안 사람들이 모자를 벗은 모습을 그들은 아주 주의 깊게 바라보았다. 장례가 끝날 때까지 계속 그랬다." 벌클리는 이렇게 썼다.

카웨스카르 족은 영국인들이 얼마나 무력한지 알아차리고 주기적으로 바다에 나가 마법처럼 먹을 것을 가져왔다. 바이런은 한 여자가 일행 한 명과 함께 카누를 타고 나가더니 이로 바구니를 물고 얼어붙을 듯 차가운 물속으로 뛰어드는 광경을 보았다. "바닥으로 다이빙한" 그녀는 "놀라울 정도로 오랫동안 물속에 있었다."²⁴ 바이런은 이렇게 썼다. 다시 물 위로 올라온 그녀의 바구니에는 성게가 가득했다. 바이런은 이상하게 생긴 조개인 이것의 "몸에서 사방으로 가시 여러 개가 솟아 있었다"²⁵고 썼다. 성게 한 마리의 몸에는 "안에서 여러 개로 갈라지는 오렌지 알맹이와 비슷한" 노른자 네댓 개가 있었는데, "영양분이 아주 많고 맛이 뛰어났다." 그 여자는 성게를 배에 쏟은 뒤 숨을 크게 들이쉬고 다시 물속으로 들어갔다.

벌클리는 카웨스카르 족의 여자들 중 몇 명이 30피트[9미터]보다 더 깊은 곳까지 잠수한다는 것을 알게 되었다. "그들의 민첩한 다이빙 실력, 아주 오랫동안 물속에 계속 머무르는 능력은 직접 눈으로 본 사람이 아니면 불가능하다고 생각할 정도다."[26] 그는 이렇게 썼다. 바이런은 "신의 섭리가 이 사람들에게 일종의 수륙양용 본성을 부여해주신 것 같다"[27]고 생각했다.

카웨스카르 족은 또한 석호에서 물고기를 찾아내, 개의 도움을 얻어 그물로 몰아넣는 재주가 있었다. 바이런은 개들이 "아주 영리해서 쉽게 훈련시킬 수 있다"[28]고 묘사했다. 벌클리는 "이렇게 물고기를 잡는 방법은 어디에도 없는 것 같은데 몹시 놀라웠다"[29]고 썼다.

카웨스카르 족은 칩에게 생명줄이 되었다. 그러나 겨우 며칠 만에 목수의 조수 미첼 일행이 또 날뛰기 시작했다. 그들은 칩의 명령을 무시하고 술을 훔쳐 흥청망청 마셔대고, 난파선에서 가져온 무기를 창고 천막에 두지 않고 멋대로 가져갔다. 바이런은 "이제 거의 또는 전혀 통제를 받지 않는"[30] 이자들이 카웨스카르 족 여자들을 "유혹"하려 한 것이 "인디언들을 몹시 불쾌하게 만들었다"고 적었다.

미첼 일행이 카웨스카르 족의 카누를 훔쳐 섬에서 도망칠 음모를 꾸미고 있다는 소문이 쫙 퍼졌다. 칩은 바이런을 비롯한 측근들을 보내 카누를 지키도록 했다. 하지만 카웨스카르 족은 영국인들 사이에 은근히 긴장이 높아지는 것을 이미 알아차렸다. 얼굴에 털이 자라는 것을 방치하고, 사냥하는 법이나 물고기 잡는 법을 전혀 모르고, 꽉 조이는 옷을 입어 불의 열기로 피부를 데울 줄도 모르는 이자들 사이에서 곧 폭력이 발생할 것 같았다.

어느 날 아침 칩이 잠에서 깨어나 보니 카웨스카르 족이 보이지 않았다. 그들은 집에서 나무껍질을 벗겨내 카누를 타고 슬쩍 떠나버렸다. 그들 문명의 비밀도 함께 사라졌다. "만약 우리가 그들을 마땅히 대접할 수 있었다면, 그들이 우리에게 커다란 도움이 되었을 텐데."[31] 바이런은 이렇게 한탄했다. 영국인들의 행동 때문에 그들이 갑작스럽게 떠난 것을 생각하면, 그들을 다시 볼 수 없을 것 같다는 말도 덧붙였다.

바이런은 숲에서 개 한 마리를 발견했다. 카웨스카르 족이 아마도 너무 서둘러 도망치느라 그랬는지 두고 간 녀석이었다. 바이런에게 다가온 개가 캠프까지 줄곧 따라왔다. 밤에는 옆에 나란히 누워 그의 몸을 따뜻하게 덮혀주었다. 낮에는 바이런이 어딜 가든 따라다녔다. "이 녀석이 나를 어찌나 좋아하고 내게 충실한지 다른 사람은 누구든 가까이 오는 것을 두고 보지 못하고… 물어버렸다."[1] 그는 이렇게 썼다.

바이런은 진정한 친구가 생긴 것 같아서 마음이 풀어졌다. 카웨스카르 족이 떠난 뒤 이 전초기지는 혼돈으로 빠져들었다. 식량은 줄어들고, 칩 선장은 견딜 수 없는 난제에 봉착했다. 지금처럼 매일 배급식량을 나눠준다면 단기적으로는 부하들이 화를 내지 않겠지만 식량이 빨리 줄어들어 모두가 굶주리게 될 터였다. 따라서 그는 그렇지 않아도 빈약한 배급량을 더 줄이기로 결정함으로써 부하들의 "가장 아픈 부분"을 건드리고 말았다. 벌클리는 "하루에 세 사람에게 밀가루 1파운드로 줄어들었다"[2]

고 일기에 적었다. 며칠 뒤에는 배급량이 이보다 더 줄어들었다.

벌클리는 먹을 것을 좀 구해보려고 일행과 함께 카웨스카르족이 물고기를 잡던 석호로 향했다. 하지만 그들의 솜씨로는 무엇도 찾을 수 없었다. "이제 우리 삶이 무척 고되다. 조개는 아주 드물고 잡기도 힘들다."[3] 벌클리는 이렇게 썼다.

그해 6월 겨울이 가까워지면서 해가 떠 있는 시간이 줄어들고 기온은 줄곧 영하에 머물렀다. 비가 눈이나 진눈깨비로 바뀔 때도 많았다. 벌클리는 우박이 "사람의 얼굴을 때려대는 기세가 워낙 격렬해서 버텨내기가 힘들다"[4]고 썼다. 그는 금욕적인 사람인데도, "이런 날씨"를 틀림없이 누구도 "우리만큼 만나보지"[5] 못했을 것이라면서, "너무나 극도로 가혹한 환경이라 천막 안에서 굶주리든 밖에 나가 음식을 찾든 얼마쯤 시간이 흐르면 사람이 움직일 수 없게 될 것"[6]이라고 불평을 늘어놓았다.

어느 날 바이런이 거처에서 온기를 빼앗기지 않으려고 애쓰던 중 옆에 붙어 있던 개가 으르렁거리기 시작했다. 바이런이 시선을 들자 눈빛이 돌아버린 사람들 한 무리가 문간에 서 있었다. 그들은 개가 필요하다고 말했다.

왜? 바이런이 다그치듯 물었다.

그들은 저걸 먹지 않으면 굶어죽을 거라고 말했다.

바이런은 개를 데려가지 말라고 애원했지만 그들은 컹컹 짖어대는 개를 밖으로 끌고 갔다.

곧 개 짖는 소리가 그쳤다. 그들이 개를 죽인 것이다. 그들이 총을 썼는지 아니면 손으로 죽였는지 바이런은 기록하지 않았다. 그런 장면을 생각조차 할 수 없다는 듯이. 개의 몸이 불 위에서 구워지는 동안 굶주린 사람들이 불가에 모여들어 자기 몫이 돌아오기를 기다렸다. 바이런은 혼자 남아 괴로워했다. 하지만 결국은 그쪽으로 다가가 사람들이 연기가 섞인 불빛 속에서 고기와 내장을 게걸스레 먹는 모습을 지켜보았다. 벌클리는 그 상황에서 "이보다 더 맛있는 영국 양고기는 생각나지 않았다"[7]고 썼다.

바이런이 마침내 손을 뻗어 자기 몫을 가져갔다. 나중에는 사람들이 버려둔 발과 가죽 일부를 발견하고 그것도 먹었다. "굶주림의 압박으로 사람들은 제정신이 아니었다."[8] 그는 이렇게 고백했다.

시인 바이런 경은 할아버지의 글을 바탕으로 〈돈 후안〉에서 다음과 같이 썼다.

> 그들이 어쩔 수 있었을까? 굶주림이 점점 더 미쳐 날뛰는데
> 그래서 후안이 애원하는데도 그의 스패니얼을
> 죽여 먹으라고 나눠줬다.[9]

섬에서 지낸 지 한 달이 채 안 되었는데, 존 벌클리는 사람들이 여러 무리로 나뉘어 싸움을 벌이는 모습을 보고 있었다. 처

음에는 미첼이 아홉 명의 무법자 무리와 함께 떨어져 나가 몇 마일 떨어진 곳에 자기들끼리 기지를 차리고, 자기들끼리 먹을 것을 찾아다녔다. 탈퇴자로 불리는 그들이 진지를 떠난 것이 어쩌면 모두에게 가장 좋은 일인 것 같기도 했다. 그러나 그들은 무기를 갖고 있었으며, 캠벨의 말처럼 "자기들 좋은 대로 어슬렁어슬렁 돌아다녔다."[10] 그들이 숲속을 지나가다가 진지를 습격해 보트나 식량을 가지고 도망칠까 봐 걱정이었다.

진지 측의 수병 한 명이 미저리 산에서 먹을 것을 찾아다니다가 사라졌다. 수색대는 그의 시체가 덤불 속에 숨겨져 있는 것을 발견했다. 바이런은 피살자가 "여러 곳을 칼에 찔렸으며 난도질된 모습이 충격적"[11]이었다고 썼다. 얼마 되지도 않던 그의 보급품은 탈취당했음이 분명했다. 바이런은 미첼이 "우리가 배를 잃은 뒤 최소한 두 건의 살인"[12]을 저지른 것 같다고 의심했다. 시체가 발견되면서 승조원 중에 살아남기 위해 살인도 서슴지 않는 사람이 있다는 사실을 알게 된 수색대는 충격을 받았다. 뱃사람들은 항상 쓰러진 동료에게 제대로 장례를 치러주었다. 바이런이 쓴 것처럼, "죽은 이의 시신이 땅에 묻히지 않으면 그의 영혼도 쉬지 못했다. 그래서 떠난 자를 위한 의무를 게을리한 자에게 영혼이 계속 나타나 괴롭혔다"[13]고 흔히들 믿었다. 하지만 이번에는 반쯤 얼어붙은 시신을 내버려둔 채 수색대가 서둘러 물러났다.

진지의 사람들 사이에서도 균열이 점점 커지고 있었다. 갑판장 존 킹을 포함한 많은 사람들이 칩 선장을 깔보며 차츰 뻔뻔하게 목소리를 높였다. 그들이 보기에 칩은 고집스럽고, 자존심이 강한 사람이었다. 이 지옥으로 그들을 이끌었으면서 이곳을 빠져나갈 길도 찾아내지 못하는 사람이었다. 각자 수행해야 할 임무와 각자에게 할당되는 식량의 양을 왜 선장이 결정하는가? 배도, 해군본부도, 정부도 없는데, 절대적인 권력을 휘두를 권리를 누가 그에게 주었는가? 칩에게 여전히 충성하는 수습장교 캠벨은 많은 사람이 "계속 선장에게 맞서서 목소리를 높이며 선장을 지키는 부사관들을 위협"[14]하고 있다고 한탄했다.

칩은 해병대 대위인 로버트 펨버턴과 그의 부하들의 도움으로 부하들 사이의 소요를 진압할 수 있을 것이라고 기대했다. 그러나 펨버턴은 이 전초기지에 계속 머무르면서도 부하들을 이끌고 떨어져나가 자기들끼리 파벌을 만들었다. 해병들은 엄밀히 말해서 육군 소속인데 지금은 육지에 와 있으므로, 펨버턴은 자신만이 부하들에게 지시를 내릴 수 있다고 단언했다. 그는 자신의 오두막에 나무의자를 만들어 놓아두고, 부하들에게 에워싸여 왕처럼 앉아 있곤 했다. 그의 거처 위에서는 이곳이 그의 영역임을 표시하는 해진 깃발이 펄럭였다.

캠벨은 웨이저 호 사람들이 "무정부 상태"[15]로 추락하고 있으며 여러 대장들이 서로 겨루고 있다고 적었다. 내부의 분노와 적의가 어찌나 강렬한지 "어떤 결과가 나올지 전혀 알 수 없"[16]었다.

바이런은 이른바 권모술수를 피하려고 혼자 마을 가장자리로 거처를 옮겼다. "어떤 무리도 마음에 들지 않아서 나는 딱 나

혼자 쓰기에 알맞은 오두막을 지었다."[17] 그는 이렇게 썼다.

배가 난파하면서 과거의 위계질서는 초토화되었다. 이제 모두가 똑같이 비참한 생활을 하고 있기 때문이었다. 벌클리는 추위, 굶주림, 무질서라는 조건이 "사람을 정말로 삶에 지치게 만들"[18] 수 있다고 썼다. 그러나 위계가 무너지고 비열함이 판치면서 모두가 공평하게 고통을 겪는 상황에서도 벌클리는 잘 살아가는 것 같았다. 그는 훌륭하게 지은 거처를 잘 유지하면서 주위의 식물들을 솎아냈다. 빨리 죽어서 영원한 평화를 얻기만을 바라는 사람이 많은 것 같았지만, 벌클리는 계속 미친 듯이 먹을 것을 찾아다니며 새도 사냥하고, 바위에서 해초도 긁어오고, 난파선에서 최대한 물자를 찾아서 가져오기도 했다. 그렇게 손에 넣은 식량은 반드시 공동 창고 천막에 넣어두어야 했지만, 널빤지, 각종 도구, 신발, 천조각 등 다른 귀한 물건들은 그가 가졌다. 섬에서 쓸모가 없는 돈 대신 그는 상인처럼 이런 물건들을 다른 필수품과 교환할 뿐만 아니라 선물로 나눠주기도 했다. 또한 총과 탄약을 몰래 숨겨놓을 곳도 마련했다.

매일 아침 벌클리는 자신의 땅에서 경계하며 밖으로 나왔다. 그는 반드시 주의를 기울여야 한다고 믿었다. 《그리스도인의 모범 또는 예수 그리스도를 따라 흉내 내는 것에 대한 보고서》에 적혀 있는 것처럼 "결코 잠들지 않고 잡아먹을 상대를 찾아 돌아다니는 악마에게 속지 않기 위해서"[19]였다.

그는 사람들이 점점 자신의 집으로 떼 지어 몰려오는 것을 알아차렸다. 그들은 그를 찾아와 앞으로 어떻게 해야 할지 고민했다. 어느 날 해병대의 펨버턴 대위가 벌클리와 그의 친구 커민스를 따로 불러 자신의 집으로 데려가서 의견을 나눴다. 펨버턴은 엿듣는 사람이 있는지 확인한 뒤, 수석장교인 베인스 대위를 아무짝에도 쓸모없는 자로 생각한다고 속내를 털어놓았다. 심지어 칩 선장도 "같은 식으로"[20] 보고 있다고 했다. 그는 이제 본능적인 지도자인 벌클리에게 충성하려는 것 같았다.

———————•———————

그때 칩 선장은 도둑 때문에 가장 골머리를 앓고 있었다. 도둑들은 교활한 쥐새끼처럼 밤에 창고 천막 안으로 몰래 들어와 귀한 식량을 들고 달아났다. 모두가 대량으로 아사하기 직전이므로, 벌클리가 "사악한 행동"[21]이라고 부른 이 탈취 사건에 사람들이 모두 분노했다. 배에서, 식탁에서 함께 어울리던 동료들이 서로를 점점 의심하기 시작했다. 우리들 중에 누가 마지막으로 남은 음식을 훔쳐가고 있을까?

뱃사람들이 폭군 못지않게 경멸하는 지휘관은 질서를 유지하지 못하고, 충성을 받는 대가로 부하들의 안녕을 책임진다는 무언의 약속을 지키지 못하는 사람이었다. 이제 섬에 표류한 일행 중 많은 사람이 보급품을 지키지 못하고 범인을 잡지 못하는 칩을 무시하고 있었다. 어떤 사람들은 벌클리가 식량을 더 잘 지킬 수 있을 것이라고 주장하면서 그의 거처에 가져다두자고 목소리를 높였다.

웨이저

벌클리는 그런 요구를 하지 않았지만, 강도 사건에 대해 "의논"[22]하기 위해 칩에게 접근했다. 그의 말투는 마치 사람들의 대표 같았다.

칩은 이 무질서한 상태를 평정하지 않으면 전초기지가 파괴될 것이라고 믿었다. 그래서 포고문을 발표했다. 모든 장교와 해병이 반드시 번갈아가며 창고 천막을 지켜야 한다는 내용이었다. 칩은 벌클리에게 하룻밤 야간경비를 맡으라고 요구했다. 축축하고 추운 곳에서 몇 시간 동안 혼자 서 있어야 하는 그 일은 그의 지위가 원래 낮았음을 일깨워주었다. 벌클리는 "경계를 늦추지 말라는 엄격한 지시가 떨어졌다"[23]고 썼다. 바이런도 자주 망을 보아야 했다. "식량을 구하려고 종일 사냥하느라 피곤한" 상태였기 때문에 "밤에 이 천막을 침입자들로부터 지키는 일은"[24] 힘들었다.

어느 날 저녁 경계를 서던 바이런은 뭔가가 움직이는 소리를 들었다. 그는 어두워진 다음에 섬을 돌아다니는 괴물을 여전히 두려워했다. 그가 적은 글에 따르면, 한 번은 한 수병이 자다가 "어떤 짐승이 얼굴에 콧김을 불어대는 바람에 눈을 떠보니, 커다란 짐승이 자신을 내려다보며 서 있는 모습이 희미한 불빛에 보여서 적잖이 놀랐다"[25]고 주장하기도 했다. 그 수병은 괴물에게서 간신히 도망친 이야기를 하면서 "두려움에 물든 표정"을 지었다. 쉽게 흥분하는 성격인 바이런은 모래밭에 이상한 모양이 찍혀 있는 것을 본 것 같다고 나중에 떠올렸다. 그것은 "발톱이 잘 갖춰진 크고 둥근 발의 깊고 선명한"[26] 자국이었다.

바이런은 어둠 속을 뒤졌다. 보이는 것은 전혀 없었지만, 끈질기고 거친 소리를 들었다. 천막 안에서 나는 소리였다. 바이런은 총을 꺼내 들고 안으로 들어갔다. 거기, 그의 바로 앞에 동료의 번들거리는 눈이 있었다. 그는 천막 아래로 미끄러지듯 들어와 식량을 약탈하는 중이었다. 바이런은 그의 가슴에 피스톨을 겨누고, 밧줄로 그의 손을 기둥에 단단히 묶은 뒤 선장에게 알리러 갔다.

칩 선장은 그 남자를 구금하면서, 그것으로 같은 일이 벌어지는 것을 막을 수 있기를 바랐다. 얼마 지나지 않아 회계관 토머스 하비가 무장한 채 산책을 나갔다가 보급품 천막 옆의 덤불을 기어서 통과하는 사람을 발견했다. "거기 누구야?" 롤런드 크러셋이라는 해병이었다. 하비는 그를 붙잡아 몸을 수색했다. 벌클리는 그가 "90명의 하루치 분량을 웃도는 밀가루와 쇠고기 한 덩이를 외투 아래에"[27] 숨기고 있다가 발각되었다고 기록했다. 덤불 속에도 쇠고기 세 덩이가 더 숨겨져 있었다.

크러셋과 식사를 함께 하는 동료인 해병 토머스 스미스가 당시 창고 천막에서 경비를 서고 있다가 공범으로 붙잡혔다.

이 소식이 정착지에 퍼지면서, 평소 게으르게 늘어져 있던 사람들이 눈에 불을 켜고 경계하게 되었다. 칩은 벌클리와 장교 여러 명에게 "지금 상황에서 창고 천막의 물건을 훔치면 모두가 굶게 될 테니, 죄수들에게는 사형이 마땅하다고 생각한다"[28]고 말했다. 아무도 반대하지 않았다. "선장만 그런 의견을 가진 것이 아니라, 그 자리에 있던 모두의 감정이기도 했다."[29] 벌클리

웨이저

는 이렇게 적었다.

하지만 결국 칩은 붙잡힌 사람을 반드시 "해군 규율로 다스려야 하며, 그 규율과 운명을 함께해야 한다"[30]는 결정을 내렸다. 그래서 규정을 바탕으로 그들을 군사재판에 부치기로 했다. 웨이저 섬에서 범죄가 발생하면 재판이 열리는 것이 규칙이었다.

해군본부의 감시와 영국에서 멀리 떨어진 황무지 한복판에 있으면서도, 칩을 비롯한 많은 표류자들은 영국 해군의 규율을 고수했다. 그들은 황급히 공개재판[31]을 준비하면서, 여러 장교들[32]을 재판관으로 지정했다. 해군 규정에 따라 그들은 공평무사한 태도를 유지해야 했으나, 이 경우에는 그 범죄라는 것으로부터 영향을 받지 않는 사람이 없었다. 해진 옷을 입은 재판관들이 선서를 한 뒤, 피고들이 불려왔다. 바람 속에 그들을 세워둔 채 그들의 혐의가 낭독되었다. 증인들도 불려나와 "진실, 온전한 진실, 오로지 진실만"을 말하겠다고 선서했다. 피고들이 내세울 수 있는 자기변호는 아무리 잔인하고 못된 짓이라 해도 굶주림을 피하기 위해서라면 못할 일이 없다는 말뿐인 것 같았다. 모든 재판이 신속하게 끝나 세 피고인 모두 유죄판결을 받았다.

군율을 검토한 결과, 그 "범죄가 생명을 건드리지는 않은"[33] 것으로 판명되었으므로 사형을 내릴 수는 없었다. 대신 죄인 각자에게 태형 600대가 선고되었다. 아주 극단적인 처벌이라서, 사흘에 걸쳐 200대씩 시행되어야 했다. 그렇게 하지 않으면 죄인이 목숨을 잃을 수 있었다. 전에 채찍질을 앞둔 한 수병이 심각한 표정으로 이런 말을 했다. "나는 틀림없이 이 고문을 이겨내지 못할 것이다. 차라리 총살이나 활대에 매다는 교수형을 선고받는 편이 나았을 것이다."[34]

하지만 태형 600대도 부족하다고 생각하는 사람이 많았다. 그들은 궁극의 처벌인 사형을 원했다. 그때 벌클리가 나서서 "사형에 버금가는 방법"[35]을 제안했다. "앞으로 그들을 공포에 몰아넣을" 방법이었다. 그는 채찍질이 끝난 뒤, 그들을 앞바다의 바위섬에 버리자고 제안했다. 적어도 약간의 홍합, 달팽이, 민물이 있는 곳이니, 영국으로 돌아갈 방법이 생길 때까지 그들을 그곳에 버려두자는 것이었다.

칩 선장은 이 제안을 냉큼 받아들였다. 이렇게 가혹한 처벌을 내린다면, 앞으로 누구도 감히 그의 명령을 무시하고 자신의 욕구를 전체의 욕구보다 앞세우지 못할 것 같았다.

칩은 "모두가 처벌을 목격해야" 한다는 명령을 내렸다. 우박이 쏟아지는 날씨에 섬에 표류한 사람들이 한자리에 모이고, 죄수들 중 크러셋이 끌려나왔다. 그 자리에 모인 사람들은 그 죄수와 함께 지구를 반 바퀴 도는 여행을 하며 함께 경계를 서고, 허리케인과 싸우고, 난파선에서 살아남았다. 그런데 지금은 그 동료의 손목이 나무에 묶이는 모습을 지켜보고 있었다. 서로 다투던 사람들이 공통의 증오로 순간적으로 하나가 되었다.

크러셋의 셔츠를 누군가가 찢어 등을 노출시켰다. 우박이 먼저 그를 때렸다. 그 뒤를 이어 누군가가 채찍을 들더니 있는 힘을 다해 크러셋을 후려치기 시작했다. 채찍이 그의 살갗을 갈랐

　　　　　　　　　　　　　　　　　　웨이저

다. 채찍질을 목격한 적이 있는 어떤 사람은 스무 번 남짓 채찍을 맞은 뒤 "찢어진 등이 사람의 것 같지 않다. 뜨거운 불 앞에서 거의 까맣게 타버린 고기와 비슷하다. 그런데도 채찍은 계속 날아온다"[36]고 적었다.

채찍질을 맡은 사람은 기운이 빠져서 더 이상 채찍을 휘두를 수 없을 때까지 크러셋을 때렸다. 그다음에 새로운 사람이 나섰다. "그 가엾은 녀석이 벌을 받는 동안 고통에 찬 비명이 보는 사람의 영혼을 꿰뚫는다."[37] 채찍질을 목격한 적이 있는 또 다른 사람은 이렇게 회상했다.

크러셋은 채찍질 50대, 또 50대, 또 50대를 맞았다. 그날 몫인 200대가 모두 끝난 뒤 사람들은 그의 손목을 풀어주고 부축해서 데려갔다. 다음 날 채찍질이 또 시작되었다. 다른 죄인들도 비슷하게 채찍을 맞았다. 해병들 중 일부는 동료의 고통에 점점 경악해서, 사흘째 채찍질을 시행하는 역할을 적어도 한 번은 거부했다. 처벌이 끝난 뒤 죄수들은 보트에 실려 작은 섬으로 운반되었다. 그리고 피를 흘리며 반쯤 실신한 상태로 그곳에 버려졌다.

칩은 이제 부하들의 명령불복종이 다시는 일어나지 않을 것이라고 믿었다. "나는 그들에게 이성과 의무감을 일깨우려고… 노력했다."[38] 그는 보고서에서 이렇게 주장했다. 그러나 오래지 않아 창고 천막에서 브랜디 네 병과 밀가루 네 자루가 사라진 것이 발견되었다. 칩이 내릴 수 있는 어떤 처벌보다 굶주림이 더 큰 위협이었다.

사람들이 사라진 음식을 찾으려고 무리를 지어 거처 몇 군데를 습격해서 수색했다. 그렇게 여러 해병들의 천막을 뒤엎듯이 수색하던 중에 도난당한 술병과 자루가 발견되었다. 해병 아홉 명이 혐의를 받았으나, 다섯 명은 도망쳐 탈퇴자 무리에 합류했다. 나머지 네 명은 재판을 거쳐 채찍질을 당하고 추방되었다.

　도난 사건은 계속 이어지고, 채찍질은 점점 더 심해졌다. 또 누군가가 여러 날에 걸쳐 채찍질을 당한 뒤, 칩은 바이런을 포함한 여러 명에게 그 도둑을 배에 실어 바위섬으로 데려가라고 지시했다. 그 사람은 거의 죽은 것 같았다. 바이런은 "우리가 가엾은 마음에 명령을 어기고 그를 어느 오두막에서 대충 치료해주고, 불을 피워준 뒤 혼자 알아서 움직이라고 놔두었다"[39]고 회상했다. 며칠 뒤 바이런이 그에게 먹을 것을 좀 몰래 가져다주려고 동료 몇 명과 함께 가보았더니, 그는 이미 "죽어서 뻣뻣해진"[40] 뒤였다.

최후의 수단

칩 선장은 밀가루가 뿌려진 것 같은 하얀 흔적이 자신의 거처를 향해 길게 구불구불 이어진 것을 보았다. 자세히 살펴보니 화약이었다. 누가 실수로 흘린 것인가, 아니면 음모인가? 수습장교 바이런은 미첼 무리가 진지로 몰래 들어와 "지휘관을 날려버리겠다는 사악한 계획을 실행하려 했으나 아직 배짱과 양심이 남아 있는 사람이 그들을 힘겹게 말렸다"[1]는 말을 누군가에게서 들었다고 말했다.

칩은 무엇을 믿어야 할지 판단하기 어려웠다. 여러 무리가 싸우는 곳에서는 사실도 희생될 수 있다. 소문과 거기에 대응하는 소문이 돌아다녔는데, 개중에는 혼란을 부추겨 칩을 더욱 무너뜨리려고 일부러 퍼뜨린 소문도 있을 것 같았다. 이제 그는 누구를 믿어야 할지 알 수 없었다. 심지어 장교들 사이에서도 불온한 기색이 포착되었다. 해병대장인 펨버턴은 칩의 표현을 빌리자면 "명예와 나라에 대한 생각을 모두"[2] 잃어버렸다. 언제나 미온적인 베인스 대위는 바람이 부는 대로 흔들리는 것 같았고, 갑판장 킹은 여기저기서 워낙 싸움을 선동하고 다니는 바람에 그의 동료들조차 그를 거처에서 쫓아낼 정도였다. 존 벌클리도 사과 속의 벌레 같은 존재였다. 칩은 그의 충성심을 탐색해보았으나, 그는 자신과 "사람들"[3](그는 또 이 말을 사용했다)이 "그를 상대로 반란을 일으키는 일은 절대 없을 것"이라고 다짐했다. 하지만 벌클리는 자신의 임시 거처에서 끊임없이 회합을 갖고 동맹을 만들어 자기만의 작은 제국을 건설했다. 마치 그가 이 섬의 왕 같았다.

칩은 비명 같은 소리를 내는 바람, 우르릉거리는 천둥, 후두두 떨어지는 우박, 포효하는 파도 소리에 귀를 기울이면서 지팡이를 짚고 서성거렸다. 앤슨이 그를 선장으로 임명한 것은 단순한 승진이 아니었다. 칩이 오래전부터 탐내던 존중과 명예도 어느 정도 함께 따라왔다. 또한 그가 지도자로서 영광스럽게 빛날 기회가 생겼다는 뜻이기도 했다. 그런데 그 모든 것이 이 전초기지와 함께 무너지고 있었다. 칩 자신도 고통 속에 있었다. 굶주림 때문에, 그리고 아마도 자신의 생각 때문에. 그의 표현처럼 그는 "내가 반복적으로 맞닥뜨린 문제들과 고민"[4]에 광적으로 집착하고 있었다. 바이런은 칩이 선장으로서 자신의 권력에 대해 "마지막 하나까지 몹시 신경을 썼다"[5]고 말했다. 그러나 그는 그 권력이 "날이 갈수록 이울어서 언제라도 짓밟힐" 것 같다고 봤다.

6월 7일, 웨이저 호가 좌초한 지 거의 한 달이 되었을 때 그는 수습장교 헨리 코전스에게 난파선에서 가져온 완두콩 상자를 창고 천막으로 가져다두라는 간단한 명령을 내렸다. 코전스는 술을 마셔서 비틀거리는 듯한 모습으로 그 통이 너무 무겁다고 주장하더니 그대로 돌아서려 했다. 수습장교가 선장의 명령을 거부하다니!

칩은 코전스에게 술에 취했다고 호통을 쳤다.

"제가 뭘 먹고 취했겠습니까? 물로요?"[6] 코전스가 대꾸했다.

"이 괘씸한 놈! 가서 사람들을 데려와서 통을 옮겨."

코전스는 다른 사람들을 부르는 시늉을 했지만 아무도 오지 않았다. 그러자 칩은 지팡이로 그를 때리고는 붙잡아서 다른 천막에 가두고 감시를 세우라고 지시했다. "오늘 수습장교 헨리 코전스가 선장에 의해 구금되었다."[7] 벌클리는 일기에 이렇게 기록했다. "그의 과오는 술에 취한 것이라고 한다."

그날 저녁 칩은 죄수를 확인하러 들렀다. 코전스가 그에게 욕설을 콸콸 쏟아냈는데, 그 모욕적인 말이 진지 전체에 울려 퍼졌다. 코전스는 칩이 영국의 악명 높은 해적인 조지 셸보크보다 훨씬 나쁜 놈이라고 소리쳤다. 셸보크는 20년 전 자신의 배인 스피드웰 호를 타고 가다가 후안 페르난데스 제도에서 난파한 적이 있었다. 영국으로 돌아온 뒤 그는 투자자들에게 사기를 치기 위해 고의로 배를 가라앉힌 혐의를 받았다. "셸보크는 악당이었지만 그래도 바보는 아니었어."[8] 코전스가 칩에게 말했다. "그런데, 세상에, 당신은 악당이자 바보야."

칩은 격분해서 지팡이를 들어 그를 때리려고 했다. 그를 때려 굴복시키려 했으나, 감시로 세워둔 자가 그를 말리며, 선장이

"죄수를 때리면 안 된다"고 주장했다. 칩은 재빨리 이성을 되찾고, 놀랍게도 코전스를 풀어주었다.

하지만 몇몇 사람이 코전스에게 계속 술을 주는 바람에 그가 또 말썽을 피우기 시작했다. 이번 싸움 상대는 선장의 가까운 측근이자 회계관인 토머스 하비였다. 맑은 정신일 때 코전스는 항상 붙임성 좋은 사람이었다. 바이런은 음모를 꾸미는 자들이 그를 자기들의 파괴적인 도구로 이용하려고 계속 술을 준 것 같다고 믿었다.

며칠 뒤 유난히 거센 비가 내려 나무 이파리에서 물이 뚝뚝 떨어지고 미저리 산의 능선에서는 빗물이 개울처럼 흘러 내려왔다. 하비가 식량을 나눠주고 있는 창고 천막 앞에서 코전스가 자기 몫의 식량을 타려고 줄을 서서 기다리고 있는데, 소문이 들려왔다. 칩이 코전스 몫의 포도주 양을 줄였다는 내용이었다. 코전스는 자신의 몫을 요구하려고 곧장 하비에게 돌진했다. 전에 코전스와 싸운 일로 여전히 부글거리고 있던 하비는 총열의 길이가 대략 1피트^{30센티}인 부싯돌식 피스톨을 꺼냈다. 그래도 코전스는 계속 다가왔다. 하비는 공이치기를 당기고 조준하며 코전스에게 개자식이라고 욕했다. 하극상을 저지를 작정이냐고 비난도 했다. 하비 옆에 서 있던 수병이 끼어들어, 하비가 방아쇠를 당기는 순간 총열을 위로 쳐올렸다. 총알이 코전스를 지나 위로 솟구쳤다.

총성과 하극상 어쩌고 하는 소리를 들은 칩이 거처에서 튀어나왔다. 눈은 이글이글 불타고, 손에는 이미 피스톨을 쥐고 있

웨이저

었다. 빗줄기 때문에 눈을 가늘게 뜬 채로 그는 코전스를 찾아 두리번거렸다. 총을 쏜 범인이 코전스라고 확신했기 때문에 그는 이렇게 소리쳤다. "그 악당 자식 어디 있어?"

대답이 돌아오지 않았으나, 그는 점점 불어나는 사람들 사이에서 코전스를 발견했다. 그리고 그에게 다가가 어떤 질문이나 절차도 없이 차가운 총구를 그의 왼쪽 뺨에 댔다. 그러고는 자신이 나중에 표현한 것처럼 "최후의 수단을 사용했다."[9]

14장

사람들의 애정

총성을 듣고 오두막에서 뛰어나온 존 바이런은 코전스가 "자신
이 흘린 피 속에"[1] 쓰러져 있는 것을 보았다. 칩 선장이 그의 머
리에 총을 쏜 것이다.

많은 사람이 칩의 분노를 두려워하며 뒤로 물러났지만, 바이
런은 친구의 옆으로 다가가 한쪽 무릎을 바닥에 대고 앉았다.
빗줄기가 온몸으로 쏟아졌다. 코전스는 아직 숨을 쉬고 있었다.
그가 입을 열어 뭔가 말하려 했으나 목소리가 나오지 않았다.
바이런의 회상에 따르면, 그는 "내 손을 잡고 고개를 저었다. 마
치 우리 곁을 떠나려는 것처럼."[2]

사람들이 점점 웅성거렸다. 벌클리는 코전스가 "선장에게 한
불손한 말 때문에 선장이 그가 반란을 일으키려 한 것으로 의심
했던 것 같다"[3]고 생각했으나, 코전스에게는 확실히 무기가 없
었다. 바이런은 그동안 코전스가 한 행동이 아무리 잘못된 것이
라도, 칩의 행동에는 변명의 여지가 없다고 생각했다.

죽은 것이나 다름없는 상태로 쓰러져 있는 코전스 앞에서 사

람들은 계속 웅성거렸다. "그 불행한 피해자가… 그들의 관심을 모두 빨아들이는 것 같았다."[4] 바이런은 이렇게 회상했다. "모두의 눈이 그에게 고정되어 있었다. 구경꾼들의 얼굴에 깊이 근심하는 표정이 확연히 드러났다."

점점 소란이 커지는 가운데, 칩은 사람들에게 집합하라는 명령을 내렸다. 벌클리는 자신과 동료들이 무기를 가져가야 할지 고민했다. "하지만 생각 끝에, 무기 없이 가는 편이 나을 것 같았다."[5] 그는 이렇게 회상했다.

한때 탄탄하던 칩의 몸은 굶주림 때문에 허물어진 상태였다. 그래도 그는 권총을 손에 쥐고 사람들의 대열 앞에 단단히 섰다. 그의 양옆에는 측근인 선의 엘리엇과 해병대 부관 해밀턴이 서 있었다. 벌클리가 자신 일행이 비무장 상태임을 알린 뒤, 칩은 진흙 바닥에 총을 내려놓고 이렇게 말했다. "그래, 비무장 상태로군. 너희를 부른 건 내가 아직 너희의 지휘관임을 알리기 위해서다. 이제 각자 자기 천막으로 돌아가."[6]

파도가 부서지는 해안에서 다들 잠시 머뭇거렸다. 벌클리 일행은 만약 여기서 명령을 거부한다면, 선장을 내쫓고 지금까지 생활의 기준이 된 해군의 규율을 뒤집어버리는 쪽으로 첫 걸음을 내딛는 셈이 된다는 것을 알고 있었다. 바이런은 칩이 성급하게 코전스를 쏘아버리는 바람에 하마터면 "공공연한 폭동과 반란"[7]이 일어날 뻔했다고 적었다. 하지만 결국 벌클리가 뒤로 물러서자 다른 사람들도 그 뒤를 따랐다. 바이런은 자신의 오두막으로 혼자 돌아가, 사람들의 분노가 "지금은 잦아든"[8] 것 같다고 생각했다.

칩 선장은 그제야 코전스를 환자 천막으로 옮기라고 지시했
다.

───────── • ─────────

벌클리는 환자 천막으로 코전스를 만나러 갔다. 선의의 젊은
조수인 로버트가 그를 치료하고 있었다. 로버트는 피가 흐르는
상처를 살펴보았다. 선의를 위한 최초의 교과서는 총상이 "언제
나 복합적이라서 간단한 법이 없으며, 치료하기 힘든 편"[9]이라
고 경고했다. 로버트는 총알의 경로를 더듬어보려고 했다. 총알
은 코전스의 왼뺨으로 들어가 윗턱을 부쉈지만, 사출구가 없었
다. 코전스의 머릿속, 오른쪽 눈 아래 약 3인치[8센티] 지점에 총알
이 아직 박혀 있었다. 로버트는 지혈을 위해 붕대를 감았다. 그
러나 코전스를 살리려면 수술로 총알을 제거해야 할 터였다.

수술은 다음 날로 예정되었다. 그러나 정해진 시각에 선의 엘
리엇이 나타나지 않았다. 어떤 사람들은 그가 전에 코전스와 싸
운 적이 있기 때문이라고 생각했다. 목수 커민스는 엘리엇이 오
려고 했으나 칩 선장이 막았다는 말을 들었다고 말했다. 수습장
교 캠벨은 선장은 그런 짓을 한 적이 없다면서, 거짓정보가 싸
움을 부추기는 것 같다는 의견을 내놓았다. 코전스의 포도주 배
급량이 줄어들었다는 소문 역시 거짓이지 않던가. 그러나 칩
이 모략에 시달리고 있다는 캠벨의 주장에도, 선장이 선의를 막

웨이저

아 코전스를 치료하지 못하게 했다는 주장이 진지 내에 퍼졌다. "사람들은 선장이 비인간적인 행동을 했다고 보았다."[10] 벌클리는 일기에 이렇게 썼다. "이것이 그가 사람들의 애정을 잃는 데 아주 큰 역할을 했다." 벌클리는 칩이 코전스에게 한 번 더 총을 쏘아 편안한 죽음을 맞게 해주는 편이 더 명예로웠을 것이라는 말을 덧붙였다.

결국 로버트는 혼자 수술을 시도했다. 의학 교과서는 선의의 첫 번째 의무는 하느님을 위한 것이며, 하느님은 "사람처럼 보시지 않고"[11] "우리의 길을 바르게 이끄실" 것이라고 조언했다. 로버트는 절개용 칼, 겸자, 뼈 절단용 톱, 소작용 인두 등 금속 도구가 들어 있는 의료상자를 열었다. 이 도구들 중 어느 것도 소독되지 않았다. 또한 마취 없이 시행되는 수술이 그를 구할 확률만큼 그를 죽일 확률도 높았다. 어쨌든 코전스는 수술을 이기고 살아남았다. 총알에서 작은 조각 하나가 깨져 나갔지만, 로버트는 총알 본체를 찾아 빼낼 수 있었다.

코전스는 의식이 있었으나, 과다출혈로 죽을 가능성이 여전히 남아 있었다. 상처가 썩을 위험도 있었다. 그는 친구들과 함께 있고 싶다면서 벌클리의 집으로 옮겨달라고 부탁했다. 벌클리가 칩에게 허락을 구하자 칩은 거부했다. 코전스가 반란의 의도를 가지고 있어서 이 전초기지에 위협이 된다는 것이었다. 칩은 이렇게 말했다. "만약 그가 살아난다면, 내가 그를 제독에게 죄수로 데려가 교수형을 받게 할 것이다."[12]

총격으로부터 일주일 뒤인 6월 17일, 로버트가 코전스의 두 번째 수술을 시행했다. 아직 남아 있는 총알 조각과 쪼개진 턱뼈 일부를 꺼내기 위해서였다. 그러나 수술이 끝난 뒤 코전스의 의식이 희미해지는 듯했다. 의학 교과서에 따르면 그런 경우 의사는 절망하지 말아야 했다. "하느님은 자비로우시니."[13] 코전스는 로버트에게 마지막 부탁을 했다. 상처에서 꺼낸 총알과 뼛조각을 작은 꾸러미로 싸서 벌클리에게 전해달라고. 코전스가 원한 것은 증거보존이었다. 로버트는 그러겠다고 했고, 벌클리는 그 당황스러운 꾸러미를 자신의 거처에 두었다.

6월 24일, 벌클리는 일기에 이렇게 썼다. "수습장교 헨리 코전스, 열나흘 동안 고통을 겪다가 세상을 떴다."[14] 코전스가 이 섬에서 흐트러졌는지는 몰라도, 바이런이 쓴 것처럼 끝까지 "크게 사랑받았다."[15] 따라서 대부분의 사람은 "이 비극에 극도로 영향을 받았다."[16]

더러운 몸에 누더기를 걸치고 추위에 떨면서 그들은 터벅터벅 밖으로 나가 진흙 속에 구덩이를 팠다. 아무 표시도 없는 무덤이 주위에 가득한 곳이었다. 벌클리가 일기에 쓴 것처럼 모두 "배가 처음 타격을 입은 뒤 갖가지 방식으로"[17] 목숨을 잃은 사람들이었다. 점점 뻣뻣하게 굳어가는 코전스의 시신이 환자 천막에서 들려나와 땅속에 놓였다. 고향의 가족들을 위한 돈을 마련하려고 그의 소지품을 경매에 부치는 순서는 없었다. 그에게 소지품이 사실상 전혀 없었고, 사람들에게는 돈이 없었기 때문에. 그래도 그 자리에 모인 사람들은 독수리가 시신을 쪼아먹지 못하게 정성 들여 흙을 덮어주었다. "우리는 때와 장소와 상황

이 허락하는 한 가장 예의를 갖춰서 그를 묻어주었다."[18] 벌클리
는 이렇게 회상했다.

그들이 섬에 갇힌 지 41일째 되던 날이었다.

사람들은 갑작스러운 구원의 희망을 보았다. 목수 커민스가 새로운 아이디어를 내놓은 덕분이었다. 난파선과 함께 가라앉은 롱보트를 꺼내올 수 있다면, 그것을 방주로 개조할 수 있을지 모른다는 아이디어였다. 그들 모두를 섬 밖으로 데려다줄 방주. 코전스가 사망한 직후 며칠 동안 칩 선장은 혼자 오두막에 틀어박혀서 마음을 앓고, 자신의 행동을 합리화하고, 절망에 빠졌다. 자신의 총격을 해군본부가 정당하다고 평가할까? 아니면 살인 혐의로 교수형을 당할까? 벌클리는 선장이 "부하들에 대한 애정"[1]뿐만 아니라 "차분함"[2]도 잃어버리고 점점 더 동요하는 것을 지켜보았다.

칩은 커민스의 계획을 열광적으로 추진했다. 파편 속에 갇혀 있는 롱보트를 분리시키는 것이 첫 단계였다. 유일한 방법은 웨이저 호 옆구리에 구멍을 뚫는 것뿐이었다. 힘들고 위험한 일이었으나 사람들은 해냈다. 그래서 곧 그 보트가 사람들에게 밀려 해변으로 올라왔다. 여기저기 금이 가고, 물에 흠뻑 젖고, 너무 좁아서 일행 중 극히 일부만이 탈 수 있는 이 배로는 모든 사람이 섬을 한 바퀴 도는 것도 불가능할 것 같았다. 그래도 꿈의 알맹이는 남아 있었다.

커민스는 이 배의 개조 작업을 감독했다. 더 많은 사람을 태우려면, 36피트[11미터]짜리 선체를 적어도 12피트[3.7미터] 더 늘려야 했다. 기존의 널빤지도 대부분 썩어서 교체할 필요가 있었다. 그들은 이 배가 엄청난 바다를 뚫고 나아갈 수 있게, 돛대가 두 개인 선박으로 변형시켜야 했다.

커민스는 개조에 여러 달이 걸릴 것이라고 추산했다. 그것도 그들이 충분한 자재를 모을 수 있을 때의 이야기였다. 그때까지 살아 있어야 하는 것은 말할 필요도 없었다. 모두가 손을 보태야 했다. 커민스에게는 솜씨 좋은 목수가 한 명 더 필요했지만, 그의 조수인 제임스 미첼과 윌리엄 오램이 모두 탈퇴자 무리에 있었다. 제정신이 아닌 미첼은 생각할 여지가 없었으므로, 칩은 소수의 인원을 꾸려 탈퇴자들에게서 탈퇴하라고 오램을 설득할 계획을 세웠다. 만약 미첼이 이쪽의 움직임을 안다면 어떤 반응을 보일지 알 수 없었다. 이 위험한 임무를 받아들인 사람은 고작 두 명이었다. 그 둘 중 한 명은 벌클리였다.

벌클리는 다른 한 명과 함께 무거운 소총을 든 채로 산을 넘고 살을 찔러대는 덤불을 통과하며 상대에게 들키지 않으려고 주의를 기울였다. "이번 일에서 나는 아주 비밀리에 움직여야 했다."[3] 벌클리는 이렇게 썼다.

두 사람은 몇 마일 떨어진 탈퇴자 캠프에 도착한 뒤, 오램이 혼자가 될 때까지 기다렸다가 그에게 접근했다. 벌클리는 칩 선장이 그에게 한 가지 제안을 했다고 중얼중얼 말했다. 스물여덟 살인 오램은 거의 확실한 죽음을 앞두고 있었다. 다른 탈퇴자들과 함께 굶어 죽거나, 아니면 난동 혐의로 처형당하거나. 하지만 진지로 돌아가 롱보트 개조 작업을 돕는다면, 선장이 그를 완전히 사면해줄 테니 어쩌면 고향을 다시 보게 될 수도 있었다. 오램은 두 사람과 함께 돌아가겠다고 했다.

난파로부터 두 달이 지나고, 코전스의 죽음으로부터 3주가 지난 7월 중순, 칩은 벌클리와 바이런 등 많은 사람이 방주를 만들기 위해 부지런히, 그리고 열심히 일하는 것을 지켜보았다. 바이런은 "이 황폐한 곳에서 우리를 해방시키는 것만큼 꼭 필요한 일은"[4] 하나도 없는 것 같다고 적었다.

먼저 그들은 롱보트를 두꺼운 나무 판 위에 올렸다. 선체를 땅바닥에서 띄우기 위해서였다. 그다음에는 커민스가 톱으로 배를 반으로 잘랐다. 진짜 힘든 일은 그때부터였다. 둘로 갈라진 조각을 어떻게든 다시 이어붙이는 데에서 그치지 않고, 이전보다 더 길고, 더 넓고, 더 튼튼한 배로 완전히 새롭게 만들어야 했기 때문이다.

비와 진눈깨비, 폭풍과 번개를 맞으며 커민스(벌클리는 그가 지칠 줄 모르는 사람이라고 묘사했다)는 톱, 망치, 그리고 톱과 비슷한 까뀌 등 빈약한 도구로 자신의 설계[5]를 다듬었다. 그는 사람들을 숲으로 보내 내구성이 좋고 원래 휘어진 모양의 나무를 찾아오게 했다. 일단 배의 전체적인 모양이 결정되자, 그는 목재들을 용골 위에 갈비뼈 같은 모양으로 놓기 시작했다. 널빤지를 만드는 데에는 다른 종류의 목재, 즉 길고 두껍고 곧은 나무가 필요했다. 그것을 정해진 수치대로 정확하게 잘라, 둥글게 휘어진 골격에 딱 알맞은 각도로 붙여야 했다. 금속 못이 부족했으므로, 몇몇 사람이 못을 더 찾아내려고 물에 잠긴 난파선을 샅샅이 뒤졌다. 그렇게 찾아낸 못마저 떨어지자, 목수와 조수는 나무를 깎아 나사를 만들었다. 사람들은 돛을 만들 캔버스 천, 삭구를 만들 밧줄, 뱃밥으로 쓸 양초 등 꼭 필요한 다른 자재도 가진 것을 박박 긁어 마련했다.

영양실조로 몸이 점점 쇠약해지는 사람이 많았는데도 모두 열심히 땀을 흘렸다. 몸은 뼈만 남아 앙상하고, 눈은 툭 튀어나오고, 지푸라기처럼 변한 머리카락은 자꾸 빠졌다. 벌클리는 그들에 대해 "엄청난 고통에 시달리고 있으며, 제대로 걷는 사람이 드물다"[6]고 말했다. 그래도 그들은 희망이라는 신비로운 마약에 취해 계속 앞으로 나아갔다.

어느 날 겁에 질린 비명이 진지 전체에 울려 퍼지는 것을 칩이 들었다. 못된 파도가 해변으로 쑥 다가와 평소 밀물이 들어오는 지점을 훌쩍 뛰어넘어 배의 골격을 두드리고 있었다. 사람들은 전속력으로 달려가, 그것을 바다가 삼켜버리기 전에 간신히 더 안쪽으로 옮길 수 있었다. 작업은 계속되었다.

한편 칩의 계획이 은연중에 점점 새로운 차원으로 변하고 있었다. 지도를 샅샅이 들여다본 결과, 그는 사람들의 목숨을 보존할 뿐만 아니라 처음 부여받은 군사적인 임무까지 수행할 수 있는 방법이 있다고 믿게 되었다. 가장 가까운 스페인 정착지는 칠로에 섬에 있었는데, 칠레 앞바다에 있는 그 섬은 그들이 있는 곳에서 북쪽으로 약 350마일^{560킬로} 떨어져 있었다. 칩은 방주와 다른 보트 세 척을 이용하면 모두가 그 섬으로 항해할 수 있다고 확신했다. 일단 칠로에에 도착하면(이때부터가 엄청났다), 아무것도 모르는 스페인 상선을 그들이 대담하게 공격해 배와 식량을 모두 차지한 다음, 집결 지점까지 가서 앤슨 사령관을 비롯한 소함대 생존자들을 수색하자는 것이 그의 계획이었다. 그다음에 소함대가 갈레온선을 찾는 임무를 계속하면 될 일이었다.

엄청난 위험이 따르는 일이었다. 칩은 부하들을 설득해야 한다는 것을 알기 때문에, 즉시 자세한 이야기를 털어놓지 않았다. 그러나 그가 나중에 말했듯이, "배를 나포하는 것을 두려워할 필요는 없다. 사령관을 다시 만날 기회가 생길 수도"[7] 있었다. 그는 영광과 구원의 가능성이 아직 남아 있다고 믿었다.

————————•————————

7월 30일 벌클리는 마을 외곽에 외따로 떨어져 있는 바이런의 오두막에 들렀다. 앙상하고 더러운 몰골이 된 귀족의 아들 바이런은 거기서 바다 이야기에 푹 빠져 있었다. 존 나버러 경의 연대기를 다시 읽는 중이었다. 벌클리는 순전히 실용적인 이유로 그 책을 빌려가도 되겠느냐고 물었다. 나버러는 파타고니

240 　　　　　　　　　　　　　　　　　　　　　　　　　웨이저

아 지역을 탐험한 적이 있으므로, 사실상 아주 상세한 일지인 그의 이야기에 방주를 조종해서 웨이저 섬을 안전하게 떠나는 방법에 대한 중대한 단서가 들어 있을지도 모른다 싶어서였다.

그 책이 칩 선장의 물건이었기 때문에, 바이런은 선장의 허락을 먼저 얻은 뒤 벌클리에게 책을 빌려주었다. 벌클리는 그것을 자신의 거처로 가져가《그리스도인의 모범 또는 예수 그리스도를 따라 흉내 내는 것에 대한 보고서》를 읽을 때처럼 열심히 공부하기 시작했다. 나버러는 남아메리카 본토와 티에라 델푸에고 사이, 350마일⁵⁶⁰킬로 길이의 통로인 마젤란 해협을 통과할 때의 일을 묘사했다. 이 해협은 케이프 혼을 끼고 도는 드레이크 해협을 피해 태평양과 대서양 사이를 오가는 대안 항로였다. 나버러는 태평양 쪽에서 "언제든 마젤란 해협에 들어갈 생각이 있다면, 내 생각에는 남위 52도에서 육지로 다가가는 것이 가장 안전할 것"[8]이라고 썼다. 이 길은 웨이저 섬에서 남쪽으로 약 400마일⁶⁴⁰킬로 떨어져 있었으므로, 벌클리는 이 방법에 사로잡혔다. 새로 만들어진 롱보트와 작은 보트 세 척이면 여기 사람들이 해협을 통과해 대서양으로 나가서 북쪽의 브라질로 향할 수 있을 것 같았다. 브라질 정부는 전쟁 때 중립을 지켰으니, 틀림없이 그들에게 안전한 피난처를 제공해주고 영국으로 돌아가는 길을 도와줄 것 같았다.

웨이저 섬에서 브라질까지의 거리는 거의 3,000마일⁴,⁸⁰⁰킬로이었다. 벌클리는 이것을 "미친 계획"[9]이라고 생각할 사람이 많으리라는 점을 인정했다. 마젤란 해협은 곳곳이 구불구불하고 좁았으며, 막다른 샛길이 많아 당황스러운 미로가 될 때가 많았다. 여울과 암초도 여기저기에 흩어져 있고, 앞이 전혀 안 보이는 안개도 끼었다. "올바른 길인 줄 착각하고 점점이 끊어진 섬이나 암초 속으로 위험할 만큼 깊이 들어갈 수 있다."[10] 나버러는 이렇게 경고했다. 이 해협이 드레이크 해협보다는 안전하다 해도, 갑작스러운 스콜과 얼음처럼 차가운 돌풍(지금은 윌리워라고 불린다)으로 악명이 높았다. 이런 돌풍은 배를 해변에 올려놓았다. 앤슨 사령관이 덩치 크고 다루기 힘든 전함으로 이루어진 함대를 이끌고 추측항법으로 항해하면서 차라리 거친 대해에 운을 걸고 케이프 혼을 끼고 도는 길을 선택한 이유가 바로 이것이었다.

하지만 벌클리는 이렇게 생각했다. "절망적인 질병에는 절망적인 치료법이 필요하다."[11] 그는 브라질로 가는 이 항로가 그들이 시도해볼 수 있는 유일한 방안이라고 믿었다. 남쪽으로 400마일640킬로 추가로 더 떨어진 드레이크 해협은 너무 멀었고, 그곳의 바다는 작은 보트에 너무 위험했다. 그러나 마젤란 해협의 장애물과 관련해서, 나버러는 안전한 길을 기록해두었다. 게다가 굶주림을 달래줄 식량원도 발견했다고 보고했다. 홍합 및 삿갓조개와 더불어 "여기에는 오리, 흰색과 얼룩덜룩한 색의 기러기, 회색 갈매기, 펭귄이 있다."[12]

벌클리에게 이 길이 유혹적으로 보인 더 큰 이유는 따로 있었다. 고향의 정부와 군대의 관리들이 망쳐버린 해군 임무로부터 스스로를 해방시켜 운명을 직접 만들어가게 될 것이라는 점. 그들의 임무는 처음부터 파국이 예정되어 있었다. 이 섬에 표류한 사람들은 이제 스페인 함대를 만나 산산이 부서지거나 사로잡힐 가능성이 높은 태평양으로 나아가 북쪽으로 향하느니 목숨을 보존하는 편을 택할 것이다. "브라질 해안을 향해 마젤란 해협을 통과하는 것만이 잔인하고 야만적이고 모욕적인 적의 손에 스스로 몸을 던지지 않는 유일한 방법일 것이다."[13] 벌클리는 이렇게 결론지었다. "개조가 끝나면 롱보트는 생명의 보존이라는 사업에 딱 맞는 상태가 될 것이다. 우리는 공격적으로 행동할 수 없으므로, 안전과 자유를 생각해야 한다."

벌클리는 클라크를 비롯한 항해사들에게 자신이 나버러의 정보를 바탕으로 스케치한 항로를 검토해달라고 부탁했다. 그들 역시 그의 계획이 생존을 위한 최선의 방법이라는 데에 동의했다. 벌클리는 근본적인 선택의 기로에 있는 다른 사람들에게도 자신의 생각을 말해주었다. 전쟁에 지치고 죽음과 파괴에도 지쳐서 고향으로 돌아가기를 갈망하는 사람들이었다. 그러나 그들이 여기서 이렇게 돌아선다면 임무는 물론이고 소함대의 다른 사람들마저 팽개치는 꼴이 될 것이다. 설상가상으로 칩선장은 바로 얼마 전에 애국적인 임무를 수행하기 위해 벌클리의 계획과는 반대 방향으로 갈 것을 기대한다고 발표하기까지 했다. 선장은 결코 후퇴하지 않고 사령관을 찾을 것이라고 맹세했다.

바이런은 방주를 만드느라 잠시 하나가 되었던 전초기지 사람들이 두 개의 경쟁세력으로 쪼개지는 모습을 지켜보았다. 한쪽에는 칩과 소수의 충성스러운 측근들이 있었다. 반대편에는 벌클리와 그의 지지자들이 있었다. 그때까지 바이런은 중립적인 입장을 고수했으나, 이제는 점점 힘들어졌다. 두 세력의 분쟁이 어느 방향으로 출발할 것인가라는 간단한 문제에 집중되어 있었으나, 지도력, 충성심, 배신, 용기, 애국심에 대한 심오한 의문들 또한 제기되었다. 해군 내에서 언젠가 자신의 배를 지휘하는 선장 자리까지 올라갈 포부를 품은 귀족인 바이런은 지휘관과 카리스마적인 포수 중 한 편을 반드시 선택할 수밖에 없는 상황에서 이런 의문들과 씨름했다. 자신의 결정에 무엇이 달려 있는지 알기 때문에 그는 글을 쓸 때도 다소 신중한 태도를 보였다. 그러나 그가 칩에게 의무감을 느꼈으며, 새로 얻은 지위를 즐기는 듯한 벌클리는 선장의 깊은 불안감과 편집증을 부채질해 그를 무너뜨리는 사람으로 보았음이 분명히 드러난다. 게다가 칩은 계획을 설명하면서 제국의 영웅주의와 희생을 상기시켰다. 그것은 바이런이 무척 사랑하는 낭만적인 이야기에서 격찬하던 신화적이고 시적인 바다 생활이었다.

반면 벌클리는 이 악몽 같은 상황에서도 훨씬 더 침착한 모습으로 사람들을 지휘하는 데 적합한 사람 같았다. 물러설 줄 모르고, 창의적이고, 약삭빠른 그는 자신의 능력만으로 이미 지도

자의 자리에 앉아 있었다. 칩이 오로지 명령체계에만 의존해 사람들이 흔들림 없이 자신을 따를 것이라고 기대하는 것과는 대조적이었다. 칩은 또한 자신의 권위를 유지하려고 필사적으로 애쓰는 과정에서 훨씬 더 광신적인 사람으로 변해버렸다. 벌클리는 칩에 대해 이렇게 말했다. "배를 잃으면서 그도 사라졌다. 배 위의 지휘관이었을 때 그는 다스리는 법을 알았으나, 혼란스럽고 무질서한 상황이 펼쳐지자 해변에서 자신의 용기로 지휘권을 확립하려고 했으며 자신의 권위에 대한 아주 사소한 모욕조차 억압하려고 했다."[14]

8월 3일 바이런은 벌클리가 향후의 일을 의논하기 위해 대다수의 사람과 모임을 가질 예정임을 알게 되었다. 그 자리에 가야 할까, 아니면 선장에게 계속 충성할까?

———— • ————

그다음 날 칩은 벌클리가 사람들을 이끌고 다가오는 것을 보았다. 몇 피트 거리까지 다가온 벌클리는 걸음을 멈추고 종이 한 장을 들어 올리더니 그것이 탄원서라고 말했다. 그리고 마치 의회에 출석한 사람처럼 그 종이를 소리 내서 읽기 시작했다.

이름이 아래에 밝혀져 있는 우리는 심사숙고 끝에… 이곳 사람들의 신체를 보존하는 가장 훌륭하고, 가장 확실하고, 가장 안전한 방법은 마젤란 해협을 통과해 영국으로 향하는 것이라고

생각한다. 파타고니아 해안의 어느 황량한 섬에서 작성.[15]

비록 신중한 표현을 사용하기는 했어도, 이 글의 의도는 명확했다. 전날 열린 회합에 벌클리는 이 탄원서에 서명하고 싶어 하는 사람들을 초대했다. 그들은 한 명씩 차례로 서명했다. 해병대장 펨버턴, 계속 어린 아들을 보호하며 지내는 항해사 클라크, 몹시 늙었는데도 여전히 삶에 매달리는 요리사 매클린, 수병 존 덕도 여기 동참했다. 심지어 칩의 명령을 사납게 수행하는 수습장교 캠벨조차 자신의 서명을 보탰다. 바이런도 자기 이름을 갈겨썼다.

여기저기 얼룩이 묻은 그 종이를 벌클리가 칩에게 건네자, 칩은 맨 아래에 기묘하게 나열된 긴 서명 목록을 보았다. 칩의 부하 중에 이 탄원서를 지지한 사람이 너무 많아서 어느 한 명을 콕 집어 벌을 내리기가 힘들 것 같았다. 이 일을 가장 앞서서 선동한 벌클리도 마찬가지였다.

칩에게 반항하지 않은 사람은 한 손으로 꼽을 정도였다. 회계관 하비, 선의 엘리엇, 해병대 부관 해밀턴, 집사 피터 플래스토. 그리고 한 명이 더 있었다. 청원서에 이름이 없는, 어쩌면 가장 중요한 사람. 베인스 대위. 이 섬에서 두 번째로 계급이 높은 해군장교가 아직 칩의 편이었다. 지휘권 최상부는 여전히 그대로 남아 있었다.

이제 어떻게 해야 할지 생각할 필요가 있었다. 칩은 탄원서를 손에 든 채로, 생각해본 뒤 답을 주겠다며 벌클리 일행을 해산

시켰다.

———————●———————

이틀 뒤, 칩이 벌클리와 커민스를 불렀다. 선장의 거처로 들어가니 선장 혼자만 있는 것이 아니었다. 베인스 대위가 그와 나란히 앉아 있었다.

벌클리와 커민스가 자리를 잡은 뒤, 칩이 말했다. "이 문서가 나를 아주 불편하게 만들었다. 오늘 아침 8시까지 눈을 전혀 붙이지 못했을 정도야. 이걸 생각하느라고. 하지만 내 생각에 너희는 상황을 제대로 가늠하지 못한 것 같다."[16] 그는 그들이 쉽게 고향에 돌아갈 수 있을 거라는 거짓 희망으로 사람들을 유혹하고 있다고 확신했다. 사실 브라질로 가는 길은 칠로에로 가는 길보다 2,500마일4,000킬로이나 더 멀었다. 그는 그 길로 간다면, "얼마나 먼 거리를 가야 하는지 생각해봐라… 항상 역풍이 불테고, 물을 구할 곳도 없지."

벌클리와 커민스는 한 달치 물을 롱보트에 실을 수 있으며, 작은 보트들로 해안에 가서 식량을 구할 수 있을 것이라고 강조했다. "그곳에서 마주칠 적이라고는 카누에 탄 인디언들밖에 없어요." 벌클리가 말했다.

칩은 꿈쩍도 하지 않았다. 칠로에로 간다면, 식량을 실은 상선을 포획할 수 있다는 것이 그의 주장이었다.

커민스는 대포도 없는데 어떻게 배를 포획하느냐고 물었다.

"소총은 뒀다 어디에 쓰려고?" 칩이 대꾸했다. "적선에 올라 공격해야지."

커민스는 롱보트가 대포를 맞으면 살아남을 수 없을 것이라고 경고했다. 설사 침몰하지 않는다 해도, 앤슨과 만날 가능성은 사실상 없다고 봐야 했다. "사령관도 우리와 같은 운명을 맞았을지 모릅니다… 어쩌면 더 나쁜 상황일 수도 있고요."

분위기가 점점 험악해지면서, 커민스는 선장에게 쏘아붙였다. "선장님, 우리가 여기 있는 건 전부 '당신' 탓입니다." 오랫동안 곪아터진 비난이 마침내 터져나왔다. 커민스는 여기서 그치지 않고, 과거 환자가 가득하고 상태가 그 모양이던 웨이저 호를 이끌고 선장이 육지로 향할 권리가 없었다고 주장했다.

"내가 받은 명령을 너희는 몰라." 칩이 말했다. "지휘관에게 일찍이 그토록 엄격한 명령이 내려온 적이 없어." 그는 집결 지점으로 향하는 것 외에는 선택의 여지가 없었다는 말을 되풀이했다. "그건 내 의무였다."

벌클리는 선장이 어떤 명령을 받았든 항상 재량을 발휘해야 한다고 대답했다.

놀랍게도 칩은 이 말을 그냥 넘겨버리고, 다시 눈앞의 문제로 주의를 돌렸다. 그리고 외교관 같은 어조로, 마젤란 해협을 통과하자는 제안에는 응할 수 있으나 확실한 결정을 내리는 데에는 시간이 더 필요하다고 선언했다.

칩이 번드르르한 말로 발목을 잡는 건 아닌지 의심이 간 벌클리는 이렇게 말했다. "사람들이 힘들어합니다… 결정은 빠를수

웨이저

록 좋습니다."

대화 내내 베인스는 칩에게 모든 것을 맡기고 거의 침묵을 지켰다. 칩이 대화가 끝났다는 신호를 보내고는 벌클리와 커민스에게 물었다. "반대할 것이 더 있나?"

"네, 선장님. 한 가지 더 있습니다." 벌클리가 대답했다. 그는 만약 모두가 정말로 함께 롱보트를 타고 떠나게 될 경우, 선장이 장교들과 의논하지 않고 배를 정박시키거나, 항로를 변경하거나, 공격을 개시하는 등의 행동을 하지 않을 것이라고 확답해 달라고 말했다.

이 요구에 응하면 사실상 선장으로서 권위가 무너질 것임을 깨달은 칩은 더 이상 참지 못하고, 내가 아직 너희의 지휘관이라고 소리쳤다.

"선장님이 합리적으로 다스리는 한 우리는 목숨을 바쳐 선장님을 도울 겁니다." 벌클리는 이렇게 말하고 나서 커민스와 함께 밖으로 나갔다.

———————•———————

존 바이런이 보기에 주위의 모든 사람이 무기를 모으고 있는 것 같았다. 칩 선장은 창고 천막의 책임자인 만큼 가장 규모가 큰 무기고를 갖고 있는 셈이었다. 그는 자신의 거처를 무장 병커로 바꿔놓았다. 총포 외에 번쩍이는 검도 두 자루 있었다. 칼을 휘두르는 해병대 부관 해밀턴이 자주 그를 도와 파수를 섰다. 칩은 자기편이 너무 적어서 위험하다는 것을 깨닫고 회계관의 손에 브랜디를 들려 탈퇴자들에게 보냈다. 동맹을 맺자고 유혹하기 위해서였으나, 그 약탈자 무리는 자유분방한 생활을 고수했다.

벌클리는 선장의 이런 움직임을 알게 되었을 때 "뇌물"[17]이라고 비난했다. 한편 그는 난파선에서 소총과 피스톨과 탄환을 분주히 가져와서 자신의 집 또한 병기고처럼 바꿔놓았다. 바이런은 밤에 벌클리의 동조자들이 난파선을 뒤지러 몰래 빠져나가는 것을 볼 수 있었다. 녹슨 총이나 화약 상자 같은 것을 아직 꺼내올 수 있기 때문이었다. 여전히 칩에게 공감하는 수습장교 캠벨은 벌클리 무리가 이제 "모두 장교들에게 반항할 수 있는 능력"[18]을 갖췄다고 지적했다.

두 무리 사이의 의사소통은 점점 악화되어서, 나중에는 벌클리가 두 번 다시 칩 근처에도 가지 않겠다고 맹세하는 지경에 이르렀다. 이 두 지도자는 서로 몇 야드 거리에 있으면서도, 전쟁 중인 두 나라의 외교관처럼 사람을 보내 말을 전할 때가 많았다. 어느 날 칩이 베인스 대위를 보내 벌클리에게 뜻밖의 제안을 했다. 돌아오는 안식일에 벌클리의 큰 집을 다 함께 모여 기도하는 예배 장소로 쓰는 게 어떻겠느냐는 제안이었다. 벌클리의 신앙심을 존중하며 평화를 제안하는 것처럼 보였다. 또한 그들 모두 진흙으로 만들어진 피조물이라는 사실도 일깨워주었다. 그러나 벌클리는 책략의 냄새를 맡고 그 제안을 거절했다. "이 제안에서 종교의 비중은 가장 적을 것이라고 믿는다."[19] 벌클리는 일기에 이렇게 적었다. "만약 우리 천막을 기도 장소로 만든다면… 예배가 한창일 때 기습을 받아 무기를 빼앗기고 계획이 좌절될지 모른다."

바이런이 보기에는 두 무리가 음모에 음모로 대응하며, 은밀한 회합을 갖고, 스스로를 비밀로 구속하는 것 같았다. 벌클리의 세력 중 많은 사람이 군사훈련을 시작하면서 긴장은 더욱 높아졌다. 펨버턴은 비쩍 마른 해병들을 전투대형으로 세웠고, 꾀죄죄한 수병들은 안개 속에서 소총에 총알을 장전하고 과녁을 쏘는 연습을 했다. 섬 전역에 총성이 메아리쳤다. 바이런은 '젱킨스의 귀 전쟁' 때 전투를 경험하지 못했지만, 이제는 같은 배의 동료들끼리 전투를 벌이는 모습을 목격하게 될지도 모른다는 생각이 들었다.

8월 25일 바이런은 무시무시한 진동을 느꼈다. 그의 몸은 물론 주위의 모든 것이 덜덜거리며 부서질 것처럼 보일 만큼 강력한 진동이었다. 오두막의 벽, 나무에 매달린 가지, 발 밑의 땅이 모두 흔들렸다. 지진이었다. 그냥 지진.

16장

나의 반란자들

지진을 **"땅의** 진동과 격렬한 충격"[1]이라고 묘사한 존 벌클리는 그날로부터 이틀이 지난 8월 27일, 가장 믿고 속을 털어놓는 사람들과 은밀히 만났다. 침에게 탄원서를 제출한 지 3주가 지났는데도, 그는 최종적인 답변을 아직 내놓지 않았다. 벌클리는 선장이 브라질 계획에 동의할 생각이 전혀 없다는 결론을 내렸다. 처음의 명령을 거둬들일 사람이 아니기 때문이었다.

그 은밀한 모임에서 벌클리는 금지된 주제를 꺼냈다. 상관에 대한 반란. 본격적인 군사반란은 폭동과 달랐다. 국가가 질서를 유지하기 위해 세운 세력, 즉 군대 내에서 일어나는 반란은 통치체제에 커다란 위협이 되기 때문에 무자비하게 진압될 때가 많았다. 군사반란이 대중의 상상력을 사로잡는 이유도 바로 이거였다. 질서의 집행자들을 무질서 상태로 몰아넣는 요인이 무엇인가? 그들은 극단적인 무법자인가? 아니면 체제의 핵심이 썩었기 때문에, 그들의 반란이 고결한 색채로 물들게 되는가?

벌클리는 자신들의 봉기가 정당화될 수 있다고 주장했다. 이 섬에 표류한 상태인 만큼 "해군의 규칙들은 우리의 지침이 되기에 충분하지 않다"[2]는 것이 그의 믿음이었다. 이런 상황에서는 그들을 온전히 이끌어줄 성문 규정도 없고, 기존의 문헌도 없었다. 살아남기 위해선 그들이 스스로 규칙을 세워야 했다. 그는 영국 신민들이 역사 속에서 몇 번 거만한 군주를 제지하기 위해 외쳤던 '생명'과 '자유'의 권리를 어색하게 들먹였다. 그러나 벌클리는 자신 또한 해군의 일부이고 국가의 도구임을 인정하며, 더욱 급진적인 주장을 내놓았다. 이 섬에서 벌어진 혼돈의 진짜 원인, 해군의 정신을 진짜로 어지럽히고 있는 사람은 바로 칩이라는 것이었다. 마치 그가 진정한 반란자인 것 같았다.

그러나 벌클리는 자신들이 칩과 기존의 군사 명령체계를 상대로 반란을 꾸미다가 잡힌다면, 코전스처럼 이 섬을 떠나기도 전에 총살당할 가능성이 있음을 알고 있었다. 설사 그들의 계획이 성공해서 영국으로 돌아가게 되더라도, 칩의 동료 장교들에게 군사재판을 받고 사다리를 올라가 교수대에서 쿵 떨어지는 신세가 될 수도 있었다. 예전에 한 역사가는 이런 말을 했다. "반란은 끔찍한 악성 질병과 같아서 이 병에 걸린 환자가 고통스러운 죽음을 맞을 가능성이 너무나 높기 때문에, 이 주제를 소리 내어 입에 올릴 수도 없다."[3]

벌클리는 자기 무리의 행동을 일일이 정당화하기 위해 조심스럽고 빈틈없게 움직이며 문자로 기록을 남겨야 했다. 바다의 법률가이자 이야기꾼인 그는 이미 일기에 작은 사건까지 빠짐없이 기록해두었다. 그가 보기에는 선장이 지도자로서 부적합한 인물임을 보여주는 기록이었다. 이제 필요한 것은 대중의 시선과 법적인 싸움을 이겨낼 수 있는 탄탄한 이야기, 영원한 바다의 이야기를 만들어내는 것이었다.

먼저 벌클리가 베인스 대위의 지원을 얻어내야 했다. 명령체계에서 두 번째로 계급이 높은 베인스가 적어도 명목상으로나마 선장의 자리에 앉는 것이 반드시 필요했다. 그러면 벌클리가 멋대로 해군의 질서를 무너뜨리고 스스로 권력을 쥐려고 나선 것이 아님을 해군본부에 증명할 때 도움이 될 터였다. 베인스는 마젤란 해협을 통과하는 길이 가장 현명한 항로라고 생각한다는 점을 벌클리에게 조용히 인정했지만, 선장에게 등을 돌렸을 때의 결과를 두려워하는 것 같았다. 분쟁에서 지는 편을 골랐을 때 어떤 일을 당할 수 있는지 그는 아마 대부분의 사람보다 더 잘 알고 있었을 것이다. 급진적인 공화주의자이자 의회 의원이었던 그의 할아버지 애덤 베인스가 왕당파에 반대하는 쪽에 섰다가, 왕당파가 권력을 되찾은 뒤인 1666년에 "불충한 행위"[4]를 저질렀다는 의심을 받고 런던탑에 갇혔기 때문이다.

벌클리는 베인스 대위를 자기편으로 끌어들이려고 꾸준히 노력했다. 그 결과 마침내 베인스가 칩을 몰아내자는 주장에 동의하기는 했으나, 조건이 하나 있었다. 브라질로 항해해야 하는 이유를 공식적인 문서로 정리해서 칩에게 거기에 서명할 기회를 먼저 주어야 한다는 것. 그것은 그가 사람들의 뜻에 고개를 숙일 수 있는 마지막 기회였다. 만약 그가 그 문서를 받아들인다면, 계속 선장의 자리를 유지할 수 있을 터였다. 비록 권한이 크게 줄어들기는 하겠지만. 벌클리는 이렇게 적었다. "만약 칩 선장이 웨이저 호를 잃기 전처럼 절대적인 지휘권을 다시 갖게 되면, 또 똑같은 원칙에 따라 움직이면서 아무리 위급한 상황에서도 장교들과 의논하지 않고 자신의 지식이 우월하다는 자신감과 그때그때의 기분에 따라 임의로 행동할 것이라는 생각이 들었다."[5] 그리고 벌클리는 이렇게 덧붙였다. "우리는 그가 제한된 지휘권을 쥐었을 때는 신사처럼 굴겠지만, 절대적인 권한을 맡기기에는 너무 위험한 사람이라고 생각한다."

만약 칩이 이런 조건에 난색을 표한다면 그들은 그를 몰아낼 작정이었다. 코전스를 총으로 쏜 것이 선장을 체포할 수 있는 확고한 근거가 된다고 그들은 믿었다. 베인스는 이 반란에 참여한 모든 장교가 이 문서를 제출해서 "영국에서 스스로를 정당화"[6]할 수 있을 것이라고 말했다.

벌클리는 종잇조각에 문서를 작성했다. 그는 이곳에 도둑질과 내분이 만연했으며 "결과적으로 전체가 파국을 맞게 될 것"[7]이라고 설명한 뒤, 따라서 사람들이 원정을 포기하고 마젤란 해협과 브라질을 경유해 영국으로 돌아가기로 "만장일치로" 동의했다고 적었다.

다음 날 벌클리와 베인스는 소총과 피스톨을 지참하고, 사람들과 함께 선장을 만나러 갔다. 그들이 선장의 거처로 몰려 들어갔더니, 중무장을 한 사람 몇 명이 선장을 에워싸고 있었다.

벌클리는 주머니에서 문서를 꺼내 펼쳐서 소리 내어 읽었다. 그리고 선장에게 서명을 요구했다. 칩은 거절하면서, 그들이 자신의 명예를 모욕했다고 벌컥 화를 냈다.

벌클리는 일행과 함께 그곳을 나와 곧장 펨버턴의 오두막으로 갔다. 펨버턴은 부하들에게 에워싸여 의자에 앉아 있었다. 일이 어떻게 됐는지 궁금한 사람들이 오두막에 점점 모여들었다. 벌클리는 전말을 이야기해주었다. 나중에 그가 정리한 표현에 따르면, 선장이 "무척 깔보는 듯한 태도로, 공익을 위해 제안한 모든 것을 거부했다"[8]는 내용이었다. 펨버턴이 목숨을 걸고 사람들 편에 서겠다고 단언하자, 사람들은 포효하듯 외쳤다. "영국을 위하여!"[9]

칩은 거처에서 나와 이것이 무슨 소란이냐고 물었다. 벌클리를 포함한 장교들은 그를 권좌에서 몰아내고 베인스 대위에게 지휘권을 넘기기로 의견을 모았다고 선언했다.

칩이 우렁찬 목소리로 말했다. "나한테서 지휘권을 빼앗아갈 놈이 누구라고?" 그와 베인스 사이에서 바람이 무서운 소리를 내는 가운데, 그는 베인스를 노려보며 물었다. "자네인가?"

베인스는 시들시들 졸아드는 것 같았다. 나중에 벌클리는 이렇게 표현했다. "선장의 무서운 모습에 위협을 느낀 대위가 유령 같은 꼴이 될 정도였다."

베인스는 간단히 대답했다. "아닙니다, 선장님."

그가 계획을 버렸다. 그들이 미리 짠 이야기도 버렸다. 벌클리 일행은 곧 후퇴했다.

그 뒤 며칠 동안 데이비드 칩은 자신의 벙커 밖에서 적들이 다시 무리를 짓는 소리를 들을 수 있었다. 아직 남아 있던 측근 중 일부도 그를 버렸다. 회계관 하비는 새로운 권력의 중심이 어디에 있는지 깨닫고 칩의 곁을 떠났다. 그다음에는 결코 돌아서지 않을 것이라고 믿었던 선장의 집사 피터 플래스토가 벌클리와 함께 마젤란 해협을 향해 가기로 했다는 소문이 들려왔다. 칩은 사람을 시켜 플래스토를 불러서, 믿을 수 없다는 얼굴로 그 소문이 사실이냐고 물었다.

"그렇습니다, 선장님."[10] 플래스토가 대답했다. "저는 운을 시험해보기로 했습니다. 영국에 돌아가고 싶으니까요."

칩은 그를 악당이라고 비난했다. 아니, 모두가 악당이었다. 칩은 그에게 나가라고 명령했다. 그는 거의 완벽하게 고립되어 있었다. 곁에 아무도 없는 선장이라니. 그는 부하들(그는 그들을 "나의 반란자들"[11]이라고 불렀다)이 전투대형으로 모여서 무기 발사 연습을 하는 소리에 귀를 기울였다. 그러나 공식적으로 권력은 아직 칩의 손에 있었으므로, 벌클리가 베인스 없이 행동했다가는 영국에 돌아갔을 때 교수대를 피할 수 없을 터였다.

오래지 않아 칩은 벌클리에게 자신을 만나러 오라는 연락을 보냈다. 이번에는 혼자 오라고 했다. 벌클리는 총으로 무장한 사람들을 양옆에 거느리고 도착했지만, 칩의 거처에는 혼자 들어갔다. 손에는 피스톨을 들고 있었다. 칩은 자신의 트렁크에 앉아 있었다. 오른쪽 허벅지에는 그의 피스톨이 놓여 있었다. 공이치기를 당긴 상태로. 칩이 벌클리를 노려보자, 벌클리는 들고 있던 피스톨의 공이치기를 당겼지만 그대로 천천히 한 걸음씩 뒤로 물러났다. 나중에 그는 "내 목숨을 보존하기 위해 어쩔 수 없이 신사에게 피스톨을 발사하게 되는"[12] 상황이 싫었다고 주장했다.

벌클리가 밖으로 나오자 사람들이 계속 더 많이 모여들고 있었다. 열기도 높아졌다. 그때 칩이 자신의 권위를 확고히 선언하기 위해 훨씬 더 놀라운 행동을 했다. 비무장 상태로 벙커에서 나와 분노한 폭도들 앞에 선 것이다. "여기서 선장은 상상할 수 있는 모든 용기와 지도력을 보여주었다."[13] 벌클리는 이렇게 인정했다. "그는 다수 앞에 혼자 서 있었다. 모두 그에게 불만을 품었고, 모두 무장하고 있었다." 그런데 그 순간 단 한 사람도, 벌클리도, 펨버턴도, 심지어 폭력적인 갑판장 킹도 감히 선장에게 손가락 하나 댈 수 없었다.

———————•———————

굶주림은 계속 사람들을 괴롭혔다. 다음에 누가 무릎을 꿇을지 존 바이런은 짐작도 할 수 없었다. 한 번은 그의 옆에 있던 동료가 기절하기도 했다. "그가 쓰러졌을 때 나는 그 옆에 앉아 있었다."[14] 바이런은 이렇게 썼다. "주머니에 말린 조개 몇 개(대여섯 개쯤)가 있었기 때문에 가끔 한 개씩 그의 입에 넣어주었다… 그러나 내 초라한 식량도 실패한 직후 그는 죽음으로 해방되었다." 그 섬에서 50명이 넘는 사람들이 쓰러졌다. 바이런의 동료 중 일부는 너무 굶주린 나머지 시신을 먹는 극단적인 방법까지 생각하고 있었다. 헛것을 보던 소년 한 명이 아직 매장되지 않은 시신에서 살을 베어내자, 사람들은 그를 붙잡아 그것을 먹지 못하게 했다. 비록 대다수의 사람이 글로 남긴 기록에서 식인이라는 단어를 언급조차 하면 안 된다는 것을 알고 있었지만, 바이런은 몇몇 사람이 죽은 동료의 시신을 잘라 먹기 시작했음을 인정했다. 바이런은 그것을 "최후의 비상수단"[15]이라고 지칭했다. 살아남은 사람들이 곧 이 섬을 떠나지 못한다면, 더 많은 사람이 이 신성모독 행위에 무릎을 꿇을 터였다.

섬에 표류한 지 144일이 지난 10월 5일, 바이런은 아마도 굶주림 때문에 나타난 신기루 같은 광경을 응시하고 있었다. 한때 롱보트의 일부가 놓여 있던 단에 찬란한 선체가 있었다. 폭은 10피트[3미터], 길이는 50피트[15미터]가 넘고, 선미에서 뱃머리까지 널빤지가 죽 이어져 있으며, 선원들이 근무할 수 있는 갑판, 그 아래의 화물창, 방향을 조종하는 키, 제1 사장도 갖춰져 있었다. 바이런과 동료들이 거기에 마지막 손길을 덧붙였다. 선체 바닥에서 물이 새지 않게 밀랍과 수지를 바르는 작업이었다.

하지만 이 배를 어떻게 바다로 운반할까? 무게가 몇 톤이나 되기 때문에, 그들이 들고 가거나 모래사장에서 끌고 가기에는 너무 무거웠다. 그렇지 않아도 몸이 쇠약해진 상태니 더욱더. 마치 그들이 스스로를 더욱 괴롭히기 위해 이 방주를 만든 것 같았다. 그러나 그들은 해법을 찾아냈다.[16] 통나무로 레일을 깔아 바다까지 배를 굴려가는 방법이었다. 그들은 난파선에서 건져온 밧줄로 나무 돛대 두 개를 묶어 자랑스럽게 우뚝 세웠다. 이제 새로 만들어진 롱보트가 물 위에서 출렁거리고 있었다. 그들은 그 배에 스피드웰이라는 이름을 지어주었다. (특별한 의미를 지닌 이름이었다. 영국인 해적 셸보크 일행이 난파한 뒤 침몰한 자기들 배의 목재로 스피드웰 호라는 보트를 만들어 영국으로 돌아가는 데 성공한 적이 있었다.) 벌클리는 하느님이 그들을 구조하려고 배를 보내주셨다고 선언했다.

다른 사람들과 마찬가지로 바이런도 간절히 집으로 돌아가고 싶었다. 자신과 각별히 가까웠던 누나 이사벨라가 보고 싶었다. 심지어는 못된 영주인 형도 이제는 그리 나쁜 사람 같지 않았다.

하지만 바이런은 영국으로 돌아가려는 벌클리의 노력을 지지하면서도, 칩을 몰아내려는 계획에는 참여하지 않았다. 그는 여전히 마지막으로 남은 소년 같은 환상에 매달려 있는 듯했다. 생존자 모두가 평화롭게 섬을 출발할 수 있을 것이라는 환상.

———————•———————

10월 9일 새벽에 벌클리 무리가 넝마를 걸친 초라한 군대를 조용히 한자리에 모으기 시작했다. 굶주린 몸에 옷은 걸치는 둥 마는 둥 하고, 눈에는 생기가 없고, 머리는 새둥지처럼 헝클어진 사람들이었다. 벌클리는 자신이 가진 모든 무기를 나눠줬다. 소총, 총검, 피스톨, 탄약, 뱃사람들이 쓰는 칼, 밧줄. 사람들은 총신에 총알을 장전하고, 공이치기를 당겼다.

스멀스멀 동이 트는 가운데, 그들은 너저분한 제국의 전초기 지를 가로지르기 시작했다. 미저리 산이 우뚝 솟아 있고, 바다 가 사람처럼 숨을 들이쉬고 내뱉었다. 칩의 거처에 다다른 그들 은 잠시 걸음을 멈추고 귀를 기울이다가 차례로 쳐들어갔다. 칩 은 바닥에서 마르고 쇠약해진 몸을 둥글게 구부리고 잠들어 있 다가, 부하들이 자신을 향해 돌진하는 것을 보았다. 그가 미처 손을 뻗어 총을 잡기도 전에 그들이 그를 붙잡았다. 그리고 한 장교의 표현처럼 그를 "다소 무례하게"[17] 다뤘다. 근처의 다른 거처에서 자고 있던 해밀턴도 동시에 시행된 작전으로 체포되 었다.

벌클리의 기록에 따르면, 사람들은 "선장에게 계속 자유를 주 는 것은 너무 위험하다"[18]고 결정했다. 이번에는 베인스 대위도 반란에 동참했다.

칩은 당혹스러운 표정으로 벌클리와 장교들을 돌아보며 말 했다. "자네들, 무슨 짓을 저질렀는지 아나?"[19]

벌클리 무리는 코전스를 죽인 그를 체포하러 왔다고 설명했 다.

"난 아직 너희 지휘관이야." 칩이 대꾸했다. "내가 어떤 지시 를 받았는지 보여주지." 자신의 물건을 뒤적여도 좋다는 허락을 받은 그는 앤슨 사령관이 그를 해군 소속인 웨이저 호의 선장으로 임명하며 준 서한을 꺼내 흔들었다. "이걸 보게. 이걸 봐! 자네들이 나한테 이럴 줄은 몰랐어."

"선장님, 이건 선장님이 자초한 겁니다." 벌클리가 말했다. "공익을 전혀 고려하시지 않았잖아요… 오히려 정반대로 행동하셨죠. 아니면 공익에 대해 아주 무신경하거나 무심했고요. 마치 우리에게 지휘관이 없는 것 같았습니다."

칩은 장교들에게서 고개를 돌려 수병들에게 말했다. "그래, 좋다, 너희는 자고 있는 나를 붙잡았지… 너희는 용맹한 녀석들이지만, 저 장교들은 불한당이다." 그는 침입자들의 손에 양손이 등 뒤로 결박된 상태였다. "난 너희를 탓하지 않는다." 그가 말을 이었다. "저 장교들이 나쁜 거야." 그는 그들이 결국 오늘 이 행동의 대가를 치를 것이라고 말했다. 그 의미는 명확했다. 그들이 교수대에 매달릴 것이라는 뜻이었다.

그는 이어 베인스 대위를 보며 물었다. "자, 대위님, 나를 어떻게 할 생각이오?" 장교들이 그를 천막 한 곳에 구금할 계획이라고 베인스가 설명하자 칩은 이렇게 말했다. "나는 저들의 말에 따를 걸세. 내 거처에 머물게 해준다면." 그의 요구는 거부되었다. "이봐, 베인스 '선장'!" 그의 목소리에 경멸이 배어 있었다.

옷은 제대로 입지 못했으면서 모자는 머리에 쓴 칩은 살을 엘 듯이 추운 밖으로 끌려나가면서도 품위를 잃지 않으려고 애썼다. 그래서 밖에 모인 구경꾼들에게 이렇게 말했다. "내가 모자를 벗어 인사하지 못하는 것을 양해하시게. 내 손이 묶여 있으니."

웨이저

벌클리는 글로 적은 기록에서 자신의 적인 선장에게 감탄하는 기색을 숨기지 못했다. 부하들의 손에 결박당하고 굴욕을 겪으면서도 칩은 침착하고 용기 있고 흔들림 없는 모습을 유지했다. 이제야 마침내 진정한 선장답게 자신을 억제할 수 있었다.

조금 뒤 갑판장 킹이 칩에게 어슬렁어슬렁 다가가 얼굴에 주먹을 내질렀다. "지금까지는 당신 세상이었지. 젠장, 이제는 내 세상이야!"

"포로로 잡힌 신사에게 함부로 구는 건 불한당 짓이야." 칩이 말했다. 얼굴에서 줄무늬처럼 피가 흘러내렸다.

그와 해밀턴은 임시 감옥에 갇혔다. 수병 여섯 명과 장교 한 명이 한 조가 되어 항상 그들을 감시했다. 그 안으로 들어가려면 누구든 반드시 몸수색을 받아야 했다. 벌클리는 절대 틈을 주지 않으려는 것 같았다. 칩이 탈주하는 것도, 누군가가 감옥 안으로 침입하는 것도 그는 원하지 않았다.

사실상의 지휘관이 된 벌클리는 온전한 책임자 자리에 부담을 느꼈다. "이제 우리는 [그를] 선장으로 바라보았다."[20] 캠벨은 이렇게 인정했다. 벌클리는 브라질 항해를 위한 최종 준비를 시작했다. 사람들에게 빈 화약통에 식수로 쓸 빗물을 받으라고 지시하고, 아직 조금 남아 있는 고기를 손질하게 했다. 그다음에는 밀가루 몇 자루를 포함해서 빈약한 식량을 보트에 나눠 싣게 했다. 벌클리는 또한 자신의 귀한 소지품인 일기장과 《그리스도인의 모범 또는 예수 그리스도를 따라 흉내 내는 것에 대한 보고서》를 스피드웰 호의 화물창에 슬쩍 집어넣었다. 그곳이라면 그 두 물건이 비교적 습기 없이 유지될 것 같았다. 반란에 놀라 여전히 멍한 상태인 바이런은 스피드웰 호의 식량이 고작해야 며칠 정도면 바닥날 것이라며 불안해했다. "밀가루에 해초를 섞어 양을 늘려야 했다. 다른 식량을 구할 수 있을지는 우리 총포에 달렸다."[21]

벌클리는 무정부적인 분위기를 반드시 바로잡아야겠다는 생각에, 동지들과 함께 출발 뒤 일행에게 적용할 규칙과 규정을 만들었다. 거기에는 다음과 같은 조항들이 포함되었다.

○ 항해 중 획득한 새, 물고기, 생활필수품은 모두 전원에게 똑같이 분배되어야 한다.
○ 식량을 훔쳤다고 확인된 사람은 계급과 상관없이 가장 가까운 해변에 버리고 간다.
○ 싸움, 다툼, 반란을 예방하기 위해, 타인의 목숨을 위협하거나 폭력을 휘두른 사람은 누구라도 가장 가까운 해변에 버리고 간다.

벌클리는 이 계명들이 "공동체의 선"[22]을 위한 것이라고 단언했다. 이 항해에 함께 나서고 싶은 사람은 누구나 피의 서약을 하듯이 이 문서에 서명해야 했다.

이제 마지막으로 중요한 문제가 하나 남아 있었다. 칩을 어떻게 할 것인가? 원래 웨이저 호에 타고 있던 약 250명의 성인 남성과 소년 중 모두 합해 91명이 아직 살아 있었다. 탈퇴자들까지 합한 숫자였다. 네 척의 보트에 이 사람들을 모두 태운다면, 서로 얼굴이 맞닿을 정도로 빽빽이 붙어 있어야 할 터였다. 죄수를 위한 별도의 공간은 없고, 칩은 얌전한 편이 아니었다. 새로운 질서에 계속 위협이 되는 존재이기도 했다.

벌클리에 따르면, 그래도 그들은 칩을 죄수로서 고향까지 데리고 갈 계획이었다. 선장을 살인 혐의로 법정에 세우기 위해서였다. 그러나 마지막 순간 칩이 벌클리에게 "죄수로 끌려가느니 차라리 총살당하겠다"[23]고 말했다. 그리고 자신을 섬에 남기고 가라면서, 누구든 함께 있고 싶은 사람은 남아도 좋고 식량도 나눠줄 수 있다면 나눠달라고 부탁했다. 벌클리는 자신이 여러 명과 상의했더니 그들이 이렇게 말했다고 썼다. "여기 남아서 죽든지 말든지!"[24]

벌클리는 가장 절친한 장교들과 함께 가장 중요한 문서를 준비했다. 영국 함대 사령관*에게 직접 바칠 이 문서는 칩을 "그렇게 작은 배로 떠나는 그렇게 길고 지루한 항해"[25]에 죄수로 데려가기가 힘들고, 그가 "전체에게 파괴적인 영향을 미칠 수 있는 비밀" 음모를 실행할 수도 있기 때문에, 그들이 선장을 웨이저 섬에 두고 가기로 의견을 모았다고 밝혔다. 그리고 그들은 "살인을 예방하기 위해" 그것이 필요한 일이었다고 주장했다.

---

* 국왕의 칭호 중 하나.

칩은 적들이 코전스 총격 사건을 빌미로 자신을 처리하려 할 것이라고 확신했다. 그가 영국에 가서 자기 시각의 이야기를 들려준다면 그들이 교수대에 매달리는 신세가 될지도 모른다는 점을 그들 자신도 분명히 알고 있었다.

벌클리 무리는 출항 준비를 하면서 칩에게 길이가 18피트[5.5 미터]인 욜을 주겠다고 알렸다. 그것은 네 척의 보트 중 가장 작았을 뿐만 아니라, 얼마 전 암초에 부딪혀 금이 간 상태이기도 했다. 칩은 욜의 선체가 "모두 조각난 상태"[26]였다고 말했다. 벌클리 무리는 또한, 칩의 표현을 빌리자면, "몹시 상태가 나쁜 밀가루 극소량과 소금에 절인 고기 몇 조각"[27]을 그에게 제공해주었다. 나침반 하나, 상태가 나쁜 총 두 자루, 망원경 하나, 성경책한 권도 내놓았다.

부관 해밀턴과 선의 엘리엇은 칩과 함께 머무르기로 결정했으나, 그 밖에는 전초기지의 누구도, 바이런이나 캠벨도 남으려 하지 않았다. 탈퇴자들도 섬에 남을 계획이었다. 보트에 공간이 없기도 했고, 그들이 따로 떨어져 살아가는 데 익숙해진 탓이기도 했다. 그들 사이에도 나름대로 마찰이 있어서, 바로 얼마 전 미첼이 두 명의 동료와 함께 보잘것없는 뗏목을 타고 사라져버렸다. 혹시 본토에 다다를 수 있을지도 모른다는 희망 때문이었다. 그 뒤로 누구도 그들의 소식을 듣지 못했다. 틀림없이 무서운 결말을 맞았을 것이다. 탈퇴자들[28] 중 남은 사람은 일곱 명뿐이었으므로, 섬에 남겠다는 사람은 칩을 포함해서 도합 열 명이었다.

1741년 10월 14일, 난파한 때로부터는 5개월 뒤이고 영국을 떠난 때로부터는 1년도 넘게 세월이 흐른 뒤인 그날, 벌클리 일행이 세 척의 보트에 오르기 시작했다. 그들은 이 황무지에 갇힌 삶에서 빨리 도망치고 싶어 안달했다. 어쩌면 이렇게 변해버린 자신의 모습에서 도망치고 싶었던 것일 수도 있다. 그러나 미지의 바다를 향해 또 항해를 떠나는 것을 두려워하는 마음도 있었다.

칩은 구금에서 풀려나 해안까지 천천히 걸어가서, 넝마를 걸친 사람들이 비좁은 세 척의 보트에 줄줄이 오르는 모습을 지켜보았다. 수습장교 바이런, 캠벨, 아이작 모리스가 보였다. 아들이 무사한지 확인하는 항해사 클라크도 있었다. 회계관 하비, 요리사 매클린, 갑판장 킹, 수병 존 덕과 존 존스도 보였다. 모두 합해 쉰아홉 명이 롱보트를 빽빽이 채웠고, 커터에는 열두 명, 바지선에는 열 명이 탔다. 벌클리는 이렇게 썼다. "공간이 부족해서 다닥다닥 붙어 있으니, 영국 최악의 감옥도 지금의 우리에게는 궁전이다."[29]

여러 명이 칩에게 소리를 질렀는데, 칩은 그들의 태도를 "지극히 무례하고 비인간적"[30]이라고 묘사했다. 그들은 그가 섬에 남은 낙오자 몇 명 외에는 두 번 다시 영국인을 보지 못할 것이며, 결국 그 낙오자들과 함께 죽어갈 것이라고 말했다.

벌클리가 다가오자 칩은 자신을 몰아낸 그를 빤히 바라보았다. 자신도 그도 또 한 번 고통스러운 시련을 앞두고 있었다. 어쩌면 벌클리의 드높은 자부심과 포부, 필사적인 상황에서 나오는 잔혹함, 선의善意의 흔적이 자신과 조금 닮은 것 같기도 했다. 그는 한 손을 내밀고 그에게 무사항해를 빌어주었다. 벌클리는 일기에 이렇게 썼다. "내가 그 불운한 선장 칩을 본 것은 그때가 마지막이었다."[31]

오전 11시 보트들이 칩스 만으로 나아갔다. 벌클리가 스피드웰 호의 지휘관 자리에 앉았고, 승무원들은 무섭게 덮쳐오는 파도를 이기기 위해 돛을 감아올리고 노를 저었다. 칩이 벌클리에게 부탁한 것이 하나 있었다. 만약 영국에 도착한다면, 이곳에서 일어난 일을 칩의 시각까지 포함해서 온전히 전달해달라는 것이었다. 그러나 보트들이 빠져나가는 것을 보면서, 칩은 자신과 자신의 사연이 바로 이 섬에 영원히 묻힐 가능성이 높다는 것을 깨달았다.

웨이저

4부

구
원

17장

바이런의 선택

바다로 나아가는 배 안에서 존 바이런은 괴기스러운 안개 속에 해변에 쓸쓸히 서 있는 칩을 빤히 바라보았다. 바이런은 칩이 최소한 죄수의 신분으로라도 이 여행을 함께 하게 될 것이라고 그동안 분위기상 믿게 되었다. 하지만 사람들은 칩을 그냥 버려두고 떠나버렸다. 제대로 움직이는 보트도 없으니, 죽으라고 버린 것이 분명했다. "나는 이 일이 어떤 방향으로 풀릴지 내내 아무것도 모르고 있었다."[1] 바이런은 나중에 이렇게 썼다.

원래 그는 자신이 감당할 수 있는 선택을 했다. 임무를 포기하고 고향으로 돌아가면 그의 해군 경력이 끝날 수는 있어도 목숨은 구할 수 있을 터였다. 그러나 칩 선장에게 이런 짓을 하는 것은 다른 문제였다. 지휘관을 완전히 버리는 데에 동참하는 것은, 설사 그가 아무리 흠 많고 폭군 같은 지휘관이라 해도, 바이런이 열악한 항해 중에도 줄곧 매달렸던 낭만적인 자신의 모습을 위협하는 일이었다. 그는 멀어지는 칩을 계속 지켜보면서 동료 몇 명과 함께 옛 선장님에게 응원의 말을 세 번 외쳤다. 그 뒤에 칩이 시야에서 사라지자, 이제는 바이런의 선택을 돌이킬 길이 없는 것 같았다.

보트들이 웨이저 섬을 모두 빠져나가기도 전에 스콜이 들이 닥쳤다. 마치 그들이 죄를 지은 벌을 벌써부터 받고 있는 것 같았다. 그때 바이런은 신경에 거슬리는 커다란 소리를 들었다. 멋지게 수리했다고 사람들이 떠들어대던 롱보트의 임시 앞돛이 찢어져 제멋대로 펄럭이고 있었다. 일행은 칩스 만을 바로 벗어난 서쪽의 또 다른 섬에 있는 석호로 피난할 수밖에 없었다. 거기서 돛을 수리하면서 폭풍이 지나가기를 기다리면 될 것 같았다. 그들이 움직인 거리는 간신히 1마일1.6킬로이 될까 말까 했다.

다음 날, 벌클리가 바지선을 몰고 웨이저 섬에 다녀올 자원자들을 구했다. 혹시 나중에 돛을 만들 천이 추가로 필요할 수 있으니, 거기 버려두고 온 천막의 캔버스 천을 가져오기 위해서였다. 바이런은 기회가 생겼음을 퍼뜩 깨달았다. 그가 함께 가겠다고 나서자, 수습장교 캠벨도 자원했다. 그날 오후 두 사람은 다른 사람 여덟 명과 함께 출발해, 무서운 파도 속에서 노를 저었다. 캠벨도 바이런과 같은 불안을 안고 있었다. 그래서 두 젊은 수습장교는 물보라를 맞으며 이리저리 흔들리는 와중에 계략을 꾸미기 시작했다. 바이런은 불명예와 비겁함이라는 오점을 벗으려면 반드시 칩을 데려와야 한다고 믿었다. 캠벨은 맞장구를 치면서, 지금이 바로 그때라고 중얼거렸다.

두 사람은 바지선을 몰고 몰래 사라질 수 있으면 좋겠다는 생각에, 함께 출발한 다른 사람들을 끌어들이려고 시도했다. 개중

웨이저

에는 과거 칩을 지지하던 사람도 여러 명 포함되어 있었다. 그들도 선장을 버리고 온 것에 충격을 받았다고 말했다. 만약 영국으로 돌아가는 데 성공한다면 교수형을 당할 수 있다는 두려움 때문에 그들도 계략에 동참했다.

바이런은 다른 사람들과 함께 노를 저으면서 점점 불안해졌다. 자신들이 돌아올 생각이 없을지도 모른다고 벌클리 무리가 의심하면 어쩌지? 그들이 도망치는 것을 벌클리 무리가 크게 생각하지 않을 가능성은 있었다. 운반할 무게도 줄어들고, 먹일 입도 줄어드는 셈이니까. 하지만 바지선을 잃어버린 것에 대해서는 무척 분노할 터였다. 이 배가 있으면 여분의 공간이 확보되고, 사냥대를 해변으로 보낼 수도 있기 때문이었다. 밤이 내린 뒤에도 바이런 일행은 어둠 속에서 불안하게 파도를 헤치며 나아갔다. 마침내 멀리서 모닥불이 깜박거리는 것이 보였다. 전초기지였다. 바이런 일행이 웨이저 섬으로 무사히 돌아온 것이다.

칩은 되돌아온 그들을 보고 무척 놀랐다. 그리고 그들이 무엇을 결심했는지 안 뒤에는 기운이 나는 듯 보였다. 그는 바이런과 캠벨을 자신의 거처로 반가이 맞아들였다. 그들은 선의 엘리엇, 해병대 부관 해밀턴과 함께 밤늦게까지 앉아서, 이제 반란 주동자들에게서 자유로워진 자신들의 미래에 대해 희망적인 이야기를 나눴다. 섬에는 스무 명이 있었다. 전초기지에 열세 명, 탈퇴자 캠프에 일곱 명. 칩 일행에게는 움직일 수 있는 보트가 적어도 한 척(바이런 일행이 가져온 것) 있었고, 원래 이곳에 남겨진 욜도 수리할 수 있을 것 같았다.

그러나 다음 날 아침 일어난 바이런은 우울한 현실과 맞닥뜨렸다. 몸에 걸칠 것이라고는 모자, 찢어진 바지, 넝마가 된 조끼뿐이었다. 신발도 조각조각 해체되어서 그는 맨발이었다. 무엇보다 우울한 것은 남은 음식이 없다는 점이었다. 심지어 슬로케이크도 없었다. 그와 함께 돌아온 다른 사람들도 아무것도 없기는 마찬가지였다. 그들의 빈약한 식량은 그들이 뒤통수를 친바로 그 사람들이 있는 스피드웰 호에 보관되어 있었다.

칩은 자신의 고기를 조금 나눠주었다. 썩은 데다가, 그들이오래 버틸 수 있을 만큼 양이 많지도 않았다. 항상 상관들의 변덕에 이끌리던 바이런은 이제야 비로소 자기만의 계획을 세우려고 시도해보았다. 자신이 반란자들에게 돌아가 일행 몫의 식량을 가져와야 한다는 결론이 나왔다. 위험하다 못해 무모한 계획이지만, 다른 선택지가 없지 않은가.

바이런이 이 제안을 내놓자, 칩은 적들이 복수를 하려고 그들모두를 이 섬에 버려둔 채 바지선을 빼앗아가려 할 것이라고 경고했다.

바이런도 그 생각을 해보았다. 그래서 자신과 캠벨이 소수의인원과 함께 가서 바지선을 석호에서 조금 떨어진 곳에 상륙시키면 된다고 말했다. 그 뒤에 일행에게 바지선의 경비를 맡기고, 자신과 캠벨이 벌클리에게 걸어가겠다는 것이었다. 보복당할 위험이 컸지만, 식량의 유혹이 너무 압도적이었다. 바이런과소수의 일행은 칩의 응원을 받으며 그날 오전에 길을 떠났다.

노를 저어 반란세력의 섬까지 간 뒤에, 그들은 으슥한 곳에

웨이저

바지선을 숨겼다. 바이런과 캠벨은 동료들에게 작별인사를 하고, 힘든 도보여행을 시작했다. 질척거리는 늪과 빽빽한 숲을 터벅터벅 걸어 그날 밤 검은 석호 가장자리에 이르렀다. 어둠 속에서 여러 사람의 목소리가 들렸다. 반란세력의 지도자인 벌클리와 베인스를 포함해서 대부분의 사람이 해변에 나와 먹을 것을 찾고 있었다. 그것은 영원한 임무였다.

두 수습장교가 갑자기 나타나자 벌클리는 당황한 표정을 지었다. 바지선 없이 육지로 왔다고?

바이런은 용기를 끌어모아, 칩을 버릴 수 없다고 외쳤다.

벌클리는 바이런의 변심에 찔린 것 같은 표정을 지었다. 바이런이 캠벨의 강압에 넘어갔거나, 아니면 귀족 출신의 수습장교라서 몸에 밴 계급질서와 위계질서에 다시 의존하게 된 것 같았다. (벌클리는 일기에서 "바이런 님께서는 평범한 사람들과 함께 어울리는 데"[2]에 잘 적응하지 못한 것 같다고 은근히 논평했다.)

바이런과 캠벨이 자기들 몫의 식량을 요구하자, 벌클리와 베인스는 바지선을 어디에 두었느냐고 다그치듯 물었다. 캠벨은 자기들이 그 보트를 갖겠다고 말했다. 어차피 사람 열 명을 태울 배였는데, 자기들 열 명이 이제 칩과 함께하기로 하지 않았느냐는 것이었다. 반란자 한 명이 쏘아붙였다. "이 저주받을 놈들."[3] 그러고는 바지선을 다시 가져오지 않으면 아무것도 내줄 수 없다고 경고했다.

바이런은 다른 사람들에게 직접 호소했지만, 그들은 다음 날 바지선을 가져오지 않으면, 커터에 무기를 싣고 그를 잡으러 갈 것이라고 말했다.

바이런은 그 자리를 떠났다가, 괴로운 마음에 다시 돌아와 한 번 더 부탁해보았다. 소용없는 일이었다. 사람들이 어쩌면 이렇게 잔인해질 수 있는지 이해가 가지 않았다.

그곳을 떠나면서 그는 돌풍에 모자를 잃어버렸다. 수병 존 덕이 옛 동료에게 걸어와 친절하게 자기 모자를 주었다.

바이런은 이 순간적인 친절에 압도당했다. "존! 고마워."[4] 하지만 하나밖에 없는 덕의 모자를 자신이 가져갈 수는 없다며 돌려주었다.

바이런은 캠벨과 함께 서둘러 그 자리를 떠나 바지선으로 돌아와서, 일행과 함께 다시 바다를 건넜다. 총이 번쩍거리는 커터가 뒤쫓아 오지는 않는지 가끔 어깨 너머로 뒤를 돌아보면서.

벌클리와 베인스 대위를 포함한 일행은 바람이 잠잠해지자마자 남은 보트 두 대에 나눠 타고 출발했다. 전초기지를 공격할 수 있는 거리였지만, 벌클리는 바지선을 빼앗아오기 위해 공격하자는 간청을 무시하고 사람들을 다른 방향으로 이끌었다. 마젤란 해협이 있는 남쪽으로. 이제는 두 번 다시 뒤돌아보지 않을 작정이었다.

서서히 앞으로 나아가면서, 벌클리처럼 경험 많은 뱃사람조차 지금껏 경험한 적이 없는 항해를 하게 되리라는 것을 분명히 알게 되었다. 스피드웰 호의 크기는 원래 롱보트보다 그리 많이 크지 않았다. 원래 롱보트는 노잡이 스무 명을 태우고 짧은 거리를 오가며 보급품을 운반할 목적으로 만들어진 것이었다. 그런데 지금 스피드웰 호에는 그들의 한 달치 물과 공격을 물리칠 수 있는 총포 및 탄약이 실려 있었다. 무엇보다 특히 사람들이 빽빽이 타고 있다는 점이 중요했다. 그들은 뱃머리, 돛대 주위, 키 근처, 아래층 화물창에 비좁게 끼어 앉았다. 그래서 마치 인간의 팔다리를 엮어서 응급수리를 한 배 같았다.

사람이 쉰아홉 명이나 타고 있으니 누울 자리가 없었다. 승조원들이 돛을 올리거나 밧줄을 잡아당기기 위해 이동하는 것도 거의 불가능했다. 갑판 위에서 여러 시간 동안 근무한 조가 아래층 화물창에 있는 다음 조와 자리를 바꾸는 일도 쉽지 않았다. 아래층은 관 속처럼 축축하고 어두웠지만, 자연의 힘을 어느 정도 막아주었다. 대소변을 보려면, 뱃전 너머로 몸을 기울여야 했다. 사람들이 입고 있는 젖은 옷의 악취만으로도 "숨을 쉴 때마다 구역질이 날 것 같아서 어떤 사람은 여기서 사람이 살기는 불가능할 것 같다고 생각할 정도"[1]라고 벌클리는 기록했다.

사람과 화물의 무게 때문에 선체가 너무 깊게 가라앉아서, 선미가 물 위로 간신히 4인치[10센티]쯤 올라와 있을 뿐이었다. 작은 파도만 쳐도 물이 뱃전을 넘어와 사람들의 몸을 흠뻑 적셨다. 파도가 칠 때면, 위층 갑판의 근무조는 배가 한 번 흔들릴 때마다 바다로 휩쓸려가기 직전이었다.

회계관 토머스 하비를 포함해서 열두 명이 타고 있는 커터의 사정은 더 심각했다. 이 보트의 길이는 25피트[7.6미터]에 불과했으며, 파도 속에서 훨씬 더 불안정했다. 심한 폭풍 속에서는 하나밖에 없는 돛대가 파도 앞의 난쟁이 같았다. 사람들은 딱딱하고 좁은 널빤지에 붙어 앉아서 위아래로 흔들렸다. 사람들이 피신할 수 있는 아래층 공간도 없었다. 가끔 그들은 밤에 커터를 스피드웰 호 뒤에 묶어두고, 스피드웰 호로 올라와 잠을 청했다.

웨이저

그럴 때면 일흔한 명이 롱보트를 빽빽하게 채웠다.

이 두 척의 배로 지상에서 가장 험한 바다 중 한 곳을 건너야 하는 것만이 문제가 아니었다. 이 놀라운 재주를 부리려고 시도 중인 사람들 대부분이 이미 죽음의 문턱에 있었다. "배에 탄 사람들 대다수가 목숨에 워낙 신경을 쓰지 않아서, 자기가 죽든 살든 아주 상관없는 것처럼 보인다."[2] 벌클리는 이렇게 썼다. "그들은 한참 애원하고 설득한 뒤에야 갑판으로 올라와 자신의 목숨을 위해 일을 돕는다." 이런 상황에서 일행을 이끄는 것이 벌클리에게는 엄청나게 힘든 일이었다. 게다가 이례적인 권력의 역학이 상황을 더욱 복잡하게 만들었다. 비록 벌클리가 대부분의 일에서 선장 역할을 하고 있지만, 공식적인 지휘관은 여전히 베인스 대위였다.

항해를 시작한 지 2주가 지난 10월 30일, 그들은 또 스콜을 만났다. 바람이 태평양 전역을 폭격하고 파도가 머리 위에서 부서지는 가운데, 벌클리는 동쪽에 산처럼 솟은 해안선을 따라 가늘게 나 있는 수로를 보았다. 그것이 안전한 항구로 이어져 있을지 모른다고 생각했으나, 그 주변에는 전에 웨이저 호에 구멍을 냈던 것과 비슷한 암초뿐이었다. 벌클리는 베인스와 자주 의논했다. 두 사람의 관계 때문이었다. 목수 커민스와는 신뢰 때문에 자주 의견을 나눴다. 벌클리는 이렇게 의견을 구함으로써, 자신이 쫓아낸 선장과 자신은 다른 사람이라는 점을 강조하려는 것 같았다.

이제 벌클리는 처음으로 중요한 전술적 결정을 내려야 했다.

대해에 남아 있을 것인가, 아니면 암초 사이로 들어갈 것인가. "바다에 남아 있으면 눈앞에 죽음밖에 보이지 않고, 육지 쪽으로 가도 같은 전망뿐이다."[3] 그는 이렇게 적었다. 배가 점점 심하게 기울어지자 그는 수로 쪽을 택했다. "입구가 너무나 위험해서 우리처럼 절박한 사람들이 아니라면 시도하지 않을 것이다."

수로가 가까워지면서 위협적인 포효가 들렸다. 커다란 파도가 암초를 두드려대고 있었다. 한 번만 실수하면 그들은 침몰할 것이다. 망을 보는 자들이 물에 잠긴 암초가 있는지 바다를 훑어보는 동안 다른 사람들은 돛을 다뤘다. 벌클리는 단단히 버티고 서서 큰소리로 지시를 내리며, 미로 같은 암초 사이로 사람들을 이끌었다. 마침내 수정 같은 폭포가 흘러내리는 절벽이 방패처럼 둘러싼 항구에 아늑하게 들어갈 수 있었다. 벌클리는 그곳이 아주 넓어서 영국 해군 전체가 그 안에 모일 수도 있을 것 같다고 자랑했다.

그러나 승리감을 만끽할 시간이 별로 없었다. 사람들이 작은 배를 타고 해변을 오가며 식수와 조개를 닥치는 대로 구해왔다. 벌클리는 "신의 섭리가 우리 앞에 던져주신 것"[4]이라고 표현했다. 이 일을 마친 뒤 그들은 다시 날뛰는 바다를 향해 출발했다.

11월 3일 심한 폭우가 내리는 동안 벌클리는 커터에 가까이 붙어 있으라는 신호를 보냈다. 그러나 곧 커터의 돛이 찢어지더니 배가 사라져버렸다. 벌클리 일행은 스피드웰 호가 파도 꼭대기에 올라갈 때마다 좌우로 방향을 바꾸며 커터를 찾아보았다.

그 배는 어디에도 보이지 않았다. 열두 명의 사람들과 함께 침몰했음이 분명했다. 사실 스피드웰 호도 무서울 정도로 힘든 상황이었으므로, 벌클리와 베인스는 결국 포기하고 해안 후미로 피신했다.

벌클리는 사실상 자신의 휘하에 있던 사람들을 잃어버리는 슬픔을 경험했다. 스피드웰 호에 사람이 빽빽해서 움직이기 힘든 상황에서도 그는 일기를 꺼내 그들의 이름을 정성껏 적어 넣었다. 사라진 사람 중에는 회계관 하비, 창의적으로 뗏목을 만드는 리처드 핍스, 목수의 조수 윌리엄 오램이 포함되어 있었다. 오램은 원래 탈퇴자 무리였으나, 영국으로 돌아갈 수 있을 거라는 희망을 안고 벌클리의 설득을 받아들인 사람이었다.

스피드웰 호는 용골이 깊고 선체가 무거워서 바위 해안에 너무 가까이 댈 수 없었다. 그런데 커터가 없으니 사람들을 해변으로 보내 먹을 것을 구할 방법이 없었다. 헤엄칠 줄 아는 사람은 소수에 불과했다. "이제 우리는 더할 나위 없이 지독한 상황이다."[5] 벌클리는 이렇게 고백했다.

11월 5일 그들은 바다로 나가려고 시도했으나, 폭풍에 얻어맞고 되돌아오는 수밖에 없었다. 배에 갇혀 굶주림에 시달리던 그들은 바위에 붙은 홍합 몇 마리를 고통스럽게 바라보았다. 어찌 할 바를 모르던 갑판장 킹이 노 여러 개와 빈 통을 밧줄로 묶어 기괴한 모양의 뗏목을 만들었다. 그것이 물에 떴다.

그는 다른 두 명과 함께 그 위에 올라 해안을 향해 노를 젓기 시작했다. 그러나 고작 몇 피트를 갔을 때, 파도가 통을 공중으로 감아올리는 바람에 그 위에 탄 세 사람이 바다에 빠졌다. 살려고 발버둥치는 그들 중 두 명은 스피드웰 호의 사람들이 건져 냈지만, 킹은 부서진 뗏목을 간신히 붙잡고 해안을 향해 발장구를 쳤다. 그리고 그날 저녁 있는 힘껏 구한 식량을 갖고 돌아와, 해변에서 빈 식량 상자를 보았다고 말했다. 영국 해군이 사용하는 상자 같았다고 했다. 이 말을 들은 사람들은 심각해졌다. 다른 배가, 어쩌면 앤슨 사령관의 기함 센추리온 호가 웨이저 호처럼 침몰한 것 아닐까.

다음 날 아침 벌클리 일행은 다시 항해에 나서면서 황량한 바다의 파도 속에서 작고 하얀 것이 출렁거리는 것을 언뜻 보았다. 커터의 돛이었다! 보트는 무사했고, 열두 명의 사람도 멍한 상태로 물에 흠뻑 젖기는 했어도 살아 있었다. 벌클리는 이 기적적인 재회로 그들 모두 "새로운 삶"[6]을 얻었다고 썼다.

작은 만으로 들어가 커터를 이용해서 조개를 주워온 뒤 그들은 휴식을 좀 취하려고 했다. 커터는 스피드웰 호의 선미에 밧줄로 연결했고, 그 배의 승조원들은 제임스 스튜어트라는 수병을 제외하고 전원이 스피드웰 호로 올라와 잠을 청했다.

새벽 2시 밧줄이 탁 끊어지면서 커터가 기울어지며 바다로 떠내려갔다. 벌클리는 다른 사람 여러 명과 함께 비가 쏟아지는 어둠 속을 살펴보았다. 암초를 향해 무섭게 다가가는 보트 위에 스튜어트가 보였다. 벌클리 등은 소리쳐 그를 불렀으나, 거리가 멀고 바람이 불어서 목소리가 닿지 않았다. 오래지 않아 커터는 사라졌다. 이번에는 의심의 여지가 없었다. 보트는 바위에 부딪혀 박살나서 영원히 사라져버렸다.

그들은 동료 한 명을 또 잃었을 뿐만 아니라, 식량을 구하러 해안을 오갈 수단도 잃어버렸다. 게다가 이제 일흔 명이나 되는 사람이 밤낮으로 스피드웰 호에 빽빽이 타고 있어야 했다. "커다란 불안감이 사람들 사이에 퍼지고, 절망에 빠진 사람도 많다."[7] 벌클리는 이렇게 썼다.

다음 날, 핍스를 포함한 열한 명이 아무래도 파멸이 예정된 듯한 스피드웰 호를 타고 계속 가느니 차라리 이 황량한 곳에 남게 해달라고 요청했다. 벌클리와 베인스는 언제나 법적인 결과를 고려했기 때문에, 해군본부 최고위층에게 내놓을 확인서를 작성했다. 이 열한 명이 자의로 이런 결정을 내렸으므로 "우리를 해변에 내려놓은 것에 대해 어느 누구에게도 책임을 물을 필요가 없음"[8]을 보증한다는 내용이었다. 벌클리는 이 사람들이 "자신들과 우리의 생존"[9]을 위해 남았다고 일기에 썼다.

벌클리가 배를 최대한 해안에 가깝게 대자, 열한 명이 뛰어내렸다. 벌클리는 그들이 생기가 느껴지지 않는 땅을 향해 헤엄치는 모습을 지켜보았다. 이것이 그들의 마지막 모습일 터였다. 그는 스피드웰 호에 남은 사람들과 함께 항해를 계속했다.

———————•———————

웨이저 섬을 떠나 거의 한 달 뒤인 11월 10일까지 그들이 이동한 거리는 약 400마일 640킬로이었다. 벌클리의 눈에 줄지어 늘어선 작고 황량한 섬들이 보였다. 존 나버러 경이 마젤란 해협의 북서쪽 입구에 있다고 묘사한 섬들과 똑같이 생긴 것 같았다. 그 입구의 반대편인 남쪽에도 황량한 섬이 하나 더 있었다. 검은 바위산들이 톱니처럼 솟아 있는 곳이었다. 벌클리는 이곳이 틀림없이 '황무지 섬'일 것이라고 생각했다. 나버러가 "보기에 너무나 황량한 땅"[10]이라는 이유로 붙인 이름이었다. 이런 관찰 결과와 스피드웰 호가 위치한 위도에 대한 계산 결과를 바탕으로 벌클리는 마젤란 해협에 이르렀다고 확신했다.

그는 스피드웰 호의 방향을 남동쪽으로 돌려 드디어 계획을 실현하기 직전에, 스스로도 거의 인정하지 않던 감정, 즉 절대적인 두려움을 무심코 드러냈다. "내 평생에… 이곳의 바다 같은 것은 본 적이 없다."[11] 바람은 태풍 급이었고, 바다는 스스로 전쟁을 벌이고 있는 것 같았다. 벌클리는 여기가 바로 해협으로 쏟아지는 태평양과 거기서 쏟아져 나오는 대서양이 합류하는 지점이라고 믿었다. 영국인 해적 프랜시스 드레이크가 그 배의 신부가 "견딜 수 없는 폭풍"[12]이라고 묘사한 것에 붙잡힌 바로 그 지점이었다. (그 신부는 하느님이 "우리의 반대편에 서기로" 하신 것 같다면서 "우리 시체와 배를 날뛰는 바다의 헤아릴 수 없이 깊은 곳에 묻어버리기 전에는 심판을 거둬들이지" 않을 것이라고 썼다.) 파도가 스피드웰 호를 선미에서 뱃머리까지, 선체에서 돛대 꼭대기까지 집어삼키기 시작했다. 스피드웰 호가 20도 넘게 기울어지더니 곧 50도, 80도로 점점 더 기울어졌다. 완전히 옆으로 누운 배의 돛대와 돛이 수면에 찰싹 달라붙었다. 삐걱거리고 뒤틀

웨이저

리고 물이 넘친 보트에서 벌클리는 이 배가 두 번 다시 일어서지 못할 것이라고 확신했다. 지금까지 온갖 일을 겪으며 희생을 치르고 죄도 저질렀는데, 허무한 죽음이 앞에 다가와 있었다. 다시 가족을 만나지 못하고 물에 빠져 죽게 되다니. 하지만 아주 천천히 스피드웰 호가 스스로 일어서기 시작했다. 갑판과 화물창에서 물이 빠져나가면서 돛도 물 위로 올라왔다.

잠시나마 구원의 기미가 보일 때마다 구세주에 대한 벌클리의 열광이 더욱 강렬해지는 것 같았다. 그는 폭풍에 대해 이렇게 썼다. "우리는 폭풍이 걷히기를 진심으로 기도했다. 우리를 죽음에서 구할 수 있는 것이 그것밖에 없었다."[13] 그가 빛의 은총이라고 표현한 순간에 그들은 만을 언뜻 발견하고, 파도의 시련을 통과해 그곳에 닿으려고 애썼다. "우리는 바위에 둘러싸였다. 워낙 가까워서 그 위로 비스킷을 던질 수도 있을 것 같았다." 벌클리는 이렇게 적었다. 어쨌든 그들은 저수지처럼 조용한 만으로 들어갔다. "우리는 이 항구를 '하느님의 자비 항구'라고 부른다. 오늘 우리가 살아남은 것은 기적이다."[14] 벌클리는 이렇게 썼다. "우리들 중에 가장 자포자기한 사람도 이제는 전능한 존재를 의심하지 않고, 새로운 삶을 살겠다고 약속했다."

그러나 힘든 하루가 지날 때마다 그들은 점점 낙담해서 제멋대로 굴기 시작했다. 그들이 끊임없이 배급을 더 달라고 요구했

기 때문에, 벌클리와 베인스는 과거 칩을 좌절시켰던 그 난감한 처지에 자신들이 놓이게 되었음을 깨달았다. "식량을 나누는 데 있어서 지나칠 정도로 신중을 기하지 않는다면, 우리 모두 필연적으로 굶주리게 될 것이다."[15] 벌클리는 이렇게 적었다. 한때 그를 열렬히 헌신적으로 따르던 사람들이 이제는 "반란과 파괴 직전"[16]인 것처럼 보였다. 그는 이렇게 덧붙였다. "그들을 다시 명령에 복종시키기 위해 어떻게 해야 할지 우리는 모른다. 그들 때문에 괴로운 나머지 우리는 삶에 지쳐버렸다."

베인스, 커민스와 함께 그는 질서를 유지하려고 애썼다. 이 일행이 모두 서명한 규칙에 따르면, 소요를 일으키는 사람을 버리고 갈 수 있었다. 하지만 벌클리는 아주 다른 종류의 위협을 내놓았다. 만약 그들이 계속 비행을 저지른다면 자신과 베인스와 커민스를 해변에 두고 가라고 요구할 테니, 배에 남은 사람들이 알아서 하라는 것이었다. 벌클리가 반드시 필요한 사람이라는 사실은 모두가 알았다. 항로를 정하고 자연과 맞서 싸우는 데 그렇게 일편단심으로 집중할 수 있는 사람은 하나도 없었다. 따라서 그의 위협을 듣고 사람들은 정신을 번쩍 차렸다. "사람들은 통제에 따르기로 약속했고, 훨씬 더 편안해 보인다."[17] 벌클리는 이렇게 썼다. 그는 사람들을 더욱 달래기 위해, 밀가루를 좀 더 풀어서 나눠주었다. "그것을 받자마자 날것 그대로"[18] 먹는 사람이 많았다.

그래도 그들은 분명히 죽어가고 있었다. 사상자 중에 조지 베이트먼이라는 열여섯 살짜리 소년이 있었다. "그 가엾은 녀석은

웨이저

굶주림에 무너져서 해골이 되어 죽었다."[19] 벌클리는 이렇게 쓰고, "똑같이 비참한 상태인 사람이 여러 명 더 있다. 빨리 손을 쓰지 않으면 틀림없이 같은 운명이 될 것"이라고 덧붙였다.

그는 환자들을 위로하려고 애썼으나, 그들이 가장 원하는 것은 먹을 것이었다. 한 열두 살 소년은 친한 친구에게 밀가루를 더 나눠달라고 간청하며, 그렇게 해주지 않으면 살아서 브라질을 보지 못할 것이라고 말했다. 하지만 친구는 꿈쩍도 하지 않았다. "우리가 겪은 어려움을 경험하지 못한 사람은 면전에서 동료가 굶고 있는데 어떻게 그렇게 비인간적으로 굴면서 도와주지 않을 수 있느냐고 생각할 것이다. 하지만 굶주림에 연민의 자리는 없다."[20] 벌클리는 이렇게 썼다. 그 소년의 고통은 "하늘이 죽음을 보내 그를 구해줬을 때"에야 비로소 끝났다.

11월 24일 스피드웰 호는 수로와 석호가 신비로운 미로처럼 펼쳐진 곳에 발이 묶였다. 베인스는 벌클리가 해협에 들어왔다고 생각한 것이 잘못이었다고 비난했다. 혹시 엉뚱한 길에서 2주를 낭비한 것인가? 벌클리는 "이 세상에 마젤란 해협이라는 것이 정말로 존재한다면, 우리는 지금 그 안에 들어와 있다"[21]고 되받아쳤다.

그러나 점점 불만이 높아지자 그는 배를 돌려 온 길을 되짚어 가기 시작했다. 한 해병이 점점 제정신을 잃고 미친 듯이 웃어대다가 조용해지더니 축 늘어졌다. 숨이 끊어진 상태였다. 그 직후 또 한 명이, 곧이어 또 한 명이 죽었다. 그들의 시신은 바다에 던져졌다.

살아남은 사람들이 온 길을 되돌아가는 데에는 2주가 걸렸다. 그리고 그제야 자기들이 줄곧 해협 안에 있었음을 깨달았다. 이제 다시 동쪽으로 가야 했다.

　어쩌면 칩이 옳았는지도 모른다. 그의 말대로 북쪽으로 가야 했을지도.

웨이저

칩은 앤슨 사령관이 이끄는 소함대에 다시 합류하겠다는 계획을
포기한 적이 없었다. 탈퇴자들도 이제 동맹이 되어(절망도 연합
을 낳을 수 있다), 그동안 죽은 한 명을 제외하고 열아홉 명이 같
은 무리가 되었다. 바이런, 캠벨, 해병대 부관 해밀턴, 선의 엘리
엇이 포함된 숫자였다. 벌클리 무리가 섬을 떠난 뒤 두 달 동안
칩이 이끄는 사람들은 전초기지에 지은 거처들에 살면서 해초
를 따 먹고 가끔 바닷새를 잡았다.

바이런이 "제멋대로 구는 승조원들의 폭동에 가까운 탄원, 위
협, 소요"[1]라고 표현한 일에서 살아남은 칩은 새로이 기운을 얻
은 것 같았다. "이제 그는 아주 활발해졌다."[2] 캠벨은 이렇게 적
었다. "사방을 돌아다니며 나무와 물을 구하고, 불을 피우고, 훌
륭한 요리솜씨를 보여주었다." 섬에 남은 사람들은 롱보트를 수
리하며 터득한 기술을 이용해 쪼개진 욜과 잔뜩 얻어맞은 바지
선을 수리할 수 있었다. 한편 칩은 침몰한 웨이저 호에서 건져
온 쇠고기 세 상자 중 일부를 여행용으로 간신히 비축해두었다.

"그러고 나니 커다란 희망이 생겼다."[3] 칩은 나중에 이렇게 설명했다. 이제 그들에게 필요한 것은 폭풍이 걷혀 출발할 수 있게 되는 것뿐이었다.

12월 15일 칩이 자고 일어나보니 희미한 빛이 보였다. 구름 속에서 해가 빛나고 있었다. 그는 바이런을 포함한 몇 명을 데리고 바다를 멀리 내다보기 위해 미저리 산을 올랐다. 정상에 도착한 그는 망원경을 꺼내 수평선을 훑었다. 멀리 거친 파도가 보였다.

하지만 다들 이 섬에서 도망치고 싶어 안달하고 있었다. 한없이 이어지는 불운에 겁을 먹고, 제임스 미첼이 미저리 산에서 살해한 수병을 아무도 묻어주지 않았기 때문에 그의 망령이 그들을 쫓아다니고 있다고 믿는 사람도 많았다. 바이런은 이렇게 썼다. "어느 날 밤 우리는 이상한 소리에 깜짝 놀랐다. 물에 빠진 사람이 내는 소리 같았다. 많은 사람이 오두막에서 뛰쳐나와 그 소리가 난 곳으로 향했다. 해안에서 멀지 않은 곳이었는데, 거기에 물에서 헤엄치다 반쯤 물 밖으로 나온 사람과 비슷한 것이 있는 것 같았다. 하지만 또렷한 모습은 보이지 않았다. (당시 달빛이 비치고 있었기 때문이다.) 그 생물이 내는 소리는 그들이 그때까지 들어본 그 어떤 짐승의 소리와도 달라서, 그들의 머릿속에 깊이 남았다. 그들은 괴로운 일이 닥치면 그날 본 것을 자주 떠올렸다."[4]

사람들은 얼마 되지도 않는 식량과 물자를 24피트[7.3미터] 바지선과 18피트[5.5미터] 욜에 싣기 시작했다. 커터보다 훨씬 작은 이

웨이저

두 배는 좌석 대신 널빤지가 가로로 놓여 있는 개방형 보트였다. 각각 짧은 돛대가 하나씩 있어서 돛으로 항해가 가능했지만, 노를 저어 동력을 많이 공급해주어야 했다. 칩은 바이런 등 아홉 명과 함께 바지선에 끼어 앉았다. 사람, 밧줄, 돛, 식량과 물을 담은 상자가 한데 엉켜 있는 배 위에서 각자가 차지한 공간은 간신히 1피트³⁰센티 정도였다. 욜에 오른 캠벨과 해밀턴, 그리고 나머지 여섯 명의 사정도 비슷해서, 옆 사람과 팔꿈치와 무릎이 부딪힐 정도였다.

칩은 지난 7개월 동안 그들의 집이었던 전초기지를 흘깃 보았다. 남은 것이라고는 여기저기 흩어져 있는 거처뿐이었다. 바람에 시달린 그 거처들은 사람이 이곳에서 사투를 벌였다는 증거였지만, 곧 자연의 힘에 쏠려갈 터였다.

칩은 빨리 떠나고 싶었다. 그는 그 갈망이 "온 마음을"⁵ 채웠다고 표현했다. 그가 신호를 보내자 바이런이 모두와 함께 웨이저 섬에서 바다로 배를 밀었다. 그렇게 북쪽을 향한 길고 힘겨운 여정이 시작되었다. 앞으로 그들은 고통의 만을 통과해 거의 100마일¹⁶⁰킬로을 간 다음 태평양 쪽 해안선을 따라 칠로에 섬을 향해 250마일⁴⁰⁰킬로을 더 가야 했다.

고작 한 시간 뒤 빗줄기가 그들을 두드려대기 시작하고, 서쪽에서 차갑고 강한 바람이 불어왔다. 파도가 눈사태처럼 몰려와 두 보트를 덮치자 칩은 바이런 등에게 바다를 등진 채 인간 벽을 만들어 물이 넘치지 않게 하라고 지시했다. 물이 계속 들어와 선체가 잠겼다. 사람들이 모자와 손으로 물을 퍼냈지만 역부

족이었다. 칩은 그렇지 않아도 무거운 배의 무게를 줄이지 않으면 여기 웨이저 섬 앞바다에서 또 침몰하게 될 것임을 깨달았다. 따라서 그들은 생각도 할 수 없는 일을 실행하는 수밖에 없었다. 귀한 식량 상자를 포함해서 거의 모든 물자를 바다에 던져버리는 일. 탐욕스러운 바다가 마지막 식량을 삼켜버리는 모습을 굶주린 사람들이 지켜보았다.

밤이 내릴 무렵, 칩 일행은 해안에 있는 작은 만에 들어가 있었다. 그들은 해변에 상륙해서 산악지형을 올라갔다. 어디 들어가서 잘 만한 곳을 찾을 수 있을까 싶었지만, 결국은 아무것도 없는 바위 위에 쓰러져 빗줄기만 하염없이 바라보았다. 웨이저 섬에 있는 거처가 생각났다. "이곳에 있는 것은 넓은 세상뿐이다."[6] 캠벨은 이렇게 썼다. "그 세상이 워낙 꽁꽁 얼어붙어서 아침 무렵에는 여러 명이 거의 시체나 다름없었다."

칩은 계속 움직여야 한다는 것을 알고 있었으므로 모두를 재촉해 두 보트로 돌아갔다. 그리고 몇 시간, 며칠 동안 계속 노를 저었다. 물속에 가라앉은 바위에서 해초를 뜯어내 먹을 때만 가끔씩 배를 멈췄다. 그들은 그 해초를 '바다의 헝클어진 것 sea-tangle'*이라고 불렀다. 바람이 남풍으로 바뀌자 그들은 순풍을 받으며 항해했다. 조각조각 이어붙인 돛이 펼쳐지고, 두 배는 파도를 타넘었다.

웨이저 섬을 떠난 뒤 아흐레 동안 그들은 북쪽으로 거의 100

---

* sea-tangle은 '다시마'를 뜻한다.

마일160킬로을 이동했다. 거대한 절벽 세 개가 바다를 향해 튀어나와 있는 곳의 끝부분이 북서쪽에 보였다. 만이 거의 끝나가고 있었다. 항해에서 가장 힘든 구간을 이겨냈음이 분명했다.

그들은 해변에 올라가 잠을 청했다. 다음 날 아침 깨어나 생각해보니 12월 25일이었다. 그들은 '바다의 헝클어진 것'과 개울물로 크리스마스를 축하했다. 그들은 개울물을 '아담의 포도주'라고 불렀다. 하느님이 아담에게 마시라고 준 것이 그것뿐이었으니까. 칩이 국왕 조지 2세를 위해 건배한 뒤, 그들은 짐을 꾸려 다시 출발했다.

며칠 뒤 이 항해에서 가장 중요한 지점인 곳이 나타났다. 두 바다가 여기서 합류하며 들끓었다. 해류는 압도적이고, 거대한 파도 꼭대기에서는 거품이 일었다. 캠벨은 그 거품을 하얀 것 중의 하얀 것이라고 불렀다. 칩은 배가 뒤집어지지 않게 돛을 내리라고 지시했다. 사람들은 있는 힘을 다해서 노를 젓기 시작했다.

칩은 사람들을 독려했다. 몇 시간 뒤, 세 절벽 중 첫 번째 절벽이 옆에 나타났으나 곧 파도와 해류가 그들을 뒤로 밀어냈다. 근처 만으로 후퇴하려고 시도했으나, 다들 너무나 지쳐서 어두워지기 전에 그곳까지 가지 못했다. 그래서 보트에서 노를 베고 잠들었다. 해가 뜬 뒤 그들은 만으로 들어가 기운을 회복하다가, 칩의 명령으로 다시 곶 공략에 나섰다. 왕과 조국을 위해 반드시 해내야 했다. 아내와 아들과 딸과 어머니와 아버지와 연인과 서로를 위해 반드시 해내야 했다. 이번에는 두 번째 절벽까지 갈 수 있었으나, 또다시 물살에 밀려 만으로 후퇴할 수밖에 없었다.

다음 날 아침 바다 상황이 너무나 가혹해서 칩이 보기에 누구도 감히 곶을 끼고 도는 시도를 하지 않을 것 같았다. 그래서 그들은 먹을 것을 사냥하러 해변으로 갔다. 몸에 힘이 있어야 했다. 한 명이 바다표범과 마주쳐 소총으로 쐈다. 사람들은 나무로 피운 불에 그 고기를 익혀, 지방 덩어리를 찢어내서 씹었다. 어느 것도 허비할 수 없었다. 바이런은 심지어 그 가죽으로 신발을 만들어, 거의 동상에 걸린 것이나 다름없는 발을 감쌌다.

보트는 바로 앞에 정박해두었다. 칩은 보트 하나당 두 명씩 지정해서 밤에 파수를 보게 했다. 바이런은 바지선을 지키는 일을 맡았다. 하지만 그도 다른 사람들도 고기를 먹고 기운이 나서 잠이 들었다. 내일이면 마침내 곶을 끼고 돌 수 있을지 모른다는 기대를 안고.

———————•———————

뭔가가 바지선 안으로 쿵쿵거리며 들어왔다. "나는… 보트의 이상한 움직임과 사방에서 들려오는 파도의 포효에 깨어났다."[7] 바이런은 이렇게 썼다. "그와 동시에 날카로운 소리가 들렸다." 마치 웨이저 섬의 그 유령이 다시 나타난 것 같았다. 그 소리가 나는 곳은 몇 야드 떨어진 곳에 정박된 욜이었다. 바이런이 고개를 돌려보니, 두 사람이 타고 있는 그 배가 마침 파도에 전복

웨이저

되는 중이었다. 곧 배가 가라앉았다. 두 사람 중 한 명은 파도에 실려 해변에 내던져졌고, 다른 한 명은 물에 빠졌다.

바이런은 자기가 탄 보트도 언제 뒤집힐지 모른다는 생각이 들었다. 그래서 동료와 함께 닻을 끌어올리고, 뱃머리가 파도를 향하도록 노를 저으며 넓은 뱃전에 파도가 부딪히는 것을 막았다. 그렇게 폭풍이 저절로 가라앉기를 기다렸다. "우리는 다음 날 내내 그렇게 망망대해를 떠돌았다. 어떤 운명을 맞게 될지 알 수 없었다."[8] 그는 이렇게 썼다.

———— • ————

그들은 해변으로 돌아온 뒤, 다른 사람들과 한자리에 모였다. 이제 일행의 수는 열여덟 명이었지만, 율이 없으면 모두를 태울 공간이 부족했다. 바지선에 억지로 세 명을 더 태울 수는 있을 터였다. 나머지 네 명은 두고 가는 수밖에 없었다. 아니면 모두 죽음을 맞이하거나.

해병 네 명이 선정되었다. 그들은 육군이므로 항해기술이 부족했다. "해병들은 배에서 도움이 되지 않는다는 이유로 선택되었다."[9] 캠벨은 이렇게 고백하면서, "우울한 일이었으나, 어쩔 수 없었다"[10]고 적었다. 그는 해병 각자의 성을 기록해두었다. 스미스, 홉스, 허트포드, 크로슬릿.

칩은 그들에게 약간의 무기와 프라이팬 하나를 주었다. "연민으로 가슴이 미어졌다." 캠벨은 이렇게 썼다. 바지선이 출발하자, 네 해병은 해변에 서서 세 번 응원의 말을 외치고, 이렇게 소리쳤다. "신이여, 왕을 축복하소서!"

———•———

웨이저 섬에서 도망친 지 6주 뒤 칩 일행은 세 번째로 곶에 도달했다. 바다가 그 어느 때보다 광폭했지만, 칩은 사람들을 계속 독려했다. 그들은 힘을 내서 절벽 하나를 지나고 또 하나를 지났다. 이제 마지막 절벽이었다. 그곳을 거의 다 지났을 때, 승조원들이 탈진해서 쓰러졌다. "어떤 배도 곶을 끼고 도는 것이 불가능하다는 사실을 깨달은 사람들이 노를 베고 쓰러지자 배가 파도에 아주 가까워졌다."[11] 바이런은 이렇게 썼다. "그들은 자신의 목숨과 불행을 한꺼번에 끝내버릴 작정인 것 같았다." 한동안 누구도 움직이거나 말하지 않았다. 파도와 거의 닿을 지경이라, 그 포효 소리에 귀가 멀 것 같았다. "마침내 칩 선장이 여기서 당장 죽든지 아니면 용감하게 일어나야 한다고 말했다."

사람들은 노를 들고 힘을 내서 간신히 암초를 피해 배를 돌려 세웠다. "이제 우리는 운명을 체념하고 있었다."[12] 바이런은 이렇게 썼다. "곶을 돌기 위해 시도하겠다는 생각은 모두"[13] 포기했다.

많은 사람이 웨이저 섬에서 수병의 시체를 묻어주지 않아서 이렇게 되었다고 생각했다. 그들은 최소한 해병들을 다시 만날 수는 있지 않을까 하는 희망을 안고 만으로 돌아갔다. 다시 만나면, 어떻게든 그들을 배에 태우겠다고 결심하고 있었다. 캠벨은 이렇게 썼다. "만약 배가 침몰한다면, 이 비참한 삶에서 해방되어 모두 함께 죽겠다고 생각했다."[14]

그러나 해변에는 소총 한 정이 놓여 있을 뿐, 해병들은 전혀 보이지 않았다. 죽었음이 분명했다. 그렇다면 시체는 어디 있는 거지? 사람들은 그 네 명을 기릴 방법을 찾아보았다. "우리는 이 만을 마린marine* 만으로 명명했다."[15] 바이런은 이렇게 썼다.

칩은 마지막으로 한 번 더 곶을 도는 시도를 하고 싶었다. 지난번에 성공하기 직전이었지 않은가. 그는 만약 성공한다면 자신의 계획 또한 성공할 것이라고 확신했다. 그러나 사람들은 그의 맹렬한 강박을 더 이상 참으려 하지 않았다. 그래서 오랫동안 도망치려 애쓰던 그곳, 웨이저 섬으로 돌아가기로 결정했다. "이제 우리는 고국에 다시 갈 수 있을 것이라는 희망을 모두 잃어버렸다."[16] 캠벨은 이렇게 썼다. 그들은 이제 "집 같은 곳"이 된 그 섬에서 마지막 나날을 보내고 싶었다.

칩은 마지못해 동의했다. 그들이 섬으로 되돌아가는 데에는 거의 2주가 걸렸다. 두 달에 걸친 출타는 재앙으로 끝났다. 그 여행으로 그들은 식량을 모두 소진했다. 바이런은 심지어 발을 감쌌던 바다표범 가죽까지 먹은 적이 있었다. 맛이 고약하고, 역한 냄새가 났다. 사람들 몇 명이 제비뽑기를 해서 "모두를 위

* '해병'이라는 뜻.

해 한 명을 죽음으로 보내자"[17]고 속삭이는 소리를 들었다. 전에 몇몇 사람이 죽은 이의 시신을 먹은 것과는 차원이 다른 얘기였다. 먹을 것을 얻으려고 동료를 죽이자는 얘기였으니까. 나중에 시인 바이런 경은 이 섬뜩한 의식을 다음과 같이 상상했다.

제비를 만들어 표시하고 섞고 나눴다,
침묵의 공포 속에서, 제비를 분배하는 일이
프로메테우스의 독수리처럼 이런 타락을
요구하는 야만적인 굶주림조차 가라앉혔다.[18]

결국 그들은 이런 지경까지 가지는 못했다. 대신 휘청거리며 미저리 산을 올라가 동료의 썩은 시신을 찾아냈다. 그들이 유령이 되어 떠돈다고 믿었던 그 사람이었다. 그들은 땅을 파서 그를 묻어주었다. 그러고 나서 전초기지로 돌아가 한데 움츠리고 앉아서 고요한 바다 소리에 귀를 기울였다.

웨이저

20장 ──────   우리 구원의 날

스피드웰 호의 벌클리와 쉰여덟 명의 승조원들은 다시 항로로 돌아와 대서양을 향해 마젤란 해협을 천천히 통과하고 있었다. 여기저기 얻어맞고 물이 새는 스피드웰 호는 바람에 가까이 붙어 항해할 수 있는 상황이 아니었으므로, 벌클리는 항로를 유지하는 데 애를 먹었다. "바람이 불어오는 쪽으로 배를 돌릴 수 없으니 생각이 있는 사람이라면 누구나 낙담할 상황이다."[1] 그는 이렇게 쓰고 나서, 배가 계속 "바다 위를 매섭게 부유한다"고 덧붙였다.

벌클리는 일등 항해사 역할도 했다. 이 지역의 상세한 해도가 없으니, 나버러의 글에 나온 풍경 관련 단서들을 꿰어서 자신이 관찰한 것과 맞춰봐야 했다. 밤이면 현기증이 몰려오는데도 수척한 얼굴로 별들을 읽어 배가 있는 곳의 위도를 알아냈고, 낮에는 추측항법으로 경도를 추측했다. 그다음에는 이 좌표들을 나버러의 기록과 비교했다. 그런데 그 기록 역시 퍼즐 조각이었다. 그의 일기에서 전형적인 예를 든다면 다음과 같다. "8시 바

위 턱 두 개를 보았다. 오래된 성처럼 튀어나온 땅에서 2리그 거리."[2]

벌클리 일행은 때로는 돛을 펼치고 때를 노를 저으며 수풀과 흙먼지가 있는 야산들과 파란 빙하, 영원한 눈 모자를 쓰고 저 멀리 어렴풋이 보이는 안데스 산맥을 지나갔다. 나중에 찰스 다윈이 쓴 것처럼, 이 해안선을 보면 "풋내기 선원들은 일주일 동안 난파, 위험, 죽음을 꿈꾸게"[3] 되었다. 벌클리 일행은 노를 저어 어떤 절벽 앞을 지나다가, 모자에 하얀 깃털을 꽂은 원주민 남자들이 절벽 위에 엎드려 그들을 내려다보다가 사라지는 모습을 보았다. 그들은 대륙의 남단인 케이프 프로워드를 지나갔다. 해협의 두 팔, 즉 태평양에서 안쪽으로 뻗은 것과 대서양에서 뻗어나온 것이 합쳐지는 지점이었다.

이곳에서 길이 북동쪽을 향해 급격히 비틀렸다. 이 길을 따라 20마일 32킬로 이상 나아가니, 포트 패민Famine*이 나왔다. 제국이 오만을 부린 또 다른 장소였다. 1584년 이 해협의 접근로를 장악하겠다고 결심한 스페인 사람들이 약 300명을 데려와 정착지를 세우려고 시도했다. 군인, 프란치스코회 사제, 여성, 아이 등이 거기에 포함되어 있었다. 그러나 얼어붙을 듯이 추운 겨울에 먹을 것이 점차 떨어지기 시작했다. 거의 3년 뒤 또 다른 원정대가 이곳을 찾았을 때, 대부분의 정착민은 "자기 집 안에서 개처럼 죽어 있었다"[4]는 것이 한 목격자의 기록이다. 마을 전체가

---

* '기근'이라는 뜻.

"죽음의 냄새와 분위기에 오염되어" 있었다.

벌클리 일행이 포트 패민의 폐허를 지나간 1741년 12월 7일 은 웨이저 섬을 떠난 지 거의 두 달이 된 때였다. 그들 역시 먹 을 것과 식수가 떨어져 곧 죽음을 맞을 것 같았다.

이틀 뒤 수풀이 있는 해변에서 과나코 무리를 발견했다. 벌클 리는 야마의 야생 사촌 격인 그 동물을 육식동물의 눈으로 바 라보며 "영국 사슴만큼 크고 목이 길다. 머리, 입, 귀가 양을 닮 았다"[5]고 묘사했다. 또한 "다리가 길고 가늘며, 사슴처럼 발굽이 갈라져 있고, 꼬리는 짧은 덤불 같고 불그스름하다"는 말을 덧 붙였다. 그는 이 동물이 지극히 "민첩하고, 눈이 몹시 밝고, 수줍 음이 많아서 총으로 잡기가 어렵다"고 지적했지만, 누군가가 총 을 들고 해변으로 걸어갈 수 있을 만큼 해안 가까이 스피드웰 호를 붙이려고 노력했다. 그러나 산에서 불어오는 윌리워 때문 에 물러날 수밖에 없었다. 과나코 떼는 순식간에 사라졌고, 사 람들은 계속 물 위를 떠갔다.

나버러의 설명대로 수로가 점점 좁아지기 시작했다. 벌클리 는 퍼스트 내로First Narrow라는 곳에 들어섰음을 깨달았다. 해협 의 폭이 가장 넓을 때는 20마일³²킬로에 이르렀으나, 여기서는 고 작 2마일³·²킬로로 줄어들었다. 이곳에서도 가장 좁은 지점을 지 나가는 것은 까다로운 일이었다. 물살이 약 40피트¹²미터나 치솟 고, 맞바람과 8노트시속 15킬로 해류가 자주 나타났다. 벌클리 일행 이 9마일¹⁴·⁵킬로 길이의 좁은 길을 지나가기 시작한 때는 밤이었 다. 그들은 어둠 속에서 앞을 보려고 눈에 힘을 주었다. 몇 시간 동안 좁은 곳에서 배를 몰면서, 얕은 곳을 피하고 계속 바람에 밀려가는 배를 제어하려고 애썼다. 마침내 동틀 무렵 그들은 그 좁은 길을 빠져나왔다.

12월 11일 노를 저어 항해하던 도중, 벌클리가 저 멀리 위풍당당하게 늘어서 있는 흰색 절벽 여러 개를 발견했다. 그것이 뭔지 알 것 같아서 전율이 일었다. 그가 거의 1년 전 케이프 혼으로 가는 길에 앤슨의 소함대와 함께 지나간 '처녀 일만 일천 명의 곶'이었다. 벌클리 일행은 해협의 동쪽 입구에 이르러 대서양으로 휩쓸려가고 있었다. 임시변통으로 만든 배를 타고 350마일560킬로 길이의 해협을 통과했을 뿐만 아니라, 처음 출발할 때 실수를 저질렀는데도 벌클리의 놀라운 항해기술 덕분에 고작 31일 만에 여기까지 이른 것이다. 페르디난드 마젤란이 함대와 함께 세운 기록보다 일주일 더 빨랐다.

그래도 브라질에서 가장 가까운 정착지인 리오그란데 항구는 아직 북쪽으로 1,600마일2,500킬로 넘게 떨어져 있었다. 그리고 그곳으로 가려면 스페인 통제하의 해안(현재 아르헨티나의 일부)을 지나가야 했다. 그들에게 사로잡힐 위험이 추가된다는 뜻이었다. 생밀가루 조금을 제외하면 먹을 것이 다 떨어졌다는 점도 문제였다.

그들은 위험하더라도 사냥대를 육지로 보내는 수밖에 없다는 결론을 내리고, 나버러가 바다표범이 있는 작은 섬을 보았다고 기록한 만으로 항로를 잡았다. 12월 16일 그들은 디자이어 Desire 항구라고 불리는 만에 들어섰다. 벌클리는 해안에 "산처럼 우뚝 솟은 바위가 마치 이곳의 상징으로 세운 예술 작품 같다"[6]고 적었다. 스페인 사람이 전혀 보이지 않는 것을 확인한 뒤, 그는 배를 항구 깊숙한 곳으로 이끌었다. 곧 작은 섬이 보였다. 그곳에서 헤아릴 수 없이 많이 어슬렁거리는 바다표범들은 마치 나버러의 시대부터 그대로 그곳에 있었던 것 같았다. 벌클리는 해안 가까이에 닻을 내리고, 헤엄칠 줄 모르는 사람까지 포함해서 일행들과 함께 총을 들고 뱃전을 넘어가, 목까지 잠기는 물속을 걸었다. 곧 섬에 올라선 그들은 미친 사람처럼 바다표범을 잡기 시작했다. 그리고 불에 고기를 그을려 마구 먹어댔다. "사람들이 탐욕스럽게 먹었다."[7] 벌클리는 이렇게 표현했다.

오래지 않아 많은 사람이 환자가 되어 쓰러졌다. 오늘날 재급식 증후군이라고 불리는 증상이었을 가능성이 높다. 굶주린 사람이 갑자기 대량의 음식을 섭취하면 쇼크 상태를 일으킬 수 있으며, 심하면 사망에 이른다. (제2차 세계대전이 끝난 뒤 강제수용소에서 해방된 사람들이 이 증상으로 쓰러지는 것을 보고 과학자들이 이 증후군을 알아냈다.) 회계관 토머스 하비는 바다표범을 몇 인분이나 먹은 뒤 죽음에 이르렀고, 그 밖에도 구원이라고 생각한 음식을 맛본 직후 사망한 사람이 적어도 한 명 더 있었다.

살아남은 사람들은 다시 해안을 따라 북쪽으로 항해했다. 오래지 않아 바다표범 고기도 바닥을 드러내기 시작하자, 많은 사람이 마지막 남은 식량을 두고 다투는 것을 벌클리도 막을 수 없었다. 어차피 곧 먹을 것이 모두 떨어졌다. "지금부터 고기도 마실 것도 없이 가는 길은 확실한 죽음이다."[8] 벌클리는 이렇게 썼다.

그들은 다시 한 번 사냥을 시도했다. 그러나 이제는 바다가 너무 거칠어서 해안에서 조금 떨어진 곳에 닻을 내릴 수밖에 없었다. 육지에 도달하려면 파도를 헤치며 헤엄을 쳐야 했다. 대부분의 사람은 헤엄칠 줄도 모르고 탈진으로 몸이 움직이지 않아서 꼼짝도 하지 않았다. 역시 헤엄칠 줄 모르는 벌클리는 배에서 키를 잡아야 했다. 그러나 갑판장 킹, 목수 커민스, 그리고 또 다른 한 명(용감한 건지 아니면 절박했던 건지, 아니면 둘 다였는지)이 바다로 뛰어들었다. 그 모습에 용기를 얻은 열한 명이 그 뒤를 따랐다. 흑인 자유민 수병인 존 덕, 수습장교 아이작 모리스가 그들 중에 있었다. 한 해병이 헤엄치다 지쳐서 허우적거리기 시작했다. 모리스가 그에게 다가가려 했으나, 해병은 해변까지 채 20피트[6미터]가 남지 않은 지점에서 물속으로 사라졌다.

다른 사람들은 우르르 모래밭으로 올라갔다. 벌클리가 빈 상자 네 개를 뱃전 너머로 던지자 파도가 그것을 해변으로 실어다 주었다. 마실 물을 채워올 상자였다. 벌클리가 이 상자에 총 여러 정도 묶어두었으므로, 몇몇 사람이 그것을 가져가 사냥을 시작했다. 그들은 'AR'이라는 낙인이 찍힌 말 한 마리를 발견했다. 스페인인들이 가까이에 있음이 분명했다. 점점 불안해진 사람들은 말과 바다표범 몇 마리를 총으로 쏘아 죽인 뒤 손질해서 고기를 불에 구웠다. 커민스와 킹, 그리고 다른 네 사람은 먹을 것 약간과 식수를 가지고 배로 헤엄쳐 돌아왔다. 그러나 스콜 때문에 스피드웰 호가 바다로 나갈 수밖에 없어서, 덕과 모리스를 포함한 여덟 명은 육지에 발이 묶였다. "해변에 있는 사람들이 보이지만, 데려올 수 없다."[9] 벌클리는 이렇게 썼다.

그날 밤 배가 파도에 얻어맞다가 키 일부가 부러지는 바람에 배를 조종하기가 더욱더 어려워졌다. 벌클리는 베인스, 커민스 등 여러 사람과 어떻게 해야 할지 의논했다. 그리고 함께 내린 결정을 요약해서 다시 문서로 만들어 서명했다. 스피드웰 호의 시간("남아메리카 해안, 위도 37:25 S. 경도 런던 자오선에서 65:00 W. 1월 14번째 날"[10])으로 표기된 이 문서의 내용에 따르면, 키가 부러진 뒤 그들은 "언제든 배가 침몰할 수 있다고 생각"했으며 "우리가 바다로 나가지 않으면 죽는 수밖에 없다는 것이 모두의 의견"이었다. 그들은 이런 결정을 설명하는 편지와 함께 총과 탄약 일부를 통에 담아 뱃전 너머로 던졌다. 파도에 실어 해변으로 보내기 위해서였다. 그리고 덕, 모리스 등 여덟 명이 그것을 받을 때까지 기다렸다. 그들은 편지를 읽고는 털썩 무릎으로 주저앉아 멀어지는 스피드웰 호를 지켜보았다.

그들이 여기서 하는 일을 하느님이 보고 계시는 걸까? 벌클리는 여전히 《그리스도인의 모범 또는 예수 그리스도를 따라 흉내 내는 것에 대한 보고서》에서 위안을 얻으려 했으나, 거기에 경고처럼 보이는 구절이 있었다. "양심이 깨끗한 자라면 죽음이 두려울 리 없었다. 죽음에서 도망치기보다 죄를 피하는 편이 더 나았다."[11] 하지만 살고 싶어 하는 것이 죄인가?

부러진 키 때문에 배는 방황하기 시작했다. 마치 자기만의 암호 같은 길을 따라가는 것 같았다. 채 며칠이 지나기 전에 먹을 것이 다 떨어지고 물도 거의 떨어졌다. 조금이라도 움직이는 사람이 거의 없었다. 벌클리는 이렇게 적었다. "건강한(간신히 기어서 움직일 수 있는 사람을 건강하다고 말할 수 있다면) 사람은 열다섯 명을 넘지 않았다. 현재 나는 이 배에서 가장 튼튼한 사람 중하나로 간주되지만 도합 10분 동안 내 두 다리로 서 있기도 힘들다… 가장 건강 상태가 좋은 우리는 최선을 다해 다른 사람들을 격려하고 있다."[12]

환자인 베인스 대위는 "매일 죽어가는 가엾은 동료들, 송장같은 얼굴로 나를 바라보며 도와달라고 하지만 나는 그럴 능력이 없었다"[13]고 썼다. 1월 23일 어린 아들을 헌신적으로 돌보던항해사 토머스 클라크가 죽었다. 다음 날에는 아들도 죽었다. 이틀 뒤 요리사 토머스 매클린(항해에 나선 사람 중에 나이가 가장많은데도 그때까지 허리케인과 괴혈병과 난파를 견뎌냈다)이 마지막숨을 쉬었다. 그의 나이는 여든두 살이었다.

벌클리는 여전히 메모하듯 일기를 썼다. 만약 일기를 쓸 때미래를 염두에 두었다면, 이 일기가 언젠가 어떻게든 육지에 도달하게 될 것이라고 믿었음이 분명하다. 그러나 그의 정신이 흐려지고 있었다. 한 번은 하늘에서 나비들이 눈처럼 내려오는 것이 보였다.

1742년 1월 28일 바람이 배를 해변으로 밀었다. 벌클리는 이상한 모양들을 보았다. 또 신기루를 보는 건가? 다시 보니 그 이상한 모양들은 나무로 지은 구조물, 집이었다. 분명했다. 게다가 그 집들이 있는 곳은 커다란 강의 가장자리였다. 브라질 남쪽 국경에 있는 리오그란데 항구가 분명했다. 벌클리는 다른 사람들을 소리쳐 불렀다. 아직 의식이 있는 사람들은 밧줄을 붙잡고, 남아 있는 돛 조각을 어떻게든 움직여보려고 했다. 석 달 반 동안 거의 3,000마일⁴,⁸⁰⁰킬로을 이동한 그들이 안전한 브라질에 도착한 것이다.

스피드웰 호가 둥둥 떠서 항구로 들어오자 군중이 모여들었다. 항구의 주민들은 햇볕에 하얗게 바랜 돛이 갈기갈기 찢어지고, 엉망진창인 선체에 물이 잔뜩 고여 있는 배를 보며 입을 떡 벌렸다. 그다음에 눈에 들어온 것은 인간임을 거의 알아볼 수 없는 형체들이 갑판 여기저기에 흩어져 있다는 사실이었다. 화물창에는 그 형체들이 서로 포개져 있었다. 반쯤 벌거벗은 몸에 뼈가 툭툭 튀어나와 있고, 햇빛 때문에 피부가 벗겨진 그들은 마치 뜨거운 불 속에서 나온 사람들 같았다. 바닷물에 절은 머리카락이 턱 어림과 등 뒤로 흘러내렸다. 벌클리는 일기에 이렇게 썼다. "인간들 중에 우리만큼 많은 어려움과 불행을 경험한 사람은 없을 것이다."¹⁴

많은 사람이 몸을 움직이지 못했지만, 벌클리는 휘청거리며 일어섰다. 그가 8개월 전 칠레 앞바다에서 침몰한 HMS* 웨이저 호의 승조원들이라고 설명하자, 구경꾼들은 더욱더 놀랐다. "그들은 지금 살아 있는 서른 명의 사람이 그렇게 작은 배에 탈

---

* Her Majesty's Ship(여왕 폐하의 배) 또는 His Majesty's Ship(국왕 폐하의 배)의 약자. 영국 해군 소속 군함임을 나타내는 말.

수 있었다는 사실에 놀랐다."[15] 벌클리는 이렇게 썼다. "우리와 처음 출항할 때의 인원을 이 배에 태울 수 있었다는 사실이 그들에게는 놀라운 정도를 넘어 도저히 믿을 수 없는 일이었다."

이 도시의 통치자가 나와서 그들을 맞이했다. 그는 그들이 겪은 비참한 일들을 듣고 성호를 그으며, 그들이 여기에 도착한 것은 기적이라고 말했다. 그리고 자신의 나라가 해줄 수 있는 모든 것을 해주겠다고 약속했다. 환자들은 병원으로 실려 갔으나, 목수의 조수인 윌리엄 오램(스피드웰 호를 건조하는 일에 참여했고 이 모험을 처음부터 끝까지 함께했다)은 곧 숨을 거뒀다. 웨이저 섬을 출발할 때 여든한 명이었던 일행이 이제 스물아홉 명으로 줄어들었다.

벌클리는 자기들 중에 한 명이라도 살아남았다는 사실이 곧 하느님이 존재한다는 증거라고 생각했다. 이 진실을 지금도 의심하는 사람이라면 "격노한 신의 분노를 받아 마땅"[16]했다. 일기에서 그는 자신들이 브라질에 도착한 날을 "우리 구원의 날로 부르며 그에 걸맞게 기억해야 한다"[17]고 적었다.

그를 비롯한 몇 명에게는 몸을 회복할 수 있는 따뜻하고 편안한 집 한 채가 제공되었다. 갓 구운 빵과 구운 쇠고기도 접시에 담겨 나왔다. "우리가 아주 행복해진 것 같다."[18] 벌클리는 이렇게 썼다.

브라질 전역에서 사람들이 그들을 찾아와 찬사를 보냈다. 이 뱃사람들이 포수의 지휘로 표류자로서는 가장 긴 항해를 해냈다고. 스피드웰 호는 육지로 인양되어 순례 장소가 되었다. 벌클리는 "이 경이로운 것"을 "보려고 사람들이 계속 몰려온다"[19]
고 표현했다.

그는 '젱킨스의 귀 전쟁'이 질질 끌며 계속되었다는 사실을
알고, 리우데자네이루의 영국 해군장교에게 편지를 보내 자신
일행의 도착을 알렸다. 그가 그 편지에 언급한 사실이 하나 더
있었다. 칩 선장은 "자청해서 뒤에 남았습니다."[20]

5부

심
판

어느 날 저녁 존 벌클리는 브라질 시골에서 동료와 함께 산책하며 새로 얻은 자유를 만끽했다. 그런데 산책을 마치고 머무르던 집으로 돌아와 보니, 자물쇠가 망가져 있었다. 두 사람은 조심스레 집 안으로 들어갔다. 누군가가 벌클리의 방을 뒤진 것처럼 물건들이 흩어져 있었다.

그때 어떤 소리가 들려서 벌클리가 돌아보는 순간 침입자 두 명이 그들에게 달려들었다. 한 명이 벌클리를 공격하자 벌클리는 되받아쳤다. 격렬한 몸싸움 끝에 두 침입자는 어둠 속으로 도망쳤다. 둘 중 한 명은 벌클리가 아는 사람이었다. 갑판장 존 킹의 명령을 따른다고 알려진 웨이저 호의 생존자. 갑판장은 웨이저 섬에서 반란을 일으킬 때 칩 선장의 얼굴을 때린 적이 있었다. 침입자들은 벌클리의 거처를 뒤지고 있었음이 분명했다. 이제 가난뱅이가 된 포수에게서 도대체 뭘 가져가려고?

벌클리는 너무 불안해서 가장 가까운 동료들과 함께 어느 어촌의 다른 하숙집으로 거처를 옮겼다. "여기 있으면 안전할 줄 알았다."¹ 그는 이렇게 적었다.

며칠 뒤 밤에 한 무리의 남자들이 나타나 문을 쾅쾅 두드렸다. 벌클리는 "적절치 않은 밤 시간"²이라면서 문을 열어주지 않았다. 그런데도 그들은 억지로 문을 부수고 들어오겠다고 위협하며 계속 시끄럽게 문을 두드렸다. 벌클리 일행은 무기를 찾아 집 안을 뛰어다녔지만, 자신을 보호할 수 있는 도구가 전혀 없었다. 그래서 그들은 뒷문으로 몰래 빠져나가 담을 넘어 도망치려고 했다.

문을 두드리던 무리 중 한 명이 아까 벌클리에게 그의 일기장을 원한다고 이미 말해주었다. 웨이저 섬에서 그때그때 기록을 남기던 사람은 벌클리뿐이었는데, 킹 무리는 칩 선장을 쫓아낼 때 자신들이 어떤 역할을 했는지 들통날 것이 두려운 모양이었다. 섬에 표류해서 고생하던 사람들 앞에 다시 위험이 나타났다. 이번에는 위험의 원인이 자연이 아니라, 그들이 해군본부에 가서 하게 될 이야기였다. 칩 일행에 대해서는 여전히 감감무소식이었다. 그들이 나타나 자기들 시각의 이야기를 하게 될 가능성은 별로 없을 것 같았다. 하지만 만약 그들이 나타난다면? 게다가 설사 그들이 끝내 돌아오지 못하더라도, 벌클리 무리 중 누군가가 자기 목숨을 구하려고 동료들을 범죄자로 모는 이야기를 할 수도 있었다.

이런 의심증이 점점 깊어지던 중, 벌클리는 킹이 "우리를 겁박해 스스로 일기를 내놓게 하거나 우리 목숨을 빼앗겠다"³고 다짐했다는 이야기를 들었다고 썼다. 브라질의 한 관리는 "수많

웨이저

은 고난과 어려움을 함께 겪은 사람들이 아름답게 의견을 모으지 못하는"[4] 것이 정말 이상하다고 생각했다. 웨이저 섬에서 벌어졌던 일은 판도라의 상자 속에 든 무시무시한 것과 비슷했다. 한 번 그 상자가 열리면, 그 안의 것들을 계속 가두어둘 길이 없었다.

베인스 대위는 이 무리의 최고위 장교로서 특히 걱정이 컸다. 벌클리는 칩 선장에게 일어난 일은 모두 벌클리와 커민스 탓이라고 그가 브라질 관리들에게 속닥거린다는 말을 들었다. 벌클리는 이에 맞서서 늘 하던 대로, 펜을 들어 글을 갈겨썼다. 이렇게 베인스에게 전달된 쪽지에서 그는 베인스가 비열한 거짓 주장을 퍼뜨리고 있다고 비난하면서 일단 영국으로 돌아가면 각자 "자신의 행동을 진술하고 정의가 실현될 것"[5]이라고 말했다.

1742년 3월 베인스는 배를 타고 영국을 향해 도망쳤다. 다른 사람보다 먼저 영국에 도착해서 자신의 이야기를 가장 먼저 기록으로 남길 작정이었다. 벌클리와 커민스가 영국으로 돌아갈 다른 배편을 구하는 데에는 여러 달이 걸렸다. 그 배를 타고 돌아가는 길에 포르투갈에 들렀을 때, 그들은 베인스가 벌써 그들을 비난하고 있다는 이야기를 항구의 여러 영국 상인에게서 들었다. "그곳의 우호적인 사람들 중 일부는 우리에게 반란 혐의로 사형당하지 않으려면 고국으로 돌아가지 말라고 충고하기까지 했다."[6] 벌클리는 이렇게 썼다.

그는 베인스의 말은 믿을 만하지 않다고 상인들에게 말했다. 확실히 베인스는 섬에서 일기를 쓴 적이 없었다. 이 점을 알린 뒤 벌클리는 자신의 두툼한 일기장을 마치 성서처럼 꺼내 보였다. 그는 상인들이 그것을 본 뒤 "만약 이것이 반란이 맞는다면, 우리를 비난한 그자가 바로 주모자임을 그들이 알게 되었다"[7]고 주장했다.

벌클리와 커민스는 고향을 향해 계속 나아갔다. 벌클리는 지금도 강박적으로 계속 일기를 쓰고 있었다. "우리는 무고하다고 확신했으므로, 무슨 일이 있어도 반드시 고국을 다시 볼 생각이었다."[8] 그는 이렇게 썼다.

1743년 1월 1일 그들이 탄 배가 포츠머스에 닻을 내렸다. 멀리 그들의 집이 보였다. 벌클리가 아내와 다섯 자녀를 마지막으로 본 지 2년이 넘었다. "우리는 즉시 상륙해서 가족에게 갈 생각밖에 없었다."[9] 벌클리는 이렇게 썼다. 그러나 그들이 배에서 내리는 것을 해군이 막았다.

베인스는 해군본부에 제출한 서면 진술서에서 벌클리와 커민스가 이끄는 반란 무리가 칩을 내쫓았다면서, 그들이 선장을 묶어 웨이저 섬에 버리고 왔다고 주장했다. 해군본부는 두 사람 모두 군사재판을 받을 때까지 구금해둘 것을 명령했다. 이제 그들은 고국에서 갇힌 몸이 되었다.

벌클리는 베인스의 주장이 "불완전한 이야기"[10]라면서, 베인스 본인이 인정했듯 기억을 바탕으로 한 이야기는 사건이 일어날 때마다 즉시 글로 작성한 기록에 비해 증거 가치가 떨어진다고 주장했다. 해군본부가 진술서를 제출하라고 요구하자 벌클리는 일기장을 통째로 내놓기로 했다. 그리고 자신이 그 일기장

웨이저

을 지키려고 목숨을 걸었음을 알렸다. 일기는 비록 일인칭으로 작성되었지만, 그는 커민스를 공동 저자로 추가했다. 일기에 적힌 이야기에 더 권위를 부여하는 한편, 절친한 친구인 그가 처벌받지 않게 보호해주기 위해서였을 것이다.

일기에는 봉기까지 이어진 사건들이 그들의 관점에서 묘사되어 있었다. 칩 선장이 정신적으로 흐트러져서 머리에 총을 쏘아 코전스를 죽인 일도 여기에 포함되었다. "해군에서 엄격히 지켜지는 질서와 규칙대로 일이 진행되지 않아, 필요에 의해 우리는 공통의 길에서 벗어났다."[11] 벌클리는 이렇게 썼다. "우리의 사례는 독특했다. 배를 잃은 뒤로 우리의 가장 큰 관심사는 목숨의 보존과 자유였다." 결국 그들에게는 "자연의 명령대로" 행동하는 길 외에 선택의 여지가 없었다.

벌클리는 이 일기를 제출하면서, 섬에서 작성한 법적인 문서를 보충자료로 함께 넘겼다. 베인스 본인이 또렷이 서명한 문서였다. 해군본부는 이 자료에 압도당했는지, 사람들의 목숨이 달린 일기장을 한동안 사무실에 그냥 놔두었다. 마침내 해군본부가 일기장을 돌려보내며 지시했다. "높은 분들이 읽기에 너무 지루하지 않게 이야기 형식으로 요약본을 만들라."[12]

벌클리와 커민스는 즉시 일기에서 요점을 뽑아내, 다음과 같은 쪽지와 함께 제출했다. "저희는 불운한 칩 선장의 의사에 전적으로 따랐습니다. 선장의 마지막 명령은 높은 분들께 진실한 이야기를 들려드리라는 것이었습니다."[13]

해군본부 사람들은 상충하는 진술에 당황해서, 적어도 칩이 공식적인 사망선고를 받을 때까지 조사를 미루기로 했다. 2주 동안 구금되어 있던 벌클리와 커민스도 석방되었다. "우리 가족들은 이미 오래전에 우리를 포기하고 있었다."[14] 벌클리는 이렇게 썼다. 그래서 가족들은 "돌아온 아들, 남편, 아버지를 기적을 보듯이 바라보았다."

그러나 법적 문제가 해결될 때까지 벌클리 일행은 일종의 연옥에 머물러 있는 상태였다. 원정기간 중의 봉급도 받을 수 없고, 군대에 다시 들어가 일할 수도 없었다. "배를 잃고도 살아남아 굶주림을 비롯해서 수없는 어려움과 싸운 우리가 모국으로 돌아왔으나, 여기서도 우리는 여전히 거의 아무런 지원도 받지 못하고 직업도 없는 불운한 처지다."[15] 벌클리는 이렇게 썼다.

어떻게든 돈을 벌어야 하는 벌클리는 상선을 플리머스에서 런던까지 몰고 와달라는 제안을 받았다. 그는 이 일을 하기 위해 다른 지역으로 이동하는 것을 허락해달라고 간청하는 편지를 해군본부에 보냈다. 그는 그 제안을 받아들이는 것이 자신의 의무라고 생각하지만, 허락을 받지 않고 그렇게 하고 싶지는 않다고 썼다. "제가 법을 피해 도망쳤다고 높은 분들께서 생각하실까 봐"[16] 그렇다면서 그는 이렇게 덧붙였다. "저는 칩 선장과 관련해서 제 행동에 대한 가장 엄격한 재판을 기꺼이 감수할 것이며, 살아서 선장님과 다시 얼굴을 맞댈 수 있기를 바랍니다. 그러나 그때까지 세상에 버려져 죽어가야 하는 신세가 아니기를 바랍니다." 해군본부는 그에게 허가를 내려주었으나, 그는 여전히 가난했다. 또한 자신을 포함해서 살아 돌아온 사람들이

웨이저

언제 법정에 불려가 사형선고를 받을지 모른다는 두려움에 끊임없이 시달렸다.

표류자일 때 벌클리는 누군가 권력자가 나서서 지도력을 발휘해주기를 기다리지 않았다. 고국으로 돌아온 지 몇 달이 지난 지금도 그는 또 한 번 반란을 일으키기로 결정했다. 이번에는 문학적인 반란이었다. 그는 자신의 일기를 출판할 계획을 짰다. 자신의 뜻대로 대중의 인식을 형성해서, 섬에서 그랬던 것처럼 사람들을 자기편으로 모을 생각이었다.

이 일기의 출판을 스캔들로 생각하는 사람이 있을 것으로 짐작한 그는(고위 장교들이 자신의 항해 이야기를 발표하는 것은 흔한 일이었지만, 일개 포수의 경우는 달랐다) 자신의 결정에 대한 비난에 선제적으로 대응하는 서문을 썼다. 무엇보다도 그는 자신과 커민스의 지위를 감안할 때 그토록 힘든 일을 해낼 수 없었을 것이라고 보는 것은 불공정하다고 주장했다. "우리는 박물학자나 학식 높은 사람이라고 주장하지 않는다."[17] 그러나 "남들만큼 이해력을 지니고 있어서, 언급할 가치가 있는 일들, 특히 자신이 큰 몫을 차지하는 일에 대해 매일 종이에 적어둘 능력은 있다. 우리는 우리가 알 수밖에 없었으며 실제로 진실이라고 알고 있는 일들을 들려줄 뿐이다." 그는 또한 그때의 일과 관련된 비밀들을 폭로할 권리가 자신과 커민스에게 없다는 비난을 예상하고 다음과 같이 썼다. "이 일기를 출판하는 것이 일부 훌륭한 분들의 심기를 거스를 것이라는 암시가 있었다. 웨이저 호와 관련된 보고서가 공개되었을 때 고국의 어느 훌륭한 분의 심기를 어떻게 거스를 수 있다는 건지 모르겠다. 우리가 웨이저 호를 타고 가다 난파했다는 사실을 모두가 이미 아는데, 그 일을 세상에 알리는 것이 불쾌할 수 있다고?… 우리가 큰 부자가 될수 있을 거라는 희망을 안고 바다로 나갔으나 거지처럼 가난해져서 돌아왔다는 걸 사람들도 알지 않는가?"[18] 그의 글은 계속 이어졌다. "사람이 큰 어려움을 이겨냈을 때는, 그 이야기를 남에게 들려주는 것이 즐겁다. 우리가 이런 만족감을 얻겠다는데, 누가 무슨 원인으로 불쾌해진다는 말인가? 갖가지 형태의 죽음과 직면했던 우리가… 누군지도 모르는 높은 분의 심기를 거스르지 않게 위협을 당해야 하는가?"

벌클리는 섬에서 자신과 커민스가 했던 행동을 변호할 때에도 비슷하게 대중 영합적인 어조를 사용했다. 그는 "그런 지위에 있는 사람치고는 너무 바삐 활발하게"[19] 움직인다며 많은 사람에게 욕을 먹었으나, 누가 됐든 영국으로 돌아올 수 있었던 것은 순전히 자신들이 행동에 나섰기 때문이라고 썼다. 일기를 읽고 나면 자신과 커민스가 벌을 받아 마땅한지 아닌지 사람들이 스스로 결정할 수 있게 되리라는 것이 그의 주장이었다. "우리가 선장을 구금한 것은 무례하고 유례없는 행동으로 여겨지고 있으며, 우리가 선장을 고국으로 함께 데려오지 않은 것은 그보다도 더 나쁜 일로 여겨진다. 그러나 독자는 우리가 절대적인 필요에 의해서 그렇게 행동할 수밖에 없었음을 알게 될 것이다."[20]

벌클리는 바다 이야기의 저자들이 놀라운 사건들을 지어내

웨이저

서 명성을 드높일 때가 있음을 인정했다. 그러나 자신과 커민스는 "진실을 엄격히 지키며 그런 자들과 멀어지려고 공을 들였다"[21]고 주장했다.

그의 이야기는 영국 문학에서 놀라운 글이었다. 비록 문학작품이라고 하기는 어려웠지만, 그 일기에는 전통적인 일지보다 더 많은 이야기와 개인에 관한 세세한 묘사가 가득 들어 있었으며, 이야기를 들려주는 목소리 또한 고집 센 뱃사람의 것이라서 흥미롭고 새로웠다. 화려하고 복잡하기 일쑤인 당시의 산문과 대조적으로, 이 글의 문체는 벌클리의 성격처럼 분명했으며, 여러 면에서 확실히 현대적이었다. 벌클리는 이 일기에 "분명한 해양 문체"[22]가 있다고 단언했다.

벌클리와 커민스가 원고를 완성했을 무렵, 그들과 함께 섬을 빠져나왔던 일행도 대부분 영국으로 돌아온 뒤였다. 웨이저 호의 난파와 반란에 관해 무엇이든 알고 싶다는 대중의 요구 또한 강렬했다. 벌클리와 커민스는 일기를 출판하는 대가로 런던의 어느 서적상에게서 상당한 액수를 받았다고 말했다. 그들이 정확한 액수를 밝히지 않은 그 돈으로도 경제적인 불안정에 종지부를 찍을 수는 없었지만, 그들의 처지가 워낙 급박했던 만큼 엄청난 돈이었다. "우리 같은 처지의 사람들에게 돈은 커다란 유혹이다."[23] 벌클리는 이렇게 인정했다.

벌클리와 커민스가 영국으로 돌아온 지 6개월 뒤에 출판된 이 책의 제목은 간단히 《남쪽 바다로의 항해, 1740~1741》이었다. 그러나 독자의 관심을 끌기 위한 길고 감질나는 부제가 붙어 있었다.

남위 47도 서경 81도 40분에 있는 어느 황량한 섬에서 제국 군
함 웨이저 호를 잃은 것에 대한 충실한 이야기: 장교들과 승조
원들의 행동과 처신, 그리고 그들이 앞의 섬에서 5개월 동안 감
내한 고난, 광대한 파타고니아의 남쪽 해안을 따라가며 자유를
찾으려는 대담한 시도, 여든 명이 넘는 사람과 함께 배를 타고
출발, 커터를 잃음, 마젤란 해협 통과, 어떤 종류의 음식도 없어
서 자주 겪었던 믿을 수 없는 고난…의 이야기…

책값은 3실링 6펜스였고, 《런던 매거진》에도 같은 내용이 연
재되었다. 해군본부 사람들과 귀족들 중 일부는 포수와 목수가
지휘관을 이중으로 공격하고 있다며 분노를 표출했다. 처음에
는 선장을 직접 포박했고, 이제는 글로 그를 비난하고 있다는
것이었다. 해군본부의 최고 집행위원 중 한 명은 벌클리에게 이
렇게 말했다. "감히 이렇게 공개적으로 신사의 인격에 손을 대
다니."[24] 한 해군장교는 대중적인 주간지 《유니버설 스펙테이
터》에 이렇게 말했다. "우리도 비슷한 방식으로 웨이저 호의 승
조원들을 비난하고 선장을 옹호할 준비가 되어 있다… 심지어
우리는 만약 칩 선장이 고국으로 돌아온다면 자신이 고집스러
운 사람이라는 비난을 걷어내고 부하들의 불복종으로 비난이
향하게 할 것이라고 생각하고 싶다."[25] 벌클리는 일기를 출판한
자신의 반항적인 행동이 어떤 면에서는 자신을 처형해야 한다

는 요구에 기름을 부은 꼴이라는 점을 인정했다.

그러나 후일 한 역사가에게 "페이지마다 진정한 바다 분위기"[26]를 품고 있다는 찬사를 받은 그 책은 2쇄에 돌입할 정도로 많은 대중의 마음을 흔들어 그들이 벌클리 일행의 편을 들게 만들었다. 앞에서 언급한 역사가는 이 책의 "씩씩한 호전성"이 "소매에 금줄을 두른 상류층에게서도 마지못한 찬탄을 어느 정도" 얻어낸 것으로 보인다고 지적했다.

벌클리는 자신의 이야기를 반박하는 글이 나올 것을 두려워했으나, 그런 글은 나오지 않았다. 그는 역사의 1차 초고를 출판했을 뿐만 아니라, 미래 또한 바꿔놓은 것 같았다. 그와 그의 추종자들이 해군에서 추방되어 아직도 가난한 신세인지는 몰라도, 어쨌든 살아서 자유를 누리고 있었다.

벌클리가 항해에서 배웠듯이, 일시적인 구원이 오래 가는 경우는 드물다. 미처 예상치 못한 일로 부서지는 결말을 피할 수 없다. 과연 오래지 않아, 원정대를 이끌었던 조지 앤슨 사령관이 태평양을 건너는 새로운 길을 열고 있다는 들뜬 보도가 언론에 실리기 시작했다.

앤슨은 센추리온 호의 후갑판에 서서, 중국 남동해안의 광대한 바다 저편을 바라보고 있었다. 1743년 4월, 그가 웨이저 호를 시야에서 놓친 지 2년이 흐른 때였다. 그 배가 어떻게 되었는지 그는 아직 알지 못했다. 그 배가 사라졌다는 것만 알 뿐이었다. 펄 호와 세번 호에 대해서는, 지휘관들이 케이프 혼 근처에서 괴혈병 환자로 가득하고 폭풍에 잔뜩 얻어맞은 배를 오던 방향으로 되돌렸다는 사실을 알고 있었다. 이로 인해 펄 호의 선장은 자신을 "오로지 불명예스러운 존재"[1]로 보게 되었다. 센추리온 호의 교사를 비롯한 몇몇 사람들은 그 장교들이 앤슨을 버렸다고 가끔 중얼거렸으나, 앤슨 자신은 한 번도 그들을 비난하지 않았다.[2] 그도 "눈먼 뿔의 증오"를 경험했으므로, 그 지휘관들이 완전히 쓸려나가는 것을 피하려고 후퇴했다고 믿는 듯했다.

앤슨의 소함대에 속한 세 척의 다른 배, 즉 글로스터 호, 트라이얼 호, 그리고 소형 화물선인 애나 호가 기적적으로 케이프 혼을 돌아 전설적인 섬인 후안 페르난데스 제도의 집결지에

서 그와 합류하기는 했으나, 지금은 그들도 사라졌다. 애나 호
는 자연의 힘에 잡아먹혀 침몰했다. 그다음에는 사람이 부족해
서 항해가 불가능해진 트라이얼 호를 버렸다. 마지막으로 글로
스터 호는 누수가 너무 심해져서 앤슨이 이제 자신의 배를 제
외하고 유일하게 남은 이 배마저 바다에 묻어버리는 수밖에 없
었다.

대략 400명이던 글로스터 호의 승조원 중 4분의 3이 이미 목
숨을 잃은 뒤였다. 그래서 남은 사람들을 센추리온 호로 옮긴
뒤(대부분 병이 너무 심해서 나무 격자판에 실어 줄로 감아올려야 했
다), 글로스터 호가 적의 손에 들어가지 않게 선체에 불을 질렀
다. 나무로 만든 하나의 세상에 불이 붙은 모습을 앤슨은 지켜
보았다. 그의 부하 장교 중 한 명인 필립 소머레즈는 "해군에 들
어온 뒤 이렇게 우울한 광경은 처음"[3]이라고 말했다. 트라이얼
호의 회계관이었고 지금은 센추리온 호에 타고 있는 로런스 밀
챔프는 글로스터 호에 대해 "밤새 불타면서 무엇보다 웅장하고
무서운 광경을 연출했다. 모두 장전되어 있던 그 배의 포들이
아주 일정한 간격으로 발사되어… 애도를 위한 예포 소리 같았
다"[4]고 썼다. 다음 날 불길이 화약 저장실에 이르자 선체가 폭발
했다. "글로스터 호는 그렇게 끝났다. 영국 해군의 미인이라고
불러도 틀리지 않은 배였다."

이런 재난에도 불구하고 앤슨은 남은 한 척의 배로 적어도 원
정대의 일부만이라도 계속 유지하면서, 지구를 한 바퀴 돌고 오
라는 지시를 기필코 완수할 작정이었다. 태평양을 건너기 전 그

는 스페인의 무역선 몇 척을 사로잡고 페루의 작은 정착촌을 습격해 스페인의 세력을 약화시키려고 시도했다. 그러나 군사적인 면에서 이런 승리의 의미는 보잘것없었다. 앤슨 일행은 아시아로 향하던 중에 또 괴혈병 사태를 겪었다. 사람들이 이것을 전보다 훨씬 더 고통스럽게 받아들인 것은 어떤 증상을 겪을지 이미 알고 있었고(통증, 부종, 치아 상실, 광기) 워낙 대규모로 목숨을 잃었기 때문이었다. 한 장교는 시체에서 "썩은 양고기 같은"[5] 냄새가 났다면서 "하루에 여섯, 여덟, 열, 열두 구를 뱃전 너머로 던졌다"고 회상했다. 앤슨은 부하들의 죽음과 임무 실패로 괴로워하며, "조국을 위해 일하려고 이렇게 많은 고난과 위험을 겪었는데, 만약 내가… 다수의 존중을 잃었다고 생각했다면 조국으로 돌아가는 게 무척 괴로울 것"[6]이라고 고백했다. 그의 병력은 약 2,000명에서 고작 227명으로 줄었고, 그들 중 많은 수가 아직 어린 소년이었다. 그에게는 센추리온만 한 크기의 전함을 제대로 운용하는 데에 필요한 인원의 3분의 1밖에 없었다.

많은 고통을 겪으면서도 승조원들은 여전히 사령관에게 놀라울 정도로 충성했다. 부하들이 주기적으로 투덜거릴 때면, 앤슨은 군율과 규칙을 소리 내어 읽어주며 명령불복종의 처벌이 무엇인지 알려주었다. 그러나 채찍질을 하지는 않았다. "용감하고, 인간적이고, 상대를 평등하게 대하고, 신중한 지휘관의 모범이었다."[7] 센추리온 호의 한 장교는 앤슨에 대해 이렇게 말하면서 "그의 성격이 워낙 한결같고 차분해서 병사와 장교 모두 놀라움과 기쁨으로 그를 바라보았으며, 위험이 가장 임박했을 때에도 부끄러워서 이렇다 하게 낙담한 기색을 드러낼 수 없었다"고 덧붙였다.

한 번은 앤슨이 태평양의 어느 무인도에 센추리온 호를 정박시킨 뒤 많은 부하들과 함께 해변에 상륙했다. 그런데 폭풍이 밀려와 센추리온 호가 사라져버렸다. 앤슨 일행은 웨이저 호의 동료들과 마찬가지로 황량한 섬의 표류자가 되었다. "우리를 사로잡은 슬픔과 고뇌를 말로 표현하기가 거의 불가능하다."[8] 밀챔프는 이렇게 썼다. "슬픔, 불만, 두려움, 절망이 우리 모두의 얼굴에 확실히 드러나 있는 것 같았다."

며칠이 흐르자 앤슨은 센추리온 호를 영영 되찾지 못할 경우에 대비해서 섬에 타고 온 작은 수송 보트를 크게 확대해 가장 가깝고 안전한 항구까지 타고 갈 계획을 세웠다. 중국 해안에서 그런 항구까지의 거리는 1,500마일^{2,400킬로}이었다. 앤슨은 부하들에게 이렇게 말했다. "이 야생의 장소에서 우리 생이 끝나기를 바라는 게 아니라면, 눈앞의 일에 힘을 써서 각자가 동료뿐만 아니라 자신을 위해서도 일해야 한다."[9]

앤슨 본인도 노동에 동참했다. 그의 부하 한 명은 그가 "승조원 중 가장 낮은 수병"[10]과 똑같이 일했다고 회상했다. 밀챔프는 앤슨을 포함한 모든 고위 장교가 가장 힘든 일을 함께 하는 모습에 모두가 "남보다 더 잘하려고 애썼기 때문에 곧 대단히 활기차게 일이 진행되었다"[11]고 적었다.

센추리온 호는 사라진 지 3주 뒤에 다시 나타났다. 바다로 쓸려나가 있는 동안 배가 손상되기는 했지만, 배에 타고 있던 승조원들은 내내 섬으로 돌아오려고 안간힘을 썼다. 앤슨은 재회의 기쁨을 나눈 뒤에 지구 일주 항해를 계속해야 한다고 밀어붙였다.

배가 남중국해를 지나는 동안 앤슨은 부하들을 갑판으로 불러모은 뒤 자기 선실의 지붕 위로 올라가 연설했다.[12] 얼마 전 광저우에 들러 센추리온 호를 수리하고 보급품을 조달할 때 앤슨은 마침내 이 불운한 항해를 끝내고 영국으로 돌아가기로 했다는 사실을 모두에게 알렸다. 필리핀 마닐라의 통치자는 "영국인들이 아무것도 성취하지 못한 채 이 모험에 지쳤다"[13]는 보고서를 스페인 왕에게 전달했다.

앤슨은 선실 지붕에서 아래를 내려다보며 소리쳤다. "신사들, 그리고 내 용감한 청년들, 이제 우리가 해안에서 다시 멀어졌으니 이렇게 이곳으로 부른 것은… 우리가 어디로 향하는지 알려주기 위해서다."[14] 그는 잠시 멈췄다가 소리쳤다. "영국이 아니다!"

속내를 알 수 없는 포커 플레이어인 앤슨은 고국으로 돌아간다는 말이 전부 미끼였음을 밝혔다. 스페인의 갈레온선이 어떤 시기에 어떤 패턴으로 항로를 오가는지 그동안 연구하고 중국에서 더 많은 정보를 수집한 결과, 그는 갈레온선이 곧 필리핀 앞바다에 나타날 것이라고 추측하게 되었다고 말했다. 지금껏 헛되이 피를 흘렸으니, 이번이야말로 적에게 한 방 먹이고 그 배에 실려 있다는 값진 보물을 손에 넣을 기회였다. 그는 스페인 갈레온선의 선체가 워낙 두꺼워서 대포알로도 뚫리지 않는 다는 무시무시한 이야기는 무시해버렸다. 그러나 적이 만만치 않다는 점은 인정했다. 승조원들을 바라보면서, 그는 여기까지 올 수 있게 해준 그 정신, 케이프 혼의 질풍과 날뛰는 태평양을 뚫고 나올 수 있게 해준 그 정신, "제군들 안의 그 정신"[15]만 있 으면 충분히 이길 수 있다고 단언했다. 나중에 한 해군 역사가 는 앤슨의 작전을 "직업적인 몰락을 앞둔 지휘관의 필사적인 행 동, 이미 모든 것을 잃은 도박사의 마지막 모험"[16]이라고 묘사했 다. 승조원들은 모자를 흔들며 큰 소리로 세 번 환호성을 질렀 다. 그리고 승리와 죽음을 모두 그와 함께하겠다고 약속했다.

———————— • ————————

앤슨은 센추리온 호의 방향을 사마르 섬으로 돌렸다. 필리핀 에서 세 번째로 큰 섬인 이 섬은 남동쪽으로 1,000마일[1,600킬로]쯤 떨어져 있었다. 그는 병사들에게 줄곧 끊임없이 훈련을 시켰다. 몸에서 분리된 머리처럼 활대에 매달린 물체를 소총으로 쏘는 연습, 대포를 이리저리 옮기는 연습, 적선에 올라 백병전을 할 때를 대비한 칼과 검 연습. 연습이 모두 끝나면 앤슨은 모두에 게 처음부터 다시 훈련을 시켰다. 이번에는 속도를 더 빠르게. 그의 명령은 간단했다. 준비하지 않으면 죽는다.

5월 20일, 망을 보던 선원이 사마르 섬의 북쪽 끝인 에스피리 투 산토 곶을 발견했다. 앤슨은 즉시 윗돛대의 돛을 감으라고 지시했다. 멀리서 배가 잘 보이지 않게 하기 위해서였다. 그는 기습공격을 원했다.

쨍쨍 내리쬐는 햇볕 속에서 그는 몇 주 동안 그 일대를 오락가락하며 갈레온선을 찾아보았다. 한 장교는 일지에 이렇게 썼다. "큰 기대를 품고 각자의 거처에서 부하들을 훈련시킨다."[17] 나중에는 이런 말을 덧붙였다. "각자의 위치를 지키며 망을 본다."[18] 그러나 찌는 듯한 더위 속에서 힘든 훈련과 수색으로 한 달이 지나자 사냥감을 발견할 수 있으리라는 희망이 점점 사라져갔다. "모두의 얼굴이 점점 우울해졌다."[19] 소머레즈 대위는 일지에 이렇게 썼다.

6월 20일, 동이 트는 시각은 5시 40분이었다. 해가 바다 위로 천천히 올라오고 있을 때, 망을 보는 선원이 남동쪽 멀리 뭔가가 보인다고 소리쳤다. 후갑판에 있던 앤슨은 망원경을 들고 수평선을 살폈다. 들쭉날쭉한 바다 가장자리에 하얀 점 여러 개가 보였다. 윗돛대의 돛이었다. 아직 몇 마일이나 떨어져 있는 그 배에 스페인 국기는 걸려 있지 않았지만, 배의 모습이 점점 선명하게 눈에 들어오자 앤슨은 틀림없이 갈레온선이라는 결론을 내렸다. 게다가 한 척뿐이었다.

승조원 전원에게 작전을 위해 갑판을 정리하라고 지시한 뒤, 앤슨은 추적을 시작했다. "우리 배는 즉시 부글부글 끓어올랐다."[20] 밀챔프는 이렇게 적었다. "모두 도울 준비가 되어 있었고, 모두 자신이 거들지 않으면 일이 잘 풀릴 리 없다고 생각했다. 나는 그들 모두가 너무 기뻐서 미쳐버린 것 같다고 생각했다."

웨이저

그들은 포수들이 움직일 공간을 마련하기 위해 선실 격벽을 무너뜨렸다. 방해가 되는 가축은 모두 바다로 던지고, 포격을 당했을 때 조각조각 부서져 치명적인 부상을 입힐 수 있는 불필요한 목재도 모두 버렸다. 갑판에는 모래를 뿌려 미끄러움을 줄였다. 대포를 다루는 사람들에게는 꽂을대, 스펀지, 나팔, 화약마개가 지급되었다. 화재가 발생할 경우에 대비해서, 대야에 담긴 물도 주어졌다. 무기고에서 포수가 조수들과 함께 어린 운반수들에게 화약을 나눠주면, 소년들은 그것을 들고 사다리를 뛰어올라가 배 안을 가로지르며 전투가 시작되기도 전에 혹시 발을 헛디며 화약이 폭발하지 않게 조심했다. 등불이 꺼지고, 주방 화덕도 꺼졌다. 처음 스물다섯 살의 선의 조수로 항해를 시작했으나 그동안의 인원 손실로 지금은 수석 선의가 된 조지 앨런은 맨 아래층 갑판 깊숙한 곳에서 죽 배달 소년들과 함께 예상되는 부상자 치료를 준비했다. 트렁크로 수술대를 만들고, 뼈 자르는 톱과 붕대를 정리하고, 조수들이 피에 미끄러지지 않게 바닥에는 캔버스 천을 깔았다.

스페인 사람들은 그 갈레온선에 '코바동가의 성모'라는 이름을 붙였다. 그 배에 탄 사람들은 추적당하고 있다는 사실을 틀림없이 알아차렸을 것이다. 그러나 그들은 용기 때문인지 아니면 센추리온 호가 싸울 수 있는 상태가 아니라고 판단했기 때문

인지 도망치려 시도하지 않았다. 그들의 지휘관인 제로니모 몬 테로는 노련한 장교로, 14년 동안 코바동가 호에서 근무한 사람 이었다. 그가 맡은 임무는 보물이 가득 실린 이 배를 목숨 걸고 지키는 것, 그리고 필요한 경우 배가 적의 손에 들어가기 전에 폭파하는 것이었다.

몬테로는 코바동가 호의 뱃머리를 돌려 대담하게 센추리온 호로 다가갔다. 두 배는 서로 충돌할 것처럼 서로에게 가까워졌 다. 앤슨은 망원경으로 상대를 살피면서, 적의 힘을 가늠해보려 했다. 갈레온선의 포열 갑판은 124피트[38미터]로, 센추리온 호보 다 20피트[6미터] 짧았다. 또한 센추리온 호에 포가 60문 있고, 그 중 대부분이 24파운드[11킬로그램] 포탄을 사용하는 것에 비해, 갈레 온선의 포는 32문뿐이었으며 가장 큰 것이라 해도 고작 12파운 드짜리였다. 화력 면에서는 센추리온 호가 확실히 우월했다.

그러나 몬테로에게는 아주 중요한 이점이 하나 있었다. 그의 배에 530명이 타고 있어서, 센추리온 호의 승조원보다 300명이 나 더 많다는 것. 게다가 코바동가 호의 승조원들은 대체로 건 강한 편이었다. 앤슨의 포가 아무리 강하다 해도, 배를 조종하 면서 동시에 포를 모두 작동시킬 수 있을 만큼 사람이 충분하지 않았다. 앤슨은 센추리온 호의 포 중 절반, 즉 우현 쪽 포만 사 용하기로 했다. 반대편에서 센추리온 호를 공격할 또 다른 스페 인 배가 없다는 것을 알기 때문이었다.

그래도 우현의 포를 모두 조작할 승조원이 여전히 부족했다. 그래서 각각의 포에 최소한 여덟 명을 할당하는 통상적인 배치와 달리 두 명만 할당했다. 그 두 사람은 포탄을 장전하고, 포구를 스펀지로 닦는 일을 맡았다. 포에서 포로 뛰어다니며 포를 이동시키고 불을 붙이는 일은 약 열두 명으로 구성된 부대 여럿이 맡았다. 앤슨은 이 방법으로 지속적인 포격이 가능하기를 바랐다. 그가 내린 전술적 결정은 하나 더 있었다. 갈레온선의 뱃전 위쪽 판자벽이 유난히 낮아서 갑판 위의 승조원들이 노출된다는 사실을 알아차린 앤슨은 최고의 저격수 열두 명을 돛대 위쪽에 배치했다. 바다 위 높은 곳에 자리한 만큼, 그들은 시야가 탁 트인 곳에서 적을 쓰러뜨릴 수 있을 터였다.

두 배가 계속 가까워지는 동안 양측 지휘관은 서로의 조치를 거울처럼 따라했다. 앤슨의 부하들이 전투에 대비해서 갑판을 정리한 뒤, 몬테로의 승조원들도 마구 울부짖는 소와 다른 가축을 바다로 던졌다. 앤슨처럼 몬테로도 부하 몇 명에게 소형 무기를 들려 돛대 위쪽으로 올려보냈다. 몬테로가 성과 사자가 화려하게 그려진 진홍색 스페인 왕국 깃발을 올리자, 앤슨도 영국 국기를 게양했다.

두 지휘관은 총안을 열고 검은 포구를 밖으로 노출시켰다. 몬테로가 한 방을 쏘자, 앤슨도 똑같이 대응했다. 이 포격은 순전히 상대를 뒤흔들어놓기 위한 것이었다. 포격의 정확성이 떨어진다는 점을 감안하면, 진짜 전투를 벌이기에는 둘 사이의 거리가 아직 너무 멀었다.

정오 직후 두 배의 거리가 약 3마일4.8킬로쯤 되었을 때 폭풍이 일었다. 비가 무섭게 쏟아지고 바람이 붕붕거리고 바다에는 연기 같은 안개가 끼었다. 이건 하느님의 전장이었다. 가끔 갈레온선이 앤슨과 그 부하들의 시야에서 사라졌다. 하지만 그 배는 분명히 거기 어딘가에 있었다. 은밀한 공격을 걱정한 그들은 바다를 샅샅이 훑었다. 그때 누군가가 외쳤다. 저기 있다! 그러자 배가 언뜻 눈에 보였으나 곧 다시 사라졌다. 갈레온선이 나타날 때마다 거리가 점점 가까워졌다. 처음에는 2마일 거리였다가, 그다음에는 1마일, 그다음에는 반 마일. 앤슨은 적이 피스톨 사정거리 안에 들어오기 전에는 교전하고 싶지 않았기 때문에, 부하들에게 사격하지 말라는 명령을 내렸다. 사격 한 발 한 발이 모두 중요했다.

추적의 흥분이 가라앉자, 신경을 건드리는 적막이 이어졌다. 승조원들은 곧 자기들 중 일부가 팔이나 다리를 잃을 수 있다는 것, 어쩌면 그보다 더 심한 일을 당할 수도 있다는 것을 알고 있었다. 소머레즈 대위는 임무에 나설 때마다 "유쾌하게 죽음과 대면"[21]하기를 바랐다고 적었다. 앤슨의 부하들 중 일부는 긴장한 나머지 복통이 날 정도였다.

비가 그치자 앤슨과 승조원들은 갈레온선의 검은 포구를 분명히 볼 수 있었다. 그 배까지의 거리는 100야드[91미터]도 되지 않았다. 바람이 그치자 앤슨은 기동이 가능하면서도 배가 제멋대로 날뛰지 않을 정도로, 또는 적에게 좋은 과녁판이 되지 않게 돛을 유지하려고 애썼다. 적에게 한 방 맞는다면, 센추리온 호가 움직이지 못하는 신세가 될 수도 있었다.

앤슨은 갈레온선의 항적을 가로지른 다음, 바람이 불어가는

웨이저

쪽에서 그 배 옆에 나란히 붙었다. 몬테로가 바람이 불어가는 쪽으로 쉽사리 도망칠 수 없게 하기 위해서였다.

50야드… 25야드…

앤슨의 부하들은 뱃머리와 선미에서 모두 침묵을 지키며, 사령관의 명령을 기다렸다. 오후 1시, 두 배는 활대가 거의 닿을 정도로 가까워졌다. 앤슨이 마침내 신호를 보냈다. 발사!

돛대 위에 올라가 있던 사람들이 사격을 시작했다. 그들의 소총이 큰 소리를 내며 불을 뿜었다. 연기가 그들의 눈을 찔렀다. 반동으로 총신이 튀고 센추리온 호의 돛대가 배의 움직임에 따라 흔들리면, 그들은 창피하게 바다에 빠져 죽는 신세가 되지 않으려고 밧줄을 붙잡고 버텼다. 소총수는 총을 발사한 뒤 새 탄약통을 쥐고 꼭대기의 종이 뭉치를 이로 물어뜯은 뒤 소량의 검은 화약을 약실 안에 쏟았다. 그 뒤에 집어넣는 새 탄약통에는 더 많은 탄약과 공깃돌 크기의 납탄이 들어 있었다. 꽂을대로 그것을 총신에 밀어넣고 다시 발사. 이 저격수들이 처음에 겨냥한 것은 갈레온선의 저격수들이었다. 그들은 센추리온 호의 장교와 승조원을 쏘려고 했다. 양편 모두 하늘에서 싸우고 있는 격이었다. 총알들이 허공을 횡횡 날아다니며 돛과 밧줄을 찢었다. 때로는 살을 한 움큼 찢어버리기도 했다.

앤슨과 몬테로는 대포도 발사했다. 몬테로의 부하들은 줄지어 놓인 대포를 동시에 발사하는 일제사격이 가능했던 반면, 앤슨의 승조원들은 빠르게 연달아 포를 발사하는 앤슨의 특이한 방식에 의존했다. 센추리온 호의 발사조는 대포 하나를 발사한 뒤 포를 뒤쪽으로 밀고 현창을 닫아 적의 포탄에서 스스로를 보호했다. 그다음에 장전을 맡은 두 명이 이글거리는 포열을 닦아내고 다음 사격을 준비하는 동안, 발사조는 장전된 다른 대포로 달려가 겨냥하고, 불을 붙이고, 2톤짜리 대포가 반동으로 튈 때 다치지 않게 펄쩍 뛰어서 피했다. 포들이 포효를 내뿜으면, 포의 궁둥이에 힘이 들어가서 갑판이 흔들렸다. 살기 어린 폭음에 귀가 아프고, 얼굴은 화약이 묻어 시커메졌다. "보이는 것은 불과 연기뿐이고, 들리는 것은 천둥 같은 대포 소리뿐이었다. 발사 간격이 워낙 짧아서 한 소리가 계속 이어지는 것 같았다."[22] 밀챔프는 이렇게 적었다.

앤슨은 후갑판에서 검을 손에 쥐고 전투를 지켜보았다. 숨 막히는 연기 속에서 갈레온선의 선미가 반짝이는 것이 보였다. 그물 일부가 불에 타고 있었다. 불길이 계속 번져 뒷돛대를 절반쯤 타고 오르자 몬테로의 부하들은 혼란에 빠졌다. 그러나 두 배의 거리가 너무 가까워서 불길이 센추리온 호까지 집어삼킬 위험이 있었다. 몬테로의 부하들은 도끼로 불타는 그물과 나무를 찍어 바다로 떨어뜨렸다.

전투는 계속 이어졌다. 귀가 멀 것 같은 소음 속에서 앤슨은 수신호로 명령을 전달했다. 갈레온선의 대포들은 못과 돌과 납탄이 섞인 사악한 혼합물을 센추리온 호에 흩뿌렸다. 사슬로 연결된 쇳덩이도 있었다. 교사인 패스코 토머스의 표현처럼, "죽음과 살인을 위해 훌륭하게 고안된"[23] 물건이었다.

센추리온 호의 돛과 돛대 줄이 점점 갈기갈기 찢어지고, 뱃전

웨이저

에도 포탄 여러 발이 박혔다. 홀수선 아래를 포탄이 때릴 때마다 목수 팀은 서둘러 달려가 나무 마개로 구멍을 메웠다. 배가 침몰하지 않게. 9파운드⁴킬로그램짜리 주물 포탄이 앤슨의 부하 중 토머스 리치먼드의 머리를 직격하자 그의 몸만 남았다. 또 다른 수병은 다리에 포탄을 맞아 동맥에서 피가 솟구치자 동료들이 그를 맨 아래층 갑판으로 데려가 수술대에 눕혔다. 배가 포탄에 맞아 요동치는 가운데, 의사 앨런은 칼을 잡고 마취도 없이 그의 다리를 자르기 시작했다. 한 해군 선의는 이런 상황에서 수술하는 것이 얼마나 힘든 일인지를 다음과 같이 묘사했다. "부상당한 수병의 팔이나 다리를 절단하는 순간, 그와 비슷하게 괴로운 상황에 처한 동료들의 거의 끊임없는 방해에 부딪혔다. 자기를 봐달라고 고막을 뚫어버릴 것처럼 소리치는 사람도 있고, 빨리 편해지고 싶은 나머지 내 팔을 붙잡는 사람도 있었다. 내가 잘린 혈관을 봉합하느라 바늘을 놀리는 동안에도."[24] 앨런이 치료하는 동안 배는 대형 대포들의 반동 때문에 계속 흔들렸다. 앨런은 무릎 바로 위에서 다리를 절단한 뒤 뜨거운 타르로 상처를 소작하는 데 성공했지만, 환자는 곧 숨을 거뒀다.

———————•———————

전투는 계속되었다. 앤슨은 적의 총안이 몹시 좁아서 총구의 움직임을 제한한다는 사실을 깨달았다. 따라서 갈레온선과 센추리온 호가 거의 직각을 이루게 해서, 적의 대포들이 이쪽을 확실히 조준할 수 없게 만들었다. 코바동가 호의 포탄들이 센추리온 호와는 멀리 떨어진 곳으로 솟아올라 바다로 떨어지기 시작했다. 바다에서는 아무런 피해도 입히지 못하는 물줄기만 솟아올랐다. 센추리온 호의 총안은 비교적 큰 편이었으므로, 앤슨의 발사조는 쇠지레를 이용해서 대포를 움직여 갈레온선을 똑바로 겨냥했다. 앤슨은 가장 무거운 포탄(24파운드 11킬로그램짜리)을 적의 선체에 쏘라는 신호를 보냈다. 이와 동시에 앤슨의 부하 몇 명이 연쇄탄*으로 코바동가 호의 돛과 밧줄을 긁어 배를 마비시켰다. 갈레온선은 무자비한 금속 우박처럼 쏟아지는 포탄을 맞으며 몸을 부르르 떨었다. 돛대 위의 저격수들은 갈레온선의 저격수들을 이미 제거한 뒤, 갑판의 스페인 병사들을 한 명씩 차례로 저격하고 있었다.

몬테로는 왕과 조국을 위해 싸우라고 부하들을 독려하며, 명예가 없는 삶은 무의미하다고 소리쳤다. 그때 소총탄 하나가 그의 가슴을 스치듯 지나갔다. 그는 말문이 막혔지만, 후갑판에 그대로 남아 있다가 허공을 날아가던 나무 파편에 발을 찔렸다. 그렇게 그는 아래층으로 운반되어 부상자 대열에 합류했다. 그의 뒤를 이어 책임자가 된 선임하사는 곧 허벅지에 총을 맞았다. 승조원들을 다시 배치하려던 병사들의 우두머리는 다리 한 짝이 날아갔다. 교사 토머스가 지적했듯이, 스페인 군인들은 "시시각각 눈앞에서 쓰러져 죽는 사람이 너무 많아서 겁에 질

---

* chain shot. 옛날 해전에서 폭탄 두 개를 사슬로 이어 쓰던 것.

웨이저

려… 자기 자리에서 도망쳐 한 덩어리가 되어서 구르듯이 허둥지둥 승강구를 내려갔다."[25]

가차 없는 사격이 한 시간 반 동안 이어진 뒤 갈레온선은 꼼짝도 하지 못하는 신세가 되었다. 돛대는 부러지고, 돛은 갈기갈기 찢기고, 선체에는 구멍이 숭숭 났다. 신화적인 배라도 불멸의 존재는 아니었다. 갑판 여기저기 흩어진 시체들과 소용돌이치는 연기 사이에서 한 남자가 큰돛대를 향해 휘청휘청 움직이는 것이 보였다. 누더기가 된 스페인 왕의 깃발이 거기 걸려 있었다. 앤슨은 부하들에게 사격을 중지하라는 신호를 보냈다. 잠시 세상이 침묵에 빠지고, 앤슨과 부하들은 탈진과 안도감을 동시에 느끼며 그 남자가 항복 신호를 보내려고 깃발을 내리기 시작하는 것을 지켜보았다.

아직 아래층 갑판에 있어서 위의 상황을 모르던 몬테로는 한 장교에게 빨리 화약실을 터뜨려 배를 가라앉히라고 말했다. 장교는 이렇게 대답했다. "이미 너무 늦었습니다."[26]

앤슨은 갈레온선을 차지하기 위해 소머레즈 대위에게 부하들을 붙여 보냈다. 코바동가 호에 오른 소머레즈는 갑판이 "온통 시체, 내장, 잘린 팔다리로 뒤덮인"[27] 것을 보고 몸을 움츠렸다. 앤슨의 부하 한 명은 "인간적인 기질"[28]을 지닌 사람에게 전쟁은 끔찍한 것이라고 고백했다. 영국 쪽 사망자는 고작 세 명이었지만, 스페인 쪽에서는 거의 70명이 사망하고 80명 넘는 부상자가 발생했다. 앤슨은 선의를 보내 몬테로를 비롯한 부상자들을 돌보게 했다.

소머레즈 팀은 포로들을 확보하며, 명예롭게 싸웠으므로 대우가 나쁘지 않을 것이라고 달랬다. 그러고는 등불을 들고, 연기가 자욱한 화물창으로 내려갔다. 포대와 나무상자 등 각종 용기들이 전투 때문에 흐트러진 채 쌓여 있었다. 선체에 난 구멍으로 들어온 물이 이미 그곳에 고여 있었다.

팀원들이 포대 하나를 열었더니 치즈뿐이었다. 그러나 한 사람이 부드럽고 두툼한 치즈를 손으로 누르자 딱딱한 것이 만져졌다. 보물이었다. 커다란 도자기 꽃병에는 금가루가 가득했다. 은화가 수만 개나 들어 있는 포대들도 있었다. 아니, 은화 수십만 개였다! 나무상자에도 은이 가득했다. 손으로 가공한 그릇과 종, 적어도 1톤은 될 것 같은 순은 등이었다. 어디서나 보물이 발견되었다. 바닥 널 아래에는 보석과 돈이 보관되어 있었다. 트렁크의 바닥 아래 비밀 공간에도 마찬가지였다. 스페인이 식민지에서 약탈한 물건이 이제 영국의 것이 되었다. 영국 해군 지휘관이 탈취한 보물 중 가장 대규모였다. 오늘날의 가치로 따지면 거의 8,000만 달러[1,120억 원]어치였다. 앤슨 일행이 모든 바다를 통틀어 최대 규모의 보물을 손에 넣었다.

———————•———————

1년 뒤인 1744년 6월 15일, 갈레온선의 보물을 센추리온 호에 싣고 지구를 한 바퀴 돈 앤슨 일행이 마침내 영국으로 돌아왔다. '젱킨스의 귀 전쟁' 중 영국의 군사적 공격은 대부분 무시무시한 실패로 돌아갔고,[29] 전쟁은 교착 상태에 빠져 있었다. 갈레온선을 손에 넣었다고 해서 전쟁의 결과가 달라지지는 않을 테지만, 그래도 이것은 마침내 들려온 승리 소식이었다. 한 신문의 헤드라인처럼 "위대한 영국의 승리"[30]였다. 앤슨 일행이 런던에 도착하자 기쁨에 들뜬 군중이 그들을 맞이했다. 장교들과 수병들은 삼엄한 경비를 받으며 금과 은이 실린 수레 서른두 대와 함께 행렬을 이끌었다. 모든 수병에게 약 20년치 봉급에 해당하는 300파운드가량의 보상이 돌아갔다.[31] 곧 해군 소장으로 승진한 앤슨이 받은 보상은 오늘날의 가치로 거의 2,000만 달러 280억 원에 달하는 9만 파운드였다.

악단이 프렌치호른, 트럼펫, 케틀드럼을 연주하는 가운데, 앤슨 일행은 풀럼 다리를 건너 시내의 거리를 행진하며 피카딜리와 세인트제임스 성당을 지나갔다. 펠멜 거리에서 앤슨은 왕세자 부부와 나란히 서서 기쁨에 들뜬 군중을 바라보았다. 그 광경을 지켜본 누군가는 로마의 경기장에 비유하기도 했다. 역사가 N. A. M. 로저는 이렇게 적었다. "난타당한 국가적 자부심을 회복시켜준 것은 의기양양하게 행렬을 이루어 런던 거리를 지나간 갈레온선의 보물들이었다."[32] 나중에 지어진 바다민요[33]에는 이런 가사가 들어갔다. "수레에 가득 실린 돈이 온다, / 모두 용감한 앤슨이 가져온 것."[34]

그런 소란 속에서 웨이저 호와 관련된 불명예스러운 일이 다행히 희미해지는 것 같았다. 그러나 거의 2년 뒤인 1746년 3월 어느 날, 도버에 도착한 한 배에 마른 몸매의 엄격한 남자가 타

고 있었다. 그의 눈빛은 총검 같았다. 오래전 소식이 끊긴 데이
비드 칩 선장. 그와 동행한 사람은 해병대 부관 토머스 해밀턴,
그리고 수습장교 존 바이런이었다.

웨이저

5년 반. 그 세 사람이 영국을 떠나 있었던 기간이었다. 사람들은 그들이 죽은 줄 알고 애도했으나, 그들은 나사로처럼 살아 돌아왔다.

그리고 그동안 있었던 일을 상세히 풀어놓기 시작했다. 그들이 웨이저 섬을 떠나려다 실패하고 돌아와 살해당한 동료를 땅에 묻어주고 나서 며칠 뒤, 파타고니아 원주민들이 두 대의 카누에 나눠타고 나타났다. 당시 칩, 바이런, 해밀턴은 수습장교 캠벨, 선의 엘리엇 등 다른 사람 열 명과 함께 그곳에 발이 묶여 있었다. 파타고니아 남자 한 명이 그들에게 다가와 스페인어로 말을 걸자, 엘리엇이 그 말을 알아들었다. 그 남자는 자신의 이름이 마틴이며, 초노라고 불리는 바다 부족에 속한다고 말했다. 전에 만난 카웨스카르 족보다 훨씬 더 북쪽에 사는 부족인데, 마틴은 자신이 가장 가까운 스페인 정착지가 있는 칠로에 섬에 가본 적이 있다고 밝혔다. 그러자 칩 일행은 이제 하나밖에 남지 않은 보트, 즉 바지선을 몰고 거기까지 갈 수 있게 도와달라고 그에게 간청했다. 그 대가로, 그곳에 도착한 뒤 바지선을 주겠다고 했다.

마틴이 이 제안을 받아들여서, 그들은 1742년 3월 6일에 출발했다. 마틴 외에 초노 족 한 명이 더 동행했다. 그들은 해안을 끼고 북쪽으로 노를 저었다. 그런데 얼마 되지 않아 일행 중 많은 사람이 해변에서 먹을 것을 찾고 있을 때, 칩 일행 중 여섯 명이 바지선과 함께 사라져 두 번 다시 나타나지 않았다. "무엇이 그 악당들을 도발해 그토록 고약한 짓을 하게 만들었는지 나는 모르겠다. 그들이 비겁하다는 사실 외에는."[1] 칩은 이렇게 회상했다. 그러나 수습장교 캠벨은 그 탈영병들이 한 가지 일에만 집착하는 선장에게서 자유로워지고 싶다고 속삭이는 소리를 들은 적이 있었다.

초노 족은 계속 배를 몰아 슬픔의 만을 횡단해서 칠로에 섬으로 가는 항로를 따라갔다. 바지선이 사라졌으므로, 모두 초노 족의 카누에 타고 주기적으로 해변에 올라가 먹을 것을 구했다. 도중에 칩 일행에서 한 명이 죽어 이제 그들 중 누군가의 표현처럼 "가엾은 자 다섯 명"[2]만 남았다. 칩, 바이런, 캠벨, 해밀턴, 엘리엇.

바이런은 항상 엘리엇이 살아남을 가능성이 가장 높다고 생각했으나, 한때 무슨 일에도 꺾이지 않을 것 같던 그도 점점 몸이 약해져서 결국은 어느 황량한 해안에 눕게 되었다. 몸은 뼈만 남아 앙상했고, 목소리도 점점 희미해졌다. 그는 유일하게 남은 귀중품인 주머니시계를 더듬더듬 찾아서 캠벨에게 내밀었다. 그러고는 캠벨의 표현처럼 "이 고단한 삶을 떠났다."[3] 바이런은 자신들이 "모래를 긁어 그를 묻을 구덩이를"[4] 만들었다고 한탄하면서, 누구도 짐작할 수 없는 자신들의 운명에 버거움을 느끼는 것 같았다. 수많은 동료가 죽은 이유는 무엇이고, 그가 아직 살아 있는 이유는 무엇인가?

이제 네 명이 된 그들 일행은 계속 만을 가로지르면서, 초노 족 안내자의 충고에 따라 노를 저을 때와 쉴 때를 정했다. 몸을 피할 곳과 삿갓조개를 찾는 법도 배웠다. 그런데도 그들이 들려준 이야기에는 원래 갖고 있던 인종차별주의가 은연중에 드러났다. 바이런은 파타고니아인을 계속 '야만인'이라고 칭했고, 캠벨은 "우리는 감히 그들의 행동에서 흠을 잡을 수 없었다. 그들은 스스로 우리 주인이라 생각했고, 우리는 모든 면에서 그들에게 복종할 수밖에 없었다"[5]고 투덜거렸다. 그러나 칩 일행의 우월감은 날마다 뒤집혔다. 바이런이 어떤 열매를 먹으려고 따자, 초노 족 한 명이 그것을 빼앗아가며 독이 있다는 시늉을 했다. "그렇게 해서 이 사람들이 십중팔구 내 목숨을 구해준 듯했다."[6] 바이런은 이렇게 썼다.

약 70마일[113킬로]을 이동한 끝에 칩 일행은 전에 끼고 돌아가는 데 실패했던 곳이 북서쪽으로 보이는 곳에 이르렀다. 놀랍게도 안내인은 그들을 그 방향으로 이끌지 않았다. 대신 카누를 육지로 끌어올려 분리하기 시작했다. 각각의 카누가 다섯 조각으로 나뉘어 운반하기 쉬워졌다. 칩을 제외한 모두가 한 조각씩 맡았다. 이제는 정신을 지탱해줄 꿈이 사라졌으므로, 칩은 몸뿐만 아니라 정신까지도 점점 허물어지는 것처럼 보였다. 얼마 되지 않는 음식을 숨겨두고 혼자 중얼거리는 그는 카누 조각을 끌고 가는 육지 이동이 시작된 순간부터 누군가의 부축을 받아야 걸을 수 있었다.

칩 일행은 마틴 일행을 따라 비밀의 길을 걸었다. 황무지를 통과하는 8마일¹³킬로 길이의 이 길 덕분에 그들은 위험한 바다에서 곶을 끼고 돌지 않아도 되었다. 습지를 걸어서 통과할 때는 무릎까지 물에 잠겼다. 때로는 허리까지 잠기기도 했다. 바이런은 바지선을 도둑맞은 덕분에 일이 더 쉬워졌음을 깨달았다. 바지선을 끌고 육지로 이동하는 것은 절대로 불가능했다. 바지선이 없어도 점점 몸이 지쳐서, 바이런은 몇 마일을 걸은 뒤 어느 나무 밑에 쓰러졌다. 그리고 그 자신의 표현처럼 "우울한 생각에 무릎을 꿇었다."⁷ 그는 다른 사람들이 다른 세상으로 스르르 사라지고 싶다는 유혹에 결국 굴복하는 모습을 이미 보았다. 그 세상으로 가는 데에는 적어도 노고가 필요하지 않았다. 하지만 바이런은 억지로 몸을 일으켰다. "이런 생각은 결코 답이 되지 않는다."

그 길의 끝에서 초노 족은 카누를 다시 조립해 칠레 앞바다의 조각난 섬들 사이로 구불구불 이어진 해협으로 들어섰다. 그들은 몇 주 동안 이 해협에서 저 해협으로, 이 피오르에서 저 피오르로 노를 저어 이동하며 북쪽으로 슬금슬금 움직인 끝에, 1742년 6월 어느 날 저 멀리 삐죽 튀어나온 육지가 보이는 지점에 이르렀다. 마틴은 그것이 칠로에 섬이라고 단언했다.

그곳에 도착하려면 드넓은 태평양으로 이어진 만을 건너야 했다. 그 길이 워낙 위험해서, 스페인의 남쪽 침략을 막는 천연 장벽 역할을 할 정도였다. "그곳에 무엇보다 무섭고 깊은 바다가 흘렀다. 지붕이 없는 모든 배에 위험한 곳이었다."[8] 바이런은 이렇게 적었다. 자그마한 카누에는 "천 배나 더" 위험했다. 해밀턴은 감히 도전에 나서기 전에 초노 족 한 명과 함께 며칠 동안 기다리기로 했으나, 나머지 세 명은 마틴과 함께 카누를 타고 출발했다. 마틴은 추진력을 얻기 위해 담요조각으로 작은 돛을 만들었다. 눈이 내리기 시작하더니, 카누로 물이 새어 들어왔다. 바이런이 미친 듯이 물을 퍼내는 동안 칩은 바람을 향해 혼자 중얼거렸다. 그들은 휘청거리는 배를 몰아 밤새 힘겹게 나아갔다. 그리고 해가 뜰 무렵 마침내 만을 가로질러 칠로에 섬 남단에 닿았다. 웨이저 섬을 떠난 지 석 달, 난파한 지 거의 1년이 지났을 때였다. 바이런이 적었듯이, 그들 일행은 "인간의 몰골이라고 하기 힘들었다."[9] 칩의 상태가 가장 심각했다. "선장님의 몸을 수천 마리 곤충이 기어 다니는 개미 둑에 비유할 수밖에 없었다."[10] 바이런은 이렇게 적었다. "선장님은 이제 고통에서 자신을 조금이라도 해방시키려는 시도조차 할 수 없는 상태였다. 정신을 상당히 잃어서 주위에 있는 우리 이름은 물론 자신의 이름조차 기억하지 못했다. 수염은 은둔자처럼 길었다… 다리는 풍차 기둥만큼 굵었지만, 몸은 그냥 뼈와 가죽뿐이었다."

그들은 폭설을 맞으며 몇 마일을 터벅터벅 걸어 원주민 마을로 향했다. 마을 주민들이 그들에게 먹을 것과 잘 곳을 내어주었다. "그들은 불과 가까운 곳에 양가죽으로 잠자리를 만들어 칩 선장을 눕혔다."[11] 바이런은 이렇게 썼다. "그들의 그런 친절한 도움이 없었다면, 선장님은 살아남지 못했을 것이다."

바이런과 캠벨은 지도자로서 칩의 광포함에 질렸으면서도, 벌클리 일행이 그들을 버리고 가지 않았다면 선장의 원래 계획이 성공했을지도 모른다는 생각에 매달렸다. 칠로에 섬 앞바다에 숨어 있는 스페인 함대는 없었으니, 어쩌면 그들이 누구에게도 들키지 않고 항구에 잠입해 무방비한 무역선을 장악할 수 있었을지도 모르는 일이었다. 캠벨은 그것을 "나라를 위한 상당한 봉사"[12]라고 표현했다. 아니면 그나마 이런 환상 덕분에 그들이 과거의 선택을 견디기가 더 수월했던 것일 수도 있다.

해밀턴이 곧 그들 일행에 합류했다. 몸이 조금 회복된 뒤(심지어 칩도 조금 기운을 차렸다) 어느 날 밤 그들은 갓 잡은 고기와 보리 술로 잔치를 벌였다. "우리 모두 즐거웠다."[13] 캠벨은 이렇게 썼다. "다시 산 자들의 땅에 온 것 같았다."[14] 영국을 떠난 뒤 두 번의 생일을 보낸 바이런은 이제 열여덟 살이었다.

며칠 뒤 그들은 다른 마을을 향해 출발했다. 그런데 도중에 스페인 군인들이 밀집대형으로 갑자기 나타나 그들을 덮쳤다. 폭풍, 괴혈병, 난파를 견디고, 일행에게 버림받은 뒤 굶주림도 견딘 표류자들이 이제는 포로가 되었다.

"이제는 나 자신을 포기하는 것이 꼭 필요한 수치스러운 상황이 되었다."[15] 칩은 이렇게 적었다. 이 상황을 그는 "사람에게 일어날 수 있는 최고의 불행"이라고 표현했다. 처음 상대가 스페인 왕에게 항복한 것을 인정하는 서류를 내밀며 거기에 서명하면 먹을 것을 주겠다고 했을 때, 그는 화를 내며 서류를 바닥에 던지고 "영국 왕의 장교들은 굶어 죽을지언정 구걸을 경멸했다"[16]고 말했다.

하지만 그가 서명하지 않는 것이 문제가 아니었다. 거기서 빠져나갈 길이 없었으므로, 결국 칩 일행은 어떤 배에 실려 칠레 본토에 있는 도시 발파라이소로 이송되었다. 그곳에서 그들이 던져진 곳은 이른바 "저주받은 굴"[17]로, 서로의 얼굴도 보이지 않을 만큼 어두웠다. "아무것도 없는 사방의 벽이 전부였다."[18] 바이런은 이렇게 썼다. 바글거리는 이도 있었다. 이 지역 사람들이 이 귀한 포로들을 조금이라도 구경하려고 찾아오면, 경비병들이 그들을 굴 밖으로 데려가 서커스에 출연한 동물처럼 이리저리 데리고 다니며 구경시켰다. "그 군인들은 모든 사람에게 구경의 대가로 돈을 받아 상당한 벌이를 했다."[19] 바이런은 이렇게 적었다.

칩 일행 네 명은 체포된 지 일곱 달 뒤에 또 다른 곳으로 이송되었다. 이번에는 산티아고였다. 거기서 그들은 총독을 만났다. 총독은 그들을 전쟁포로이자 신사로 여기고 좀 더 좋은 대우를 해주었다. 가석방도 허락해주어서, 그들이 영국과 연락하려고 시도하지만 않는다면 감옥 밖에서 살 수 있었다.

어느 날 저녁 그들은 앤슨의 소함대가 영국을 출발한 뒤 몇 달 동안 그들을 추적했던 스페인 해군제독 돈 호세 피사로의 초대로 식사를 함께 했다. 알고 보니 피사로의 함대는 영국 배보다 먼저 케이프 혼을 끼고 도는 항해를 시도했다고 했다. 태평양에서 앤슨의 소함대를 가로막을 생각이었지만, 역시 폭풍을 만나 거의 전부 쓸려나갈 뻔했다. 500명이 탄 전함 한 척이 사라졌고, 700명이 탄 전함은 침몰했다. 날씨 때문에 예정보다 항해가 길어지면서, 남은 전함 세 척에서는 먹을 것이 떨어져 수병들이 쥐를 잡아 서로 마리당 4달러씩 거래하기 시작했다. 결국 대부분의 수병이 굶어 죽었다. 피사로는 한 번의 반란시도를 진압하고 일을 꾸민 세 명을 처형한 뒤 얼마 남지 않은 부하들에게 배를 돌리라고 지시했다. 앤슨의 함대와 피사로의 함대 중 어느 편의 피해가 더 막심했는지 판단하기가 힘들었다.

칩 일행은 이제 감옥에 갇힌 신세가 아니었지만, 칠레를 떠날 수는 없었다. 그들의 삶은 느릿느릿 흘러갔다. "여기서는 하루하루가 한 시대 같아."[20] 칩은 이렇게 한탄했다. 포로가 된 지 2년 반이 지났을 때, 마침내 고향으로 돌아가도 좋다는 말이 떨어졌다. '젱킨스의 귀 전쟁'이 공식적으로 종결된 것은 아니지만, 영국과 스페인은 이제 대규모 공격을 하지 않았고 서로 포로를 교환하자는 합의에도 도달했다. 칩은 바이런, 해밀턴과 함께 배를 타고 출발했다. 그는 이 두 사람을 가리켜 "나의 신실한 동반자이자 고난의 동료"[21]라고 말했다. 그러나 캠벨은 뒤에 남겨두었다. 포로로 긴 세월을 지내면서 자신을 붙잡은 스페인인들과 아주 가까워진 탓이었다. 칩은 그가 가톨릭으로 개종했으며, 충성의 대상을 영국에서 스페인으로 바꿨다고 비난했다. 만약 이 말이 옳다면, 웨이저 호의 구성원들은 반역을 포함해서 군율에 규정된 거의 모든 중죄를 저지른 셈이었다.

칩, 바이런, 해밀턴은 고향으로 돌아오는 길에 웨이저 섬을 지나 케이프 혼을 끼고 돌았다. 마치 엉망으로 헤집어진 과거를 다시 통과하는 것 같았다. 그러나 이번에는 비교적 조용한 항해였다는 점에서 바다는 영원한 수수께끼였다. 도버에 도착하자마자 바이런은 말을 빌려 런던으로 출발했다. 이제 스물두 살이 된 그의 옷차림은 빈민 같았고, 남은 돈이 한 푼도 없어서 그는 톨게이트를 빠르게 그냥 지나쳤다. 나중에 그는 "나더러 멈추라고 외치는 사람들에게 조금도 시선을 주지 않고 최대한 빨리 말을 달려 그곳을 모두 지나치는 방식으로 사기를 칠 수밖에 없었다"[22]고 회상했다. 진흙으로 덮인 자갈포장 도로를 시끄럽게 달리면서 그는 들판과 촌락을 지나고, 런던에서 밖으로 뻗어나간 근교를 지났다. 런던은 당시 유럽 최대의 도시로, 인구가 70만 명에 육박했다. 디포가 그 "커다랗고 괴물 같은 것"[23]이라고 지칭한 런던은 심지어 바이런이 떠나 있는 동안에도 계속 성장해서, 낡은 집과 교회와 상점 사이에 새로 지은 벽돌건물과 임대 아파트와 큰 상점 등이 바글바글했다. 귀족과 상인과 상점주인을 태운 마차 때문에 길은 꽉꽉 막혔다. 런던은 수병들의 목숨과 노예제도와 식민주의 위에 지어진 섬나라 제국의 박동하는 심장이었다.

바이런은 런던 중심부의 번화가에 있는 그레이트 말버러 거리에 이르러, 절친한 친구 몇 명이 살던 주소로 향했다. 문이 판자로 막혀 있었다. "너무 오랫동안 떠나 있었고, 그동안 내내 고향 소식을 전혀 듣지 못했으므로, 나는 누가 죽고 누가 살아 있는지, 이제 어디로 가야 할지 알지 못했다."²⁴ 바이런은 이렇게 썼다. 그는 가족들이 전에 자주 가던 마른 음식 상점에 들러 형제자매들에 대해 물어보았다. 누나 이사벨라가 어떤 귀족과 결혼해 소호 광장 근처에 산다는 소식을 들을 수 있었다. 목가적인 정원을 중심으로 커다란 석조 주택들이 있는 귀족적인 동네였다. 바이런은 최대한 빠른 속도로 걸어가 누나네 집 문을 두드렸으나, 문지기는 이 낯선 인물을 비스듬히 쳐다볼 뿐이었다. 바이런이 그를 설득해 안으로 들어가자 이사벨라가 서 있었다. 나중에 에티켓에 관한 책을 쓰기도 한 그녀는 날씬하고 우아한 모습이었으나, 자신을 찾아온 사람을 황망하게 바라보다가 곧 그가 다름 아닌 죽은 남동생임을 깨달았다. "누나가 얼마나 깜짝 놀라서 나를 기쁘게 맞아주었던지."²⁵ 그는 이렇게 썼다. 마지막으로 봤을 때 열여섯 살 소년이던 동생이 이제는 단련된 뱃사람이 되어 있었다.

웨이저

데이비드 칩도 런던으로 향했다. 쉰 살이 코앞인 그는 오랜 포로 생활 동안 그간의 괴로웠던 일들, 잔혹했던 냉대를 일일이 되새겨보았다. 그런데 이제 보니 존 벌클리가 무려 책을 출간해서, 자신이 무능하고 잔인한 지휘관이었다고 비난하고 있는 모양이었다. 그것은 군인으로서 그의 경력뿐만 아니라 목숨까지 끝장낼 수 있는 비난이었다. 칩은 해군본부의 한 관리에게 편지를 보내, 벌클리 일당을 거짓말쟁이라고 비난했다. "그런 겁쟁이들에게서 무엇을 기대하겠습니까… 너무나 비인간적으로 우리를 버려두고 출발하면서 우리에게 쓸모가 있을 법한 물건을 전부 파괴했습니다."[26]

칩은 자신의 시각에서 사정을 설명하고 싶어 안달이 났다. 그러나 벌클리처럼 책을 출판할 생각은 없었다. 그보다는 더 결정적이고 공개적인 장소, 즉 여러 재판관들로 구성된 군사법정을 위해 자신의 증언(과 분노)을 아껴두었다. 군사법정의 재판관은 모두 칩과 같은 지휘관들이었다. 그는 자신의 주장을 상세히 담은 선서 증언을 준비했다. 그리고 해군본부에 보낸 편지에서, 사법적인 청문 절차가 마무리된 뒤 "난파 이전과 이후 제 행동에 비난할 곳이 없음이 드러날 테니… 제 자신을 칭찬하고 있습니다"[27]라고 주장했다. 몇 건 되지 않는 공개적인 논평 중 한 번은 이런 말도 했다. "저는 그 악당들을 옹호할 말도, 비난할 말도 없습니다. 재판 날까지는."[28] 그리고 그는 그날이 되면 그 무엇도 그들의 교수형을 막을 수 없을 것이라고 덧붙였다.

———————·———————

원정대의 이야기(여러 버전의 이야기)는 계속해서 대중의 상상력을 사로잡았다. 그동안 출판업[29]은 정부의 검열 완화와 문자해독률 증가 덕분에 기하급수적으로 성장했다. 또한 만족할 줄모르는 대중의 뉴스에 대한 갈망을 충족시키기 위해, 귀족의 후원보다는 글 판매로 생계를 해결하는 직업적인 문사 계급이 등장했다. 기존 문필가들이 '그럽 거리의 싸구려 글쟁이'라고 비웃는 자들이었다. (그럽 거리는 런던의 빈민가 중 하나로, 싸구려 여인숙, 유곽, 빨리 한몫 잡으려는 출판사 등이 있었다.) 그런 그럽 거리가 좋은 이야기의 냄새를 맡고, 이른바 웨이저 호 사건에 달려들었다.

《칼레도니언 머큐리》는 벌클리와 반란 무리가 칩과 해밀턴뿐만 아니라 그들의 무리 전체를 물리적으로 공격해서 "손발을 묶은"[30] 뒤 "비교적 자비로운 야만인들의 처분"에 맡겼다고 보도했다. 또 다른 글에서는 칩의 행동이 "수수께끼 같을 때가 많았으며, 항상 오만하고 고고했다"[31]는 해밀턴의 견해가 제시되었다. 해밀턴은 그러나 지금 돌이켜보면, 선장이 "항상 영민한 선견지명의 인도로 행동했음"을 분명히 알겠다고 말했다.

일반 신문과 정기간행물에 이런 숨 막히는 기사들이 가득 실리자, 출판사들이 웨이저 호 표류자들의 직접적인 이야기를 먼저 발표하려는 경쟁에 나섰다. 칩이 영국으로 돌아오고 얼마 뒤, 캠벨이 칠레에서 다른 배를 타고 영국에 도착했다. 그는 자신의 이야기를 100페이지가 넘는 책으로 출판했는데, 제목이 《벌클리와 커민스의 남쪽 바다 항해 후속편》이었다. 여기서 그는 반역을 저질렀다는 주장에 맞서 자신을 변호했으나, 곧 조국에서 도망쳐 스페인 군대에 들어갔다.

존 바이런은 벌클리가 "어느 모로 보나 직접적인 반란으로 생각할 수밖에 없는"[32] 일을 정당화하려 시도했다고 믿었다. 그가 자신의 이야기를 발표할 수도 있었겠지만, 상관들에 대해 나쁜 말을 하거나 스스로 "자기중심주의"[33]라고 표현한 감정에 빠지기를 꺼리는 듯했다. 그러나 다른 사람들의 이야기는 마구 쏟아져나왔다. 그럽 거리의 싸구려 글쟁이가 쓴 《전함 웨이저 호의 불행한 항해와 재난에 대한 감동적인 이야기》라는 소책자는 "진짜 일기를 바탕으로 편집한 것이며, 모든 사건을 직접 목격한 사람이 편지로 런던 상인에게 전해주었다"고 밝혔다. 그러나 필립 에드워즈라는 학자가 지적했듯이, 그 글은 벌클리의 일기를 (때로는 단어 하나하나까지) 괴팍하게 개작해서 모든 면에서 칩의 주장을 뒷받침하고 오랜 권위 체계를 떠받치기 위해 만들어진 이야기였다. 글로 벌이는 전쟁에서, 벌클리의 일기가 그를 공격하는 무기로 개조된 셈이었다.

출처가 수상쩍은 것까지 포함해서 워낙 많은 이야기가 쏟아져나왔기 때문에, 웨이저 호 사건을 바라보는 시각은 사람마다 달랐다. 싸구려 글쟁이들에게 계속 일기를 도용당하던 벌클리는 그 일기 역시 가짜가 아니냐며 의심하는 사람이 점점 늘어나고 있음을 깨닫고 격분했다.

———————— • ————————

칩이 영국으로 돌아오고 며칠 되지 않아 해군본부에서 웨이저 호의 생존 장교, 부사관, 수병 전원에게 포츠머스로 나와 군사재판을 받으라고 소환장을 발부했다는 사실이 신문을 통해 알려졌다. 겨우 몇 주 뒤에 시작될 그 재판에서 안개처럼 흐릿한 이야기들, 서로 모순되거나 수상쩍거나 심지어 아예 사실이 아닌 이야기들을 꿰뚫어서 정말로 어떤 일이 있었는지 판별해 정의를 실현할 것이라고 했다. 작가 재닛 맬컴은 과거 이런 말을 했다. "법은 있는 그대로의 진실, 이야기 서술상의 장식을 모조리 떼어낸 진실이라는 이상의 수호신이다… 증거의 법칙을 가장 잘 견뎌내는 이야기가 승리한다."[34] 그러나 재판에서 어떤 이야기가 승리하든지, 대영제국의 전위에 서 있는 장교들과 수병들이 어떻게 무정부적이고 야만적인 상황으로 추락했는지가 확실히 폭로될 터였다. 그 슬픈 구경거리가 어쩌면 갈레온선을 포획한 앤슨의 찬란한 이야기를 밀어낼 수도 있었다.

　　　　　　　　　　　　　　　　비망록

벌클리는 군사재판 소환장에 관한 소식을 신문에서 읽은 뒤, 해
군본부가 자신의 구류영장을 발부했다는 사실을 어느 변호사에
게서 들었다. 당시 런던에 있던 그는 자신을 찾는다는 집행관을
만나러 갔다. 수소문 끝에 만난 집행관 앞에서 벌클리는 롱보트
를 타고 브라질까지 간 표류자 중 한 명의 친척 행세를 하며, 칩
선장이 돌아왔으니 그 사람들은 이제 어떻게 되는 것이냐고 물
었다.

"교수형이죠."[1] 집행관이 대답했다.

"세상에, 무슨 죄로요?" 벌클리가 소리쳤다. "물에 빠져 죽지
않은 죄? 살인자가 드디어 고향으로 돌아와 그들을 비난하는
겁니까?"

"그 사람들은 붙잡혀 있던 칩 선장에게 많은 죄를 저질렀어
요. 그러니 다른 사람은 몰라도 그 포수와 목수는 교수형을 당
할 겁니다."

벌클리는 자신이 바로 "웨이저 호의 그 불운한 포수"라는 사

실을 결국 인정했다.

집행관은 기겁해서 자신이 그를 구금할 수밖에 없다고 말했다. 벌클리가 갇혀 있는 동안 웨이저 호의 장교 여러 명이 체포되었다. 베인스 대위, 목수 커민스, 갑판장 킹도 거기에 포함되었다. 그들이 모두 포츠머스로 이송될 때 집행관은 "포수와 목수가 탈주하지 않게 특히 주의를 기울이라"고 경고했다. 항구에서 그들을 태운 수송선이 앞바다에 정박 중인 포 90문급 전함 HMS 프린스 조지 호로 향했다. 이 배에 올라 따로 격리된 그들은 다시 한 번 바다 때문에 도망칠 수 없는 신세가 되었다. 벌클리는 가족이나 친구의 편지를 받는 것도 허용되지 않는다고 투덜거렸다.

바이런을 비롯한 승조원들도 모두 소환되었다. 칩은 자의로 배에 올랐지만, 검을 풀어서 내놓아야 할 가능성이 높았다. 원정 이후로 통풍과 호흡기 문제로 고생하고 있었으나, 과거의 만만치 않은 존재감이 어느 정도 되살아난 상태였다. 우아한 장교용 조끼를 입은 그의 눈빛은 엄격하고 입술에는 힘이 들어가 있었다.

섬을 떠난 뒤 그들이 한자리에 모인 것은 이번이 처음이었다. 전에 벌클리가 말했듯이, 이제 그들은 각각 "자신의 행동을 진술"하고 "정의가 실현"되게 해야 할 터였다. 18세기 영국의 해군법[2]은 가혹하다는 평판이 있었지만, 사실은 유연하고 관용적일 때가 많았다. 근무 중에 잠드는 일을 포함해서 많은 군율 위반에 대해 사형선고를 내리는 것이 가능했으나, 보통 중요한 참

웨이저

작 요인이 발견되어 법원이 그보다 가벼운 처벌을 내릴 수 있었다. 선장을 몰아내는 것이 엄중한 범죄인 건 맞아도, 보통 사소한 명령불복종에 해당하는 '하극상' 행동은 가혹한 처벌을 내릴 필요가 없는 것으로 간주되었다.

그러나 웨이저 호의 모든 구성원이 관련된 이 사건은 압도적이었다. 그들의 혐의는 가볍게 넘겨도 되는 품행 문제가 아니라 지휘관에서부터 사병에 이르는 해군의 질서를 완전히 붕괴시켰다는 것이었다. 각자 자신의 행동을 정당화하는 방향으로 이야기를 구성하려 했으나, 사법체제는 그런 이야기에서 감정이 배제된 확실한 사실만 발라내도록 고안되어 있었다. 조지프 콘래드는《로드 짐》에서 해군의 공식적인 조사에 대해 다음과 같이 썼다. "그들은 사실을 원했다. 사실을! 그들은 사실을 요구했다."[3] 웨이저 호의 표류자들이 내놓은 모든 이야기의 핵심에는 변할 수 없는 몇 가지 사실이 들어 있었다. 양쪽 모두 벌클리와 베인스 일당이 선장을 결박해서 섬에 남겨두었다는 것과 칩이 어떤 사법적인 절차도 없이 심지어 사전경고도 하지 않고 비무장 상태인 사람에게 총을 쏘았다는 것을 부정하지 않았다. 이 두 가지는 사실이었다!

벌클리 일당은 군율의 조항들을 대부분 어긴 것으로 보였다. "어떤 이유로든 반란 회합에는 사형"[4]이라고 규정한 19조, 누구도 "반역 또는 반란과 관련된 행동, 계획, 말을 숨기면 안 된다"고 규정한 20조, 상관과 다투거나 상관을 공격하는 일을 금지한 21조, 도망친 수병은 "죽음으로 벌한다"고 선포한 17조. 엄격한 검찰관이라면 비겁한 행위, 적군인 스페인 군을 뒤쫓으라는 명령과 앤슨을 도우러 가라는 칩의 명령에 반항한 행위, 수송용 보트를 비롯한 여러 보급품을 가져간 행위 등 더 많은 혐의를 덧붙일 수 있었다. 심지어 "하느님의 명예를 훼손하고 훌륭한 예의를 더럽힌 괘씸한 행위"도 혐의에 넣을 수 있었다. 게다가 칩은 이미 벌클리 일당이 본격적인 반란을 저질렀을 뿐만 아니라 자신과 자신의 추종자들을 섬에 버리고 감으로써 살인도 시도했다고 고발했다.

그러나 칩 자신도 무엇보다 엄중한 혐의인 살인 혐의를 받아야 했다. 살인 관련 규정은 관용을 전혀 허용하지 않는 소수의 규정 중 하나였다. 군율 28조의 내용은 분명했다. "배 안에서 벌어진 모든 살인과 고의로 사람을 죽인 행위는 죽음으로 처벌한다."

심지어 바이런도 편안히 마음을 놓을 수 없었다. 처음에 잠깐이지만 벌클리 일당에 합류해 칩을 섬에 버리고 떠나는 반란죄를 저질렀기 때문이다. 나중에 되돌아오기는 했어도, 그것으로 충분할 것인가?

많은 피고인이 혐의를 벗기 위해 자신의 이야기를 글로 썼지만, 뻔하게 생략된 부분이 너무 많았다. 칩은 보고서에서 코전스를 총으로 쏘았다는 사실을 결코 확실하게 인정하지 않았다. 단지 그와의 언쟁이 "극단적인 상황"으로 이어졌다고 적었을 뿐이다. 벌클리는 일기에서 마치 칩의 뜻을 충실히 따라서 그를 섬에 버려두고 간 것처럼 묘사했다.

웨이저

이보다 더 심각한 점은, 원정 중에 피고들이 작성한 법적인 서류에 그들이 죄를 의식했음이 드러나 있다는 점이었다. 그들은 규칙과 규정을 알고 있었으며, 자신의 행동이 어떤 의미인지도 정확히 알았다. 그래서 규정을 어길 때마다 나중에 처벌을 피하는 데 도움이 될 만한 문서를 만들어두려고 했다.

해군 군사재판은 단순히 유무죄를 가리기만 하는 것이 아니라, 해군 전체의 기강을 강화한다는 목적도 갖고 있었다. 한 전문가의 말처럼, 이 시스템은 "국가의 위엄과 힘을 보이고"[5] 심각한 죄를 저지른 소수의 사람들을 확실한 반면교사로 삼기 위해 고안된 것이었다. "저변에 깔린 것은 이런 광경을 목격한 단순한 수병들이 만약 자신도 법을 어긴다면 삶과 죽음을 가르는 그 엄청난 힘에 당할 수 있다는 전망에 덜덜 떨게 될 것이라는 생각이었다."

1789년에 일어난 유명한 HMS 바운티 호[6]의 반란 사건 이후, 해군본부는 용의자들을 잡아와 영국에서 처벌하기 위해 무려 태평양까지 배를 파견했다. 용의자 세 명은 군사법정에서 사형선고를 받고, 포츠머스에 정박한 배에서 앞갑판으로 끌려갔다. 목 높이에 위치한 그곳의 활대에 올가미가 대롱거리고 있었다. 그 배의 승조원들이 갑판에 서서 엄숙하게 지켜보았다. 노란색 깃발이 올라가자(죽음의 신호) 항구의 다른 배들이 그 배 주위에 모였다. 따라서 그 모든 배의 사람들도 그 광경을 지켜볼 수밖에 없었다. 해변에는 어린이를 포함한 수많은 구경꾼이 모여 있었다.

사형수들이 기도를 마친 뒤, 마지막으로 남길 말이 있느냐는 질문이 던져졌다. 한 목격자의 말에 따르면 그들 중 한 명[7]이 이렇게 말했다고 한다. "형제 수병들이여, 반란과 탈영이라는 무서운 죄로 곧 수치스러운 죽음을 맞을 튼튼한 젊은이 세 명이 여러분 앞에 있소. 우리를 보고 교훈을 얻어, 결코 상관들을 버리고 달아나지 말길 바라오. 만약 그들이 여러분에게 못되게 굴거든, 여러분이 지탱해야 하는 것은 그들의 대의가 아니라 조국의 대의임을 기억하시오."[8]

죄수 각자의 머리에 봉투가 씌워지고, 줄을 꼬아서 만든 올가미가 목에 걸렸다. 정오 직전 총성과 함께 승조원 여러 명이 밧줄을 잡아당겨 죄수들을 바다 위로 높이 올렸다. 올가미가 단단히 죄어들자, 죄수들은 숨을 쉬려고 애썼다. 그들이 마침내 질식할 때까지 팔다리가 경련하듯 움직였다. 그들의 시체는 두 시간 동안 그곳에 매달려 흔들거렸다.

———————•———————

웨이저 호 사람들은 아직 프린스 조지 호에서 재판이 시작되기를 기다리던 중 어느 일요일에 선상 예배에 참석했다. 신부는 바다로 나가는 사람은 "영혼이 녹아버리는" 거칠고 깊은 곳으로 떨어질 때가 많다고 말했다. 그러고는 동요하는 청중에게 "형 집행정지 또는 사면에 대한 헛된 생각이나 기대"[9]에 매달리지 말라고 경고했다. 웨이저 호의 생존자들은 어느 모로 보나 교수형을 당할 가능성이 높았다.[10] 벌클리는 이것을 "권력의 폭력에 의한 추락"[11]이라고 표현했다.

　　　　　　　　　　　　　　　　　　　군사재판

1746년 4월 15일 영국 국기가 프린스 조지 호의 돛대 중 한 곳 꼭대기에 게양되고 포가 한 발 발사되었다. 군사재판의 시작이 었다. 1806년에 열네 살의 나이로 해군에 들어가 선장의 지위 까지 오른 해양 소설가 프레더릭 메리앳은 그런 화려한 절차가 "심지어 선장의 마음에조차 경외심을 심어주기"[1] 위해 계산된 것이라면서, "배는 최고로 훌륭하게 정돈되어 있다. 갑판은 눈 처럼 새하얗고, 해먹은 세심하게 접혀 있고, 밧줄은 팽팽하고, 활대는 가지런하고, 포가 굴러나오고, 해병 경비대가 어느 장교 의 지시로 법정의 모든 구성원을 각자 계급에 걸맞은 예의로 맞 이할 준비를 갖췄다… 커다란 선실에는 초록색 천이 덮인 긴 탁 자가 준비되어 있다. 펜, 잉크, 종이, 기도서, 군율집이 모든 사 람 앞에 한 벌씩 놓여 있다"고 썼다.

　웨이저 호 재판에 배당된 재판관 열세 명이 공식적인 복장을 갖춰 입고 갑판에 나타났다. 모두 선장과 함대 사령관 등 고위 장교였다. 수석 재판관, 즉 이른바 재판장은 일흔 살이 다 된 제임스 스튜어트 경이었다. 계급이 중장인 그는 포츠머스에 있는 모든 군함의 최고 지휘관이었다. 재판관들은 확실히 벌클리 일파보다는 칩의 동료처럼 보였지만, 그들이 동료 장교에게 벌을 내린 사례도 분명히 존재했다. 1757년 전투 중에 "최선을 다하는"[2] 데 실패한 죄로 존 빙 해군 대장이 처형된 일을 두고, 볼테르는 《캉디드》에서 영국인은 "다른 사람들을 격려하기 위해 가끔 해군 장성을 죽이는 것"[3]이 적당하다고 믿는다고 언급했다.

스튜어트는 탁자 상석에 앉았고, 다른 재판관들은 연차 순으로 그의 양편에 자리 잡았다. 그리고 특혜나 사감 없이 정의를 집행하는 의무를 지키겠다고 맹세했다. 검찰관이 그 자리에 참석했고, 재판 진행을 도우면서 구성원들에게 법적인 조언을 해주는 법무관도 있었다.

조지 앤슨은 그 자리에 없었으나, 꾸준히 승진을 계속하던 1년 전 해군 기강을 전반적으로 감독하는 강력한 해군본부 위원으로 임명되었다. 그의 과거 부하들, 특히 피후견인이었던 칩이 관련된 이 재판에 틀림없이 깊은 관심을 갖고 있을 터였다. 지난 세월 동안 앤슨은 사람 보는 눈이 기민하다는 사실을 증명했다. 실제로 소함대에서 그가 승진시킨 사람 중 다수가 나중에 해군에서 가장 화려한 업적을 세운 지휘관이 되었다. 센추리온 호의 부관 찰스 손더스, 수습장교 오거스터스 케펠, 세번 호의 수습장교 리처드 하우 등이 그런 사례다. 그러나 앤슨이 웨이저 호의 지휘관으로 선택한 사람이 지금 살인 혐의로 유죄판결을 받을 위기에 몰려 있었다.

칩은 일찍이 앤슨에게 편지를 보내, 그가 코바동가 호를 상대로 거둔 승리와 승진을 축하했다. "모든 인류의 눈앞에서 사령관님은 마땅히 그럴 자격이 있습니다."[4] 그는 이렇게 썼다. "제가 멋대로 말씀드리자면, 지상의 어느 누구도 저만큼 따뜻한 가슴으로 사령관님의 성공을 바라지 않을 겁니다." 그리고 나서 이런 말도 덧붙였다. "제가 마땅히 해야 하는 행동을 할 때는 사령관님의 호의와 보호를 간청하며 스스로 자랑스러워하겠지만, 다른 행동을 할 때는 어느 것도 기대하지 않을 겁니다." 앤슨은 과거 자신의 부하였던 칩을 여전히 지지한다고 칩의 친척에게 말했다.

칩을 포함한 피고들이 법정으로 불려나왔다. 당시의 관습대로 그들을 대변하는 변호사가 없어서 그들은 스스로를 변호해야 했다. 그러나 법정 또는 동료에게서 법적인 조언을 얻을 수는 있었다. 무엇보다 중요한 것은 그들이 증인을 불러내 교차신문을 할 수 있다는 점이었다.

청문 절차가 시작되기 전, 피고인 각자는 사실을 진술해야 했다. 그리고 이 진술서가 증거로 제출되었다. 벌클리는 진술서 작성을 위해 불려왔을 때, 자신에게 정확히 어떤 혐의가 적용되었는지 아직도 모르고 있다고 항의했다. 언제나 자신의 권리를 잘 챙기는 그는 이렇게 말했다. "구속된 사람에게는 반드시 혐의가 적용되어야 하는 줄 알았다. 적어도 내 나라의 법은 그렇게 되어 있다."[5] 벌클리는 이래서는 자기변호를 제대로 준비할 길이 없다고 문제를 제기했다. 그러자 돌아온 답은, 지금 필요

웨이저

한 것은 난파의 원인에 대한 진술조서뿐이라는 것이었다. 군함에 문제가 생길 때마다 그 배의 승조원 중 누군가의 잘못이 아닌지 확인하기 위한 조사가 실시되었다.

재판이 시작된 뒤, 칩이 가장 먼저 질문에 대답해야 했다. 웨이저 호의 난파라는 제한된 문제와 관련해서, 그는 딱 한 사람만 비난했다. 무엇보다 배가 암초에 부딪히기 전날 목수 커민스가 육지를 보았다고 보고한 사실을 베인스 대위가 자신에게 알리지 않아 직무를 방기했다는 것이었다.

한 재판관이 칩에게 물었다. "대위 외에 다른 장교 중에도 웨이저 호를 잃는 데 어떤 식으로든 종범 역할을 한 사람이 있다고 봅니까?"[6]

"아닙니다. 저는 그들에게 '그' 죄를 묻지 않을 겁니다."[7]

재판관들은 이 밖에 칩이 내세운 여러 주장과 관련해서는 그를 압박하지 않았다. 오래지 않아 벌클리의 차례가 되었다. 그역시 웨이저 호를 잃는 과정에 대한 질문만 받았다. 한 재판관은 배가 좌초하기 전 왜 다른 사람들과 함께 닻을 풀려고 노력하지 않았느냐고 물었다.

"케이블에 문제가 있었습니다." 벌클리가 대답했다.

"선장이나 다른 장교들의 행동에 대해, 또는 배와 승조원의 안녕 및 생존과 관련된 선장의 모든 조치에 대해 반박할 것이 있습니까?"

벌클리가 출판한 일기가 이미 이 질문에 대한 답이었다. 그책에서 그는 난파의 책임을 명백하게 칩에게 돌리며, 선장이 명

령에 대한 맹목적인 복종과 고집 때문에 항로를 바꾸려 하지 않
았다고 주장했다. 벌클리는 선장의 이런 기질적인 단점이 섬에
서 정신없는 시간을 보내며 계속 더 악화되어 폭력을 부채질하
다가 결국 칩이 살인을 저지르고 쫓겨나는 지경에 이르렀다고
믿었다. 그러나 열세 명의 재판관 앞에서 벌클리는 법적인 절차
중에 근본적으로 잘못된 부분이 있음을 감지한 것 같았다. 그는
반란 혐의로 기소되지 않았다. 아니, 아예 아무 혐의도 그에게
적용되지 않았다. 마치 그에게 무언의 흥정이 제시된 것 같았
다. 그래서 벌클리는 이미 진실만을 말하기로 맹세했고 원래 말
을 참는 성격이 아닌데도 몇 가지는 이야기에서 빼놓기로 마음
먹었다. "어떤 장교에게도 비난을 돌릴 수는 없습니다." 그는 이
렇게 말했다.

이런 식으로 재판이 진행되었다. 반란의 주모자 중 한 명으로
간주된 목수 커민스에게는 이런 질문이 던져졌다. "배의 보존에
태만한 혐의로 선장이나 다른 장교를 비난할 것이 있습니까?"

"없습니다." 그는 과거 자신이 칩의 면전에서 그가 난파를 초
래했다고 비난한 사실을 그냥 묻어버렸다. 글에서 그를 살인자
로 지칭한 사실은 말할 것도 없었다.

갑판장 킹이 불려나왔다. 그는 표류 시절 가장 제멋대로 날뛴
편이었다. 술과 장교들의 옷을 훔쳤으며, 반란 중에는 칩을 물
리적으로 공격하기도 했다. 그런데도 킹에게는 단 하나의 혐의
도 적용되지 않았다. 그냥 이런 질문을 받았을 뿐이다. "배를 잃
은 것과 관련해서… 선장을 비난할 것이 있습니까?"

웨이저

"아뇨, 선장님은 아주 잘 처신하셨습니다. 선장님이나 다른 장교들을 비난할 것이 없습니다."

존 바이런에게는 당시 목격한 끔찍한 일들에 관한 질문이 하나도 던져지지 않았다. 신사라는 사람들이 그렇게 음험한 행동을 할 수 있다는 것을 거기서 배웠는데. 재판관들은 배의 운영에 관한 기술적인 질문만 몇 개 던진 뒤 그를 돌려보냈다.

어떤 식으로든 혐의가 적용된 사람은 베인스 대위가 유일했다. 그는 자신이 육지를 보았다는 보고를 칩에게 알리지 않은 것은 그것이 육지가 아니라 수평선 위의 구름에 불과하다고 생각했기 때문이라고 주장했다. "그렇지 않았다면 틀림없이 선장님께 알렸을 겁니다."

잠시 휴정한 뒤 재판이 다시 시작되었다. 그리고 만장일치로 평결을 내렸다. 법무관은 결정문을 전달받아 큰 소리로 읽었다. "데이비드 칩 선장은 자신의 임무를 수행했으며, 자신이 지휘하는 웨이저 호를 보존하기 위해 동원할 수 있는 모든 수단을 사용했다." 다른 장교와 승조원도 모두 이 점에 대해서는 죄를 면제받았다. 유일하게 베인스만 간단한 징계를 받았을 뿐이다.

벌클리는 이 평결을 듣고 기뻐서 어쩔 줄 몰랐다. 자신이 "명예롭게 무죄가 되었다"[8]고 자랑하면서, "오늘의 절차에서 우리는 우리의 대의를 변호해주시고, 인간의 폭력에 의해 쓰러지지 않게 지켜주시는 전능한 하느님의 위대하고 영광스러운 힘을 목격했다"고 단언했다. 칩은 법원이 그 문제에만 초점을 맞출 것이라는 사실을 미리 들었는지, 벌클리 일당에 대한 주장을 그리 강하게 내세우지 않았다. 오랫동안 원하던 처벌이 이렇게 무위로 돌아갔으나, 칩 역시 모든 처벌에서 자유로워졌다. 심지어 그토록 소중히 여기던 선장이라는 직함도 빼앗기지 않았다.

———————— • ————————

더 이상의 절차는 없었다. 칩이 살인에 대해 유죄인지, 벌클리 일파가 정말로 반란을 일으켜 지휘관을 죽이려 했는지에 대해서는 전혀 판결이 이루어지지 않았다. 승조원 중에 탈영의 죄를 저지르거나 상관과 다툰 사람이 있는지를 가리려는 청문회도 열리지 않았다. 영국 당국은 양쪽의 이야기 중 어느 쪽의 손도 들어주고 싶지 않은 것 같았다. 그들은 재판 결과를 정당화하기 위해 규정의 애매한 부분에 의존했다. 해군 규정에 따르면 난파 이후 승조원들은 임금을 받을 자격을 상실한다고 되어 있으므로, 웨이저 호의 표류자들은 섬에서 생활할 때 해군 규정이 자신들에게 적용되지 않는다고 생각했을 가능성이 있다는 것이었다. 그러나 역사가 글린두어 윌리엄스가 "회피 조항"[9]이라고 표현한 이런 관료적인 사고는 규정의 추가조항을 대놓고 무시한 것이었다. 만약 승조원이 난파선에서 아직 보급품을 확보할 수 있는 상태라면, 여전히 해군의 임금지급 대상자라는 조항이었다. 영국의 해군 소장이자 웨이저 호 사건의 권위자인 C. H. 레이먼은 나중에 확실한 반란을 기소하지 않기로 한 해군본부의 결정에 "불편한 합리화가 한 줌"[10] 있다는 결론을 내렸다.

막후에서 무슨 일이 벌어졌는지는 확실히 알 수 없지만, 해군 본부가 이 사건을 대충 덮어버리려 한 데에는 확실히 이유가 있었다. 섬에서 벌어진 일들, 즉 약탈, 도둑질, 채찍질, 살인 등에 관한 반박할 수 없는 사실들을 모두 찾아내서 기록으로 남겼다면, 대영제국이 다른 땅의 사람들에 대한 지배를 정당화하려고 내세운 핵심적인 주장, 즉 자국의 제국군과 문명이 선천적으로 우월하다는 주장에 흠집이 생겼을 것이다. 자국의 장교들이 금수가 아니라 신사라는 주장에도.

게다가 제대로 재판을 진행했다면, '젱킨스의 귀 전쟁'이 재난이었음을 다시 상기하게 되었을 것이다. 그 전쟁 역시 여러 나라가 잘못된 구상을 바탕으로 자금도 제대로 확보하지 못하고 엉터리 군사 모험에 군대를 보낸 길고 우울한 역사 속의 저열한 이야기 중 하나다. 웨이저 호 군사재판이 열리기 5년 전, 버넌 제독은 계획대로 거의 200척의 배를 이끌고 남아메리카의 도시 카르타헤나에 대규모 공격을 퍼부었다. 그러나 관리 부실과 고위 장성들 사이의 내부갈등, 황열병의 끊임없는 위협 때문에 그 포위공격에서 1만 명이 넘는 인명피해가 발생했다. 67일이 지난 뒤에도 여전히 도시를 함락하지 못한 버넌은 살아남은 부하들에게 "죽음의 덫에 둘러싸였다"[11]고 단언한 뒤 굴욕적인 후퇴를 지시했다.

심지어 앤슨의 원정도 보물을 가져왔다고 뽐내기는 했지만, 전체적으로 보면 재난이었다. 처음 출항할 때 거의 2,000명이던 인원 중에서 1,300명 넘는 사람이 목숨을 잃었다. 아주 긴 항해라 해도 충격적인 사망률이었다. 비록 앤슨이 약 40만 파운드 상당의 전리품을 가지고 돌아왔지만, 이 전쟁에 들어간 납세자들의 세금은 4,300만 파운드였다. 영국의 한 신문은 앤슨의 승리를 축하하는 것에 대해 다음과 같은 시로 이의를 제기했다.

> 미혹에 물든 영국인! 무엇 때문에 보물을 자랑하는가,
> 세 배나 되는 값으로 사온 것을
> 개인의 손에 집중된 이것이
> 심히 가난해진 이 나라를 다시 부유하게 만들어줄까?
> 이것을 사기 위해 얼마나 많은 보물이 사라졌는지 생각하라
> 그것이 저지른 엄청난 해악을 생각하라…
> 무익하게 사라진 앨비언*의 아들들.
> 당신의 자랑이 슬픔으로 변하리라.[12]

영국의 남자들과 소년들이 죽음을 향해 파견되었을 뿐만 아니라, 그 전쟁 자체가 적어도 부분적으로는 거짓에 뿌리를 두고 있었다.[13] 상선 선장 로버트 젱킨스가 스페인의 공격을 받은 것은 사실이지만, 그 일이 일어난 것은 전쟁 발발 8년 전인 1731년이었다. 원래 이 사건은 별다른 관심을 끌지 못하고 잊혔으나, 영국 정계와 전쟁에 얽힌 이해관계가 이 사건을 끄집어냈다. 1738년에 젱킨스가 하원에 증인으로 송환되었을 때 소금물

---

* 잉글랜드의 옛 이름.

에 담가둔 자신의 귀를 들어 보이며 나라를 위한 희생과 관련해서 감동적인 발언을 했다고 나중에 널리 알려졌으나, 그가 증인으로 소환된 것만 사실일 뿐 당시 상황에 대한 기록이 전혀 존재하지 않는다. 일부 역사가들은 그가 당시 나라 밖에 있었다는 의견을 내놓기도 했다.

영국의 정치·경제적 이해관계가 전쟁의 숨은 동기로 작용했다. 영국 상인들은 라틴아메리카에서 스페인이 장악한 항구에서는 대체로 거래를 할 수 없는데도 뚫고 들어가는 사악한 방법을 찾아냈다. 1713년 영국 남해회사는 스페인으로부터 이른바 아시엔토^{asiento}, 즉 스페인의 라틴아메리카 식민지에서 1년에 아프리카인 거의 5,000명을 노예로 팔 수 있는 허가증을 받았다. 이 혐오스러운 조치 때문에 영국 상인들은 설탕이나 양모 같은 물건을 배로 밀수할 수 있었다. 스페인이 금지된 물건을 판매하는 선박을 붙잡아 점점 보복을 강화하자, 영국 상인들 및 그들과 동맹을 맺은 정치가들은 영국의 식민지 지분과 무역 독점권을 확대하기 위한 전쟁에 대중의 지지를 이끌어낼 핑계를 찾기 시작했다. 그때 에드먼드 버크가 나중에 "젱킨스의 귀에 관한 우화"[14]라고 명명한 그 사건이 그들의 계획을 정당한 것처럼 포장해주었다. (역사가 데이비드 올루소가는 그 전쟁의 기원 중 꼴사나운 측면들이 대부분 "영국 역사의 주류 서사에서 삭제되었다"[15]고 지적한 바 있다.)

교착 상태에 빠진 '젱킨스의 귀 전쟁'은 웨이저 호 관련 군사재판이 열릴 무렵에는 이미 제국들 사이의 더 폭넓은 분쟁인 오스트리아 계승전쟁에 빨려들어간 뒤였다. 이 전쟁에서는 유럽의 모든 강국이 지배권을 놓고 책략을 꾸미고 있었다. 그 뒤로 수십 년 동안 작은 섬나라 영국은 해군의 승리 덕분에 해상 지배권을 지닌 제국으로 변모했다. 그래서 시인 제임스 톰슨은 이 나라를 "대양의 제국"[16]이라고 표현했다. 1900년대 초 대영제국은 역사상 가장 큰 제국이 되어 4억 명이 넘는 사람과 지구 땅덩이의 4분의 1을 다스리고 있었다. 그러나 1746년의 영국 정부는 막대한 손실을 너무나 많이 겪은 끝에 대중의 지지를 유지하는 데에만 정신이 팔려 있었다.

하극상 반란, 특히 전쟁 중의 반란은 기존 질서에 너무나 큰 위협이 될 수 있기 때문에, 아예 공식적으로 반란으로 인정되지도 않는다. 제1차 세계대전 중 서부전선에 배치된 프랑스군 여러 부대는 전투를 거부했다. 역사상 최대 규모의 하극상 반란 사건 중 하나다. 그러나 정부의 공식기록에는 이 사건이 단순히 "사기의 동요와 교정"[17]으로 묘사되어 있다. 이 군사기록은 50년 동안 봉인되어 있었으며, 1967년에야 프랑스에서 신뢰할 만한 글이 발표되었다.

웨이저 호 사건에 대한 공식적인 조사는 완전히 종결되었다. 칩이 자신의 주장을 상세히 적은 진술서는 결국 군사재판 문서에서 사라졌고, 웨이저 섬에서 일어난 격변은 글린두어 윌리엄스의 표현을 빌리자면 "결코 일어나지 않은 반란"[18]이 되었다.

26장

승리한 쪽의 이야기

웨이저 호 사건을 둘러싼 논쟁 속에서 사라진 것은 또 다른 반란 이야기였다. 가장 마지막으로 고향에 돌아온 표류자들[1]이 목격한 반란. 군사재판으로부터 3개월 뒤, 벌클리 일행 중 오랫동안 행방불명이었던 세 명, 수습장교 아이작 모리스가 포함된 이 세 명이 놀랍게도 배를 타고 포츠머스에 도착했다.

그들이 파타고니아에서 식량을 구하기 위해 다른 사람 몇 명과 함께 스피드웰 호를 떠나 해변까지 헤엄쳐갔다가 고립된 뒤로 4년이 넘는 세월이 흘렀다. 벌클리를 포함해서 배에 남았던 다른 생존자들은 당시의 일을 자기들 시각에서 설명했다. 바다에 폭풍이 불고 키가 부러져서 그들을 데려올 수 있을 만큼 배를 해안에 가까이 대기가 불가능했다고. 벌클리의 부하들이 탄약과 상황을 설명하는 쪽지를 통에 넣어 해안으로 띄워 보낸 뒤, 모리스 일행은 떠나가는 스피드웰 호를 지켜보며 털썩 무릎을 꿇었다. 모리스는 나중에 자신들이 그렇게 버림받은 것을 가리켜 "무엇보다 잔인한 행동"[2]이었다고 말했다. 당시 그곳에는 모리스 외에 일곱 명이 있었다. 이미 8개월 동안 표류 생활을 했는데, 이번에는 모리스가 글로 쓴 것처럼 "지치고 병든 몸으로 식량도 없이 거칠고 황량한 곳"³에 떨어지게 되었다.

그들 중 네 명이 세상을 떠났으나, 모리스와 다른 세 명은 사냥과 채집으로 어떻게든 목숨을 이어갔다. 북쪽으로 수백 마일 떨어진 부에노스아이레스로 가려다가 탈진해서 포기하기도 했다. 황무지에 고립된 지 8개월이 지난 어느 날 모리스는 말을 타고 자신을 향해 달려오는 남자들을 발견했다. "죽음이 다가온다는 생각밖에 들지 않아서, 최대한 결연하게 죽음을 맞을 준비를 했다."⁴ 그러나 그가 맞닥뜨린 것은 공격이 아니라 파타고니아 원주민 일행의 따뜻한 인사였다. "그들은 몹시 인간적으로 우리를 대했다. 우리를 위해 말을 한 마리 잡고, 불을 피워 그 고기 중 일부를 구워주었다." 모리스는 이렇게 회상했다. "또한 벌거벗은 몸을 가릴 수 있게 우리 각자에게 낡은 담요를 한 장씩 주었다."

모리스 일행은 원주민의 손에 이끌려 이 마을 저 마을로 돌아다녔다. 한 곳에서 몇 달씩 머무를 때가 많았다. 스피드웰 호가 그들을 두고 떠난 지 2년 반이 지난 1744년 5월 세 사람은 무사히 수도에 도착했다. 스페인 측에 포로로 잡히기 위해서였다. 거기서 1년 넘게 구금되어 있던 그들은 스페인 측으로부터 마침내 고향으로 돌아가도 좋다는 허락을 얻어내, 과거 앤슨의 소함대를 추적한 적이 있는 돈 호세 피사로 휘하의 포 66문 전함에 포로의 신분으로 올라타 스페인으로 이송되었다. 거의 500

명에 이르는 승조원 외에 오레야나라는 추장을 포함한 원주민 열한 명도 그 배에 타고 있었는데, 그들은 강제로 노예가 되어 그 배에서 일하고 있었다.

노예가 된 그 원주민들의 삶에 대한 상세한 기록은 거의 남아 있지 않다. 그나마 존재하는 것도 유럽인의 눈으로 걸러진 것이다. 모리스 일행의 목격자 증언을 바탕으로 작성된 가장 심층적인 보고서에 따르면, 그들은 부에노스아이레스 외곽에서 오랫동안 식민화에 저항한 부족 출신이었다. 피사로가 귀환을 위해 닻을 올리기 약 석 달 전 그들은 스페인 군인들에게 사로잡혔으며, 보고서의 표현에 따르면 배에서 "대단히 무례하고 야만적인"[5] 대우를 받았다.

어느 날 오레야나에게 돛대를 올라가라는 명령이 떨어졌다. 그가 거부하자 한 장교가 그를 구타했다. 온몸이 피투성이가 되고 정신이 멍해질 정도였다. 보고서에는 장교들이 그를 포함한 원주민들을 "아주 사소한 핑계로도 몹시 잔인하게" 거듭 채찍으로 때렸으며 "순전히 자신의 우월한 지위를 과시하기 위해서일 때가 많았다."[6]

항해 사흘째 밤에 모리스는 아래층에 있다가 갑판에서 소란이 벌어진 것을 소리로 알았다. 동료 한 명이 혹시 돛대가 쓰러진 것인지 모르겠다며 상황을 살피려고 재빨리 사다리를 올라갔다. 그런데 그가 갑판에 모습을 드러내자마자 누군가가 그의 뒤통수를 때리는 바람에 그는 갑판으로 털썩 쓰러졌다. 그리고 곧 그의 옆에 시체 한 구가 떨어졌다. 스페인 군인의 시체였다.

배 안 전체에서 시끄럽게 외치는 소리가 들렸다. "반란이다! 반란이다!"[7]

모리스도 갑판으로 나왔다가 눈앞의 광경에 기겁했다. 오레야나와 그의 부족원 열 명이 후갑판을 휩쓸고 있었다. 상대의 수가 월등히 많고, 그들에게는 소총도 피스톨도 없었다. 그동안 은밀히 모아둔 칼 몇 자루와 그들이 나무와 밧줄로 직접 만든 새총 몇 개뿐이었다. 그런데도 나중에는 피사로가 장교 여러 명과 함께 선실에 바리케이드를 치고 들어가 등불도 끈 채 어둠 속에 숨어야 하는 처지가 되었다. 일부 스페인 군인은 배의 가축우리에서 소떼 사이에 몸을 숨겼고, 어떤 사람은 밧줄을 타고 후다닥 돛대 꼭대기로 피신하기도 했다. "아마도 비슷한 사례를 찾을 수 없을 만큼 결의에 찬 그 인디언 열한 명이 승조원이 500명 가까이 되고 포 66문이 있는 배의 후갑판을 거의 순식간에 차지했다."[8] 보고서에는 이렇게 적혀 있었다.

이 사건은 기록으로 남아 있는 아메리카 대륙의 노예반란과 원주민 봉기 사례 중 하나다. 진정한 반란인 셈이다. 역사가 질레포어의 지적처럼, 점령당한 사람들은 "몇 번이고 거듭 반란을" 일으키면서 "똑같은 질문을 계속 던졌다. 무슨 권리로 우리를 지배하는가?"[9]

그 스페인 전함에서 오레야나 일행은 계속 지휘센터를 장악하고 배다리를 막아 습격에 저항했다. 그러나 배를 조종할 기술도 없고 갈 곳도 없었다. 한 시간 남짓 시간이 흐른 뒤 피사로 측이 다시 전열을 정비하기 시작했다. 몇몇 사람이 선실에서 양동이를 발견해 긴 밧줄로 묶은 다음, 현창을 통해 화약실로 내려보냈다. 그러자 포수가 거기에 탄약을 채워주었다. 장교들은 양동이를 조용히 끌어올렸다. 이렇게 무장을 갖춘 그들이 선실 문을 살짝 열자 오레야나가 언뜻 보였다. 그는 억지로 입고 있던 서구식 옷을 벗고, 부족원들과 함께 거의 알몸으로 서서 저녁 공기를 호흡하고 있었다. 장교들은 피스톨 총구를 살짝 내밀어 사격을 개시했다. 어둠 속에 갑자기 번쩍번쩍 불빛이 생겼다. 탄환 하나가 오레야나를 맞혔다. 그가 휘청거리며 쓰러지자 갑판 위로 피가 흘렀다. "이렇게 봉기가 진압되었다."[10] 보고서에는 이렇게 적혀 있다. "이 위대하고 대담한 추장과 그의 용감하지만 불운한 동포들이 꼬박 두 시간 동안 장악하고 있던 후갑판도 되찾았다." 오레야나는 목숨을 잃었다. 남은 부족원들은 다시 노예가 되기보다 배의 난간으로 올라가 도전적인 소리를 내지른 뒤 죽음을 향해 바다로 뛰어내렸다.

———————————◆———————————

모리스는 영국으로 돌아와 48쪽 분량의 이야기를 발표했다. 웨이저 호 사건에 대해 점점 늘어나고 있는 책자에 한 권이 추가된 것이다. 이런 책을 펴낸 저자들은 자신과 동료들을 제국주의 시스템의 앞잡이로 묘사하는 경우가 드물었다. 그들은 배를 운영하는 일, 승진, 가족을 위해 돈 모으기, 궁극적인 생존 등 각자의 일상적인 노력과 포부에 온 정신이 팔려 있었다. 그러나 제국이 오래 지속될 수 있는 것은 바로 그렇게 생각 없이 동조하는 사람들 때문이다. 사실 제국주의적 구조에는 그런 태도가 필요하다. 수천, 수만 명의 평범한 사람이 고의든 아니든 그런 체제를 위해 봉사하고 심지어 자신을 희생하기까지 하면서도 체제에 대한 의문을 거의 제기하지 않았다.

살아남은 웨이저 호의 표류자 중 놀랍게도 어떤 형태로든 증언을 기록할 기회가 단 한 번도 없었던 사람이 있다. 책으로도 진술서로도, 심지어 편지로도 기록을 남길 기회가 없었다. 버림받은 모리스 일행과 함께 해변으로 향했던 자유민 흑인 수병 존 덕이 바로 그 사람이다.

덕은 궁핍과 굶주림을 몇 년 동안 이겨내고 모리스 일행 세 명과 함께 부에노스아이레스 외곽까지 걸어가는 데 성공했다. 그러나 거기서는 불굴의 정신이 전혀 도움이 되지 않아서, 그는 자유로운 흑인 수병 모두가 두려워하는 일을 당했다. 납치되어 노예로 팔린 것이다. 모리스는 친구인 덕이 어디로 끌려갔는지, 탄광으로 갔는지 농장으로 갔는지 알지 못했다. 자신의 이야기를 누구에게도 들려줄 수 없었던 수많은 사람과 마찬가지로, 덕의 운명 또한 알려지지 않았다. 모리스는 "그의 삶이" 굴레 속에서 "끝났을 것 같다"면서 "그가 영국으로 돌아올 가망이 없다"[11]고 썼다. 제국은 스스로 들려주는 이야기를 통해 권력을 보존하지만, 그들이 들려주지 않는 이야기도 그에 못지않게 중요하다. 그들이 강요한 어두운 침묵과 찢어서 없애버린 페이지들.

한편 영국에서는 앤슨의 지구 일주 원정에 관한 결정적인 이야기를 출판하려는 경쟁이 이미 진행 중이었다. 센추리온 호의 신부였던 리처드 월터는 자신이 그런 연대기를 쓰고 있음을 사람들에게 알렸고, 교사였던 패스코 토머스는 월터가 다른 사람들이 이야기를 출판하지 못하게 말리고 있다고 불평했다. 그래야 그가 "항해 이야기를 독점"[12]할 수 있기 때문이었다. 1745년에 토머스는 월터에게 선제공격을 가해서,《조지 앤슨 사령관의 지휘로 군함 센추리온 호를 타고 남쪽 바다로 항해해서 지구를 일주한 것에 대한 진실하고 공정한 일지》를 발표했다. 아마도 그럽 거리의 싸구려 글쟁이가 윤색해주었을 가능성이 높은 또 다른 연대기는 앤슨의 항해에 "의심의 여지 없이 최고의 가치와 중요성을 지녔다"[13]는 찬사를 보냈다.

군사재판 2년 뒤인 1748년에 월터 신부가 마침내《1740~1744년 조지 앤슨의 지구 일주 항해》라는 책을 출간했다. 거의 400쪽 분량인 이 책은 여러 자료 중에서 가장 길고 가장 상세했으며, 원정 중에 센추리온 호의 장교가 그린 아름다운 스케치가 삽화로 실려 있었다. 당시의 많은 여행기가 그렇듯이, 이 책에도 과장된 문체와 지루하고 시시콜콜한 일지 내용이라는 문제가 있었으나 앤슨이 부하들과 함께 차례로 재난에 맞서는 모습을 박동하는 드라마처럼 성공적으로 전달해주었다. 웨이저 호 사건을 짧게 다루는 대목에서는 칩에게 공감하면서, 그가 승조원을 구하려고 "최선을 다했으며"[14] 코전스를 총으로 쏜 것은 순전히 그가 폭력적인 선동자 무리의 "주모자"[15]였기 때문이라고 주장했다. 월터는 또한 표류자 중 누구도 처벌받지 않은 이유에 신뢰를 보내며, "그들은 배를 잃었으니 장교들의 권위도 끝났다고 생각했다"[16]고 주장했다. 결국 월터의 손에서 웨이저 호 침몰은 센추리온 호가 갈레온선을 포획하려고 애쓰는 과정에서 맞닥뜨린 여러 장애 중 하나가 되어버렸다. 이 책은 다음과 같은 감동적인 말로 이야기를 끝맺었다. "신중함, 용맹함, 끈기가 다 합쳐져도 불행한 운명의 타격을 면제받지는 못하지만"[17] 궁극적으로는 "성공을 증명하는 일에 거의 실패하는 법이 없다."

그러나 이 책에는 이상한 점[18]이 있다. 성직자가 쓴 책인데도 하느님이 거의 언급되지 않은 것이 눈에 띈다. 또한 화자가 센추리온 호와 갈레온선의 교전을 묘사할 때는 1인칭으로 글을 쓰는데, 월터는 그 전투 때 현장에 있지 않았다. 교전 직전 중국에서 영국으로 출발했기 때문이다. 나중에 역사가들은 탐정처럼 정황을 조사한 끝에 월터가 그 책의 유일한 저자가 아니었음을 밝혀냈다. 소책자를 주로 쓰는 필자이자 수학자인 벤저민 로빈스라는 사람이 유령작가[19]로 집필한 부분이 많았다.

사실 그 책의 뒤편에는 숨겨진 힘이 하나 더 있었다. 다름 아닌 앤슨 제독 자신이었다. 그는 스스로도 "글쓰기에 대한 반감"[20]이 있다고 인정할 정도였으므로, 갈레온선을 포획한 뒤에 보낸 연락에서도 고작해야 "그 배를 발견하고 추적했다"[21]고 적

웨이저

었을 뿐이었다. 그런 앤슨이 월터의 책을 감독했다. 자료를 제공해주고, 그 자료를 편집할 사람으로 월터 신부를 선택했으며, 그 글에 생기를 불어넣기 위해 로빈스에게 1,000파운드를 지불했다는 얘기도 있었다. 또한 모든 페이지에 자신의 시각이 반드시 반영되게 했다.

이 책에서 원정은 "몹시 독특한 특징을 지닌 기획"[22]이라는 찬사를 받았고, 앤슨 자신은 내내 "항상 최고의 노력을 기울이고"[23] "언제나 평소의 침착함을 유지하는"[24] 지휘관, "과단성과 용기"만큼이나 "관대함과 인간적인 면에서도 놀라운"[25] 사람으로 묘사되었다. 게다가 이 책처럼 제국으로서 영국의 이해관계를 깊이 의식한 책은 거의 없었다. 첫 번째 페이지에서 이 책은 영국이 "상업과 영광이라는 두 가지 측면에서 모두" 적들에 비해 "확실한 우월성"을 한 번 더 증명했다는 찬사를 보냈다. 드러나지는 않았지만 이 책에는 원정에 관한 앤슨의 시각이 담겨 있었다. 그의 평판뿐만 아니라 대영제국의 평판에도 빛을 더해주는 것이 목적이었다. 심지어 센추리온 호와 갈레온선의 전투를 묘사한 이 책의 삽화, 하나의 상징적인 이미지가 된 이 삽화는 두 배의 크기를 실제와 다르게 바꿔서 갈레온선이 더 크고 더 막강해 보이게 만들었다.

이 책은 몇 쇄를 거듭해 팔려나갔고, 다른 나라 언어로도 번역되었다. 오늘날의 말로 표현하자면, 엄청난 베스트셀러였다. 해군본부의 한 관리는 이렇게 말했다. "《앤슨의 지구 일주 항해》에 대해 모두가 들어보았고, 읽은 사람도 많다."[26] 루소도 이 책의 영향을 받아, 한 소설에서 앤슨을 "선장, 군인, 키잡이, 현자, 위대한 사람!"[27]으로 묘사했다. 몽테스키외는 주석을 곁들인 이 책의 요약본을 40여 쪽 분량으로 발표하기도 했다. 월터 신부를 "앤슨 경의 항해를 기록한 독창적인 저자"[28]라고 묘사한 제임스 쿡 선장은 첫 번째 지구 일주 원정 때 이 책을 들고 인데버 호에 올랐다. 비글 호를 타고 항해를 떠난 다윈도 마찬가지였다. 비평가와 역사가는 이 책에 "고전적인 모험 이야기"[29], "전 세계 서가에서 가장 즐거운 책 중 하나"[30], "당대의 가장 인기 있는 여행기"[31]라는 찬사를 보냈다.

사람들이 각자의 이해관계에 맞게 이야기를 수정하고 지우고 윤색한다면, 국가도 마찬가지다. 웨이저 호 재난에 대한 온갖 우울하고 골치 아픈 이야기, 죽음과 파괴의 이야기 끝에 제국은 마침내 바다의 신화적인 이야기를 갖게 되었다.

THE

WAGER

에필로그

영국으로 돌아온 웨이저 호 사람들은 그런 지저분한 일이 아예 일어나지 않았던 것처럼 살아가기 시작했다. 데이비드 칩은 앤슨 제독의 지원으로 포 44문 전함의 선장이 되었다. 군사재판으로부터 8개월 뒤인 1746년 크리스마스에 그는 다른 영국 배 한 척과 함께 마데이라 앞바다를 항해하다가 포가 32문인 스페인 배를 발견했다. 칩은 동행한 영국 배와 함께 추격전에 나서서, 잠시나마 자신이 항상 원하던 지도자와 비슷한 모습이 되었다. 포를 대기시키고 후갑판에 서서 부하들에게 큰소리로 지시를 내리는 모습. 나중에 그는 자신들이 "약 30분" 만에 적을 제압했다고 밝힐 수 있어서[1] "영광"이라고 해군본부에 알렸다. 게다가 그 배에서 100개가 넘는 은 상자를 발견했다는 사실도 보고서에 적었다. 그가 마침내 "몹시 가치가 높은 전리품"을 노획한 것이다. 그 돈의 상당 부분을 자기 몫으로 받은 뒤 그는 해군에서 퇴역해 스코틀랜드에 넓은 땅을 사고 결혼해서 가정을 꾸렸다. 그러나 이런 성공을 거둔 뒤에도 웨이저 호의 오점을 완전히 지울 수 없었다. 1752년 그가 쉰아홉 살의 나이로 세상을 떠났을 때, 그 사실을 알리는 기사에는 배가 난파한 뒤 그가 한 사람을 총으로 쏘아 "즉사"[2]시켰다는 내용이 포함되었다.

존 벌클리는 무거운 과거를 버리고 새로운 사람으로 변신할 수 있는 땅, 즉 미국으로 도망쳤다. 미래에 반란의 온상이 된 펜실베이니아 정착지로 이주한 그는 1757년 자신의 책을 미국판으로 펴냈다. 여기에 아이작 모리스가 쓴 글의 일부도 포함되었으나, 그가 모리스 일행을 잔인하게 버리고 갔다고 모리스가 비난한 부분은 잘라냈다. 이 미국판을 출간한 뒤 벌클리는 처음 등장할 때와 마찬가지로 갑자기 역사에서 사라졌다. 그가 마지막으로 목소리를 낸 곳은 자신의 책을 위해 새로 쓴 헌사였는데, 여기서 그는 미국에서 "주님의 정원"을 찾을 수 있기를 바란다고 언급했다.

존 바이런은 결혼해서 여섯 자녀를 낳았으며, 계속 해군에 남아 20년 넘게 복무하면서 해군 중장의 지위까지 올라갔다. 1764년 그는 원정대를 이끌고 지구를 한 바퀴 돌고 오라는 지시를 받았다. 가능성은 별로 없지만, 혹시 웨이저 호의 표류자 중 파타고니아 해안 일대에서 살아남은 사람이 있는지 주의를 기울이라는 지시도 거기에 포함되어 있었다. 그는 배를 한 척도 잃지 않고 그 항해를 완수했으나, 바다에서 어디를 가든 무시무시한 폭풍에 시달렸다. 그래서 '악천후 잭'[3]이라는 별명을 갖게 되었다. 18세기 해군에 대한 글을 쓴 한 작가는 바이런이 "보편적으로, 그리고 정당하게, 용감하고 뛰어난 장교라는 평판과 극도로 불운한 사람이라는 평판을 얻었다"[4]고 썼다. 그래도 배 안의 고립된 세계에서 그는 그토록 갈망하던 동료 의식을 발견한 것 같았다. 그는 한 장교의 표현처럼 부하들을 아끼고 보살피는 사람으로 널리 찬사받았다.

해군의 전통에 묶인 그는 웨이저 호 사건에 대해 입을 다물고, 그 고통스러운 기억을 계속 마음에 품었다. 친구인 코전스가 총에 맞은 뒤 자신의 손을 꽉 쥐던 기억, 자신이 발견한 개가 도살당해 사람들에게 먹힌 기억, 동료 일부가 최후의 수단으로 식인을 하게 된 기억. 군사재판으로부터 20년이 흐른 1768년(칩은 이미 오래전에 죽었다) 바이런은 마침내 그때의 일에 대한 자신의 이야기를 책으로 펴냈다.《존 바이런 님의 이야기… 그 자신과 동료들이 파타고니아 해안에서 1740년부터 1746년 영국에 도착할 때까지 겪은 커다란 고난에 대한 이야기 포함》이라는 제목이었다. 칩이 이 세상 사람이 아니므로, 바이런은 과거 자신의 선장이었던 그의 위험할 정도로 "경솔하고 성급한"[5] 행동에 대해 더 솔직해질 수 있었다. 칩의 행동을 계속 열렬히 변호한 해병대 부관 해밀턴은 바이런이 선장의 기억을 "크게 침해"[6]하고 있다고 비난했다.

비평가들은 이 책에 찬사를 보냈다. 한 비평가는 "소박하고, 흥미롭고, 감동적이고, 낭만적"[7]이라고 말했다. 비록 오래가는 책이 되지는 못했지만, 바이런의 손자에게는 마법의 주문이 되었다. 할아버지를 한 번도 직접 만난 적이 없는 손자는 시인이 되어 〈돈 후안〉에서 주인공의 "고난과 비교되는 것은/ 내 할아버지의 '이야기'에 나온 것들"[8]이라고 썼다. 그는 또한 다음과 같은 구절도 썼다.

옛날 옛적 우리 할아버지의 운명이 반전되었는지,
할아버지는 바다에서 쉬지 못했고, 나는 땅에서 그렇다.[9]

조지 앤슨 제독은 그 뒤로도 여러 차례 바다에서 승리를 거뒀다. 오스트리아 계승전쟁 때에는 프랑스 함대 전체를 포획하기도 했다. 그러나 그가 가장 큰 영향을 미친 것은 지휘관으로 활약할 때가 아니라 행정가로 일할 때였다. 해군본부 위원으로 20년 동안 활동하면서 그는 해군 개혁을 거들었으며, '젱킨스의 귀 전쟁' 때 수많은 재난의 원인이 되었던 문제들을 많이 다뤘다. 그가 가져온 변화 중에는 군인을 직업화하고, 해군본부의 통제하에 상시적인 해병대를 만든 것이 포함된다. 그 덕분에 환자들이 바다로 파견되는 것과, 웨이저 섬의 상황이 무질서해지는 데 일조했던 애매한 지휘체계를 피할 수 있었다. 앤슨은 "영국 해군의 아버지"라는 찬사를 받았다. 그의 이름을 딴 거리와 도시가 여럿 있는데, 사우스캐롤라이나의 앤슨버러가 한 예다. 존 바이런은 둘째 아들의 이름을 조지 앤슨 바이런으로 지었다.

그러나 바이런의 옛 사령관의 명성은 수십 년 만에 점차 흐려지기 시작했다. 제임스 쿡이나 허레이쇼 넬슨 같은 후세의 지휘관들이 저마다 자기만의 신화적인 바다 이야기로 그의 명성을 가렸기 때문이다. 1769년 센추리온 호가 퇴역해서 분해된 뒤,

16피트^{5미터} 길이의 나무 사자머리는 리치먼드 공작의 것이 되었다. 공작은 자신이 사는 곳의 한 여인숙에 받침대를 마련해서 그 사자머리를 올려두고, 다음과 같이 적힌 판을 붙였다.

멈춰라, 여행자여, 잠시, 그리고 보아라
그대보다 더 많이 여행한 자를
지구를 일주했다, 구석구석,
앤슨과 내가 바다의 물살을 가르면서[10]

나중에 왕의 요청으로 사자머리는 런던의 그리니치 병원으로 옮겨져, 해군 병동 앞에 설치되었다. 앤슨의 이름을 딴 병동이었다. 그러나 그 뒤로 100년이 흐르는 동안 이 유물의 의미가 점점 퇴색해서 결국 사자머리는 창고에 던져져 조각조각 썩어가는 신세가 되었다.[11]

간혹 훌륭한 바다 이야기꾼이 웨이저 호의 모험담에 매력을 느꼈다. 허먼 멜빌은 1850년에 발표한 소설 《하얀 재킷》에서 표류자들이 겪은 고난에 대한 "놀랍고도 무척 흥미로운 이야기들"[12]이 "여닫이 창문이 귓가에서 덜컹거리고, 굴뚝이 길을 향해 내뿜은 입김에 빗방울이 부글거리는 떠들썩한 3월 밤"에 읽기 좋다고 적었다. 1959년 패트릭 오브라이언은 웨이저 호의 재난에서 영감을 얻은 《미지의 해안》을 발표했다. 비록 세련되지 못한 풋내기 같은 소설이었지만, 오브라이언에게는 나폴레옹전쟁을 배경으로 뛰어난 시리즈를 써내는 틀을 제공해주었다.

그러나 이렇게 가끔 웨이저 호 사건을 일깨워주는 사람들이 있었어도, 대중은 그 일을 거의 잊어버렸다. 슬픔의 만 지도에는 현재의 뱃사람들이 보면 어리둥절해지는 부분들이 있다. 칩 일행이 노를 저어 지나려다 실패한 북단의 곶 근처에 스미스, 허트포드, 크로슬릿, 홉스라고 알려진 작은 섬 네 개가 있다. 수송보트가 하나만 남아서 공간이 부족해지자 뒤에 남겨진 해병네 명의 이름이다. 그들은 "신이여, 왕을 축복하소서"라고 외친 뒤 영원히 사라졌다. 칩 운하와 바이런 섬도 있는데, 바이런이 벌클리 일행을 떠나 선장에게 돌아가자는 운명적인 결정을 내린 곳이다.

바다의 유목민들은 이제 해안에서 보이지 않는다. 초노 족은 19세기 말까지 유럽인과의 접촉으로 인해 모두 사라져버렸고, 카웨스카르 족도 20세기 초에는 고작 수십 명밖에 되지 않았다. 그들은 슬픔의 만에서 남쪽으로 약 100마일[160킬]로 떨어진 촌락에 정착했다.

웨이저 섬은 지금도 황량한 황무지다.[13] 무자비한 바람과 파도가 계속 해안을 두드리고 있어서, 여전히 발을 들여놓기가 힘들어 보인다. 나무들은 옹이가 지고, 뒤틀리고, 구부러졌다. 번개에 맞아 검게 탄 나무도 많다. 땅은 비와 진눈깨비에 흠뻑 젖어 있다. 앤슨 산을 포함한 여러 산의 꼭대기는 거의 영구적으로 안개에 감싸여 있으며, 때로는 안개가 능선을 타고 바닷가 바위들까지 슬금슬금 내려오기도 한다. 마치 섬 전체가 연기에 잡아먹히고 있는 것 같다. 그 안개 속에서 움직이는 생물은 거의 보이지 않는다. 흰턱바다제비류 등 물새들이 파도 위를 날아다닐 뿐이다.

표류자들이 전초기지를 세웠던 미저리 산 근처에는 셀러리 몇 그루가 아직도 싹을 틔운다. 과거 표류자들이 목숨을 보존할 수 있게 해주었던 삿갓조개를 여기저기서 잡을 수도 있다. 안쪽으로 조금만 들어가면, 얼음처럼 차가운 물에 조금 잠겨서 썩어 있는 널빤지[14] 여러 개가 보인다. 수백 년 전 물살에 실려 이 섬으로 밀려온 것이다. 길이는 5야드^{4.5미터}쯤 되고 나무못이 박혀 있는 이 판자들은 18세기에 만들어진 군함 웨이저 호의 뼈대에서 나온 것이다. 한때 그곳에서 벌어졌던 그 격렬한 몸부림, 또는 제국의 파괴적인 꿈이 남긴 흔적은 그것이 전부다.

감사의 말

책을 쓰는 작업이 폭풍 속에서 오랫동안 배를 몰고 항해하는 일처럼 느껴질 때가 있다. 내가 물에 가라앉지 않게 해준 수많은 사람에게 감사한다.

영국의 뛰어난 해군 역사가인 브라이언 레이버리Brian Lavery는 18세기의 조선업부터 선박 조종술에 이르기까지 모든 것에 대해 참을성 있게 가르쳐주고, 출판 전의 내 원고를 친절하게 검토한 뒤 현명한 논평을 해주었다. 탁월한 해군 역사가인 대니얼 A. 보Daniel A. Baugh는 자료조사 기간 중 내게 엄청난 통찰력을 제공하며 길잡이가 되어주었다. 그 밖에도 덴버 브런스먼Denver Brunsman, 더글러스 피어스Douglas Peers 등 수많은 역사가와 전문가가 나의 귀찮은 전화를 상냥하게 받아주었다. 웨이저 호 사건에 대해 상당한 연구를 한 적이 있는 C. H. 레이먼C. H. Layman 해군 소장은 내 질문에 답변해주었을 뿐만 아니라, 자신이 소장한 그림 중 여러 점을 이 책에 실을 수 있게 허락해주었다.

과학탐사회Scientific Exploration Society를 운영하는 존 블래시포드-스넬John Blashford-Snell 대령은 2006년 웨이저 호의 잔해를 찾기 위해 영국과 칠레 공동 탐사대를 조직했는데, 이 탐사에 대한 중요한 정보를 내게도 알려주었다. 그 탐사대의 지도자 중 한 명인 크리스 홀트Chris Holt도 내게 정보를 알려주는 한편, 자신의 사진 여러 점을 이 책에 실을 수 있게 허락해주었다.

이 탐사대의 활동을 도운, 바람 같은 탐험가 욜리마 시파가우타 로드리게스Yolima Cipagauta Rodríuez는 내가 그 섬으로 3주 동안 여행을 떠날 때 준비를 도와주었다. 우리는 작은 배를 타고 칠로에 섬에서 출발했다. 화덕에 나무를 때는 이 배를 조종한 사람은 노련하고 박식한 노엘 비달 란데로스Noel Vidal Landeros 선장과 몹시 유능한 선원 에르난 비델라Hernán Videla와 솔레다드 나우엘 아라티아Soledad Nahuel Arratia였다. 그들의 뛰어난 능력과 로드리게스의 도움 덕분에 나는 웨이저 섬에 도착해서 난파선의 잔해를 발견하고, 당시 표류자들의 경험을 더 많이 이해할 수 있었다.

책 집필을 가능하게 해준 수많은 기록 관리자들에게도 신세를 졌다. 영국 도서관, 영국 국립문서보관소, 스코틀랜드 국립도서관, 오리건 역사학회, 세인트 앤드루스 대학교 도서관의 특별 서고, 그리니치의 국립 해양박물관 등에서 일하는 분들이다.

이 프로젝트에 특히 가치를 헤아릴 수 없는 도움을 준 사람이 여럿 있다. 렌 바넷Len Barnett은 해군 기록을 찾아내서 복사하는 일을 지칠 줄 모르고 도와주었다. 캐럴 매킨번Carol McKinven은 계보학 연구의 천재였다. 서실리아 매케이Cecilia Mackay는 수많은 사진과 삽화를 추적해서 찾아주었다. 에런 톰린슨Aaron Tomlinson은 웨이저 섬을 찍은 내 사진 여러 장을 선명하게 다듬어주었다. 스텔라 허버트Stella Herbert는 자신의 조상인 로버트 베인스에 관한 정보를 친절하게 알려주었다. 제이컵 스턴Jacob Stern, 제러드 W. 알렉산더Jerad W. Alexander, 매들린 배버스탬Madeleine Baverstam(모두 재능 있는 젊은 기자들이다)은 수많은 책과 기사를 찾아내는 데 도움을 주었다.

데이비드 코르타바David Kortava에게는 감사인사를 아무리 해도 지나치지 않다. 훌륭한 언론인인 그는 이 책에 수록된 사실들을 가차 없이 확인해주었을 뿐만 아니라, 통찰력과 응원의 무한한 원천이었다. 언제나 그렇듯이 나는 너무나 많은 친구와 동료 작가에게 신세를 졌다. 버크하드 빌저Burkhard Bilger, 조너선 콘Jonathan Cohn, 태드 프렌드Tad Friend, 일론 그린Elon Green, 데이비드 그린버그David Greenberg, 패트릭 래든 키프Patrick Radden Keefe, 래피 카차두리안Raffi Khatchadourian, 스티븐 멧캐프Stephen Metcalf, 닉 파움가르텐Nick Paumgarten.

이 책의 모든 페이지에 편집자 겸 친구인 존 베닛John Bennet의 지혜가 묻어 있다. 2022년에 비극적인 죽음을 맞은 그가 작가로서 내게 나눠준 교훈을 결코 잊지 않을 것이다. 이 책이 그의 방대한 유산 중 작은 일부가 되기를 소망한다.

2003년에 《뉴요커》에 합류한 이래로 나는 작가들의 존경을 받는 편집자 대니얼 자레프스키Daniel Zalewski와 함께 일하는 축복을 누렸다. 그의 조언과 우정이 없었다면 나는 혼자 표류한 사람처럼 되었을 것이다. 그는 이 책에도 마법 같은 솜씨를 발휘해서 문장을 반짝반짝 다듬고, 부적절한 부분을 지우고, 내 생각을 날카롭게 정리해주었다.

때로 몹시 소란스러워지는 이 업계에서 나를 지탱해준 사람은 로빈스 오피스(출판 에이전시—옮긴이)의 내 대리인 캐시 로빈스Kathy Robbins와 데이비드 핼펀David Halpern, 그리고 CAA(크리에이티브 아티스트 에이전시—옮긴이)의 매슈 스나이더Matthew Snyder였다. 그들은 수십 년 동안 내 곁에 머무르며, 나를 응원하고 길을 알려주었다. 리 뷰로(강연 에이전시—옮긴이)의 낸시 애런슨Nancy Aaronson과 니콜 클레트-에인절Nicole Klett-Angel이 나를 지원해준 것 또한 내게는 커다란 행운이었다.

더블데이에서 오랫동안 내 원고를 맡아 편집해준 빌 토머스Bill Thomas만큼 위대한 지도자는 없었다. 그가 이 책을 만들었다. 내 다른 책도 모두 마찬가지라고 해도 될 것 같다. 무서울 정도로 똑똑하고 흔들림 없이 나를 지원해준 그 덕분에 나는 좋은 이야기를 찾아낼 수 있었을 뿐만 아니라 그 이야기를 가장 잘 전달하는 방법도 알아냈다. 그와 더불어 크노프 더블데이 그룹의 마야 매브지Maya Mavjee 사장, 나의 뛰어난 홍보 담당자인 토드 도티Todd Doughty는 작가에게 선물 같은 존재다. 더블데이의 팀 전체가 그렇다. 특히 이 책의 표지를 디자인한 존 폰타나John Fontana, 책의 내부를 디자인한 마리아 카렐라Maria Carella, 교정자 패트릭 딜런Patrick Dillon, 편집담당자 비미 산토키Vimi Santokhi와 캐시 아워리건Kathy Hourigan, 제작 담당자 케빈 버크Kevin Bourke, 편집차장 카리 도킨스Khari Dawkins, 지도를 만들어준 제프리 L. 워드Jeffrey L. Ward, 밑을 수 없을 만큼 뛰어난 영업팀의 크리스틴 패슬러^{Kristin Fassler}, 밀레나 브라운^{Milena Brown}, 앤 재코넷^{Anne Jaconette}, 주디 재코비^{Judy Jacoby}에게 감사하고 싶다.

니나 단턴^{Nina Darnton}과 존 단턴^{John Darnton}은 지금도 가장 사랑이 넘치는 인척들이다. 그들은 각각 초고를 읽어보고 개선할 부분을 알려주었으며, 계속 나아가라고 격려해주었다. 존의 형제이자 훌륭한 역사가인 로버트 단턴^{Robert Darnton}은 시간을 들여 내 원고를 읽고 놀라운 의견을 내놓았다. 내 누이 앨리슨과 형제 에드워드는 나를 지탱해주는 닻이다. 어머니 필리스도 그렇다. 어머니는 독서와 글짓기에 대한 나의 애정을 누구보다 자극해준 분이기도 하다. 아버지 빅터는 이제 이 세상에 계시지 않지만, 아버지와 함께 떠났던 수많은 항해 모험이 이 책에 영감을 주었다. 아버지는 언제나 우아하고 친절한 선장이었다.

마지막으로, 나의 모든 것인 세 사람이 있다. 카이라, 재커리, 엘라. 어떤 말로도 이 세 사람에 대한 감사의 마음을 표현할 수 없기 때문에, 작가로서 이번만은 경탄에서 우러난 침묵으로 글을 끝맺어야겠다.

자료에 관한 설명

몇 년 전 어느 날 나는 큐에 있는 영국 국립문서보관소를 찾아가 신청서를 제출했다. 몇 시간 뒤 내가 받은 상자 안에는 먼지가 쌓이고 점점 삭아가는 원고가 들어 있었다. 원고의 손상을 막기 위해 나는 서표로 조심스레 표지를 열었다. 각각의 페이지는 세로로 갈라진 단으로 편집되어 있었으며, "연월", 배의 "항로", "놀라운 관찰 결과와 사건" 등의 제목이 달려 있었다. 깃털펜과 잉크로 작성한 글은 이제 뭉개졌고, 글자가 너무 작고 기묘한 모양이라서 해독하기가 힘들었다.

1741년 4월 6일 배가 케이프 혼을 끼고 도는 항해를 시도할 때 한 장교는 '관찰 결과' 항목에 이렇게 썼다. "돛과 밧줄 상태가 모두 나쁘고, 선원들의 병이 깊다." 며칠 뒤 그 장교는 이렇게 적었다. "사령관과 소함대 전체가 보이지 않는다." 날이 갈수록 기록은 점점 더 암담해졌다. 배가 차츰 부서지고, 식수도 바닥을 보였다. 4월 21일 기록은 이렇다. "수병 티모시 피카즈가 이승을 떠났다… 병자 토머스 스미스가 이승을 떠났다… 병자 존 패터슨과 수병 존 피디스가 이승을 떠났다."

그 책은 조지 앤슨이 이끈 원정대에서 살아남은 수많은 비극적인 기록 중 하나일 뿐이었다. 250년 넘게 세월이 흐른 지금도 직접적인 관련자들이 남긴 기록이 놀라울 정도로 많이 존재한다. 파타고니아 앞바다의 황량한 섬에 웨이저 호가 난파한 그 재난을 상세히 적은 기록들도 여기 포함되어 있다. 일지만 있는 것도 아니고, 서신, 일기, 점호 명부, 군사재판 증언록, 해군본부 보고서를 비롯한 정부 기록 등 다양하다. 게다가 당시의 신문기사, 바다 민요, 항해 중에 작성된 스케치 등도 헤아릴 수 없이 많다. 물론 직접적인 관련자들이 출판한 생생한 이야기도 많이 있다.

여러분이 지금 손에 들고 있는 책은 이 풍부한 자료들을 많이 참고했다. 웨이저 섬과 주변 바다에 대한 묘사는 내가 직접 3주 동안 그곳을 여행한 덕분에 더욱 생생해졌다. 그 여행에서 나는 표류자들이 겪은 두려움과 경이를 조금이나마 언뜻 엿볼 수 있었다.

18세기 배 안의 생활을 묘사할 때는 다른 뱃사람들의 일기도 참고했다. 여기에는 미간행 일기도 포함된다. 여러 뛰어난 역사가들의 저작도 내게 도움이 되었다. 글린 윌리엄스의 책《모든 바다의 보상》은 여전히 가치를 헤아릴 수 없는 작품이고, 그가 1차 자료들을 모아 편집한《앤슨의 지구 일주 항해와 관련된 기록들》도 마찬가지다. 다른 중요 자료로는 대니얼 보의 획기적인 저작《월폴 시대 영국 해군 행정》, 덴버 브런스먼이 징병의 역사를 훌륭하게 설명한《필요악》, 브라이언 레이버리가 조선과 해군 생활에 대해 내놓은 눈부신 연구서 중《영국 전함의 무장과 시설, 1600~1815》과 1차 자료를 모아 편집한《선상 생활과 조직, 1731~1815》, N. A. M. 로저의 기념비적인 저작《나무로 만든 세계》등이 있다. C. H. 레이먼 해군 소장도 직접 1차 자료를 모아 편집한 책《웨이저 참사》에 핵심적인 기록 여러 점을 수록했다. 그 밖에 지금까지 언급한 저자들을 포함한 여러 전문가와의 광범위한 인터뷰도 도움이 되었다.

참고문헌 목록에는 중요한 자료가 모두 포함되어 있다. 내가 특별히 큰 도움을 얻은 책이나 기사는 주에서도 언급하려고 애썼다. 따옴표로 표시된 내용은 모두 일기, 일지, 편지 등에서 직접 가져온 것이다. 뜻을 명확히 전달하기 위해 고풍스러운 철자법과 구두점, 예를 들어 아무 때나 단어를 대문자로 표기하는 방식이나 18세기에 흔히 쓰이던 'f'를 닮은 's'자 같은 것을 현대적으로 바꿨을 뿐이다. 인용문의 출처는 모두 주에 표시되어 있다.

문서보관소 자료와 미간행 자료

BL	영국 도서관(British Library)
ADD MSS	추가 원고(Additional Manuscripts)
ERALS	이스트라이딩 문서보관소와 지역연구(East Riding Archives and Local Studies)
HALS	하트퍼드셔 문서보관소와 지역연구, 하트퍼드셔(Hertfordshire Archives and Local Studies, Hertfordshire)
JS	예일 대학교 바이니키 희귀본 및 원고 도서관, 제임스 마셜과 마리-루이즈 오스본 컬렉션의 조지프 스펜스 문서(Joseph Spence papers in the James Marshall and Marie-Louise Osborn Collection, Beinecke Rare Book and Manuscript Library, Yale University)
LOC	의회 도서관, 워싱턴(Library of Congress, Washington, DC)
NMM	국립 해양박물관, 런던 그리니치(National Maritime Museum, Greenwich, London)
ADM B	해군위원회가 해군본부에 보낸 서한
ADM L	해군본부: 부관들의 일지
HER	헤론-앨런 컬렉션, 해군 장교들의 서한과 판화로 제작된 초상화 소장
HSR	원고 자료
JOD	일기

LBK	해군 장교들의 서한집
PAR/162/1	함대 제독 윌리엄 파커 경(1781~1866)의 개인 컬렉션
POR	포츠머스 해군공창 서한 및 보고서
NLS	스코틀랜드 국립 도서관, 에든버러(National Library of Scotland, Edinburgh)
NRS	스코틀랜드 국립 기록관, 에든버러(National Records of Scotland, Edinburgh)
CC8	유언장
JC 26/135	법원기록
SIG1	토지 기록
OHS	오리건 역사학회, 포틀랜드(Oregon Historical Society, Portland)
TNA	국립 문서보관소, 서리 주 큐(The National Archives, Kew, Surrey)
ADM 1	해군본부 공식 서한과 문서
ADM 1/5288	해군본부 군사재판 기록
ADM 3	해군본부 위원회 의사록
ADM 6	해군본부 복무기록, 등록, 복귀, 증명서
ADM 8	해군본부 일람표
ADM 30	해군위원회: 해군 임금지급 사무소
ADM 33	해군위원회 선박별 지불기록
ADM 36	해군본부 선박별 점호 명부
ADM 51	해군본부 선장 일지
ADM 52	해군본부 항해사 일지
ADM 55	원정 중인 선박들에 대한 해군본부 보충 일지
ADM 106	해군위원회: 관련서한
HCA	해군본부 고등법원 기록
PROB 11	캔터베리 대주교 특권재판소의 유언장 복사본
SP	국립 문서국이 수집한 기록. 내무부 장관들의 문서 포함
RLSA	로치데일 지역연구와 문서보관소, 영국 로치데일(Rochdale Local Studies and Archive, Rochdale, England)
SL	오스트레일리아 뉴사우스웨일스 주립 도서관(State Library of New South Wales, Australia)
USASC	스코틀랜드 세인트 앤드루스 대학교 특별 컬렉션(University of St. Andrews Special Collections, Scotland)
WSRO	영국 웨스트서섹스 기록국(West Sussex Record Office, England)

프롤로그

1. 이 배가 나타난 모습에 대한 설명은 주로 생존자들의 일기, 속달 연락문, 출간된 경험담, 개인 서한을 참고했다. 더 자세한 정보를 원한다면, John Bulkeley and John Cummins, *A Voyage to the South Seas*; John Byron, *The Narrative of the Honourable John Byron*; Alexander Campbell, *The Sequel to Bulkeley and Cummins's "Voyage to the South Seas"*; C. H. Layman, *The Wager Disaster*와 TNA-ADM 1 및 JS 기록 참조.

2. Bulkeley and Cummins, *A Voyage to the South Seas*, xxxi. 웨이저 호의 목수인 존 커민스는 이 기록의 공동저자로 명시되어 있으나, 실제로 이 글을 쓴 사람은 벌클리였다.

3. Byron, *The Narrative of the Honourable John Byron*, 170.

4. Bulkeley and Cummins, *A Voyage to the South Seas*, xxiv.

5. Campbell, *The Sequel to Bulkeley and Cummins's "Voyage to the South Seas,"* cover page.

6. 같은 책, vii-viii.

7. Bulkeley and Cummins, *A Voyage to the South Seas*, 72.

8. 같은 책.

9. 같은 책, xxiv.

1장 중위

1. 칩의 배경에 대해 지금까지 출간된 자료가 거의 없어서, 나는 주로 미간행 자료를 바탕으로 그를 묘사했다. 그의 집안에 남아 있는 문서, 개인 서신, 일지와 속달 연락문 등이 여기에 포함된다. 그의 친구들과 적들의 글도 여러 편 참고했다. JS, TNA, NMM, USASC, NLS, and NRS 기록 참조. Bulkeley and Cummins, *A Voyage to the South Seas*; Byron, *The Narrative of the Honourable John Byron*; Campbell, *The Sequel to Bulkeley and Cummins's "Voyage to the South-Seas"*; Alexander Carlyle, *Anecdotes and Characters of the Times*도 참조.

2. 그의 성의 전통적인 표기는 Cheape이었으나, 이 항해를 다룬 당대와 현대의 자료에는 대부분 Cheap으로 표기되어 있다. 나는 혼란을 피하기 위해 줄곧 이 표기만 사용했다.

3. 앤슨에 대한 묘사는 그가 남긴 미간행 자료를 참고했다. 그가 해군본부와 주고받은 서한, 항해일지 등이 여기 포함된다. 그 밖에 그의 가족, 해군 동료, 동시대인 등이 작성한 편지, 일기 등 여러 문헌도 참고했다. 또한 출간된 자료 여러 점도 도움이 되었다. Walter Vernon Anson, *The Life of Admiral Lord Anson: The Father of the British Navy, 1697-1762*; John Barrow, *The Life of Lord George Anson*; N. A. M. Rodger가 *Oxford Dictionary of National Biography*에 기고한 앤슨 관련 항목과 Peter Le Fevre와 Richard Harding이 편집한 *Precursors of Nelson*의 앤슨 관련 항목; Andrew D.

Lambert, *Admirals: The Naval Commanders Who Made Britain Great*; Brian Lavery, *Anson's Navy: Building a Fleet for Empire 1744-1763*; Richard Walter, *A Voyage Round the World*; S. W. C. Pack, *Admiral Lord Anson: The Story of Anson's Voyage and Naval Events of His Day*; Glyn Williams, *The Prize of All the Oceans*이 여기 포함된다. 마지막으로, 앤슨에 대해 쓴 미발표 에세이를 내게 보여준 역사가 레이버리(Lavery)에게 감사한다.

4. 많은 장교들의 승진에 기름칠을 해준 가문의 연줄이 앤슨에게는 없었지만, 그렇다고 연줄이 아주 없는 것은 아니었다. 그의 이모 또는 고모가 매클즈필드 백작과 결혼했기 때문이다. 나중에는 훌륭한 해군 복무 성적을 통해 1대 하드위크 백작인 필립 요크(Philip Yorke) 등 영향력 있는 후원자를 여러 명 만났다.

5. 한 선장이 동료에게 보낸 편지에는 이런 후원관계, 즉 '이해관계'가 해군에서 어떻게 작용하는지가 완벽하게 드러나 있다. "이번에 내가 함대 사령관으로 승진할 수 있게 자네가 훌륭하고 고귀하신 친구들에게 자네의 이해관계를 총동원해주기를 간청할 수밖에 없네."

6. Barrow, *The Life of Lord George Anson*, 241에서 재인용.

7. Rodger, "George, Lord Anson." *Precursors of Nelson*, ed. Le Fevre and Harding, 198에서 재인용.

8. 같은 책, 181.

9. 같은 책, 198.

10. Thomas Keppel, *The Life of Augustus, Viscount Keppel, Admiral of the White, and First Lord of the Admiralty in 1782-3, vol. 1*, 172.

11. James Boswell, *The Life of Samuel Johnson, 338*에서 재인용.

12. Andrew Massie의 미간행 자서전. 내가 라틴어에서 영어로 번역했다. NLS.

13. 칩이 Richard Lindsey에게 보낸 보고서, 1744년 2월 26일자, JS.

14. 한때 칩의 상관이었던 한 선장은 카리브해에서 해적 무리가 자신의 배를 습격했을 때의 일을 다음과 같이 묘사했다. 그는 "적은 창과 칼을 들고 맹렬하게 달려와 우리를 베려고 몹시 야만적으로 떨어져내렸다"고 보고하면서 이렇게 덧붙였다. "전투가 한창일 때 소총탄 두 발이 내 오른쪽 허벅지를 관통했을 뿐만 아니라, 머리에도 칼에 베인 곳이 세 군데 있었다."

15. Carlyle, *Anecdotes and Characters of the Times*, 100.

16. 같은 책, 99.

17. 이 전쟁에 대한 더 자세한 정보를 보려면, Craig S. Chapman, *Disaster on the Spanish Main*; Robert Gaudi, *The War of Jenkins' Ear: The Forgotten War for North and South America* 참조.

18. 시인 알렉산더 포프(Alexander Pope)는 스페인인이 "우리 귀를 잘라 왕에게 보낸" 것이 "우스꽝스러운 짓"이었다는 글을 써서 이 이야기를 더욱 공고히 했다.

19. Philip Stanhope Mahon, *History of England: From the Peace of Utrecht to the Peace of Versailles*, vol. 2, 268에서 재인용.

20. 지시사항에는 마젤란 해협을 통과하는 대안도 언급되어 있었다. 남아메리카 본토 끝과 티에라 델 푸에고 사이를 지나는 험한 길이다. 그러나 앤슨 사령관은 케이프 혼을 끼고 돌 계획을 세웠다.

21. 앤슨 사령관이 받은 지시사항, 1740년, Glyndwr Williams, ed., *Documents Relating to Anson's Voyage Round the World*, 35에 수록.

22. 간결성을 위해 앞으로는 이 자료를 월터 신부의 글로 지칭하겠다.

23. Walter, *A Voyage Round the World*, 246. 이 인용문이 조금 다르게 실린 판본이 있으나, 나는 자료에 일반적으로 실려 있는 문장을 선택했다.

24. 같은 책, 37.

25. "A Journal of My Proceedings," by Sir John Norris, 1739-40에서 발췌. Williams, ed., *Documents Relating to Anson's Voyage Round the World*, 12에 수록.

26. Walter, *A Voyage Round the World*, 95-96.

27. Luc Cuyvers, *Sea Power*, xiv에서 재인용.

28. Keppel, *The Life of Augustus, Viscount Keppel, Admiral of the White, and First Lord of the Admiralty in 1782-3*, vol. 1, 155.

29. 이 시기 해군 행정에 관한 연구서로 Daniel Baugh, *British Naval Administration in the Age of Walpole*만큼 중요한 책은 없다. 나는 이 책은 물론, 그가 1차 자료를 모아 편집한 *Naval Administration, 1715-1750*도 참조했다. 또한 보(Baugh)와의 광범위한 인터뷰도 참고했다.

30. 전함의 건조와 장비에 대해 더 상세한 설명을 보려면 브라이언 레이버리(Brian Lavery)의 귀중한 저서들, 특히 *Building the Wooden Walls: The Design and Construction of the 74-Gun Ship Valiant*와 *The Arming and Fitting of English Ships of War, 1600-1815* 참조. 레이버리는 이 부분에 실린 사실들의 확인과 헤아릴 수 없이 많은 인터뷰로도 많은 도움을 주었다.

31. 선체를 만드는 데 필요한 굵은 참나무(천연 굴곡이 있어서 선체의 틀을 만드는 데 적합하기 때문에 사람들이 탐내던 컴퍼스오크도 포함)가 성숙하게 자라는 데에는 약 100년이 걸렸다. 배를 만드는 대목들은 목재를 구하기 위해 온 세상을 뒤졌다. 소나무처럼 비교적 유연한 나무를 잘라 만든 '커다란 막대,' 즉 돛대 중에는 미국 식민지에서 수입된 것이 많았다. 1727년 해군과 계약을 맺은 뉴잉글랜드의 한 업자는 어느 해 겨울에만 "무려 3만 그루의 소나무가 벌채되었다"고 보고했다. 이런 추세가 계속된다면 7년 만에 "모든 지역을 통틀어 돛대용 나무가 1,000그루도 남지 않을 것"이라고 했다. 일찌감치 삼림벌채가 이루어졌음을 언뜻 엿볼 수 있다.

32. 해군이 선박 아랫면을 나무 대신 구리로 감싸기 시작한 것은 이로부터 수십 년 뒤이다.

33. Samuel Pepys, *Pepys' Memoires of the Royal Navy, 1679-1688*, ed. J. R. Tanner, 11.

34. Julian Slight, *A Narrative of the Loss of the Royal George at Spithead*, 79.

35. 제이컵 액워스(Jacob Acworth)가 해군본부의 조사이아 버쳇(Josiah Burchett)에게 보낸 편지, 1739년 8월 15일자, NMM-ADM B.

36. 앤슨의 센추리온 호 일지, NMM-ADM L.

37. Anselm John Griffiths, *Observations on Some Points of Seamanship*, 158.

38. 칩이 해군본부에 보낸 서한, 1740년 6월 17일자, TNA-ADM 1/1439.

39. "A Journal of My Proceedings," by John Norris, 1739-40에서 발췌. Williams, ed., *Documents Relating to Anson's Voyage Round the World*, 12에 수록.

40. Sarah Kinkel, *Disciplining the Empire: Politics, Governance, and the Rise of the British Navy*, 98-99에서 재인용.

41. 웨이저 호에 대한 댄디 키드 선장의 일지, TNA-ADM 51/1082.

42. 당시 배를 몰고 템스 강을 떠가는 일에 대해 더 자세히 알고 싶다면, 마커스(G. J. Marcus)의 뛰어난 책 *Heart of Oak* 참조.

43. 센추리온 호의 수습장교였으며 나중에 해군 장성 자리까지 오른 오거스터스 케펠은 지나가는 배에 대해 이런 말을 했다. "아직 엉덩이가 빵빵하네."

44. 당시의 심각한 인력부족 위기와 해군 행정에 대해 더 자세히 알고 싶다면, 보(Baugh)의 *British Naval Administration in the Age of Walpole*와 그가 문서를 모아 편집한 *Naval Administration, 1715-1750* 참조.

45. 당시에는 아직 총리라는 용어가 사용되지 않았지만, 현재 역사가들은 대체로 그를 이 나라의 초대 총리로 보고 있다.

46. Baugh, *British Naval Administration in the Age of Walpole*, 186에서 재인용.

47. Thomas Gibbons Hutchings, *The Medical Pilot, or, New System*, 73.

48. 칩이 리처드 린지(Richard Lindsey)에게 보낸 보고서, 1744년 2월 26일자, JS.

49. 발진티푸스 유행이 해군에 미친 영향에 대해 더 자세히 알고 싶다면, Baugh, *British Naval Administration in the Age of Walpole* 참조. 또한 James Lind, *An Essay on the Most Effectual Means of Preserving the Health of Seamen in the Royal Navy*도 참조.

50. 해군의 위생 상태를 혁명적으로 개선한 선의 제임스 린드(James Lind)는 병든 신참 한 명이 배 전체를 감염시킬 수 있으며, 그러면 그 배가 "함대 전체를 전염시키는 온상"이 되었다고 썼다.

51. Baugh, *British Naval Administration in the Age of Walpole*, 181에서 재인용.

52. 같은 책, 148.

53. 해군본부가 왕에게 제출한 문서, 1740년 1월 23일자, Baugh, ed., *Naval Administration, 1715-1750*, 118에 수록.

54. Robert Hay, *Landsman Hay: The Memoirs of Robert Hay*, ed. Vincent McInerney, 195.

55. 센추리온 호의 한 장교는 일지에 다음과 같이 썼다. "소위 한 명과 병사 27명이 강제 징병을 위해 그렇게 배를 몰았다."

56. Marcus, *Heart of Oak*, 80에서 재인용.

57. 강제 징병 과정에서 때로는 유혈사태가 발생하기도 했다. 한 선장은 징병대가 어떤 배에 오르려 하자 그 배에 타고 있던 사람들이 저항하며 총을 쏘았다고 보고했다. "그 뒤로 나는 부하들에게 칼을 가지고 배에 오르라고 지시했다." 선장은 이렇게 썼다. 이때의 충격으로 징병대 다섯 명이 목숨을 잃었다.

58. Denver Brunsman, *The Evil Necessity: British Naval Impressment in the Eighteenth-Century Atlantic World*, 184에서 재인용.

59. William Robinson, *Jack Nastyface: Memoirs of an English Seaman*, 25-26.

60. Pepys, *Everybody's Pepys: The Diary of Samuel Pepys*, ed. O. F. Morshead, 345.

61. 붙잡힌 탈영병은 교수형을 당할 수 있었다. 또는 한 선장이 해군본부에 탄원한 것처럼 "죽음보다 더 무서운 처벌"을 당할 수도 있었다. 그러나 실제로 처형이 집행되는 경우는 드물었다. 심각한 인력부족에 시달리는 해군은 그렇게 많은 수병을 처형할 수 있는 처지가 아니었다. 그래서 체포된 사람들은 대부분 복무하던 배로 되돌아가라는 명령을 받았다. 그러나 앤슨의 소함대에서 한 장교는 탈영병이 "우리 쪽 사람 여러 명을 유혹해 도망치게 했으며, 다른 사람들이 돌아오는 것을 최대한 막았다"고 보고했다. 이 일을 포함한 여러 죄목으로 붙잡힌 뒤 그 탈영병은 고리가 달린 볼트에 묶여 있어야 했는데, 장교는 "그에게 커다란 처벌"이었다고 적었다.

62. Baugh, *British Naval Administration in the Age of Walpole*, 184에서 재인용.

63. 소함대에 소속된 전함 다섯 척과 정찰선 트라이얼 호의 점호 명부에 대한 내 분석을 바탕으로 도출한 숫자다.

64. Peter Kemp, *The British Sailor: A Social History of the Lower Deck*, 186에서 재인용.

65. 칩이 린지에게 보낸 보고서, 1744년 2월 26일자, JS.

66. Baugh, *British Naval Administration in the Age of Walpole*, 165에서 재인용.

67. 해병과 병사에 대한 묘사는 이 원정대에 소속됐던 사람들의 직접적인 경험담을 참고한 것이다. 글린 윌리엄스(Glyn Williams)의 훌륭한 역사 저작인 *The Prize of All the Oceans*도 많은 도움이 되었다. 그가 찾아낸 병원기록에 따르면, 예전에 "오른다리에 부상을" 입고 왼다리와 배를 "포탄에 다친" 병자가 있었다. 또 다른 병자는 "몸이 마비되고 심히 허약하다"고 기록되어 있었다.

68. Williams, *The Prize of All the Oceans*, 22에서 재인용.

69. Michael Roper, *The Records of the War Office and Related Departments*, 71.

70. Walter, *A Voyage Round the World*, 7-8.

71. 같은 책.

72. 같은 책.

73. 무명씨, *A Voyage to the South-Seas, and to Many Other Parts of the World, Performed*

웨이저

from the Month of September in the Year 1740, to June 1744, by Commodore Anson … by an Officer of the Squadron, 12.

74. 이 배의 이름은 Tryal 또는 Tryall이라는 고풍스러운 철자로 표기될 때가 많았으나, 나는 Trial이라는 현대적인 철자를 사용했다.

75. London *Daily Post*, September 5, 1740.

76. Bulkeley and Cummins, *A Voyage to the South Seas*, 1.

2장 자원입대한 신사

1. 바이런을 연구할 때 나는 주로 그의 일기, 가족 및 친구와 주고받은 편지, 해군본부에 보낸 보고서, 그가 복무한 여러 배에서 적은 일지, 그의 동료 장교와 수병이 출간한 직접적인 경험담, 당시의 신문기사를 참고했다. 또한 바이런과 그의 가문 역사에 관한 책도 여러 권 참고했는데, Emily Brand, *The Fall of the House of Byron: Scandal and Seduction in Georgian England*; Fiona MacCarthy, *Byron: Life and Legend*; A. L. Rowse, *The Byrons and Trevanions* 등이다.

2. Doris Leslie, *Royal William: The Story of a Democrat*, 10.

3. Bulkeley and Cummins, *A Voyage to the South Seas*, 135.

4. 워싱턴 어빙(Washington Irving)은 바이런 가문의 영지 저택에 대해 "현존하는 고풍스럽고 낭만적인 건물들 중 최상급에 속한다. 절반은 성이고 절반은 수도원인 이 건물은 영국의 흘러간 시대가 남긴 기념물"이라고 묘사했다.

5. George Gordon Byron, *The Poetical Works of Lord Byron*, 732.

6. 같은 책, 378.

7. Pepys, *The Diary of Samuel Pepys*, ed. Robert Latham and William Matthews, vol. 2, 114.

8. N. A. M. Rodger, *The Wooden World: An Anatomy of the Georgian Navy*, 115에서 재인용.

9. Frederick Chamier, *The Life of a Sailor*, 10.

10. N. A. M. Rodger, *The Safeguard of the Sea*, 408에서 재인용.

11. John Bulloch, *Scottish Notes and Queries*, 29.

12. 여성은 해군에서 복무하는 것이 금지되어 있었으나, 변장하고 배에 오르려 한 여성들이 몇 명 있었고 때로 장교들이 아내를 항해에 데려왔다.

13. 이 시기 흑인 뱃사람에 대해 더 상세히 알고 싶다면, 제프리 볼스터(W. Jeffrey Bolster)의 *Black Jacks: African American Seamen in the Age of Sail*과 올라우더 에퀴아노(Olaudah Equiano)의 저작 선집 *The Interesting Narrative and Other Writings* 참조.

14. Henry Baynham, *From the Lower Deck*, 116에서 재인용.

15. Dudley Pope, *Life in Nelson's Navy*, 62.

16. 웨이저 호의 베인스 대위가 남긴 서신과 증언은 많지 않다. 그의 행동에 대해 지금까지 알려진 것 중 대부분은 그 배에 타고 있던 다른 사람들의 이야기에서 나온 것이다. 그의 가문에 대해서는 많은 정보가 존재한다. 여러 자료 중, Derek Hirst, "The Fracturing of the Cromwellian Alliance: Leeds and Adam Baynes"; John Yonge Akerman, *Letters from Roundhead Officers Written from Scotland and Chiefly Addressed to Captain Adam Baynes, July MDCL-June MDCLX*; Henry Reece, *The Army in Cromwellian England, 1649-1660* 참조. 나는 또한 베인스 가문과 관련해서 데릭 허스트(Derek Hirst)를 인터뷰했으며, 베인스의 후손인 스텔라 허버트(Stella Herbert)와 도 이야기를 나눴다. 그녀는 자신이 로버트 베인스에 대해 수집한 정보를 내게 너그러이 공유해주었다.

17. 후갑판원으로 구성된 무리도 있었다. 비록 후갑판에 배치되어 있지만, 그들은 명령을 내리는 쪽이 아니라 받는 쪽이었다. 뒷돛대의 돛을 지탱하거나 마석으로 갑판을 닦는 등 몹시 기초적인 일들이 그들의 몫이었다. 마석은 벽돌과 비슷한 돌인데, 후갑판원들은 마치 기도를 하듯이 무릎을 꿇고 갑판을 닦았다.

18. Samuel Leech, *Thirty Years from Home, or, A Voice from the Main Deck*, 40.

19. 선상 생활 묘사에는 미간행 자료를 포함해서 아주 많은 자료를 참고했다. 특히 로저(Rodger)의 획기적인 역사 저작인 *The Wooden World*, Adkins와 애드킨스 (Adkins)의 *Jack Tar*, 뛰어난 1차 자료 모음집인 레이버리(Lavery)의 *Shipboard Life and Organisation, 1731-1815*, 뱃사람들의 직접적인 경험담과 일기 또는 일지(앤슨의 항해에 참여했던 사람들의 자료도 포함)에 큰 신세를 졌다. Lavery, Rodger, Baugh, Brunsman 등 이 분야 전문가들과의 인터뷰도 도움이 되었다.

20. Rodger, *The Wooden World*, 37에서 재인용.

21. Edward Thompson, *Sailor's Letters*, vol. 1, 155-56.

22. 1702년에 발표된 한 에세이의 필자는 장교들이 부하에게 "영원한 창녀의 아들"이라거나 "영원한 암캐의 핏줄"이라는 욕을 자주 했다고 불만을 드러내면서, "예수 그리스도의 이름으로 욕을 하며… 여기에 언급할 수 없는 많은 불경한 표현을 덧붙였다"고 썼다.

23. 19세기에 나온 기적적인 발명품인 냉장설비가 아직 없던 시절이므로, 음식을 오래 보존하려면 말리거나 소금에 절이거나 피클로 만드는 방법뿐이었다.

24. Byron, *The Narrative of the Honourable John Byron*, 39.

25. 바이런은 어떤 항해에서 한 장교가 "바이올린을 연주하고 우리들 중 일부가 춤을 추었다"고 회상했다.

26. Charles Harding Firth, *Naval Songs and Ballads*, 172.

27. Robert E. Gallagher, ed., *Byron's Journal of His Circumnavigation, 1764-1766*, 35.

28. Thompson, *Sailor's Letters*, vol. 2, 166.

29. Bulkeley and Cummins, *A Voyage to the South Seas*, 77.

30. Herman Melville, *Redburn: His First Voyage. Being the SailorBoy Confession and Reminiscences of the Son-of-a-Gentleman, in the Merchant Service*, 132-33.

31. 큰돛대를 몇 번이나 오르락내리락한 뒤 바이런은 아주 무심한 태도로 자신이 "즉시 올라갔다"고 쓸 수 있는 수준이 되었다.

32. Walter, *A Voyage Round the World*, 17.

33. 같은 책, 11.

34. 노리스 선장이 앤슨에게 보낸 편지, 1740년 11월 2일자, TNA-ADM 1/1439.

35. N. A. M. Rodger, *Articles of War: The Statutes Which Governed Our Fighting Navies, 1661, 1749, and 1886*, 24.

36. John Nichols, *Literary Anecdotes of the Eighteenth Century*, 782.

37. Berkenhout, "A Volume of Letters from Dr. Berkenhout to His Son, at the University of Cambridge," 116.

38. Walter, *A Voyage Round the World*, 18.

39. "An Appendix to the Minutes Taken at a Court-Martial, Appointed to Enquire into the Conduct of Captain Richard Norris," 24.

40. 노리스 선장이 해군본부에 보낸 서한, 1744년 9월 18일자, TNA-ADM 1/2217.

41. 무명씨, *A Voyage to the South-Seas, and to Many Other Parts of the World, Performed from the Month of September in the Year 1740, to June 1744, by Commodore Anson ... by an Officer of the Squadron*, 18.

42. W. H. Long, ed., *Naval Yarns of Sea Fights and Wrecks, Pirates and Privateers from 1616-1813 as Told by Men of Wars' Men*, 86.

43. Andrew Stone to Anson, Aug. 7, 1740, printed in Williams, ed., *Documents Relating to Anson's Voyage Round the World*, 53.

44. Walter, *A Voyage Round the World*, 19.

45. 같은 책, 20.

3장 포수

1. Adkins and Adkins, *Jack Tar*, 270에서 재인용.

2. 영국 해군 전함의 전투준비 과정에 대해 더 상세히 알고 싶다면, Adkins and Adkins, *Jack Tar*; Patrick O'Brian, *Men-of-War: Life in Nelson's Navy*; Tim Clayton, *Tars: The Men Who Made Britain Rule the Waves*; G. J. Marcus, *Heart of Oak*; Lavery, *Shipboard Life and Organisation*; Rodger, *The Wooden World* 참조. 또한 William Dillon과 Samuel Leech를 포함한 많은 뱃사람들의 직접적인 경험담도 참조.

3. 훈련 중에는 탄약을 절약하기 위해 공포탄을 발사할 때가 많았다.

4. Chamier, *The Life of a Sailor*, 93.

5. William Monson, *Sir William Monson's Naval Tracts: In Six Books*, 342.

6. Bulkeley and Cummins, *A Voyage to the South Seas*, xxi.

7. 같은 책, 45.

8. Thomas a Kempis, *The Christian's Pattern, or, A Treatise of the Imitation of Jesus Christ*, 19.

9. 같은 책, 20.

10. Bulkeley and Cummins, *A Voyage to the South Seas*, xxi.

11. William Mountaine, *The Practical Sea-Gunner's Companion, or, An Introduction to the Art of Gunnery*, ii.

12. 같은 책.

13. Bulkeley and Cummins, *A Voyage to the South Seas*, 5.

14. 같은 책, xxiii.

15. Rodger, *The Wooden World*, 20.

16. Bulkeley and Cummins, *A Voyage to the South Seas*, 136.

17. 항해일지와 바다 이야기를 이해하는 데 두 개의 훌륭한 자료가 특히 도움이 되었다. Philip Edwards, *The Story of the Voyage: Sea-Narratives in Eighteenth-Century England*; Paul A. Gilje, *To Swear Like a Sailor: Maritime Culture in America, 1750-1850* 이다.

18. Daniel Defoe, *The Novels and Miscellaneous Works of Daniel Defoe*, 194.

19. Bulkeley and Cummins, *A Voyage to the South Seas*, front page.

20. Gilje, *To Swear Like a Sailor*, 66.

21. R. H. Dana, *The Seaman's Friend: A Treatise on Practical Seamanship*, 200.

22. 이 시대에 바다 이야기에 대한 관심이 점점 커지던 현상에 대해 더 상세히 알고 싶다면, Edwards, *The Story of the Voyage* 참조.

23. Edwards, *The Story of the Voyage*, 3에서 재인용.

24. Lawrence Millechamp, *A Narrative of Commodore Anson's Voyage into the Great South Sea and Round the World*, NMM-JOD/36.

25. 해상전투 전술에 대해 더 상세히 알고 싶다면, 샘 윌리스(Sam Willis)의 통찰력 있는 책 *Fighting at Sea in the Eighteenth Century: The Art of Sailing Warfare* 참조.

26. 해군 역사가 샘 윌리스는 이런 전투대형이 "함대 기동의 성배"로 여겨졌다고 썼다.

27. Willis, *Fighting at Sea in the Eighteenth Century*, 137에서 재인용.

28. Leech, *Thirty Years from Home*, 83.

29. 원정대를 괴롭힌 발진티푸스 유행에 대해 더 상세히 알고 싶다면, 여러 자료 중에서도 특히 Heaps, *Log of the Centurion*; Keppel, *The Life of Augustus, Viscount Keppel, Admiral of the White, and First Lord of the Admiralty in 1782-3*, vol. 1; Pascoe Thomas, *A True and Impartial Journal of a Voyage to the South-Seas*; Boyle Somerville, *Commodore*

Anson's Voyage into the South Seas and Around the World; Walter, *A Voyage Round the World*; Williams, *The Prize of All the Oceans* 참조. 또한 앤슨의 소함대에 소속된 각 선박의 항해일지와 점호 명부에도 엄청난 인명피해 상황이 생생하고 참담하게 기록되어 있다.

30. Keppel, *The Life of Augustus, Viscount Keppel, Admiral of the White, and First Lord of the Admiralty in 1782-3*, vol. 1, 24.

31. Henry Ettrick, "The Description and Draught of a Machine for Reducing Fractures of the Thigh," *Philosophical Transactions* 459, XLI (1741), 562.

32. Pascoe Thomas, *A True and Impartial Journal of a Voyage to the South-Seas*, 142.

33. Millechamp, *A Narrative of Commodore Anson's Voyage into the Great South Sea and Round the World*, NMM-JOD/36.

34. *The Spectator*, 1744년 8월 25일자와 9월 1일자.

35. Tobias Smollett, *The Works of Tobias Smollett: The Adventures of Roderick Random*, vol. 2, 54.

36. H. G. Thursfield, ed., *Five Naval Journals, 1789-1817*, 35에서 재인용.

37. 바다 장례식에 대해 더 상세히 알고 싶다면, 여러 자료 중에서 특히 Adkins and Adkins, *Jack Tar*; Baynham, *From the Lower Deck*; Joan Druett, *Rough Medicine: Surgeons at Sea in the Age of Sail*; Pope, *Life in Nelson's Navy*; Rex Hickox, *18th Century Royal Navy*; Thursfield, *Five Naval Journals, 1789-1817* 참조.

38. Dana, *Two Years Before the Mast, and Twenty-Four Years After*, 37.

39. John Woodall, *De Peste, or the Plague*, preface.

40. Bulkeley and Cummins, *A Voyage to the South Seas*, 2.

41. 필 호, 센추리온 호, 세번 호, 글로스터 호의 점호 명부를 내가 직접 조사해서 사망자 수를 산출했다. 웨이저 호에서도 상당히 많은 사망자가 발생했지만 이 배의 기록 중 많은 것이 난파 때 사라졌기 때문에, 사망자 수를 정확히 알아내기가 불가능하다. 또한 화물선인 인더스트리 호와 애나 호, 그리고 트라이얼 호의 사망자 수는 내 계산에 포함시키지 않았다. 따라서 여기서 내가 밝힌 숫자는 보수적인 수치인데도, 전체적으로 보고된 것보다 훨씬 더 많은 사망자가 발생했음을 알 수 있다.

42. Walter, *A Voyage Round the World*, 42.

43. Bulkeley and Cummins, *A Voyage to the South Seas*, 4.

44. 같은 책, 3.

45. Thomas, *A True and Impartial Journal of a Voyage to the South-Seas*, 12.

46. Keppel, *The Life of Augustus, Viscount Keppel, Admiral of the White, and First Lord of the Admiralty in 1782-3*, vol. 1, 26에서 재인용.

47. 같은 책.

48. 이제는 발진티푸스만이 그들을 괴롭히는 요인이 아니었다. 그들 중 일부는 황열병

이나 말라리아에 걸렸을 가능성이 높다. 그들은 모기가 독하다고 투덜거리면서도, 그 곤충이 그토록 치명적인 병을 옮긴다는 사실은 알지 못했다. 따라서 많은 장교들은 고열을 환경 탓으로 돌렸다. 교사 토머스는 이것을 "맹렬한 더위와 나쁜 공기"로 표현했다. 말라리아라는 이름 자체에 이런 잘못된 인식이 반영되어 있다. 나쁜 공기를 뜻하는 이탈리아어 '말라(mala)'와 '아리아(aria)'에서 말라리아라는 이름이 유래했기 때문이다.

49. Thomas, *A True and Impartial Journal of a Voyage to the South-Seas*, 10.

50. Millechamp, *A Narrative of Commodore Anson's Voyage into the Great South Sea and Round the World*, NMM-JOD/36.

51. Bulkeley and Cummins, *A Voyage to the South Seas*, 3.

52. 솔트 대위가 해군본부에 보낸 보고서, 1741년 7월 8일자, TNA-ADM 1/2099.

53. Somerville, *Commodore Anson's Voyage into the South Seas and Around the World*, 28.

54. 무명씨, *A Voyage to the South-Seas, and to Many Other Parts of the World, Performed from the Month of September in the Year 1740, to June 1744, by Commodore Anson ... by an Officer of the Squadron*, 19

55. 댄디 키드의 유언장, TNA-PROB II.

56. 그동안 널리 알려진 것에 비해서, 폭정을 휘두르는 선장은 훨씬 더 드물었다. 지나치게 잔혹하다는 평판이 생기면 선장은 순식간에 함께 바다로 나갈 사람을 구하기 힘든 처지가 되었다. 해군본부도 인간적인 이유는 아닐망정 현실적인 이유 때문에라도 그런 선장을 모두 없애려고 노력했다. 분위기가 엉망인 배는 효율적으로 움직이지 못하기 때문이다. 한 앞갑판 선원은 대우를 잘 받는 승조원들이 "나약하게 마구 구타를 당하면서 자존심이 깎인 나머지 정신이 부분적으로 무너진" 승조원들을 항상 능가했다고 지적했다.

57. Kempis, *The Christian's Pattern*, 41.

58. Bulkeley and Cummins, *A Voyage to the South Seas*, 4.

4장 오리무중 항해

1. Scott, *Recollections of a Naval Life*, 41.

2. Joseph Conrad, *Complete Short Stories*, 688.

3. 군율에 대해 더 상세히 알고 싶다면, Rodger, *Articles of War: The Statutes Which Governed Our Fighting Navies, 1661, 1749, and 1886* 참조.

4. 케이프 혼 주위의 상황을 설명할 때 나는 뱃사람들, 특히 앤슨의 항해에 동행했던 사람들이 직접 적은 일기와 일지를 참고했다. 책으로 출간된 다음의 자료들도 도움이 되었다. Adrian Flanagan, *The Cape Horners' Club: Tales of Triumph and Disaster at the World's Most Feared Cape*; Richard Hough, *The Blind Horn's Hate*; Robin Knox-

Johnston, *Cape Horn: A Maritime History*; Dallas Murphy, *Rounding the Horn: Being a Story of Williwaws and Windjammers, Drake, Darwin, Murdered Missionaries and Naked Natives—a Deck's Eye View of Cape Horn*, William F. Stark and Peter Stark, *The Last Time Around Cape Horn: The Historic 1949 Voyage of the Windjammer Pamir*.

5. 프랜시스 드레이크는 원정대와 함께 마젤란 해협을 통과했으나, 파타고니아 서해안에서 그의 배가 폭풍에 휘말려 케이프 혼 근처로 밀려갔다. 비록 그가 케이프 혼을 끼고 돌지는 않았지만, 그때 그가 발견한 항로가 나중에 드레이크 해협으로 명명되었다.

6. David Laing Purves, *The English Circumnavigators: The Most Remarkable Voyages Round the World*, 59에서 재인용.

7. Melville, *White-Jacket*, 151-53.

8. Rudyard Kipling, *The Writings in Prose and Verse of Rudyard Kipling*, 168.

9. 항행과 경선에 대해 더 상세히 알고 싶다면, 데이바 소벨(Dava Sobel)의 포괄적인 책 *Longitude: The True Story of a Lone Genius Who Solved the Greatest Scientific Problem of His Time* 참조. 이 밖에도 훌륭한 자료로는 Lloyd A. Brown, *The Story of Maps*; William J. H. Andrewes, *The Quest for Longitude*가 있다.

10. 마젤란 본인은 지구 일주 항해를 완수하지 못했다. 1521년 오늘날의 필리핀에서 주민들과 싸우던 중 목숨을 잃었기 때문이다. 마젤란은 그들을 그리스도교로 개종시키려고 시도하던 중이었다.

11. Sobel, *Longitude*, foreword, xiii에서 재인용.

12. 같은 책, 52.

13. 같은 책, 7.

14. Lloyd A. Brown, *The Story of Maps*, 232에서 재인용.

15. Sobel, *Longitude*, 14.

16. Thomas, *A True and Impartial Journal of a Voyage to the South-Seas*, 18.

17. Millechamp, *A Narrative of Commodore Anson's Voyage into the Great South Sea and Round the World*, NMM-JOD/36.

18. Samuel Bawlf, *The Secret Voyage of Sir Francis Drake, 1577-1580*, 104에서 재인용.

19. 같은 책, 106.

20. 소머레즈의 일기, Williams, ed., *Documents Relating to Anson's Voyage Round the World*, 165에 수록.

21. Millechamp, *A Narrative of Commodore Anson's Voyage into the Great South Sea and Round the World*, NMM-JOD/36.

22. Gallagher, ed., *Byron's Journal of His Circumnavigation, 1764-1766*, 62.

23. 같은 책, 59.

24. Millechamp, *A Narrative of Commodore Anson's Voyage into the Great South Sea and*

Round the World, NMM-JOD/36.

25. 같은 책.

26. Thomas, *A True and Impartial Journal of a Voyage to the South-Seas*, 19.

27. Antonio Pigafetta and R. A. Skelton, *Magellan's Voyage: A Narrative of the First Circumnavigation*, 46.

28. 앤슨이 1741년 1월 18일에 에드워드 레그(Edward Legge) 선장에게 내린 지시, TNA-ADM 1/2040.

29. 소머레즈의 일기, Williams, ed., *Documents Relating to Anson's Voyage Round the World*, 165에 수록.

30. Walter, *A Voyage Round the World*, 79.

31. Melville, *White-Jacket*, 183.

32. Millechamp, *A Narrative of Commodore Anson's Voyage into the Great South Sea and Round the World*, NMM-JOD/36.

33. Samuel Taylor Coleridge, *The Rime of the Ancient Mariner*, 18.

34. Millechamp, *A Narrative of Commodore Anson's Voyage into the Great South Sea and Round the World*, NMM-JOD/36.

35. Walter, *A Voyage Round the World*, 80-81.

36. 글로스터 호 매슈 미첼(Matthew Mitchell) 선장의 일지, 1741년 3월 8일자, TNA-ADM 51/402.

37. Walter, *A Voyage Round the World*, 80.

38. William F. Stark and Peter Stark, *The Last Time Around Cape Horn: The Historic 1949 Voyage of the Windjammer Pamir*, 176-77.

39. John Kenlon, *Fourteen Years a Sailor*, 216.

40. Byron, *The Narrative of the Honourable John Byron*, 4.

41. Bulkeley and Cummins, *A Voyage to the South Seas*, 73.

5장 폭풍 속의 폭풍

1. *Los Angeles Times*, 2007년 1월 5일자.

2. Gallagher, ed., *Byron's Journal of His Circumnavigation, 1764-1766*, 32.

3. Walter, *A Voyage Round the World*, 109.

4. Thomas, *A True and Impartial Journal of a Voyage to the South-Seas*, 142.

5. Gallagher, ed., *Byron's Journal of His Circumnavigation, 1764-1766*, 116.

6. Walter, *A Voyage Round the World*, 109.

7. 같은 책, 108.

8. Lamb, *Scurvy*, 56에서 재인용.

9. 이 병이 유행할 때 소머레즈 대위는 일부 환자들이 "백치 같은 행동, 광기, 경련"을 나타냈다고 적었다.

10. 무명씨, *A Voyage to the South-Seas, and to Many Other Parts of the World, Performed from the Month of September in the Year 1740, to June 1744, by Commodore Anson ... by an Officer of the Squadron*, 233.

11. 괴혈병에 대해 더 상세히 알고 싶다면, 다음과 같은 여러 훌륭한 자료 참조. Kenneth J. Carpenter, *The History of Scurvy and Vitamin C*; David Harvie, *Limeys: The Conquest of Scurvy*; Stephen R. Bown, *Scurvy: How a Surgeon, a Mariner, and a Gentleman Solved the Greatest Medical Mystery of the Age of Sail*; Jonathan Lamb, *Scurvy: The Disease of Discovery* (뱃사람들에게 나타나는 이 병의 정신적 영향에 대해 특히 깊은 통찰력을 보여준다); James Watt, "The Medical Bequest of Disaster at Sea: Commodore Anson's Circumnavigation, 1740-44"; Eleanora C. Gordon, "Scurvy and Anson's Voyage Round the World, 1740-1744: An Analysis of the Royal Navy's Worst Outbreak." 항해의 시대에 이 병에 관한 인식과 오해를 알아보기 위해 나는 James Lind, *An Essay on the Most Effectual Means of Preserving the Health of Seamen in the Royal Navy*; Richard Mead, *The Medical Works of Richard Mead*; Thomas Trotter, *Medical and Chemical Essays* 등 당시의 의학 교과서도 참고했다. 이 병이 앤슨의 소함대를 구체적으로 어떻게 망가뜨렸는지 보려면 승조원들의 일기, 서신, 일지 참조.

12. Kenneth J. Carpenter, *The History of Scurvy and Vitamin C*, 17.에서 재인용.

13. 앤슨이 제임스 네이시(James Naish)에게 보낸 편지, 1742년 12월, Williams, ed., *Documents Relating to Anson's Voyage Round the World*, 152에 수록.

14. Byron, *The Narrative of the Honourable John Byron*, 8-9.

15. 무명씨, *A Voyage to the South-Seas, and to Many Other Parts of the World, Performed from the Month of September in the Year 1740, to June 1744, by Commodore Anson ... by an Officer of the Squadron*, 233.

16. Richard Mead, *The Medical Works of Richard Mead*, 441.

17. 썩은 음식이 괴혈병의 원인이라고 추측한 사람도 있었다. 일부 장교는 병든 수병을 탓하는, 이보다 더 잔혹한 가설을 내놓기도 했다. 그들이 나타내는 무기력 증세가 병의 증상이 아니라 원인이라는 것이었다. 죽음의 문턱에 선 이 가엾은 환자들은 게으르게 뺀들거리는 개같은 녀석이라는 욕설을 들으며 발길질에 채이고 구타를 당했다.

18. Thomas, *A True and Impartial Journal of a Voyage to the South-Seas*, 143.

19. Bulkeley and Cummins, *A Voyage to the South Seas*, 6.

20. A Beckford Bevan and H. B. Wolryche-Whitmore eds., *The Journals of Captain Frederick Hoffman, R. N., 1793-1814*, 80.

21. 아무 근거 없는 괴혈병 치료법 중에는 어쩌면 이보다 더 보기 불편한 것도 있었다. 선의들을 위한 한 교과서가 추천한 이 방법은 "소, 말, 당나귀, 염소, 또는 양의 피로

충분히 목욕할 수 있게" 환자들을 푹 담그는 것이었다.

22. Marjorie H. Nicolson, "Ward's 'Pill and Drop' and Men of Letters," *Journal of the History of Ideas* 29, no. 2 (1968), 178.

23. Thomas, *A True and Impartial Journal of a Voyage to the South-Seas*, 143.

24. 소머레즈의 일기, Williams, ed., *Documents Relating to Anson's Voyage Round the World*, 166에 수록.

25. Walter, *A Voyage Round the World*, 110.

26. Millechamp, *A Narrative of Commodore Anson's Voyage into the Great South Sea and Round the World*, NMM-JOD/36.

27. 글로스터 호 매슈 미첼 선장의 일지, TNA-ADM 51/402.

28. 에드워드 레그 선장이 해군본부에 보낸 문서, 1741년 7월 4일자, TNA-ADM 1/2040.

29. John Philips, *An Authentic Journal of the Late Expedition Under the Command of Commodore Anson*, 46.

30. 레그 선장이 해군본부에 보낸 문서, 1741년 7월 4일자, TNA-ADM 1/2040.

31. Keppel, *The Life of Augustus, Viscount Keppel, Admiral of the White, and First Lord of the Admiralty in 1782-3*, vol. 1, 31.

32. 센추리온 호의 점호 명부, TNA-ADM 36/0556.

33. George Gordon Byron, *The Complete Works of Lord Byron*, 720.

34. 같은 책 162.

35. Walter, *A Voyage Round the World*, 107.

36. 같은 책, 113.

37. Woodes Rogers, *A Cruising Voyage Round the World*, 128.

38. 같은 책, 126.

39. 같은 책, 131.

40. 셀커크와 크루소의 이야기가 남긴 반향은 현대에도 계속 이어진다. 예를 들어, 2015년의 생존물 영화 〈마션〉 참조.

41. Millechamp, *A Narrative of Commodore Anson's Voyage into the Great South Sea and Round the World*, NMM-JOD/36.

42. 글로스터 호 미첼 선장의 일지, TNA-ADM 51/402.

43. Millechamp, *A Narrative of Commodore Anson's Voyage into the Great South Sea and Round the World*, NMM-JOD/36.

6장 혼자서

1. Byron, *The Narrative of the Honourable John Byron*, 9. 월터 목사의 기록에서도 그 폭풍

을 "완벽한 허리케인"이라고 언급하고 있다.

2. Bulkeley and Cummins, *A Voyage to the South Seas*, 5.

3. 레그 선장이 해군본부에 보낸 문서, 1741년 7월 4일자, TNA-ADM 1/2040.

4. 소함대의 한 장교는 당시 상황에 대해 간단히 "하늘에서 불어온 폭풍 중에 이보다 더 맹렬한 것은 없었다"고 말했다.

5. Thomas, *A True and Impartial Journal of a Voyage to the South-Seas*, 24.

6. 같은 책, 25.

7. 교사 토머스는 이때의 부상에서 회복한 뒤에도 계속 고통에 시달렸다. "그 뒤로 줄곧 어깨가 심하게 아프다. 옷을 입거나 등 뒤로 손을 돌리는 것, 심지어 1파운드의 무게를 들어올리는 것조차 불가능할 때가 많다." 그는 일기에 이렇게 썼다.

8. Bulkeley and Cummins, *A Voyage to the South Seas*, 6.

9. 같은 책.

10. 이 톱맨처럼 바다로 떨어져 익사한 원정대원이 많았다. 센추리온 호의 수습장교 케펠은 일지에 이렇게 썼다. "팔팔한 수병 마틴 이너프(Martin Enough)가 큰돛대 줄을 올라가다가 바다로 떨어져 실종되었다. 많이 아쉽고 안타까운 일이다."

11. Walter, *A Voyage Round the World*, 85.

12. Eva Hope, ed., *The Poetical Works of William Cowper*, 254.

13. Thomas, *A True and Impartial Journal of a Voyage to the South-Seas*, 145.

14. 머리 선장이 해군본부에 보낸 보고서, 1741년 7월 10일자, TNA-ADM 1/2099.

15. Keppel, *The Life of Augustus, Viscount Keppel, Admiral of the White, and First Lord of the Admiralty in 1782-3*, vol. 1, 32.

16. Walter, *A Voyage Round the World*, 114.

17. Bulkeley and Cummins, *A Voyage to the South Seas*, 6.

18. 칩이 린지에게 보낸 보고서, 1744년 2월 26일자, JS.

19. 머리 선장이 해군본부에 보낸 보고서, 1741년 7월 10일자, TNA-ADM 1/2099.

20. Bulkeley and Cummins, *A Voyage to the South Seas*, 5.

21. Thomas, *A True and Impartial Journal of a Voyage to the South-Seas*, 24.

22. Walter, *A Voyage Round the World*, 106.

23. Bulkeley and Cummins, *A Voyage to the South Seas*, 7.

7장 고통의 만

1. 칩이 린지에게 보낸 보고서, 1744년 2월 26일자, JS.

2. 이것도 항해 용어인데, 선장이 적에게서 급히 도망칠 때 부하들에게 닻줄을 '자르고' 바람이 불어가는 쪽으로 신속히 '도망치라'고 지시하는 데에서 유래했다.

3. Campbell, *The Sequel to Bulkeley and Cummins's "Voyage to the South Seas"*, 20.

4. 칩이 린지에게 보낸 보고서, 1744년 2월 26일자, JS.

5. Byron, *The Narrative of the Honourable John Byron*, 7.

6. Bulkeley and Cummins, *A Voyage to the South Seas*, 9.

7. 같은 책, 39.

8. 이 말을 포함해서 이 장면의 인용문들은, 같은 책, 9-10.

9. 같은 책, 8.

10. 같은 책, 10.

11. 같은 책, 11.

12. 같은 책.

13. 당시 뱃사람들은 자이브(jibe)를 뜻할 때 '웨어(wear)'라는 용어를 사용했다.

14. 칩이 린지에게 보낸 보고서, 1744년 2월 26일자, JS.

15. Byron, *The Narrative of the Honourable John Byron*, 18.

16. 같은 책, 10.

17. 존 커민스의 군사재판 증언, 1746년 4월 15일, TNA-ADM 1/5288.

18. 칩이 린지에게 보낸 보고서, 1744년 2월 26일자, JS.

19. Byron, *The Narrative of the Honourable John Byron*, 12.

20. 같은 책, 13.

21. George Gordon Byron, *The Complete Works of Lord Byron*, 695.

22. Byron, *The Narrative of the Honourable John Byron*, 14.

8장 난파

1. Rodger, *Articles of War*, 17.

2. 칩이 린지에게 보낸 보고서, 1744년 2월 26일자, JS.

3. Bulkeley and Cummins, *A Voyage to the South Seas*, 13.

4. Byron, *The Narrative of the Honourable John Byron*, 17.

5. 같은 책, 14.

6. 이런 수송용 보트의 크기 추정치를 보려면, Layman, *The Wager Disaster* 참조. 이런 보트의 건조와 설계에 대한 더 상세한 설명을 보려면, Lavery, *The Arming and Fitting of English Ships of War, 1600-1815* 참조.

7. Campbell, *The Sequel to Bulkeley and Cummins's "Voyage to the South Seas"*, 13.

8. 같은 책.

9. 존 존스의 군사재판 증언, 1746년 4월 15일, TNA-ADM 1/5288.

10. Byron, *The Narrative of the Honourable John Byron*, 15.

11. 벌클리는 바지선을 가장 먼저 끌어냈다고 썼으나, 다른 기록에 따르면 바지선이 아니라 욜이었다.

12. Bulkeley and Cummins, *A Voyage to the South Seas*, 13.

13. 같은 책, 14.

14. Byron, *The Narrative of the Honourable John Byron*, 16.

15. Campbell, *The Sequel to Bulkeley and Cummins's "Voyage to the South Seas"*, 14.

16. 벌클리와 목수 커민스는 배에서 보급품을 모아서 가져오느라 조금 늦게 이들과 합류했다.

17. Byron, *The Narrative of the Honourable John Byron*, 17-18.

18. 같은 책, 18.

19. 이 섬에 대한 묘사는 표류자들의 기록뿐만 아니라 내가 직접 이 섬에 가서 광범위하게 탐험한 경험을 바탕으로 했다.

20. Byron, *The Narrative of the Honourable John Byron*, 18.

21. Campbell, *The Sequel to Bulkeley and Cummins's "Voyage to the South Seas"*, 14.

22. 같은 책.

23. 같은 책, 15.

24. Bulkeley and Cummins, *A Voyage to the South Seas*, 14.

9장 짐승

1. Byron, *The Narrative of the Honourable John Byron*, 19.

2. 같은 책, vi-vii.

3. 같은 책, 20.

4. P. Parker King, *Narrative of the Surveying Voyages of His Majesty's Ships Adventure and Beagle*, vol. 1, 179. 여기 인용문은 킹이 제임스 톰슨(James Thomson)의 시에서 빌려온 구절이다.

5. Byron, *The Narrative of the Honourable John Byron*, 21.

6. 같은 책, 26.

7. Bulkeley and Cummins, *A Voyage to the South Seas*, 14.

8. Byron, *The Narrative of the Honourable John Byron*, 25.

9. Bulkeley and Cummins, *A Voyage to the South Seas*, 15.

10. 같은 책, 18.

11. 같은 책, xxviii.

12. 같은 책.

13. 같은 책, 21.

14. 같은 책, xxiv.

15. 같은 책, 212.

16. Byron, *The Narrative of the Honourable John Byron*, 53.

17. 같은 책, 51.

18. 같은 책.

19. Anne Chapman, *European Encounters with the Yamana People of Cape Horn, Before and After Darwin*, 104-5.

20. Byron, *The Narrative of the Honourable John Byron*, 52.

21. 같은 책, 53.

22. Bulkeley and Cummins, *A Voyage to the South Seas*, 15.

23. Byron, *The Narrative of the Honourable John Byron*, vi.

24. 같은 책, 32.

10장 우리의 새로운 도시

1. 이 실험에 대해 더 상세히 알고 싶다면, Ancel Keys, Josef Brozek, Austin Henschel, and Henry Longstreet Taylor, *The Biology of Human Starvation*; David Baker and Natacha Keramidas, "The Psychology of Hunger," *American Psychological Association* 44, no. 9 (October 2013), 66; Nathaniel Philbrick, *In the Heart of the Sea: The Tragedy of the Whaleship Essex*; Todd Tucker, *The Great Starvation Experiment: Ancel Keys and the Men Who Starved for Science* 참조.

2. Todd Tucker, *The Great Starvation Experiment: Ancel Keys and the Men Who Starved for Science*, 139에서 재인용.

3. 같은 책, 102.

4. Philbrick, *In the Heart of the Sea*, 171에서 재인용.

5. 이보다 나중에 파타고니아에 온 찰스 다윈은 "자연의 무생물들, 즉 바위, 얼음, 눈, 바람, 물이 모두 서로 전쟁을 벌이면서도 인간 앞에서는 함께 맞서서 절대적인 통치권을 행사하는 것"에 놀라움을 금치 못했다.

6. Thomas Hobbes, *Leviathan, or, The Matter, Forme, & Power of a Common-wealth Ecclesiasticall and Civil*, 91.

7. Rodger, *Articles of War*, 16-17.

8. 칩이 린지에게 보낸 보고서, 1744년 2월 26일자, JS.

9. Byron, *The Narrative of the Honourable John Byron*, 27.

10. Bulkeley and Cummins, *A Voyage to the South Seas*, 19.

11. 같은 책, 17.

12. Campbell, *The Sequel to Bulkeley and Cummins's "Voyage to the South Seas"*, 21.

13. 같은 책, 29.

14. Bulkeley and Cummins, *A Voyage to the South Seas*, 18.

15. 같은 책, 16.

16. Byron, *The Narrative of the Honourable John Byron*, 27.

17. Bulkeley and Cummins, *A Voyage to the South Seas*, 58.

18. Campbell, *The Sequel to Bulkeley and Cummins's "Voyage to the South Seas"*, 19.

19. 같은 책, 21.

20. Bulkeley and Cummins, *A Voyage to the South Seas*, 55.

21. Campbell, *The Sequel to Bulkeley and Cummins's "Voyage to the South Seas"*, 31.

22. 같은 책.

23. Bulkeley and Cummins, *A Voyage to the South Seas*, 47.

24. Byron, *The Narrative of the Honourable John Byron*, 48.

25. 찰스 다윈은 이런 유형의 새가 허둥지둥 바다를 가로질러 뛰어가는 모습을 "흔한 집오리가 개에게 쫓기며 도망치는" 모습에 비유했다.

26. Byron, *The Narrative of the Honourable John Byron*, 51.

27. Bulkeley and Cummins, *A Voyage to the South Seas*, 30.

28. 같은 책, 174.

29. 같은 책, 14.

30. Byron, *The Narrative of the Honourable John Byron*, 99.

31. 같은 책.

32. 바이런과 벌클리의 일기에서 발췌한 인용문.

33. Byron, *The Narrative of the Honourable John Byron*, 35.

34. Bulkeley and Cummins, *A Voyage to the South Seas*, 27.

35. Byron, *The Narrative of the Honourable John Byron*, 67.

11장 바다의 유목민

1. Bulkeley and Cummins, *A Voyage to the South Seas*, 17.

2. Byron, *The Narrative of the Honourable John Byron*, 33–34.

3. 같은 책, 137.

4. 같은 책, 33.

5. 카웨스카르 족을 비롯해서 이 지역 주민들에 관한 정보는 다음과 같은 여러 자료에서 얻었다. Junius B. Bird, *Travels and Archaeology in South Chile*; Lucas E. Bridges, *Uttermost Part of the Earth: Indians of Tierra del Fuego*; Arnoldo Canclini, *The Fuegian Indians: Their Life, Habits, and History*; Chapman, *European Encounters with the Yamana People of Cape Horn, Before and After Darwin*; John M. Cooper, *Analytical and Critical Bibliography of the Tribes of Tierra del Fuego and Adjacent Territory*; Joseph Emperaire, *Los Nomades del Mar*; Martin Gusinde, *The Lost Tribes of Tierra del Fuego: Selk'nam, Yamana, Kawesqar*; Diego Carabias Amor의 에세이 "The Spanish Attempt Salvage",

Layman의 *The Wager Disaster*에 수록; Samuel Kirkland Lothrop, *The Indians of Tierra del Fuego*; Colin McEwan, Luis Alberto Borrero, and Alfredo Prieto 등이 편집한 *Patagonia: Natural History, Prehistory, and Ethnography at the Uttermost End of the Earth*; Omar Reyes, *The Settlement of the Chonos Archipelago, Western Patagonia, Chile*; Julian H. Steward, *Handbook of South American Indians*. 또한 마르틴 구신데 인류학 박물관(Martin Gusinde Anthropological Museum)과 칠레 콜럼버스 이전 시대 미술관(Chilean Museum of Pre-Columbian Art)의 카웨스카르 족(Kawesqar) 및 야간 족(Yaghan)에 관한 상세한 정보와 전시품이 도움이 되었다.

6. 세월이 흐르면서 외국인들은 이들을 알라칼루프(Alacaluf) 등 여러 이름으로 불렀다. 그러나 그 후손들은 카웨스카르가 자신의 진짜 이름이라고 생각한다.

7. 야간 족은 심지어 독수리 고기도 먹지 않았다. 그들이 사람의 시체를 쪼아먹었을 가능성이 있다는 것이 이유였다.

8. Chapman, *European Encounters with the Yamana People of Cape Horn, Before and After Darwin*, 186.

9. 앤슨 사령관이 받은 지시사항, 1740년, Williams, ed., *Documents Relating to Anson's Voyage Round the World*, 41에 수록.

10. Pigafetta and Skelton, *Magellan's Voyage*, 48.

11. 이 납치 피해자 중 다섯 명의 유해가 2008년 취리히 대학교의 인류학 연구소와 박물관의 한 컬렉션에서 발견되었다. 그들은 궁극적으로 칠레로 반환되었고, 카웨스카르 족의 절차에 따른 장례식이 치러졌다. 유골에 기름을 바른 뒤, 보호의 의미가 있는 바다사자 가죽으로 싸고 갈대 바구니에 넣어 동굴에 놓아두는 방식이었다. 더 상세히 알고 싶다면, "Remains of Indigenous Abductees Back Home After 130 Years," *Spiegel*, 2010년 1월 13일자 참조.

12. Byron, *The Narrative of the Honourable John Byron*, 33.

13. 카웨스카르 족의 독특한 언어에 대해 더 상세히 알고 싶다면, Jack Hitt의 글 "Say No More"(*The New York Times Magazine*, 2004년 2월 29일자에 수록) 참조. 그는 카웨스카르 족이 아주 섬세한 차이가 있는 수많은 방식으로 과거를 표현한다고 지적한다. "'새가 날아갔다'는 말의 시제를 바꾸면 몇 초 전, 며칠 전, 자신이 직접적인 목격자가 될 수 없을 만큼 아주 오래전(그러나 목격자와는 아는 사이), 신화로 간주될 만큼 먼 과거 등을 표현할 수 있다. 신화적 과거란, 너무나 오래전의 일이라 신선한 묘사로 진실을 드러낼 수는 없지만 한없이 입에서 입으로 전해지는 와중에도 힘을 잃지 않은 이야기에 나타나는 진실을 암시할 때 카웨스카르 족이 사용하는 시제다."

14. Byron, *The Narrative of the Honourable John Byron*, 34.

15. 같은 책, 33.

16. Campbell, *The Sequel to Bulkeley and Cummins's "Voyage to the South Seas"*, 20.

17. 같은 책, 19.

18. Bulkeley and Cummins, *A Voyage to the South Seas*, 16.
19. Campbell, *The Sequel to Bulkeley and Cummins's "Voyage to the South Seas"*, 20.
20. Byron, *The Narrative of the Honourable John Byron*, 45.
21. 같은 책, 125-126.
22. 카웨스카르 족은 또한 거처의 지붕과 벽을 덮는 데 바다표범의 가죽을 자주 사용했
    다.
23. Bulkeley and Cummins, *A Voyage to the South Seas*, 27.
24. Byron, *The Narrative of the Honourable John Byron*, 133.
25. 같은 책, 134.
26. Bulkeley and Cummins, *A Voyage to the South Seas*, 28.
27. Byron, *The Narrative of the Honourable John Byron*, 133.
28. 같은 책, 100.
29. Bulkeley and Cummins, *A Voyage to the South Seas*, 58.
30. Byron, *The Narrative of the Honourable John Byron*, 45.
31. 같은 책.

12장 미저리 산의 영주

1. Byron, *The Narrative of the Honourable John Byron*, 36.
2. Bulkeley and Cummins, *A Voyage to the South Seas*, 29.
3. 같은 책, 54.
4. 같은 책, 56.
5. 같은 책, 30.
6. 같은 책, 46.
7. 같은 책, 55.
8. Byron, *The Narrative of the Honourable John Byron*, 47.
9. George Gordon Byron, *The Complete Works of Lord Byron*, 715.
10. Campbell, *The Sequel to Bulkeley and Cummins's "Voyage to the South Seas"*, 20.
11. Byron, *The Narrative of the Honourable John Byron*, 40.
12. 같은 책, 38.
13. 같은 책, 102-103.
14. Campbell, *The Sequel to Bulkeley and Cummins's "Voyage to the South Seas"*, 20.
15. 같은 책, 17.
16. 같은 책, 20.
17. Byron, *The Narrative of the Honourable John Byron*, 36.
18. Bulkeley and Cummins, *A Voyage to the South Seas*, 57.

19. Thomas a Kempis, *The Christian's Pattern, or, A Treatise of the Imitation of Jesus Christ*, 20.

20. Bulkeley and Cummins, *A Voyage to the South Seas*, 44.

21. 같은 책, 47.

22. 같은 책.

23. 같은 책, 20.

24. Byron, *The Narrative of the Honourable John Byron*, 28.

25. 같은 책, 53.

26. 같은 책, 56.

27. Bulkeley and Cummins, *A Voyage to the South Seas*, 44.

28. 같은 책.

29. 같은 책.

30. 같은 책, 60.

31. 군사재판 진행방식에 대해 더 상세히 알고 싶다면, John D. Byrn, *Crime and Punishment in the Royal Navy*; Markus Eder, *Crime and Punishment in the Royal Navy of the Seven Years' War, 1755-1763*; David Hannay, *Naval Courts Martial*; John M'Arthur, *Principles and Practice of Naval and Military Courts Martial*; Rodger, *Articles of War*; Rodger, *The Wooden World* 참조.

32. 칩을 포함한 해군 장교들이 수병의 군사재판을 감독했고, 펨버턴은 휘하 장교들과 함께 해병들의 재판을 주재했다.

33. Bulkeley and Cummins, *A Voyage to the South Seas*, 44.

34. Henry Baynham, *From the Lower Deck*, 63에서 재인용.

35. Bulkeley and Cummins, *A Voyage to the South Seas*, 44.

36. Leech, *Thirty Years from Home*, 116.

37. H. G. Thursfield, ed., *Five Naval Journals, 1789-1817*, 256에서 재인용.

38. 칩이 린지에게 보낸 보고서, 1744년 2월 26일자, JS.

39. Byron, *The Narrative of the Honourable John Byron*, 67.

40. 같은 책, 68.

13장 최후의 수단

1. Byron, *The Narrative of the Honourable John Byron*, 36-37.

2. 칩이 린지에게 보낸 보고서, 1744년 2월 26일자, JS.

3. Bulkeley and Cummins, *A Voyage to the South Seas*, 20.

4. 칩이 린지에게 보낸 보고서, 1744년 2월 26일자, JS.

5. Byron, *The Narrative of the Honourable John Byron*, 41.

6. Bulkeley and Cummins, *A Voyage to the South Seas*, 19.
7. 같은 책, 18.
8. 같은 책, 19.
9. 칩이 린지에게 보낸 보고서, 1744년 2월 26일자, JS.

14장 사람들의 애정

1. Byron, *The Narrative of the Honourable John Byron*, 40.
2. 같은 책.
3. Bulkeley and Cummins, *A Voyage to the South Seas*, 22.
4. Byron, *The Narrative of the Honourable John Byron*, 42.
5. Bulkeley and Cummins, *A Voyage to the South Seas*, 21.
6. 같은 책, 22.
7. Byron, *The Narrative of the Honourable John Byron*, 41.
8. 같은 책, 42.
9. John Woodall, *The Surgions Mate*, 140.
10. Bulkeley and Cummins, *A Voyage to the South Seas*, 23.
11. Woodall, *The Surgions Mate*, 2.
12. Bulkeley and Cummins, *A Voyage to the South Seas*, 24.
13. Woodall, *The Surgions Mate*, 139.
14. Bulkeley and Cummins, *A Voyage to the South Seas*, 25.
15. Byron, *The Narrative of the Honourable John Byron*, 42.
16. 같은 책, 41.
17. Bulkeley and Cummins, *A Voyage to the South Seas*, 25.
18. 같은 책.

15장 방주

1. Bulkeley and Cummins, *A Voyage to the South Seas*, xxviii.
2. 같은 책, 52.
3. 같은 책, 20.
4. Byron, *The Narrative of the Honourable John Byron*, 43-44.
5. 이 배가 만들어진 과정에 대해서는, 저명한 해군 역사가이자 조선 분야의 권위자인 브라이언 레이버리의 심오한 전문지식이 도움이 되었다. 그는 내게 그 과정을 차근차근 알려주었다.
6. Bulkeley and Cummins, *A Voyage to the South Seas*, 46.

7. 같은 책, 66.

8. Narborough, Tasman, Wood, and Martens, *An Account of Several Late Voyages and Discoveries to the South and North*, 116.

9. Bulkeley and Cummins, *A Voyage to the South Seas*, xxviii.

10. Narborough, Tasman, Wood, and Martens, *An Account of Several Late Voyages and Discoveries to the South and North*, 118.

11. Bulkeley and Cummins, *A Voyage to the South Seas*, xxviii.

12. Narborough, Tasman, Wood, and Martens, *An Account of Several Late Voyages and Discoveries to the South and North*, 119.

13. Bulkeley and Cummins, *A Voyage to the South Seas*, 31.

14. 같은 책, 73.

15. 같은 책, 33.

16. 이 말을 포함해서 이 장면의 인용문들은, 같은 책, 36~40.

17. 같은 책, 48.

18. Campbell, *The Sequel to Bulkeley and Cummins's "Voyage to the South Seas"*, 17.

19. Bulkeley and Cummins, *A Voyage to the South Seas*, 45.

16장 나의 반란자들

1. Bulkeley and Cummins, *A Voyage to the South Seas*, 48.

2. 같은 책, 60.

3. Elihu Rose, "The Anatomy of Mutiny," *Armed Forces & Society*, 561에서 재인용.

4. David Farr, *Major-General Thomas Harrison: Millenarianism, Fifth Monarchism and the English Revolution, 1616-1660*, 258.

5. Bulkeley and Cummins, *A Voyage to the South Seas*, 61.

6. 같은 책, 49.

7. 같은 책.

8. 같은 책, 67.

9. 이 말을 포함해서 이 장면의 인용문은, 같은 책, 51-52.

10. 같은 책, 56.

11. 칩이 린지에게 보낸 보고서, 1744년 2월 26일자.

12. Bulkeley and Cummins, *A Voyage to the South Seas*, 52.

13. 같은 책.

14. Byron, *The Narrative of the Honourable John Byron*, 111.

15. 같은 책, 30.

16. 조선 분야의 권위자인 브라이언 레이버리에 따르면, 그들은 이 방법을 사용할 수밖

에 없었다.

17. Campbell, *The Sequel to Bulkeley and Cummins's "Voyage to the South Seas"*, 23.

18. Bulkeley and Cummins, *A Voyage to the South Seas*, 62.

19. 이 말을 포함해서 이 장면의 인용문은, 같은 책, 63-64.

20. Campbell, *The Sequel to Bulkeley and Cummins's "Voyage to the South Seas"*, 26.

21. Byron, *The Narrative of the Honourable John Byron*, 60-61.

22. Bulkeley and Cummins, *A Voyage to the South Seas*, 67.

23. 같은 책, 66.

24. 같은 책, 67.

25. 같은 책, 74.

26. 칩이 린지에게 보낸 보고서, 1744년 2월 26일자, JS.

27. 같은 자료.

28. 벌클리는 탈퇴자가 여덟 명이었다고 적었으나, 칩, 바이런, 캠벨 등 다른 사람들의 기록에는 모두 일곱 명으로 나와 있다.

29. Bulkeley and Cummins, *A Voyage to the South Seas*, 76-77.

30. 칩이 린지에게 보낸 보고서, 1744년 2월 26일자, JS.

31. Bulkeley and Cummins, *A Voyage to the South Seas*, 72.

17장 바이런의 선택

1. Byron, *The Narrative of the Honourable John Byron*, 59.

2. Bulkeley and Cummins, *A Voyage to the South Seas*, 76.

3. Campbell, *The Sequel to Bulkeley and Cummins's "Voyage to the South Seas"*, 28.

4. Bulkeley and Cummins, *A Voyage to the South Seas*, 77.

18장 하느님의 자비 항구

1. Bulkeley and Cummins, *A Voyage to the South Seas*, 81.

2. 같은 책, 84.

3. 같은 책.

4. 같은 책, 107.

5. 같은 책, 84.

6. 같은 책, 85.

7. 같은 책, 97.

8. 같은 책, 88.

9. 같은 책, 87.

10. Narborough, Tasman, Wood, and Martens, *An Account of Several Late Voyages and Discoveries to the South and North*, 78.

11. Bulkeley and Cummins, *A Voyage to the South Seas*, 89.

12. Francis Drake and Francis Fletcher, *The World Encompassed by Sir Francis Drake, Being His Next Voyage to That to Nombre de Dois*, 82.

13. Bulkeley and Cummins, *A Voyage to the South Seas*, 90.

14. 같은 책.

15. 같은 책, 87.

16. 같은 책, 86.

17. 같은 책.

18. 같은 책, 95.

19. 같은 책, 93.

20. 같은 책, 94-95.

21. 같은 책, 96.

19장 망령

1. Byron, *The Narrative of the Honourable John Byron*, 65.

2. Campbell, *The Sequel to Bulkeley and Cummins's "Voyage to the South Seas"*, 31.

3. 칩이 린지에게 보낸 보고서, 1744년 2월 26일자, JS.

4. Byron, *The Narrative of the Honourable John Byron*, 102-103.

5. Campbell, *The Sequel to Bulkeley and Cummins's "Voyage to the South Seas"*, 35.

6. 같은 책, 37.

7. Byron, *The Narrative of the Honourable John Byron*, 82.

8. 같은 책, 83.

9. Campbell, *The Sequel to Bulkeley and Cummins's "Voyage to the South Seas"*, 46.

10. 같은 책, 45-46.

11. Byron, *The Narrative of the Honourable John Byron*, 88.

12. 같은 책, 90.

13. 같은 책, 89.

14. Campbell, *The Sequel to Bulkeley and Cummins's "Voyage to the South Seas"*, 48.

15. Byron, *The Narrative of the Honourable John Byron*, 89.

16. Campbell, *The Sequel to Bulkeley and Cummins's "Voyage to the South Seas"*, 47.

17. Byron, *The Narrative of the Honourable John Byron*, 103.

18. George Gordon Byron, *The Complete Works of Lord Byron*, 623.

20장 우리 구원의 날

1. Bulkeley and Cummins, *A Voyage to the South Seas*, 98.
2. 같은 책, 105.
3. Darwin and Amigoni, *The Voyage of the Beagle*, 230.
4. Richard Hough, *The Blind Horn's Hate*, 149에서 재인용.
5. Bulkeley and Cummins, *A Voyage to the South Seas*, 101.
6. 같은 책, 106.
7. 같은 책.
8. 같은 책, 109.
9. 같은 책.
10. 같은 책, 112-113.
11. Thomas a Kempis, *The Christian's Pattern, or, A Treatise of the Imitation of Jesus Christ*, 33.
12. Bulkeley and Cummins, *A Voyage to the South Seas*, 108.
13. 베인스 대위가 형제에게 보낸 편지, 1742년 10월 6일자, ERALS-DDGR/39/52.
14. Bulkeley and Cummins, *A Voyage to the South Seas*, 120.
15. 같은 책.
16. 같은 책, 103.
17. 같은 책, 120.
18. 같은 책, 121.
19. 같은 책, 120.
20. 같은 책, 124.

21장 문학적인 반란

1. Bulkeley and Cummins, *A Voyage to the South Seas*, 137.
2. 같은 책, 137-138.
3. 같은 책, 138.
4. 같은 책, 136.
5. 같은 책, 127.
6. 같은 책, xxix.
7. 같은 책.
8. 같은 책, xxix.
9. 같은 책, 151.
10. 같은 책, 72.

11. 같은 책, 152.

12. 같은 책, 153.

13. 같은 책, 158.

14. 같은 책, 151-152.

15. 같은 책, xxiii-xxiv.

16. 같은 책, 161.

17. 같은 책, xxix.

18. 같은 책, xxx.

19. 같은 책, xxix.

20. 같은 책, xxviii.

21. 같은 책, xxxi.

22. 같은 책, xxiii.

23. 같은 책, 159.

24. 같은 책, 172.

25. *The Universal Spectator*, 1744년 8월 25일자, 9월 1일자.

26. Arthur D. Howden Smith's introduction to Bulkeley and Cummins, *A Voyage to the South Seas*, vi.

22장 승리

1. 머리 선장이 해군본부에 보낸 보고서, 1741년 7월 10일자, TNA-ADM 1/2099.

2. 세번 호 선장의 한 형제는 앤슨이 그 선장의 편이 되어 "고향에 앉아 위험을 무릅쓴 적도 없으면서 자신은 이해하지도 못하는 모두의 행동을 비난하는 안락한 자들의 트집"으로부터 보호해준 것을 고맙게 여겼다.

3. Leo Heaps, *Log of the Centurion: Based on the Original Papers of Captain Philip Saumarez on Board HMS Centurion, Lord Anson's Flagship During His Circumnavigation, 1740-44*, 175.

4. Millechamp, *A Narrative of Commodore Anson's Voyage into the Great South Sea and Round the World*, NMM-JOD/36.

5. *The Gentleman's Magazine*, 1743년 6월.

6. 앤슨이 하드윅(Hardwicke) 경에게 보낸 편지, 1744년 6월 14일자, BL-ADD MSS.

7. *The Universal Spectator*, 1744년 8월 25일자, 9월 1일자.

8. Millechamp, *A Narrative of Commodore Anson's Voyage into the Great South Sea and Round the World*, NMM-JOD/36.

9. Somerville, *Commodore Anson's Voyage into the South Seas and Around the World*, 183-184.

10. *The Universal Spectator*, 1744년 8월 25일자, 9월 1일자.

11. Millechamp, *A Narrative of Commodore Anson's Voyage into the Great South Sea and Round the World*, NMM-JOD/36.

12. 갈레온선 추적 과정과 그 뒤에 벌어진 전투에 대한 묘사는 그 자리에 있었던 사람들의 수많은 직접 경험담과 보고서를 주로 참고했다. 더 상세히 알고 싶다면 앤슨의 서한과 속달 연락문, Heaps, *Log of the Centurion*; Keppel, *The Life of Augustus, Viscount Keppel, Admiral of the White, and First Lord of the Admiralty in 1782-3*, vol. 1; Millechamp, *A Narrative of Commodore Anson's Voyage into the Great South Sea and Round the World*; Thomas, *A True and Impartial Journal of a Voyage to the South-Seas*; Walter's *A Voyage Round the World*; Williams, *Documents Relating to Anson's Voyage Round the World* 참조. 내 연구에는 또한 Somerville, *Commodore Anson's Voyage into the South Seas and Around the World*; Williams, *The Prize of All the Oceans* 등 여러 훌륭한 역사 연구서가 도움이 되었다.

13. 마닐라 통치자에게 전달된 정보 보고서, Williams, ed., *Documents Relating to Anson's Voyage Round the World*, 207에 수록.

14. Somerville, *Commodore Anson's Voyage into the South Seas and Around the World*, 217.

15. 같은 책.

16. Williams, *The Prize of All the Oceans*, 161.

17. Walter, *A Voyage Round the World*, 400.

18. 같은 책, 401.

19. 소머레즈의 일기, Williams, ed., *Documents Relating to Anson's Voyage Round the World*, 197에 수록.

20. Millechamp, *A Narrative of Commodore Anson's Voyage into the Great South Sea and Round the World*, NMM-JOD/36.

21. Keppel, *The Life of Augustus, Viscount Keppel, Admiral of the White, and First Lord of the Admiralty in 1782-3*, vol. 1, 115.

22. Millechamp, *A Narrative of Commodore Anson's Voyage into the Great South Sea and Round the World*, NMM-JOD/36.

23. Thomas, *A True and Impartial Journal of a Voyage to the South-Seas*, 289.

24. Brian Lavery, *Anson's Navy: Building a Fleet for Empire, 1744-1763*, 102에서 재인용.

25. Thomas, *A True and Impartial Journal of a Voyage to the South-Seas*, 282-283.

26. Juan de la Concepcion, *Historia General de Philipinas*가 원출처로, Williams, ed., *Documents Relating to Anson's Voyage Round the World*, 218에 발췌 수록되었다.

27. Heaps, *Log of the Centurion*, 224.

28. *The Universal Spectator*, 1744년 8월 25일자, 9월 1일자.

29. 전쟁이 발발한 1739년 11월에 에드워드 버넌(Edward Vernon) 제독의 부대는 현재

의 파나마에 있던 포르토벨로의 스페인 정착지를 점령했으나, 이 승리 뒤에는 곧 몹시 참담한 패배가 연달아 이어졌다.

30. *Daily Advertiser*, 1744년 7월 5일자.

31. 앤슨을 포함한 장교들과 수병들에게 수여된 보상금의 추정치에 관해 더 상세히 알고 싶다면, Williams, *The Prize of All the Oceans* 참조.

32. Rodger, *The Command of the Ocean: A Naval History of Britain, 1649-1815*, 239.

33. 앤슨에 관한 이 노래는 그가 갈레온선을 차지한 것뿐만 아니라 4년 뒤 또 많은 부를 가져온 공적도 찬양하고 있다.

34. Firth, *Naval Songs and Ballads*, 196.

23장 그럽 거리의 싸구려 글쟁이들

1. 칩이 린지에게 보낸 보고서, 1744년 2월 26일자, JS.

2. Campbell, *The Sequel to Bulkeley and Cummins's 'Voyage to the South Seas'*, 55.

3. 같은 책, 63.

4. Byron, *The Narrative of the Honourable John Byron*, 150-151.

5. Campbell, *The Sequel to Bulkeley and Cummins's 'Voyage to the South Seas'*, 58.

6. Byron, *The Narrative of the Honourable John Byron*, 167.

7. 같은 책, 158.

8. 같은 책, 172.

9. 같은 책, 169.

10. 같은 책, 169-170.

11. 같은 책, 176.

12. Campbell, *The Sequel to Bulkeley and Cummins's 'Voyage to the South Seas'*, 77.

13. 같은 책, 70.

14. 같은 책, 78.

15. 칩이 리처드 린지에게 보낸 보고서, 1744년 2월 26일자, JS.

16. Carlyle, *Anecdotes and Characters of the Times*, 100.

17. Byron, *The Narrative of the Honourable John Byron*, 214.

18. 같은 책.

19. 같은 책.

20. 칩이 린지에게 보낸 보고서, 1744년 2월 26일자, JS.

21. Layman, *The Wager Disaster*, 218에서 재인용.

22. Byron, *The Narrative of the Honourable John Byron*, 262.

23. Defoe, *A Tour Through the Whole Island of Great Britain*, 135.

24. Byron, *The Narrative of the Honourable John Byron*, 263.

25. 같은 책, 264.

26. Layman, *The Wager Disaster*, 217에서 재인용.

27. 같은 책, 216.

28. Bulkeley and Cummins, *A Voyage to the South Seas*, 170.

29. 이 시기 출판업에 대해 더 상세히 알고 싶다면, Bob Clarke, *From Grub Street to Fleet Street: An Illustrated History of English Newspapers to 1899*; Robert Darnton, *The Literary Underground of the Old Regime*; Pat Rogers, *The Poet and the Publisher: The Case of Alexander Pope, Esq., of Twickenham versus Edmund Curll, Bookseller in Grub Street*; Howard William Troyer, *Ned Ward of Grub Street: A Study of Sub-Literary London in the Eighteenth Century* 참조.

30. *Caledonian Mercury*, 1744년 2월 6일자.

31. Carlyle, *Anecdotes and Characters of the Times*, 100.

32. Byron, *The Narrative of the Honourable John Byron*, x.

33. 같은 책, ix.

34. Janet Malcolm, *The Crime of Sheila McGough*, 3.

24장 비망록

1. 이 말을 포함한 이 장면의 인용문은 Bulkeley and Cummins, *A Voyage to the South Seas*, 169-170에서 가져왔다.

2. 해군법과 군사재판에 대해 더 상세히 알고 싶다면, Byrn, *Crime and Punishment in the Royal Navy*; Markus Eder, *Crime and Punishment in the Royal Navy of the Seven Years' War, 1755-1763*; David Hannay, *Naval Courts Martial*; John M'Arthur, *Principles and Practice of Naval and Military Courts Martial*; Rodger, *Articles of War*; Rodger, *The Wooden World* 참조.

3. Joseph Conrad, *Lord Jim*, 18.

4. 여기에 인용된 조항들을 보려면, Rodger, *Articles of War*, 13-19 참조.

5. Byrn, *Crime and Punishment in the Royal Navy*, 55.

6. 이 반란 사건을 다룬 책들만 모아도 거대한 도서관을 채울 수 있을 정도다. 나는 특히 캐럴라인 알렉산더(Caroline Alexander)의 훌륭한 책인 *The Bounty: The True Story of the Mutiny on the Bounty*를 참고했다. 더 상세히 알고 싶다면, Edward Christian and William Bligh, *The Bounty Mutiny*도 참조.

7. 처형 전에 사형수가 남긴 말에 대해서는 서로 다른 여러 기록이 존재한다.

8. Christian and Bligh, *The Bounty Mutiny*, 128에서 재인용.

9. Bulkeley and Cummins, *A Voyage to the South Seas*, 170.

10. 선장 등 장교들이 사형을 선고받으면, 대부분 교수형과 총살형 중에서 선택할 수

있었다.

11. Bulkeley and Cummins, *A Voyage to the South Seas*, 171.

25장 군사재판

1. Frederick Marryat, *Frank Mildmay, or, The Naval Officer*, 93.

2. *The Trial of the Honourable Admiral John Byng, at a Court Martial, As Taken by Mr. Charles Fearne, Judge-Advocate of His Majesty's Fleet*, 298.

3. Voltaire, and David Wootton, *Candide and Related Texts*, 59.

4. 칩이 앤슨에게, 1745년 12월 12일자, Layman, *The Wager Disaster*, 217-218에 수록.

5. Bulkeley and Cummins, *A Voyage to the South Seas*, 171.

6. 이 말을 포함해서 여기 인용된 군사재판 증언은 TNA-ADM 1/5288에서 가져왔다.

7. 강조를 위해 작은따옴표로 표시.

8. Bulkeley and Cummins, *A Voyage to the South Seas*, 172-173.

9. Williams, *The Prize of All the Oceans*, 101.

10. 레이먼 해군 소장이 나와 인터뷰할 때 한 말.

11. Gaudi, *The War of Jenkins' Ear*, 277에서 재인용.

12. *London Daily Post*, 1744년 7월 6일자.

13. 이 전쟁의 기원에 관한 배경 설명을 보려면, Chapman, *Disaster on the Spanish Main*; Gaudi, *The War of Jenkins' Ear*; David Olusoga, *Black and British: A Forgotten History* 참조.

14. Justin McCarthy, *A History of the Four Georges and of William IV*, 185에서 재인용.

15. Olusoga, *Black and British*, 25.

16. P. J. Marshall, *The Oxford History of the British Empire: The Eighteenth Century*, 5에서 재인용.

17. Rose, "The Anatomy of Mutiny," *Armed Forces & Society*, 565에서 재인용.

18. Williams, *The Prize of All the Oceans*, 101.

26장 승리한 쪽의 이야기

1. 모리스 일행이 배에서 뜻밖의 사람을 만난 것이 놀라운 반전이다. 칩이 두고 떠났던 수습장교 알렉산더 캠벨이 그 배를 타고 영국으로 돌아가는 중이었다.

2. Morris, *A Narrative of the Dangers and Distresses Which Befel Isaac Morris, and Seven More of the Crew, Belonging to the Wager Store-Ship, Which Attended Commodore Anson, in His Voyage to the South Sea*, 10.

3. 같은 책.

4. 같은 책, 27-28.

5. 같은 책, 42.

6. 같은 책.

7. Campbell, *The Sequel to Bulkeley and Cummins's "Voyage to the South Seas"*, 103.

8. Morris, *A Narrative of the Dangers and Distresses Which Befel Isaac Morris*, 45.

9. Jill Lepore, *These Truths: A History of the United States*, 55.

10. Morris, *A Narrative of the Dangers and Distresses Which Befel Isaac Morris*, 47.

11. 같은 책, 37.

12. Thomas, *A True and Impartial Journal of a Voyage to the South-Seas, and Round the Globe, in His Majesty's Ship the Centurion, Under the Command of Commodore George Anson*, 10.

13. Philips, *An Authentic Journal of the Late Expedition Under the Command of Commodore Anson*, ii. 센추리온 호에는 존 필립스라는 사람이 없었지만, 이 경험담은 실제 장교의 일지를 바탕으로 한 것 같다.

14. Walter, *A Voyage Round the World*, 155.

15. 같은 책, 158.

16. 같은 책, 156.

17. 같은 책, 444.

18. *A Voyage Round the World*의 저자에 관한 수수께끼를 더 상세히 살펴보려면, Barrow, *The Life of Lord George Anson*; Williams, *The Prize of All the Oceans* 참조.

19. 앤슨의 전기를 쓴 배로는 월터가 "아무것도 덧붙이지 않은 뼈대를 그렸고," 로빈스가 "거기에 살과 근육을 붙였으며, 상상력의 온기로 … 혈관에 피가 흐르게 했다"는 결론을 내렸다.

20. Lavery, *Anson's Navy*, 14에서 재인용.

21. 앤슨이 뉴캐슬 공작에게 보낸 편지, 1744년 6월 14일자, TNA-SP 42/88.

22. Walter, *A Voyage Round the World*, 2.

23. 같은 책, 218.

24. 같은 책, 342.

25. 같은 책, 174.

26. Barrow, *The Life of Lord George Anson*, iii.

27. Mahon, *History of England*, vol. 3, 33에서 재인용.

28. James Cook, *Captain Cook's Journal During His First Voyage Round the World Made in H.M. Bark Endeavour, 1768-1771*, 48.

29. Glyndwr Williams's introduction to his edited version of *A Voyage Round the World*, ix.

30. Thomas Carlyle, *Complete Works of Thomas Carlyle*, vol. 3, 491.

31. Bernard Smith, *Imagining the Pacific: In the Wake of the Cook Voyages*, 52.

에필로그

1. 칩이 해군본부에 보낸 서신, 1747년 1월 13일자, Layman, *The Wager Disaster*, 253-255에 수록.
2. *Derby Mercury*, 1752년 7월 24일자.
3. 존 바이런에 관한 속요의 가사는 다음과 같았다: 용감하긴 해, 누가 부정할까 / 하지만 존 제독은 운이 없어 / 수습장교의 어머니들은 이렇게 외치지. "오호, 통재라! / 우리 아이가 악천후 잭과 함께 바다로 갔어!"
4. John Charnock, *Biographia Navalis, or, Impartial Memoirs of the Lives and Characters of Officers of the Navy of Great Britain, from the Year 1660 to the Present Time*, 439.
5. Byron, *The Complete Works of Lord Byron*, 41.
6. Carlyle, *Anecdotes and Characters of the Times*, 100.
7. Emily Brand, *The Fall of the House of Byron*, 112에서 재인용.
8. Byron, *The Complete Works of Lord Byron*, 720.
9. Byron, *The Collected Poems of Lord Byron*, 89.
10. Barrow, *The Life of Lord George Anson*, 419.
11. 그 사자머리에서 남은 것은 조각이 새겨진 다리의 일부뿐이다. 앤슨의 후손이 그것을 구해냈다.
12. Melville, *White-Jacket, or, The World in a Man-of-War*, 155-156.
13. 내가 직접 가서 본 것을 바탕으로 이 섬을 묘사했다.
14. 섬에 갔을 때 내가 직접 본 적이 있는 이 선체의 잔해는 과학탐사회(Scientific Exploration Society)가 칠레 해군의 후원을 받아 조직한 탐사대가 2006년에 처음 발견했다. 이 발견에 대해 더 상세히 알고 싶다면, 과학탐사회가 발표한 "The Quest for HMS 'Wager' Chile Expedition 2006"과 탐사대의 일원인 크리스 홀트(Chris Holt) 소령의 "The Findings of the 'Wager', 2006" 참조. 뒤의 자료는 Layman, *The Wager Disaster*에 수록되어 있다.

참고문헌

Adkins, Roy, and Lesley Adkins. *Jack Tar: Life in Nelson's Navy*. London: Abacus, 2009.

Akerman, John Yonge, ed. *Letters from Roundhead Officers Written from Scotland and Chiefly Addressed to Captain Adam Baynes, July MDCL–June MDCLX*. Edinburgh: W. H. Lizars, 1856.

Alexander, Caroline. *The Bounty: The True Story of the Mutiny on the Bounty*. New York: Penguin Books, 2004.

Andrewes, William J. H., ed. *The Quest for Longitude*. Cambridge, MA: Collection of Historical Scientific Instruments, Harvard University, 1996.

Anon. *An Affecting Narrative of the Unfortunate Voyage and Catastrophe of His Majesty's Ship Wager, One of Commodore Anson's Squadron in the South Sea Expedition . . . The Whole Compiled from Authentic Journals*. London: John Norwood, 1751.

Anon. *An Authentic Account of Commodore Anson's Expedition: Containing All That Was Remarkable, Curious and Entertaining, During That Long and Dangerous Voyage . . . Taken from a Private Journal*. London: M. Cooper, 1744.

Anon. *The History of Commodore Anson's Voyage Round the World . . . by a Midshipman on Board the Centurion*. London: M. Cooper, 1767.

Anon. *A Journal of a Voyage Round the World, in His Majesty's Ship the Dolphin, Commanded by the Honourable Commodore Byron . . . by a Midshipman on Board the Said Ship*. London: M. Cooper, 1767.

Anon. *Loss of the Wager Man of War, One of Commodore Anson's Squadron*. London: Thomas Tegg, 1809.

Anon. *A Voyage Round the World, in His Majesty's Ship the Dolphin, Commanded by the Honourable Commodore Byron . . . by an Officer on Board the Said Ship*. London: Newbery and Carnan, 1768.

Anon. *A Voyage to the South-Seas, and to Many Other Parts of the World, Performed from the Month of September in the Year 1740, to June 1744, by Commodore Anson . . . by an Officer of the Squadron*. London: Yeovil Mercury, 1744.

Anson, Walter Vernon. *The Life of Admiral Lord Anson: The Father of the British Navy, 1697–1762*. London: John Murray, 1912.

An Appendix to the Minutes Taken at a Court-Martial, Appointed to Enquire into the Conduct of Captain Richard Norris. London: Printed for W. Webb, 1745.

Atkins, John. *The Navy-Surgeon, or, A Practical System of Surgery*. London: Printed for Caesar Ward and Richard Chandler, 1734.

Barrow, John. *The Life of Lord George Anson*. London: John Murray, 1839.

Baugh, Daniel A. *British Naval Administration in the Age of Walpole*. Princeton: Princeton University Press, 1965.

———, ed. *Naval Administration, 1715–1750*. Great Britain: Navy Records Society, 1977.

Bawlf, Samuel. *The Secret Voyage of Sir Francis Drake, 1577–1580*. New York: Walker, 2003.

Baynham, Henry. *From the Lower Deck: The Royal Navy, 1780–1840*. Barre, MA: Barre Publishers, 1970.

Berkenhout, John. "A Volume of Letters from Dr. Berkenhout to His Son, at the University of Cambridge." *The European Magazine and London Review* 19 (February 1791).

Bevan, A. Beckford, and H. B. Wolryche-Whitmore, eds. *The Journals of Captain Frederick Hoffman, R.N., 1793–1814*. London: John Murray, 1901.

Bird, Junius B. *Travels and Archaeology in South Chile*. Iowa City: University of Iowa Press, 1988.

Blackmore, Richard. *A Treatise of Consumptions and Other Distempers Belonging to the Breast and Lungs*. London: Printed for John Pemberton, 1724.

Bolster, W. Jeffrey. *Black Jacks: African American Seamen in the Age of Sail*. Cambridge, MA: Harvard University Press, 1997.

Boswell, James. *The Life of Samuel Johnson*. Vol. 1. London: John Murray, 1831.

Bown, Stephen R. *Scurvy: How a Surgeon, a Mariner, and a Gentleman Solved the Greatest Medical Mystery of the Age of Sail*. New York: Thomas Dunne Books, 2004.

Brand, Emily. *The Fall of the House of Byron: Scandal and Seduction in Georgian England*. London: John Murray, 2020.

Bridges, E. Lucas. *Uttermost Part of the Earth: Indians of Tierra del Fuego*. New York: Dover Publications, 1988.

Brockliss, Laurence, John Cardwell, and Michael Moss. *Nelson's Surgeon: William Beatty, Naval Medicine, and the Battle of Trafalgar*. Oxford and New York: Oxford University

Press, 2005.

Broussain, Juan Pedro, ed. *Cuatro relatos para un naufragio: La fragata Wager en el golfo de Penas en 1741.* Santiago, Chile: Septiembre Ediciones, 2012.

Brown, Kevin. *Poxed and Scurvied: The Story of Sickness and Health at Sea.* Barnsley: Seaforth, 2011.

Brown, Lloyd A. *The Story of Maps.* New York: Dover Publications, 1979.

Brunsman, Denver. *The Evil Necessity: British Naval Impressment in the Eighteenth-Century Atlantic World.* Charlottesville: University of Virginia Press, 2013.

Bulkeley, John, and John Cummins. *A Voyage to the South Seas.* 3rd ed. With introduction by Arthur D. Howden Smith. New York: Robert M. McBride & Company, 1927.

Bulloch, John. *Scottish Notes and Queries.* Vol. 1. 3 vols. Aberdeen: A. Brown & Co., 1900.

Burney, Fanny. *The Early Journals and Letters of Fanny Burney.* Edited by Betty Rizzo. Vol. 4. Oxford: Clarendon Press, 2003.

Byrn, John D. *Crime and Punishment in the Royal Navy: Discipline on the Leeward Islands Station, 1784–1812.* Aldershot: Scolar Press, 1989.

Byron, John. *The Narrative of the Honourable John Byron: Containing an Account of the Great Distresses Suffered by Himself and His Companions on the Coast of Patagonia, from the Year 1740, Till Their Arrival in England, 1746.* London: S. Baker and G. Leigh, 1769.

————. *Byron's Narrative of the Loss of the Wager: Containing an Account of the Great Distresses Suffered by Himself and His Companions on the Coast of Patagonia, from the Year 1740, Till Their Arrival in England, 1746.* London: Henry Leggatt & Co., 1832.

Byron, George Gordon. *The Collected Poems of Lord Byron.* Hertfordshire: Wordsworth, 1995.

————.*The Complete Works of Lord Byron.* Paris: Baudry's European Library, 1837.

————. *The Poetical Works of Lord Byron.* London: John Murray, 1846.

Camões, Luís Vaz de, and Landeg White. *The Lusíads.* Oxford World's Classics. Oxford and New York: Oxford University Press, 2008.

Campbell, Alexander. *The Sequel to Bulkeley and Cummins's "Voyage to the South-Seas."* London: W. Owen, 1747.

Campbell, John. *Lives of the British Admirals: Containing an Accurate Naval History from the Earliest Periods.* Vol. 4. London: C. J. Barrington, Strand, and J. Harris, 1817.

Canclini, Arnoldo. *The Fuegian Indians: Their Life, Habits, and History.* Buenos Aires: Editorial Dunken, 2007.

Canny, Nicholas P., ed. *The Oxford History of the British Empire: The Origins of Empire: British Overseas Enterprise to the Close of the Seventeenth Century.* Vol. 1. Oxford: Oxford

University Press, 2001.

Carlyle, Alexander. *Anecdotes and Characters of the Times.* London: Oxford University Press, 1973.

Carlyle, Thomas. *Complete Works of Thomas Carlyle.* Vol. 3. New York: P. F. Collier & Son, 1901.

Carpenter, Kenneth J. *The History of Scurvy and Vitamin C.* Cambridge and New York: Cambridge University Press, 1986.

Chamier, Frederick. *The Life of a Sailor.* Edited by Vincent McInerney. London: Richard Bentley, 1850.

Chapman, Anne. *European Encounters with the Yamana People of Cape Horn, Before and After Darwin.* Cambridge: Cambridge University Press, 2013.

Chapman, Craig S. *Disaster on the Spanish Main: The Tragic British-American Expedition to the West Indies During the War of Jenkins' Ear.* Lincoln: Potomac Books, University of Nebraska Press, 2021.

Charnock, John. *Biographia Navalis, or, Impartial Memoirs of the Lives and Characters of Officers of the Navy of Great Britain, from the Year 1660 to the Present Time.* Vol. 5. Cambridge: Cambridge University Press, 2011.

Chiles, Webb. *Storm Passage: Alone Around Cape Horn.* New York: Times Books, 1977.

Christian, Edward, and William Bligh. *The Bounty Mutiny.* New York: Penguin Books, 2001.

Clark, William Mark. *Clark's Battles of England and Tales of the Wars.* Vol. 2. London: William Mark Clark, 1847.

Clarke, Bob. *From Grub Street to Fleet Street: An Illustrated History of English Newspapers to 1899.* Brighton: Revel Barker, 2010.

Clayton, Tim. *Tars: The Men Who Made Britain Rule the Waves.* London: Hodder Paperbacks, 2008.

Clinton, George. *Memoirs of the Life and Writings of Lord Byron.* London: James Robins and Co., 1828.

Cockburn, John. *The Unfortunate Englishmen.* Dundee: Chalmers, Ray, & Co., 1804.

Cockburn, William. *Sea Diseases, or, A Treatise of Their Nature, Causes, and Cure.* 3rd ed. London: Printed for G. Strahan, 1736.

Codrington, Edward. *Memoir of the Life of Admiral Sir Edward Codrington.* London: Longmans, Green, and Co., 1875.

Cole, Gareth. "Royal Navy Gunners in the French Revolutionary and Napoleonic Wars." *The Mariner's Mirror* 95, no. 3 (August 2009).

Coleridge, Samuel Taylor. *The Rime of the Ancient Mariner.* New York: D. Appleton &

Co., 1857.

Conboy, Martin, and John Steel, eds. *The Routledge Companion to British Media History.* London and New York: Routledge, 2015.

Conrad, Joseph. *Lord Jim.* Ware, Hertfordshire: Wordsworth Editions, 1993.

——. *Complete Short Stories.* New York: Barnes & Noble, 2007.

Cook, James. *Captain Cook's Journal During His First Voyage Round the World Made in H.M. Bark Endeavour, 1768–1771.* London: Elliot Stock, 1893.

Cooper, John M. *Analytical and Critical Bibliography of the Tribes of Tierra del Fuego and Adjacent Territory.* Washington, DC: Government Printing Office, 1917.

Cuyvers, Luc. *Sea Power: A Global Journey.* Annopolis: Naval Institute Press, 1993.

Dana, R. H. *The Seaman's Friend: A Treatise on Practical Seamanship.* Boston: Thomas Groom & Co., 1879.

——. *Two Years Before the Mast, and Twenty-Four Years After.* London: Sampson Low, Son, & Marston, 1869.

Darnton, Robert. *The Literary Underground of the Old Regime.* Cambridge, MA, and London: Harvard University Press, 1982.

Darwin, Charles. *A Naturalist's Voyage.* London: John Murray, 1889.

——. *The Descent of Man.* Vol. 1. New York: D. Appleton and Company, 1871.

——, and David Amigoni. *The Voyage of the Beagle: Journal of Researches into the Natural History and Geology of the Countries Visited during the Voyage of HMS Beagle Round the World, Under the Command of Captain Fitz Roy, RN.* Wordsworth Classics of World Literature. Ware: Wordsworth Editions, 1997.

Davies, Surekha. *Renaissance Ethnography and the Invention of the Human: New Worlds, Maps and Monsters.* Cambridge: Cambridge University Press, 2016.

Defoe, Daniel. *The Earlier Life and Works of Daniel Defoe.* Edited by Henry Morley. Edinburgh and London: Ballantine Press, 1889.

——. *The Novels and Miscellaneous Works of Daniel Defoe.* London: George Bell & Sons, 1890.

——. *Robinson Crusoe.* Penguin Classics. London: Penguin, 2001.

——. *A Tour Through the Whole Island of Great Britain.* New Haven: Yale University Press, 1991.

Dennis, John. *An Essay on the Navy, or, England's Advantage and Safety, Prov'd Dependant on a Formidable and Well-Disciplined Navy, and the Encrease and Encouragement of Seamen.* London: Printed for the author, 1702.

Dickinson, H. W. *Educating the Royal Navy: Eighteenth-and Nineteenth-Century Education for Officers.* Naval Policy and History. London and New York: Routledge, 2007.

Dobson, Mary J. *Contours of Death and Disease in Early Modern England*. Cambridge:
Cambridge University Press, 2002.

————. *The Story of Medicine: From Bloodletting to Biotechnology*. New York: Quercus,
2013.

Drake, Francis, and Francis Fletcher. *The World Encompassed by Sir Francis Drake, Being
His Next Voyage to That to Nombre de Dois. Collated with an Unpublished Manuscript of
Francis Fletcher, Chaplain to the Expedition*. London: The Hakluyt Society, 1854.

Druett, Joan. *Rough Medicine: Surgeons at Sea in the Age of Sail*. New York: Routledge,
2000.

Eder, Markus. *Crime and Punishment in the Royal Navy of the Seven Years' War, 1755–1763*.
Hampshire, England, and Burlington, VT: Ashgate, 2004.

Edwards, Philip. *The Story of the Voyage: Sea-Narratives in Eighteenth-Century England*.
Cambridge: Cambridge University Press, 1994.

Emperaire, Joseph, and Luis Oyarzún. *Los nomades del mar*. Biblioteca del bicentenario
17. Santiago de Chile: LOM Ediciones, 2002.

Ennis, Daniel James. *Enter the Press-Gang: Naval Impressment in Eighteenth-Century British
Literature*. Newark: University of Delaware Press, 2002.

Equiano, Olaudah, and Vincent Carretta. *The Interesting Narrative and Other Writings*.
New York: Penguin Books, 2003.

Ettrick, Henry. "The Description and Draught of a Machine for Reducing Fractures of
the Thigh." *Philosophical Transactions* 459, XLI (1741).

Farr, David. *Major-General Thomas Harrison: Millenarianism, Fifth Monarchism and the
English Revolution, 1616–1660*. London and New York: Routledge, 2016.

Firth, Charles Harding, ed. *Naval Songs and Ballads*. London: Printed for Navy Records
Society, 1908.

Fish, Shirley. *HMS Centurion, 1733–1769: An Historic Biographical-Travelogue of One
of Britain's Most Famous Warships and the Capture of the Nuestra Señora de Covadonga
Treasure Galleon*. UK: AuthorHouse, 2015.

————. *The Manila-Acapulco Galleons: The Treasure Ships of the Pacific: With an Annotated
List of the Transpacific Galleons, 1565–1815*. UK: AuthorHouse, 2011.

Flanagan, Adrian. *The Cape Horners' Club: Tales of Triumph and Disaster at the World's
Most Feared Cape*. London: Bloomsbury Publishing, 2017.

Frézier, Amédée François. *A Voyage to the South-Sea and Along the Coasts of Chile and
Peru, in the Years 1712, 1713, and 1714*. Cambridge: Cambridge University Press, 2014.

Friedenberg, Zachary. *Medicine Under Sail*. Annapolis: Naval Institute Press, 2002.

Frykman, Niklas Erik. "The Wooden World Turned Upside Down: Naval Mutinies in the Age of Atlantic Revolution." PhD diss., University of Pittsburgh, 2010.

Gallagher, Robert E., ed. *Byron's Journal of His Circumnavigation, 1764–1766*. London: Hakluyt Society, 1964.

Garbett, H. *Naval Gunnery: A Description and History of the Fighting Equipment of a Man-of-War*. London: George Bell and Sons, 1897.

Gardner, James Anthony. *Above and Under Hatches: The Recollections of James Anthony Gardner*. Edited by R. Vesey Hamilton and John Knox Laughton. London: Chatham, 2000.

Gaudi, Robert. *The War of Jenkins' Ear: The Forgotten War for North and South America*. New York: Pegasus Books, 2021.

Gilje, Paul A. *To Swear Like a Sailor: Maritime Culture in America, 1750–1850*. New York: Cambridge University Press, 2016.

Goodall, Daniel. *Salt Water Sketches; Being Incidents in the Life of Daniel Goodall, Seaman and Marine*. Inverness: Advertiser Office, 1860.

Gordon, Eleanora C. "Scurvy and Anson's Voyage Round the World, 1740 – 1744: An Analysis of the Royal Navy's Worst Outbreak." *The American Neptune* XLIV, no. 3 (Summer 1984).

Green, Mary Anne Everett, ed. *Calendar of State Papers, Domestic Series, 1655–6*. London: Longmans & Co, 1882.

Griffiths, Anselm John. *Observations on Some Points of Seamanship*. Cheltenham: J. J. Hadley, 1824.

Gusinde, Martin. *The Lost Tribes of Tierra del Fuego: Selk'nam, Yamana, Kawésqar*. New York: Thames & Hudson, 2015.

Hall, Basil. *The Midshipman*. London: Bell and Daldy, 1862.

Hannay, David. *Naval Courts Martial*. Cambridge: Cambridge University Press, 1914.

Harvie, David. *Limeys: The Conquest of Scurvy*. Stroud: Sutton, 2005.

Hay, Robert. *Landsman Hay: The Memoirs of Robert Hay*. Edited by Vincent McInerney. Barnsley, UK: Seaforth, 2010.

———. *Landsman Hay: The Memoirs of Robert Hay, 1789–1847*. Edited by M. D. Hay. London: Rupert Hart-Davis, 1953.

Haycock, David Boyd, and Sally Archer, eds. *Health and Medicine at Sea, 1700–1900*. Woodbridge, UK, and Rochester, NY: Boydell Press, 2009.

Hazlewood, Nick. *Savage: The Life and Times of Jemmy Button*. New York: St. Martin's Press, 2001.

Heaps, Leo. *Log of the Centurion: Based on the Original Papers of Captain Philip Saumarez on Board HMS Centurion, Lord Anson's Flagship During His Circumnavigation, 1740-44*.

New York: Macmillan Publishing Co., 1971.

Hickox, Rex. *18th Century Royal Navy: Medical Terms, Expressions, and Trivia.* Bentonville, AR: Rex Publishing, 2005.

Hill, J. R., and Bryan Ranft, eds. *The Oxford Illustrated History of the Royal Navy.* Oxford: Oxford University Press, 1995.

Hirst, Derek. "The Fracturing of the Cromwellian Alliance: Leeds and Adam Baynes." *The English Historical Review,* 108 (1993).

Hoad, Margaret J. "Portsmouth—As Others Have Seen It." *The Portsmouth Papers,* no. 15 (March 1972).

Hobbes, Thomas. *Leviathan, or, The Matter, Forme, & Power of a Common-wealth Ecclesiasticall and Civil.* New York: Barnes & Noble Books, 2004.

Hope, Eva, ed. *The Poetical Works of William Cowper.* London: Walter Scott, 1885.

Hough, Richard. *The Blind Horn's Hate.* New York: W. W. Norton & Company, 1971.

Houston, R. A. "New Light on Anson's Voyage, 1740 – 4: A Mad Sailor on Land and Sea." *The Mariner's Mirror* 88, no. 3 (August 2002).

Hudson, Geoffrey L., ed. *British Military and Naval Medicine, 1600–1830.* Amsterdam: Rodopi, 2007.

Hutchings, Thomas Gibbons. *The Medical Pilot, or, New System.* New York: Smithson's Steam Printing Officers, 1855.

Hutchinson, J. *The Private Character of Admiral Anson, by a Lady.* London: Printed for J. Oldcastle, 1746.

Irving, Washington. *Tales of a Traveller.* New York: John B. Alden, 1886.

Jarrett, Dudley. *British Naval Dress.* London: J. M. Dent & Sons, 1960.

Jones, George. "Sketches of Naval Life." *The American Quarterly Review,* Vol. VI (December 1829).

Journal of the House of Lords. Vol. 27 (June 1746). London: His Majesty's Stationery Office.

Keevil, J. J. *Medicine and the Navy, 1200–1900.* Vol. 2. Edinburgh and London: E. & S. Livingstone, Ltd., 1958.

Kemp, Peter. *The British Sailor: A Social History of the Lower Deck.* London: Dent, 1970.

Kempis, Thomas à. *The Christian's Pattern, or, A Treatise of the Imitation of Jesus Christ.* Halifax: William Milner, 1844.

Kenlon, John. *Fourteen Years a Sailor.* New York: George H. Doran Company, 1923.

Kent, Rockwell. *Voyaging Southward from the Strait of Magellan.* New York: Halcyon House, 1924.

Keppel, Thomas. *The Life of Augustus, Viscount Keppel, Admiral of the White, and First*

Lord of the Admiralty in 1782–3. 2 vols. London: Henry Colburn, 1842.

Keys, Ancel, Josef Brozek, Austin Henschel, and Henry Longstreet Taylor. *The Biology of Human Starvation*. Vol. 1. Minneapolis: University of Minnesota Press, 1950.

King, Dean. *Every Man Will Do His Duty: An Anthology of Firsthand Accounts from the Age of Nelson, 1793–1815*. New York: Open Road Media, 2012.

King, P. Parker. *Narrative of the Surveying Voyages of His Majesty's Ships Adventure and Beagle*. Vol. 1. London: Henry Colburn, 1839.

Kinkel, Sarah. *Disciplining the Empire: Politics, Governance, and the Rise of the British Navy*. Harvard Historical Studies, vol. 189. Cambridge, MA, and London: Harvard University Press, 2018.

Kipling, Rudyard. *The Writings in Prose and Verse of Rudyard Kipling*. New York: Charles Scribner's Sons, 1899.

Knox-Johnston, Robin. *Cape Horn: A Maritime History*. London: Hodder & Stoughton, 1995.

Lambert, Andrew D. *Admirals: The Naval Commanders Who Made Britain Great*. London: Faber and Faber, 2009.

Lanman, Jonathan T. *Glimpses of History from Old Maps: A Collector's View*. Tring, England: Map Collector Publications, 1989.

Lavery, Brian. *Anson's Navy: Building a Fleet for Empire, 1744–1763*. Barnsley: Seaforth Publishing, 2021.

———. *The Arming and Fitting of English Ships of War, 1600–1815*. Annapolis: Naval Institute Press, 1987.

———. *Building the Wooden Walls: The Design and Construction of the 74-Gun Ship Valiant*. London: Conway, 1991.

———. *Royal Tars: The Lower Deck of the Royal Navy, 857–1850*. Annapolis: Naval Institute Press, 2011.

———, ed. *Shipboard Life and Organisation, 1731–1815*. Publications of the Navy Records Society, vol. 138. Aldershot, England: 1998.

———. *Wooden Warship Construction: A History in Ship Models*. Barnsley: Seaforth Publishing, 2017.

Layman, C. H. *The Wager Disaster: Mayhem, Mutiny and Murder in the South Seas*. London: Uniform Press, 2015.

Leech, Samuel. *Thirty Years from Home, or, A Voice from the Main Deck*. Boston: Tappan, Whittemore & Mason, 1843.

Lepore, Jill. *These Truths: A History of the United States*. New York and London: W. W. Norton & Company, 2018.

Leslie, Doris. *Royal William: The Story of a Democrat*. London: Hutchinson & Co., 1940.

Lind, James. *An Essay on the Most Effectual Means of Preserving the Health of Seamen in the Royal Navy*. London: D. Wilson, 1762.

————. *A Treatise on the Scurvy*. London: Printed for S. Crowder, 1772.

Linebaugh, Peter, and Marcus Rediker. *The Many-Headed Hydra: Sailors, Slaves, Commoners, and the Hidden History of the Revolutionary Atlantic*. Boston: Beacon Press, 2013.

Lipking, Lawrence. *Samuel Johnson: The Life of an Author*. Cambridge, MA: Harvard University Press, 1998.

Lloyd, Christopher, and Jack L. S. Coulter. *Medicine and the Navy, 1200–1900*. Vol. 4. Edinburgh and London: E. & S. Livingstone, 1961.

Long, W. H., ed. *Naval Yarns of Sea Fights and Wrecks, Pirates and Privateers from 1616–1831 as Told by Men of Wars' Men*. New York: Francis P. Harper, 1899.

Lothrop, Samuel Kirkland. *The Indians of Tierra del Fuego*. New York: Museum of the American Indian Heye Foundation, 1928.

MacCarthy, Fiona. *Byron: Life and Legend*. New York: Farrar, Straus and Giroux, 2002.

M'Arthur, John. *Principles and Practice of Naval and Military Courts Martial*. 2 vols. London: A. Strahan, 1813.

McCarthy, Justin. *A History of the Four Georges and of William IV*. Vol. 2. Leipzig: Bernhard Tauchnitz, 1890.

Magill, Frank N., ed. *Dictionary of World Biography*. Vol 4. Pasadena: Salem Press, 1998.

Mahon, Philip Stanhope. *History of England: From the Peace of Utrecht to the Peace of Versailles*. Vols. 2 and 3. London: John Murray, 1853.

Malcolm, Janet. *The Crime of Sheila McGough*. New York: Alfred A. Knopf, 1999.

Marcus, G. J. *Heart of Oak*. London: Oxford University Press, 1975.

Marryat, Frederick. *Frank Mildmay, or, The Naval Officer*. Classics of Nautical Fiction Series. Ithaca, NY: McBooks Press, 1998.

Marshall, P. J., ed. *The Oxford History of the British Empire: The Eighteenth Century*. Vol. 2. Oxford and New York: Oxford University Press, 1998.

Matcham, Mary Eyre, ed. *A Forgotten John Russell: Being Letters to a Man of Business, 1724–1751*. London: Edward Arnold, 1905.

McEwan, Colin, Luis Alberto Borrero, and Alfredo Prieto, eds. *Patagonia: Natural History, Prehistory, and Ethnography at the Uttermost End of the Earth*. Princeton Paperbacks. Princeton: Princeton University Press, 1997.

Mead, Richard. *The Medical Works of Richard Mead*. Dublin: Printed for Thomas Ewing, 1767.

웨이저

Melby, Patrick. "Insatiable Shipyards: The Impact of the Royal Navy on the World's Forests, 1200 – 1850." Monmouth: Western Oregon University, 2012.

Melville, Herman. *Redburn: His First Voyage: Being the Sailor-Boy Confession and Reminiscences of the Son-of-a-Gentleman, in the Merchant Service*. New York: Modern Library, 2002.

———. *White-Jacket: or, The World in a Man-of-War*. London: Richard Bentley, 1850.

Miller, Amy. *Dressed to Kill: British Naval Uniform, Masculinity and Contemporary Fashions, 1748–1857*. London: National Maritime Museum, 2007.

Miyaoka, Osahito, Osamu Sakiyama, and Michael E. Krauss, eds. *The Vanishing Languages of the Pacific Rim*. Oxford Linguistics. Oxford and New York: Oxford University Press, 2007.

Monson, William. *Sir William Monson's Naval Tracts: In Six Books*. London: Printed for A. and J. Churchill, 1703.

Morris, Isaac. *A Narrative of the Dangers and Distresses Which Befel Isaac Morris, and Seven More of the Crew, Belonging to the Wager Store-Ship, Which Attended Commodore Anson, in His Voyage to the South Sea*. Dublin: G. and A. Ewing, 1752.

Mountaine, William. *The Practical Sea-Gunner's Companion, or, An Introduction to the Art of Gunnery*. London: Printed for W. and J. Mount, 1747.

Moyle, John. *Chirurgus Marinus, or, The Sea-Chirurgion*. London: Printed for E. Tracy and S. Burrowes, 1702.

———. *Chyrurgic Memoirs: Being an Account of Many Extraordinary Cures*. London: Printed for D. Browne, 1708.

Murphy, Dallas. *Rounding the Horn: Being a Story of Williwaws and Windjammers, Drake, Darwin, Murdered Missionaries and Naked Natives—a Deck's Eye View of Cape Horn*. New York: Basic Books, 2005.

Narborough, John, Abel Tasman, John Wood, and Friedrich Martens. *An Account of Several Late Voyages and Discoveries to the South and North*. Cambridge: Cambridge University Press, 2014.

Nelson, Horatio. *The Dispatches and Letters of Vice Admiral Lord Viscount Nelson*. Edited by Nicholas Harris Nicolas. Vol. 3. London: Henry Colburn, 1845.

Newby, Eric. *The Last Grain Race*. London: William Collins, 2014.

Nichols, John. *Literary Anecdotes of the Eighteenth Century*. Vol. 9. London: Nichols, Son, and Bentley, 1815.

Nicol, John. *The Life and Adventures of John Nicol, Mariner*. Edited by Tim F. Flannery. New York: Grove Press, 2000.

Nicolson, Marjorie H. "Ward's 'Pill and Drop' and Men of Letters." *Journal of the*

History of Ideas 29, no. 2 (1968).

O'Brian, Patrick. *The Golden Ocean*. New York: W. W. Norton & Company, 1996.

————. *Men-of-War: Life in Nelson's Navy*. New York: W. W. Norton & Company, 1995.

————. *The Unknown Shore*. New York: W. W. Norton & Company, 1996.

Oliphant, Margaret. "Historical Sketches of the Reign of George II." *Blackwood's Edinburgh Magazine* 104, no. 8 (December 1868).

Olusoga, David. *Black and British: A Forgotten History*. London: Macmillan, 2017.

Osler, William, ed. *Modern Medicine: Its Theory and Practice*. Vol. 2. Philadelphia and New York: Lea Brothers & Co., 1907.

Pack, S. W. C. *Admiral Lord Anson: The Story of Anson's Voyage and Naval Events of His Day*. London: Cassell & Company, 1960.

————. *The Wager Mutiny*. London: Alvin Redman, 1964.

Padfield, Peter. *Guns at Sea*. New York: St. Martin's Press, 1974.

The Parliamentary History of England from the Earliest Period to the Year 1803. Vol. 10. London: T. C. Hansard, 1812.

Peach, Howard. *Curious Tales of Old East Yorkshire*. Wilmslow, England: Sigma Leisure, 2001.

Peñaloza, Fernanda, Claudio Canaparo, and Jason Wilson, eds. *Patagonia: Myths and Realities*. Oxford and New York: Peter Lang, 2010.

Penn, Geoffrey. *Snotty: The Story of the Midshipman*. London: Hollis & Carter, 1957.

Pepys, Samuel. *The Diary of Samuel Pepys: A New and Complete Transcription. Vol. 2: 1661*. Edited by Robert Latham and William Matthews. London: HarperCollins, 2000.

————. *The Diary of Samuel Pepys: A New and Complete Transcription. Vol. 10: Companion*. Edited by Robert Latham and William Matthews. Berkeley and Los Angeles: University of California Press, 1983.

————. *Everybody's Pepys: The Diary of Samuel Pepys*. Edited by O. F. Morshead. New York: Harcourt, Brace & Company, 1926.

————. *Pepys' Memoires of the Royal Navy, 1679–1688*. Edited by J. R. Tanner. Oxford: Clarendon Press, 1906.

Philbrick, Nathaniel. *In the Heart of the Sea: The Tragedy of the Whaleship Essex*. New York: Penguin, 2001.

Philips, John. *An Authentic Journal of the Late Expedition Under the Command of Commodore Anson*. London: J. Robinson, 1744.

Pigafetta, Antonio, and R. A. Skelton. *Magellan's Voyage: A Narrative of the First Circumnavigation*. New York: Dover Publications, 1994.

Pope, Alexander. *The Works of Alexander Pope*. Vol. 4. London: Printed for J. Johnson, J.

Nichols and Son, and others, 1806.

Pope, Dudley. *Life in Nelson's Navy*. London: Unwin Hyman, 1987.

Porter, Roy. *Disease, Medicine, and Society in England, 1550–1860*. Cambridge: Cambridge University Press, 1995.

Purves, David Laing. *The English Circumnavigators: The Most Remarkable Voyages Round the World*. London: William P. Nimmo, 1874.

Rediker, Marcus. *Between the Devil and the Deep Blue Sea: Merchant Seamen, Pirates and the Anglo-American Maritime World, 1700–1750*. Cambridge: Cambridge University Press, 2010.

Reece, Henry. *The Army in Cromwellian England, 1649–1660*. London: Oxford University Press, 2013.

Regulations and Instructions Relating to His Majesty's Service at Sea. 2nd ed. London, 1734.

Reséndez, Andrés. *The Other Slavery: The Uncovered Story of Indian Enslavement in America*. Boston and New York: Mariner Books, Houghton Mifflin Harcourt, 2017.

Reyes, Omar. *The Settlement of the Chonos Archipelago, Western Patagonia, Chile*. Cham, Switzerland: Springer Nature Switzerland AG, 2020.

Richmond, H. W. *The Navy in the War of 1739–48*. 3 vols. Cambridge: Cambridge University Press, 1920

Robinson, William. *Jack Nastyface: Memoirs of an English Seaman*. Annapolis: Naval Institute Press, 2002.

Rodger, N. A. M. *Articles of War: The Statutes Which Governed Our Fighting Navies, 1661, 1749, and 1886*. Homewell, Havant, Hampshire: Kenneth Mason, 1982.

———. *The Command of the Ocean: A Naval History of Britain, 1649–1815*. New York: W. W. Norton, 2005.

———. "George, Lord Anson." In *Precursors of Nelson: British Admirals of the Eighteenth Century*, edited by Peter Le Fevre and Richard Harding. Mechanicsburg, PA: Stackpole Books, 2000.

———. *The Safeguard of the Sea: 660-1649*. New York: W. W. Norton, 1999.

———. *The Wooden World: An Anatomy of the Georgian Navy*. New York: W. W. Norton, 1996.

Rogers, Nicholas. *The Press Gang: Naval Impressment and Its Opponents in Georgian Britain*. London: Continuum, 2007.

Rogers, Pat. *The Poet and the Publisher: The Case of Alexander Pope, Esq., of Twickenham versus Edmund Curll, Bookseller in Grub Street*. London: Reaktion Books, 2021.

Rogers, Woodes. *A Cruising Voyage Round the World*. London: Printed for A. Bell, 1712.

Roper, Michael. *The Records of the War Office and Related Departments, 1660–1964*. Public

Record Office Handbooks, no. 29. Kew, UK: Public Record Office, 1998.

Rose, Elihu. "The Anatomy of Mutiny," *Armed Forces & Society* 8 (1982).

Roth, Hal. *Two Against Cape Horn*. New York: Norton, 1978.

Rowse, A. L. *The Byrons and Trevanions*. Exeter: A. Wheaton & Co., 1979.

Scott, James. *Recollections of a Naval Life*. Vol. 1. London: Richard Bentley, 1834.

Shankland, Peter. *Byron of the Wager*. New York: Coward, McCann & Geoghegan, 1975.

Slight, Julian. *A Narrative of the Loss of the Royal George at Spithead, August, 1782*. Portsea: S. Horsey, 1843.

Smith, Bernard. *Imagining the Pacific: In the Wake of the Cook Voyages*. New Haven: Yale University Press, 1992.

Smollett, Tobias. *The History of England, from the Revolution to the Death of George the Second*. Vol. 2. London: W. Clowes and Sons, 1864.

————. *The Miscellaneous Works of Tobias Smollett*. Vol. 4. Edinburgh: Mundell, Doig, & Stevenson, 1806.

————. *The Works of Tobias Smollett: The Adventures of Roderick Random*. Vol. 2. New York: George D. Sproul, 1902.

Sobel, Dava. *Longitude the Story of a Lone Genius Who Solved the Greatest Scientific Problem of His Time*. New York: Walker, 2007.

Somerville, Boyle. *Commodore Anson's Voyage into the South Seas and Around the World*. London and Toronto: William Heinemann, 1934.

Stark, William F., and Peter Stark. *The Last Time Around Cape Horn: The Historic 1949 Voyage of the Windjammer Pamir*. New York: Carroll & Graf, 2003.

Steward, Julian H., ed. *Handbook of South American Indians*. Vol. 1. Washington, DC: U.S. Government Printing Office, 1946.

Stitt, F. B. "Admiral Anson at the Admiralty, 1744 – 62." *Staffordshire Studies*, no. 4 (February 1991).

Styles, John. *The Dress of the People: Everyday Fashion in Eighteenth-Century England*. New Haven: Yale University Press, 2007.

Sullivan, F. B. "The Naval Schoolmaster During the Eighteenth Century and the Early Nineteenth Century." *The Mariner's Mirror* 62, no. 3 (August 1976).

Thomas, Pascoe. *A True and Impartial Journal of a Voyage to the South-Seas, and Round the Globe, in His Majesty's Ship the Centurion, Under the Command of Commodore George Anson*. London: S. Birt, 1745.

Thompson, Edgar K. "George Anson in the Province of South Carolina." *The Mariner's Mirror*, no. 53 (August 1967).

Thompson, Edward. *Sailor's Letters: Written to His Select Friends in England, During His*

웨이저

Voyages and Travels in Europe, Asia, Africa, and America. Dublin: J. Potts, 1767.

Thursfield, H. G., ed. *Five Naval Journals, 1789–1817*. Vol. 91. London: Publications of Navy Records Society, 1951.

The Trial of the Honourable Admiral John Byng, at a Court Martial, as Taken by Mr. Charles Fearne, Judge-Advocate of His Majesty's Fleet. Dublin: Printed for J. Hoey, P. Wilson, et al., 1757.

Trotter, Thomas. *Medical and Chemical Essays*. London: Printed for J. S. Jordan, 1795.

Troyer, Howard William. *Ned Ward of Grub Street: A Study of Sub-Literary London in the Eighteenth Century*. New York: Barnes & Noble, 1967.

Tucker, Todd. *The Great Starvation Experiment: Ancel Keys and the Men Who Starved for Science*. Minneapolis: University of Minnesota Press, 2007.

Velho, Alvaro, and E. G. Ravenstein. *A Journal of the First Voyage of Vasco Da Gama, 1497–1499*. Cambridge: Cambridge University Press, 2010.

Vieira, Bianca Carvalho, André Augusto Rodrigues Salgado, and Leonardo José Cordeiro Santos, eds. *Landscapes and Landforms of Brazil*. New York, Berlin and Heidelberg: Springer, 2015.

Voltaire, and David Wootton. *Candide and Related Texts*. Indianapolis: Hackett, 2000.

Walker, N. W. Gregory. *With Commodore Anson*. London: A. & C. Black, 1934.

Walker, Violet W., and Margaret J. Howell. *The House of Byron: A History of the Family from the Norman Conquest, 1066–1988*. London: Quiller Press, 1988.

Walpole, Horace. *The Letters of Horace Walpole*. Vol. 3. Philadelphia: Lea and Blanchard, 1842.

Walter, Richard. *A Voyage Round the World*. London: F. C. & J. Rivington, 1821.

———, George Anson, and Benjamin Robins. *A Voyage Round the World, in the Years MDCCXL, I, II, III, IV*. Edited by Glyndwr Williams. London and New York: Oxford University Press, 1974.

Ward, Ned. *The Wooden World*. 5th ed. Edinburgh: James Reid Bookseller, 1751.

Watt, James. "The Medical Bequest of Disaster at Sea: Commodore Anson's Circumnavigation, 1740 – 44." *Journal of the Royal College of Physicians of London* 32, no. 6 (December 1998).

Williams, Glyndwr, ed. *Documents Relating to Anson's Voyage Round the World*. London: Navy Records Society, 1967.

———. *The Prize of All the Oceans: Commodore Anson's Daring Voyage and Triumphant Capture of the Spanish Treasure Galleon*. New York: Penguin Books, 2001.

Willis, Sam. *Fighting at Sea in the Eighteenth Century: The Art of Sailing Warfare*. Woodbridge, Suffolk, UK: Boydell Press, 2008.

Wines, E. C. *Two Years and a Half in the American Navy: Comprising a Journal of a Cruise to England, in the Mediterranean, and in the Levant, on Board of the U.S. Frigate Constellation, in the Years 1829, 1830, and 1831.* Vol. 2. London: Richard Bentley, 1833.

Woodall, John. *De Peste, or the Plague.* London: Printed by J.L. for Nicholas Bourn, 1653.

———. *The Surgions Mate.* London: Kingsmead Press, 1978.

Yorke, Philip C. *The Life and Correspondence of Philip Yorke, Earl of Hardwicke, Lord High Chancellor of Great Britain.* Vol. 3. Cambridge: Cambridge University Press, 1913.

Zerbe, Britt. *The Birth of the Royal Marines, 1664–1802.* Woodbridge, Suffolk, and Rochester, NY: Boydell Press, 2013.

웨이저

크레디트

PAGE 5

Portrait of John Byron by Joshua Reynolds, 1748. Newstead Abbey, Nottinghamshire.
Photo: Nottingham City Museums & Galleries / Bridgeman Images

PAGE 6

(top) *The Press Gang.* Painting by George Morland, 1790. Royal Holloway, University of
London. Photo: Bridgeman Images
(bottom) Portrait of David Cheap by Allan Ramsay, c. 1748. Reproduced with kind
permission of the Strathyrum Trust. Photo: C. H. Layman

PAGE 7

Painting of Deptford dockyard by John Cleveley, 1757. National Maritime Museum,
Greenwich. Photo: © National Maritime Museum, Greenwich, London

PAGE 8

(top) Gun deck. Photo: © Nick Depree
(bottom) Copperplate engraving from Dr. Robert James, *A Medicinal Dictionary*, pub. T.
Osborne, London, 1743. Photo: Wellcome Collection, London

PAGE 9

The Burial at Sea of a Marine Officer. Painting by Eugène Isabey, 1836. The Montreal
Museum of Fine Arts, purchase, Adrienne D'Amours Pineau and René Pineau
Memorial Fund, the Museum Campaign 1988–1993 Fund, the Montreal Museum of
Fine Arts' Volunteer Association Fund, and the Leacross Foundation Fund. Photo:
MMFA / Christine Guest

PAGE 10

(top) Logbook from the *Centurion.* Photo: © National Maritime Museum, Greenwich,

London

PAGES 10 – 11

(bottom, spread) Colored engraving by Piercy Brett, December 1740. Collection of Colin Paul. Photo: © Michael Blyth

PAGE 11

(top) An albatross off Cape Horn. Photo: Mike Hill / Getty Images

PAGE 12

The "Wager" in Extremis. Painting by Charles Brooking, c. 1744. Collection of the late Commander David Joel, reproduced with permission. Photo: Dave Thompson, courtesy C. H. Layman

PAGE 13

Wager Island. Photo: David Grann

PAGE 14

(top) Colored engraving by an anonymous artist, from The Loss of the Wager Man of War, one of Commodore Anson's Squadron . . . and the Embarrassments of the Crew, Separation, Mutinous Disposition, Narrow Escapes, Imprisonment and Other Distresses, pub. T. Tegg, London, 1809. Photo: © Michael Blyth

(bottom) Engraved frontispiece by Samuel Wale after Charles Grinion, for John Byron's The Narrative of the Honourable John Byron. Being an Account of the Shipwreck of The Wager; and the Subsequent Adventures of Her Crew, pub. S. Baker, G. Leigh & T. Davies, London, 1768. Photo: Wellcome Collection, London

PAGE 15

(top) Wager Island. Photo: Chris Holt
(center) Seaweed. Photo: David Grann.
(bottom) Celery. Photo: David Grann

PAGE 16

(top) Photograph of a Kawésqar man by Martin Gusinde, 1923 – 1924. Photo: © Martin Gusinde / Anthropos Institute / Atelier EXB
(bottom) Photograph of a canoe by W. S. Barclay, c. 1904 – 7. Photo: Royal Geographical Society / Alamy

PAGE 17

(top) A coastal Kawésqar camp. Photograph by Martin Gusinde, 1923 – 1924. Photo:

(bottom) Copperplate engraving from George Anson, *A Voyage to the South Seas, and to Many Other Parts of the World*, pub. R. Walker, London, 1745. British Library, London. Photo: © British Library Board. All Rights Reserved / Bridgeman Images

PAGE 18

(top) *The Capture of the Spanish Galleon "Nuestra Señora de Covadonga."* Painting by John Cleveley, 1756. Shugborough Hall, Staffordshire. Photo: National Trust Photographic Library / Bridgeman Images

(bottom) Portrait of George Anson attributed to Thomas Hudson, before 1748. National Maritime Museum, Greenwich. Photo: © National Maritime Museum, Greenwich, London

PAGES 18 – 19

(bottom, spread) Map of the Strait of Magellan. Photo: © British Library Board. All Rights Reserved / Bridgeman Images

PAGE 19

(top) A remnant of the *Wager*. Photo: Chris Holt

(top, left) Title page of John Narborough's *An Account of Several Late Voyages and Discoveries to the South and North*, pub. S. Smith and B. Walford, London, 1694. Photo: Shapero Rare Books Ltd.

PAGE 20

(top) Painting by John Cleveley, 1760. National Maritime Museum, Greenwich. Photo: © National Maritime Museum, Greenwich, London

(bottom) Chilean coast. Photo: Ivan Konar / Alamy

찾아보기

웨이저

1판 1쇄 펴냄 2026년 1월 5일

지은이   데이비드 그랜
옮긴이   김승욱
편 집   안민재
디자인   룩앳미
인쇄·제책   아트인
종 이   월드페이퍼

펴낸곳   프시케의숲
펴낸이   성기승
출판등록   2017년 4월 5일 제406-2017-000043호
주 소   (우)10885, 경기도 파주시 책향기로 371, 상가 204호
전 화   070-7574-3736
팩 스   0303-3444-3736
이메일   pfbooks@pfbooks.co.kr
SNS   @PsycheForest

ISBN   979-11-89336-89-9   03920

책값은 뒤표지에 표시되어 있습니다.

첫 번째 난파자 집단의 탈출 경로

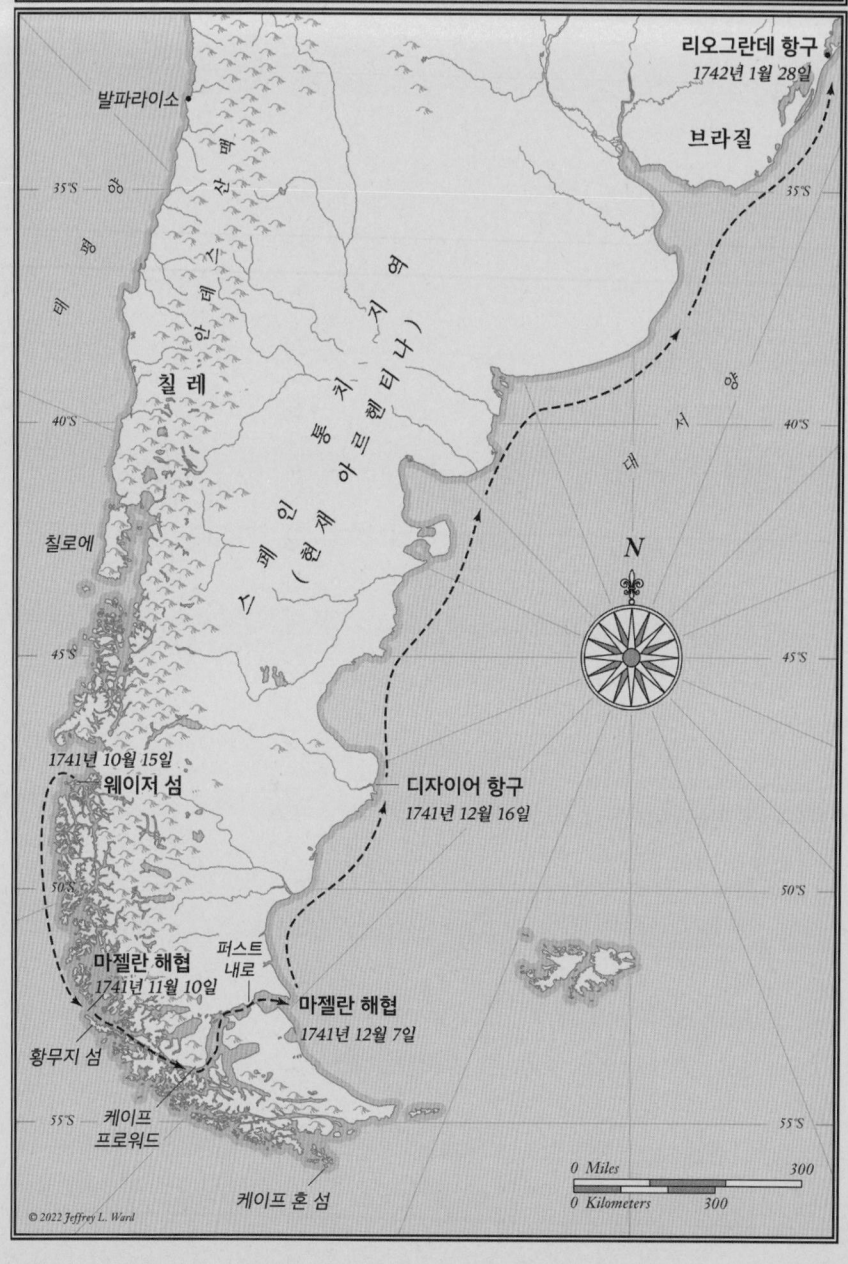

발파라이소

35°S

칠레

40°S

태평양

안데스산맥

파타고니아 (현재의 아르헨티나)

칠로에

45°S

1741년 10월 15일
웨이저 섬

50°S

마젤란 해협
1741년 11월 10일

퍼스트
내로

황무지 섬

55°S

케이프
프로워드

케이프 혼 섬

리오그란데 항구
1742년 1월 28일

브라질

35°S

대서양

40°S

N

45°S

디자이어 항구
1741년 12월 16일

마젤란 해협
1741년 12월 7일

50°S

55°S

0 Miles 300
0 Kilometers 300

© 2022 Jeffrey L. Ward

두 번째 난파자 집단의 탈출 경로

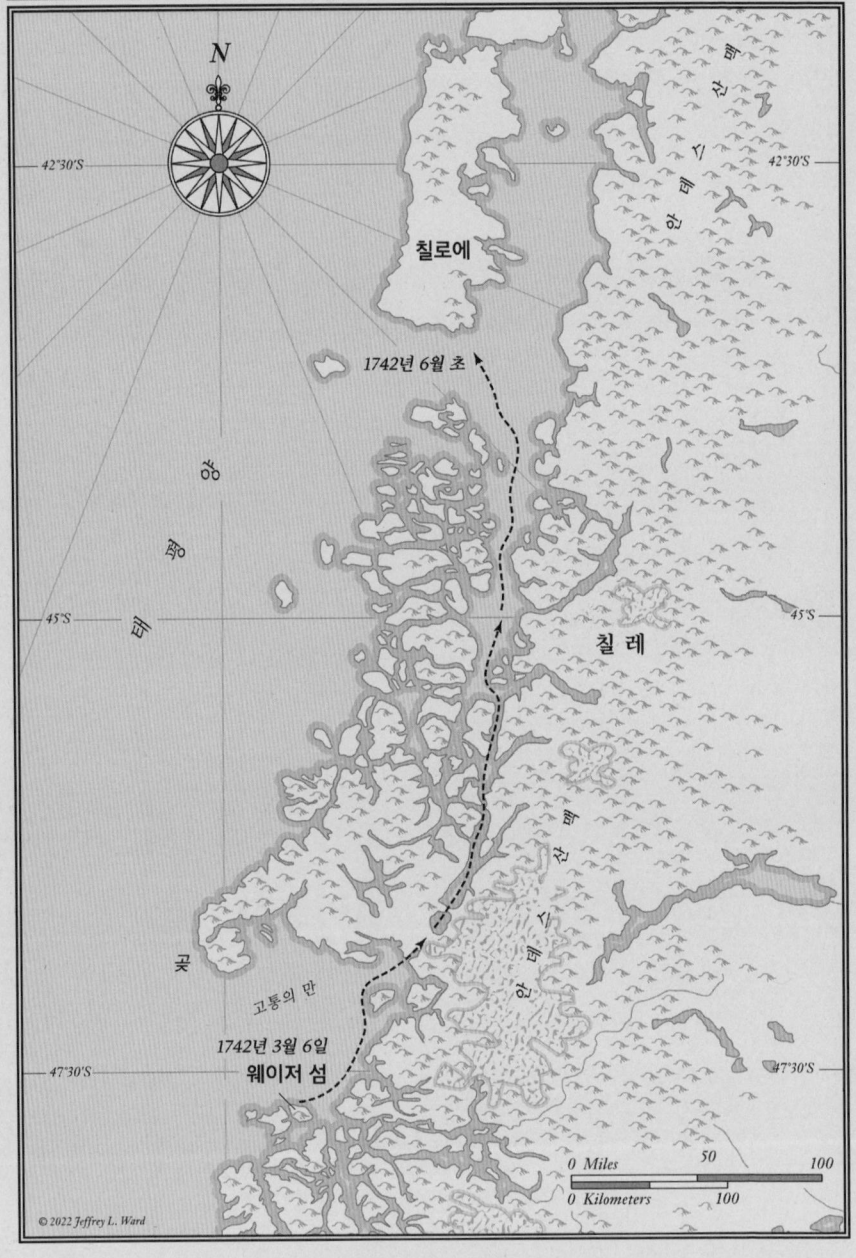

N

42°30'S

칠로에

1742년 6월 초

태평양

45°S

칠레

안데스산맥

곶

고통의 만

1742년 3월 6일
웨이저 섬

47°30'S

0 Miles 50 100

0 Kilometers 100

© 2022 Jeffrey L. Ward